Lothar Semper
Werner Gress
Klaus Franke
Bernhard Gress

Die Neue Handwerker-Fibel

Dr. Lothar Semper
Dipl.-Kfm. Werner Gress
Ass. Klaus Franke
Dipl.-Kfm. Bernhard Gress

Die Neue Handwerker-Fibel

für die praxisnahe Vorbereitung auf
die Meisterprüfung/Prüfung Technische(r) Fachwirt/in (Hwk)

**Band 2 Handlungsfeld:
Rechtliche und steuerliche Grundlagen**

mit Übungs- und Prüfungsaufgaben

45., überarbeitete Auflage

Holzmann Buchverlag

Die Handwerker-Fibel enthält in der Regel Berufsbezeichnungen, Gruppenbezeichnungen usw. nur in der männlichen Form. Wir bitten diese sinngemäß als Doppelbezeichnungen wie zum Beispiel Frau/Mann, Handwerksmeisterin/Handwerksmeister, Betriebsinhaberin/ Betriebsinhaber usw. zu interpretieren und anzuwenden, um auch dem Anteil der weiblichen Berufsangehörigen des Handwerks zu entsprechen.

Impressum
45., überarbeitete Auflage 2006
Band 2: Best.-Nr. 1742.50 ISBN-10: 3-7783-0637-5;
Künftig: ISBN-13: 978-3-7783-0637-6
Band 1 bis 3: Best.-Nr. 1745.99 ISBN-10: 3-7783-0639-1;
Künftig: ISBN-13: 978-3-7783-0639-0

Umschlaggestaltung: Atelier Günter Egger, Bad Wörishofen
Satz: kaltnermedia GmbH, Bobingen
Herstellung: C. H. Beck, Nördlingen

Vorwort

Die **Markt- und Wettbewerbsverhältnisse** verändern sich für das Handwerk mit zunehmender Geschwindigkeit. Die **Ansprüche der Kunden** an die Qualität der Produkte und Dienstleistungen steigen. Termintreue, Zuverlässigkeit, Service und Beratung, Preiswürdigkeit und **Problemlösungskompetenz** gehören zu den selbstverständlichen **Erwartungen der Kunden.** Der **„Meister der Zukunft"** muss sich diesen Herausforderungen erfolgreich stellen können.

Die dazu erforderliche Kompetenz erhält er durch die Vorbereitung auf die Meisterprüfung und das Bestehen der Prüfungen. Eine **unersetzliche Grundlage und Unterlage** ist dabei das **Lehrbuch** „Die Neue Handwerker-Fibel", das sich seit Jahrzehnten in der Vorbereitung auf die Meisterprüfung im Handwerk als wichtigstes Lernmittel und Begleitmaterial bestens bewährt hat. Das gesamte Lehrwerk entspricht der **Verordnung über gemeinsame Anforderungen in der Meisterprüfung im Handwerk und in den handwerksähnlichen Gewerben (AMVO), zuletzt geändert durch die Erste Verordnung zur Änderung der Verordnung über gemeinsame Anforderungen in der Meisterprüfung im Handwerk vom 16. August 2004, und den neuen Rahmenstoffplänen** für die Prüfungsteile III und IV der Meisterprüfung in vollem Umfange.

Der **Gesamtstoff** zur Vorbereitung auf die Prüfungsteile III und IV ist auf **drei Bände** mit einem großzügigen Format aufgeteilt.

Band 1: Grundlagen des Rechnungswesens und Controllings, Grundlagen wirtschaftlichen Handelns im Betrieb

Band 2: Rechtliche und steuerliche Grundlagen

Band 3: Berufs- und Arbeitspädagogik.

Alle drei Bände bilden ein einheitliches Werk für die Vorbereitung auf die Teile III und IV der Meisterprüfung.

Die inhaltliche Ausrichtung der 45. Auflage von Band 1 und Band 2 basiert

- auf Anregungen des Beirats **„Unternehmensführung im Handwerk"** des Zentralverbandes des Deutschen Handwerks (Schrift „Der Meister der Zukunft")
- auf Anregungen des **Expertenkreises des Instituts für Handwerkswirtschaft (IHW)** – Forschungsstelle im Deutschen Handwerksinstitut – (mittlerweile umbenannt in Ludwig-Fröhler-Institut für Handwerkswissenschaften, Abteilung für Handwerkswirtschaft) und wissenschaftlicher Arbeiten des Instituts selbst
- auf Anregungen von Mitarbeitern in Handwerkskammern auf den Gebieten des Unterrichts-, Prüfungs- und Beratungswesens sowie Dozenten aus Meistervorbereitungslehrgängen bzw. Bildungszentren und Meisterschulen
- auf der Verordnung über gemeinsame Anforderungen in der Meisterprüfung im Handwerk und in den handwerksähnlichen Gewerben (AMVO), und den dazu veröffentlichten Erläuterungen des Bundesministeriums für Wirtschaft und Technologie, zuletzt geändert durch die Erste Verordnung zur Änderung der Verordnung über gemeinsame Anforderungen in der Meisterprüfung im Handwerk vom 16. August 2004.

- auf dem neuen **Rahmenlehrplan** des Instituts für Handwerkswirtschaft (mittlerweile umbenannt in Ludwig-Fröhler-Institut für Handwerkswissenschaften, Abteilung für Handwerkswirtschaft) und des Deutschen Handwerkskammertages
- auf den **Erfahrungen der Autoren** der Handwerker-Fibel in der Praxis von Handwerkswirtschaft, Handwerksorganisationen sowie im Unterrichts- und Prüfungswesen des Handwerks.

Gemäß den Anforderungen an den „Meister bzw. die Meisterin der Zukunft" bilden **Methoden und Instrumente der modernen Betriebsführung** wie Kunden- und Dienstleistungsorientierung, Marketing, Personal- und Organisationsmanagement, Controlling, Existenzgründungs- und Betriebsübernahmemanagement, moderne Kommunikations- und Informationstechniken, Finanzierungsfragen und das Rechnungswesen als Führungsmittel im Sinne von wichtigen Chefdaten einen angemessenen Schwerpunkt.

Die zur selbstständigen **Führung eines Handwerksbetriebes** erforderlichen Kenntnisse sowie die zu erwerbende Handlungskompetenz werden entsprechend der Terminologie und Gliederung des Rahmenlehrplans dargestellt.

Die angestrebte Qualifikation ist berufliche Handlungs- und Problemlösungskompetenz für die Praxis, also die Fähigkeit, in beruflichen Situationen sach- und fachgerecht durchdacht und in wirtschaftlicher und gesellschaftlicher Verantwortung zu handeln. Der Schwerpunkt der Inhalte ist deshalb nicht auf Begriffswissen, sondern auf **anwendungsbezogenes Handlungswissen** ausgerichtet. Dazu enthält dieses Buch auch zahlreiche **Handlungsanleitungen und Ablaufschemata.**

Ein Lehrbuch, wie es die Neue Handwerker-Fibel in allen drei Bänden darstellt, ist die **elementare** und **unabdingbar notwendige Grundlage** für ein erfolgreiches Lernen, für die Aneignung von Handlungs- und Problemlösungskompetenz und für das Bestehen der Meisterprüfung, sowohl in zulassungspflichtigen wie auch in zulassungsfreien Handwerken.

Die Übersicht, die Lehrbarkeit und die Lernbarkeit der Inhalte werden erhöht durch ein tief gegliedertes **Inhaltsverzeichnis,** großzügig und zahlreich gestaltete **Überschriften, farblich hervorgehobene Texte, farbig gestaltete Abbildungen und abgesetzte Randbemerkungen.** Ein umfangreiches **Stichwortverzeichnis** ermöglicht dem Nutzer, das Buch auch als **Nachschlagewerk** beim Selbststudium, beim gesamten Lernprozess zur Vorbereitung auf die Meisterprüfung und im späteren betrieblichen Alltag, sei es als selbstständiger Unternehmer oder als angestellte Führungskraft im Handwerk, einzusetzen.

Nach den Textteilen folgen überwiegend handlungsorientierte **Übungs- und Prüfungsaufgaben** bzw. handlungsorientierte fallbezogene Aufgaben. Dabei kommen folgende Aufgabentypen vor:

- Aufgaben mit programmierten Auswahlantworten bzw. Auswahllösungen
- Textaufgaben mit offenen Antworten bzw. Lösungen
- Fallbezogene Aufgaben mit Leitfragen und offenen Lösungen
- Fallbezogene Aufgaben mit frei formulierter Lösung
- Fallbezogene Aufgaben mit Berechnungen.

Sie dienen dem handlungsorientierten Vorgehen im Unterricht oder beim Selbststudium, ermöglichen eine den Lernprozess begleitende Kontrolle und eine rationelle Vorbereitung auf die Prüfung. Diese Aufgabentypen werden so auch im Prüfungsteil III der Meisterprüfung eingesetzt.

Die Aufgaben mit programmierten Auswahllösungen sind durch Ankreuzen einer der fünf vorgegebenen Lösungen zu bearbeiten. Die richtigen Lösungen sind am Schluss des Buches zur Kontrolle abgedruckt.
Bei allen Aufgaben erfolgt am Schluss der Aufgabenstellung ein Hinweis zum Textteil als Lösungshilfe und um bei festgestellten Lücken entsprechend nachlesen bzw. nacharbeiten zu können.
Im Rahmen der Aktualisierung der 45. Auflage dieses Bandes wurden neben Auswirkungen des Berufsbildungsreformgesetzes insbesondere folgende Änderungen und Neuregelungen berücksichtigt:

- beim Ausgleichsverfahren bei Entgeltfortzahlung im Krankheitsfall und bei Mutterschaftsleistungen
- bei der Beitragsabführung an die Sozialversicherungen
- bei den Meldevorschriften an die Einzugsstelle
- die Neueinführung eines Saison-Kurzarbeitergeldes
- bei der Privatnutzung von betrieblichen Fahrzeugen
- bei der steuerlichen Geltendmachung von erwerbsbedingten Kinderbetreuungskosten
- bei der steuerlichen Abzugsfähigkeit von Handwerkerrechnungen.

Da die Prüfungsanforderungen und der Rahmenlehrplan für die Durchführung des Vorbereitungslehrgangs **„Technische(r) Fachwirt/in (Hwk)"** absolut mit der AMVO und dem Rahmenlehrplan zu Teil III der Meisterausbildung im Handwerk, die dem Inhalt der Bände 1 und 2 der Neuen Handwerker-Fibel zugrunde liegen, übereinstimmen, sind Band 1 und 2 auch für die Vorbereitung auf die Prüfung „Technische(r) Fachwirt/in (Hwk)" in vollem Umfang geeignet.
Die Bände 1 und 2 sind ferner ein geeignetes Lernmittel für die Vorbereitung auf die Prüfung **„Kaufmännische(r) Fachwirt/in (Hwk)"**, weil trotz anderer Zuordnung und Gliederung auf Prüfungsteile und Handlungsfelder die stofflichen Inhalte sehr weitgehend übereinstimmen.
Schließlich sind alle drei Bände der Neuen Handwerker-Fibel für die Vorbereitung auf Fortbildungsprüfungen im Handwerk geeignet, in denen betriebswirtschaftliche, kaufmännische und rechtliche sowie berufs- und arbeitspädagogische Kenntnisse nach Maßgabe der Verordnung über gemeinsame Anforderungen in der Meisterprüfung im Handwerk (AMVO) gefordert werden.
Wir wünschen Ihnen bei der Vorbereitung und Ablegung Ihrer Prüfungen viel Erfolg.

Juli 2006

Die Verfasser und der
Holzmann Buchverlag

Erwerben Sie zusätzliche Sicherheit für die erfolgreiche Ablegung der Meisterprüfung:

- Mit Hilfe von **Übungsaufgaben** mit prüfungsorientierten Inhalten und prüfungsähnlichen Bedingungen.
- Mit dem **MeisterTrainer zur Neuen Handwerker-Fibel auf CD-ROM** können Sie üben sowie die Prüfung simulieren.
- **Die Neue Handwerker-Fibel auf CD-ROM** beinhaltet den gesamten Text und alle Grafiken der Neuen Handwerker-Fibel sowie eine Vielzahl von Übungs- und Prüfungsaufgaben, um Ihren Wissensstand zu testen.

Zweckmäßigerweise geben Sie zusammen mit den Kollegen Ihrer Meisterklasse bzw. Ihres -kurses **und** nach Absprache mit den zuständigen Lehrkräften eine Sammelbestellung auf an den Holzmann Buchverlag, Postfach 13 42, 86816 Bad Wörishofen, Tel. 0 82 47/3 54-1 24, Fax 0 82 47/3 54-1 90, sofern Sie die Materialien nicht automatisch vom Kurs- oder Schulträger bzw. von den Lehrkräften erhalten.

Die **Zentralstelle für Weiterbildung im Handwerk (ZWH)** hat handlungsorientierte Aufgaben für den **Prüfungsteil III** (betriebswirtschaftliche, kaufmännische und rechtliche Kenntnisse) als Teilnehmerunterlagen erarbeitet, **die im Verbund mit den Bänden 1 und 2 der Neuen Handwerker-Fibel** bei der Vorbereitung auf die Meisterprüfung eingesetzt werden können. Diese Unterlagen können Sie beim Holzmann Buchverlag beziehen, sofern sie nicht vom Lehrgangsträger schon zur Verfügung gestellt wurden.

Bestelladresse: Holzmann Buchverlag, Postfach 13 42
86816 Bad Wörishofen
Tel. 0 82 47/3 54-1 24
Fax: 0 82 47/3 54-1 90
Bestell-Nr. 1707

3 Handlungsfeld: Rechtliche und steuerliche Grundlagen

Vorbemerkung

Bei den in diesem Handlungsfeld gesteckten Lernzielen geht es nicht primär um die Beherrschung möglichst umfassender detaillierter Bestimmungen; hier geht es vielmehr um die Gewinnung der zur Führung eines Handwerksbetriebes unerlässlichen Grundkenntnisse unter Berücksichtigung der Möglichkeiten zur Nutzung der für den Handwerksbetrieb geeigneten Nachschlagequellen und Beratungsangebote.

3.1 Bürgerliches Recht, Mahn- und Klageverfahren, Zwangsvollstreckung, Insolvenzverfahren

3.1.1 Einteilung der Rechtsordnung

Allgemeines zur Rechtsordnung

Jeder Mensch steht von der Geburt bis zum Tod in persönlichen und rechtlichen Beziehungen zu seiner Umwelt. Seine rechtlichen Beziehungen sind in der Rechtsordnung des Staates geregelt, in dem er lebt. Im Interesse eines geordneten Zusammenlebens regelt die Rechtsordnung die Rechte und Pflichten des Einzelnen gegenüber den Mitmenschen und dem Staat. Rechtsordnung

Begriff und Einteilung der Rechtsordnung

Unter Rechtsordnung verstehen wir die Gesamtheit aller Vorschriften, die das Rechtsleben in einem Staat regeln. Dies können Gesetze, Rechtsverordnungen, Erlasse oder auch Satzungen sein. Begriff

3.1.1.1 Privates und öffentliches Recht

In der Bundesrepublik Deutschland sind die geltenden Rechtsbestimmungen eingeteilt in zwei Bereiche:

- **Öffentliches Recht,** das die Rechtsbeziehungen des Einzelmenschen zum Staat bzw. öffentlicher Träger untereinander regelt.
- **Privates Recht,** das die Rechtsbeziehungen der Einzelmenschen untereinander ordnet.

3.1.1.2 Systematik des Bürgerlichen Gesetzbuches (BGB)

Allgemeines zum BGB

Die wichtigsten Gebiete des Privatrechts sind in den fünf Büchern des Bürgerlichen Gesetzbuchs (BGB) geregelt.

Bürgerliches Gesetzbuch (BGB)

1. **Allgemeiner Teil:** enthält Bestimmungen über grundlegende Rechtsbegriffe
2. **Recht der Schuldverhältnisse:** allgemeine und spezielle Regelung von Verträgen
3. **Sachenrecht:** Regelung der Rechte an Sachen, Immobilien und Rechten
4. **Familienrecht:** Regelung der Beziehung zwischen Familienangehörigen
5. **Erbrecht:** Regelungen zur gesetzlichen und gewillkürten Erbfolge.

Hierzu gibt es eine Reihe von Nebengesetzen, die das Zusammenleben zwischen den Einzelmenschen ordnen, wie zum Beispiel

- das Handelsgesetzbuch, das spezielle Vorschriften für Kaufleute enthält
- die Arbeitsgesetzgebung, die die Rechtsbeziehungen zwischen Arbeitgebern und Arbeitnehmern bestimmt
- das Wechsel- und Scheckrecht, das für die am Wechsel- und Scheckverkehr Beteiligten Bestimmungen enthält.

Zu diesen Nebengesetzen gibt es weitere Spezialgesetze und -bestimmungen. Bei der Rechtsanwendung der gesamten Vorschriften gilt der Grundsatz: Spezialgesetze haben Vorrang vor allgemeinen Gesetzen. Lässt sich mit speziellen Gesetzen eine Rechtsfrage nicht lösen, wird auf das BGB als Grundgesetz des privaten Rechts zurückgegriffen.

3.1.2 Allgemeiner Teil des Bürgerlichen Gesetzbuches

3.1.2.1 Bestimmung der Begriffe Rechts-, Geschäftsfähigkeit

Rechtsfähigkeit

Handlungsfähigkeit

Im Rechtsverkehr zu unterscheiden sind die Rechtsfähigkeit (das heißt Rechte zu begründen) und die Handlungsfähigkeit (das heißt verantwortlich zu handeln). Die Handlungsfähigkeit unterteilt sich in die Geschäftsfähigkeit und Deliktsfähigkeit.

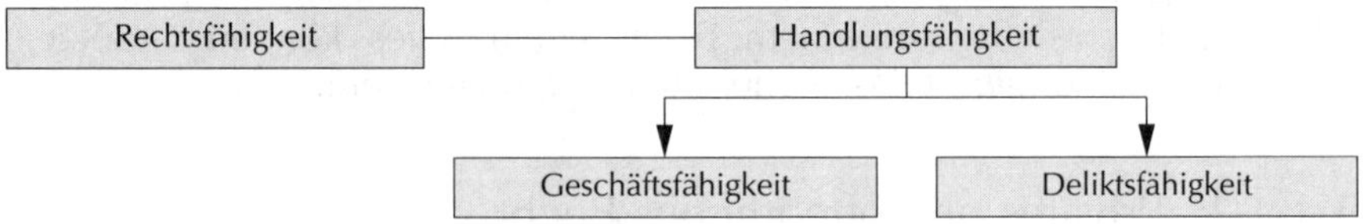

Abbildung 1

Rechtsfähigkeit

Rechtsfähigkeit ist die Fähigkeit, Träger von Rechten und Pflichten zu sein.

Rechte und Pflichten in diesem Sinne sind die Summe aller Rechtsbestimmungen, die das Zusammenleben der Bürger regeln. Sie alle finden ihre Wurzeln in den Grundrechten des Grundgesetzes.

Beispiel:

Dem Recht Eigentümer einer Immobilie zu sein, entspricht die Pflicht, hierfür Grundsteuern zu bezahlen.

Träger von Rechten und Pflichten

- **Träger** von Rechten und Pflichten sind:
  - Menschen (natürliche Personen)
  - Personenmehrheiten, Kapitalansammlungen oder Gebietskörperschaften, denen der Gesetzgeber eigene Rechtspersönlichkeit verliehen hat (z. B. juristische Personen des privaten und öffentlichen Rechts).

Beispiel:

GmbH, Aktiengesellschaft, eingetragener Verein, Stiftung, Gemeinde, Land, Staat, Handwerkskammer, Innung.

- **Nicht** Träger von Rechten und Pflichten sind:
  - Sachen
  - Tiere (sie genießen aber besonderen Rechtsschutz, zum Beispiel Tierschutzgesetz, Gesetz zur Verbesserung der Rechtsstellung des Tieres im BGB).

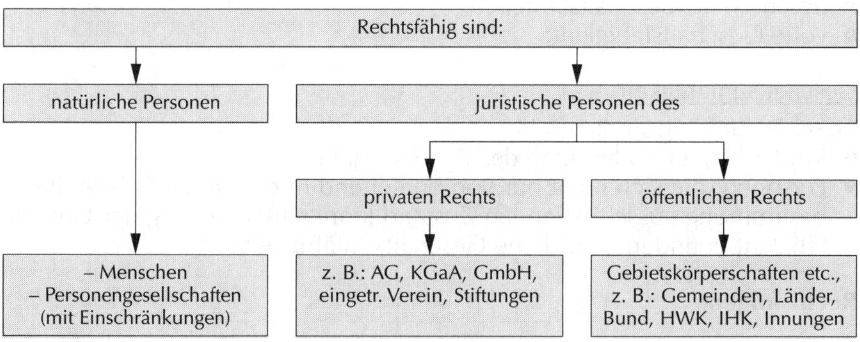

Abbildung 2

Beginn, Ende der Rechtsfähigkeit

- **Beginn und Ende** der Rechtsfähigkeit:
  - Natürliche Personen sind von der Geburt bis zum Tod rechtsfähig.
  - Juristische Personen sind rechtsfähig mit der Gründung bis zur Auflösung (zum Beispiel bei der GmbH mit der Eintragung im Handelsregister bis zur Beendigung der Liquidation).

Beispiel:

1) Die Eltern eines neugeborenen Kindes kommen bei einem Pkw-Unfall ums Leben. Erbt das Kind zum Beispiel das Haus, kann es dann im Grundbuch als Eigentümer eingetragen werden?
Das neugeborene Kind ist rechtsfähig und kann daher als Eigentümer im Grundbuch eingetragen werden.
2) Kann eine GmbH Eigentümerin eines Mietshauses werden?
Eine GmbH ist als juristische Person rechtsfähig und kann daher Eigentümerin eines Mietshauses werden.
3) Nach einem Zeitungsbericht erbt Dackel Waldi von seinem verstorbenen Besitzer eine Million!?
Dackel Waldi ist nicht rechtsfähig; an seiner Stelle kann eventuell der örtliche Tierschutzverein (juristische Person) erben.
Bei allen Beispielen hängt die Antwort also davon ab, wer Rechte und Pflichten hat, wer also rechtsfähig ist.

Geschäftsfähigkeit

Wenn eine Person rechtsfähig ist, steht damit noch nicht fest, dass sie ihre Rechte auch selbst wahrnehmen, ihre Pflichten selbst erfüllen kann. Dazu muss sie rechtswirksam handeln, das heißt Rechtshandlungen oder Rechtsgeschäfte vornehmen können, sie muss also geschäftsfähig sein.

Geschäftsfähigkeit

Geschäftsfähigkeit ist die Fähigkeit, sich durch Rechtsgeschäfte (zum Beispiel Verträge, Willenserklärungen) verpflichten zu können.

Die Rechtsfähigkeit regelt, **wer** Rechte und Pflichten haben kann (zum Beispiel Eigentum), die Geschäftsfähigkeit bestimmt, wer die Rechte und Pflichten **selbst** ausüben kann, zum Beispiel über sein Eigentum selbst verfügen kann. Nach Alter und freier Willensbestimmung unterscheidet man drei Stufen der Geschäftsfähigkeit:
- Geschäftsunfähigkeit
- beschränkte Geschäftsfähigkeit
- volle Geschäftsfähigkeit.

Geschäftsunfähigkeit

Geschäftsunfähig sind:
- Kinder bis zur Vollendung des 7. Lebensjahrs
- Personen, die sich nicht nur vorübergehend in einem die freie Willensbestimmung ausschließenden Zustand krankhafter Störung der Geistestätigkeit befinden (natürliche Geschäftsunfähigkeit).

Rechtsfolgen:

Nichtigkeit

Ein Geschäftsunfähiger kann Rechtsgeschäfte selbst nicht schließen. Er braucht dazu einen gesetzlichen Vertreter. Gesetzlicher Vertreter ehelicher Kinder sind die Eltern, des nichtehelichen Kindes die Mutter, eines Vollwaisen der vom Vormundschaftsgericht bestellte Vormund. Ein Rechtsgeschäft, das mit einem Geschäftsunfähigen abgeschlossen wird, ist nichtig.

Betreuer

- Volljährige, die aufgrund körperlicher, geistiger oder seelischer Krankheiten oder Behinderungen ihre Angelegenheit ganz oder teilweise nicht mehr selbst besorgen können, werden nicht mehr entmündigt, sondern erhalten seit 1.1.1992 einen Betreuer.
  Die Bestellung eines Betreuers hat nur dann die Geschäftsunfähigkeit zur Folge, wenn im Einzelfall die Voraussetzungen der natürlichen Geschäftsunfähigkeit (siehe oben) vorliegen.
  Zur Abwendung von erheblichen Gefahren für die Person oder das Vermögen des Betreuten kann gerichtlich seine rechtliche Handlungsfähigkeit eingeschränkt werden. Dies kommt einer Beschränkung der Geschäftsfähigkeit des Betreuten gleich. Die Vorschriften über die beschränkte Geschäftsfähigkeit gelten dann entsprechend.

Beschränkte Geschäftsfähigkeit

Beschränkt geschäftsfähig sind:

- Minderjährige zwischen dem vollendeten 7. und dem vollendeten 18. Lebensjahr
- betreute Volljährige, für die gerichtlich ein Einwilligungsvorbehalt des Betreuers für bestimmte Handlungsbereiche (zum Beispiel Vermögensverfügungen) angeordnet wurde.

Rechtsfolgen:

Rechtsgeschäfte

Der beschränkt Geschäftsfähige kann Rechtsgeschäfte (zum Beispiel Verträge) selbst abschließen. Rechtlich wirksam sind diese Rechtsgeschäfte, von Ausnahmen abgesehen, aber nur, wenn der gesetzliche Vertreter oder Betreuer vorher (Einwilligung) oder nachträglich (Genehmigung) zustimmt.

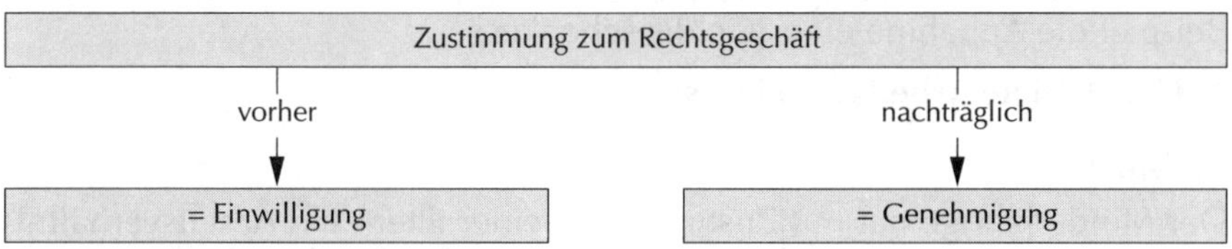

Abbildung 3

Stimmt der gesetzliche Vertreter dem Rechtsgeschäft zu (vorher oder nachträglich), ist das Rechtsgeschäft mit dem beschränkt Geschäftsfähigen rechtswirksam zustande gekommen.
Verweigert der gesetzliche Vertreter die Zustimmung, ist das Rechtsgeschäft unwirksam, das heißt nicht zustande gekommen.

Beispiel:

Ein 17-Jähriger kauft ohne Wissen seiner Eltern ein Mofa. Das Mofa muss nur dann bezahlt werden, wenn die Eltern nachträglich ihre Genehmigung zu dem Kaufvertrag erteilen. Verweigern sie die Genehmigung, muss der Händler das Mofa zurücknehmen und kann weder vom Minderjährigen noch von den Eltern Bezahlung verlangen.
Die Wirksamkeit des Rechtsgeschäfts hängt von der Genehmigung des gesetzlichen Vertreters ab. Der Geschäftspartner des beschränkt Geschäftsfähigen kann den gesetzlichen Vertreter auffordern, das Rechtsgeschäft zu genehmigen. Äußert sich der gesetzliche Vertreter hierzu binnen 14 Tagen nicht, gilt dies als Ablehnung der Genehmigung. Das Rechtsgeschäft mit dem beschränkt Geschäftsfähigen kommt dann nicht zustande, der Schwebezustand ist beendet.

Ausnahmen:

Eine strenge Anwendung der Vorschriften über die beschränkte Geschäftsfähigkeit würde den Bedürfnissen des praktischen Lebens nicht gerecht. Vorgesehen sind daher im Gesetz einige typische Rechtsgeschäfte des täglichen Lebens, zu denen die Zustimmung des gesetzlichen Vertreters nicht erforderlich ist. Dies gilt für

Taschengeld

- **Taschengeldrechtsgeschäfte**

Beispiel:

Kauf einer HiFi-Anlage, wenn der gesetzliche Vertreter die Mittel hierzu dem Minderjährigen zur freien Verfügung überlassen hat (Taschengeld, Lohn des minderjährigen Gesellen). Voraussetzung ist, dass der Kaufgegenstand bar bezahlt wird.
Für Teil- oder Abzahlungskäufe braucht der beschränkt Geschäftsfähige jedoch immer die Zustimmung seines gesetzlichen Vertreters, auch wenn die Raten mit Taschengeld bezahlt werden könnten.

Vorteilhafte Rechtsgeschäfte

- **Vorteilhafte Rechtsgeschäfte**

Beispiel:

Der Minderjährige erlangt durch ein Rechtsgeschäft einen nur rechtlichen Vorteil, ohne gleichzeitig Verpflichtungen übernehmen zu müssen (zum Beispiel die Annahme eines Geldgeschenkes).

Genehmigte Arbeitsverhältnisse

- **Genehmigte Arbeitsverhältnisse**

Beispiel:

Der Minderjährige hat mit Zustimmung seiner Eltern ein Arbeitsverhältnis angetreten. Er ist damit voll geschäftsfähig für alle Rechtsgeschäfte, die mit dem Arbeitsverhältnis zusammenhängen, das heißt, er kann den Lohn in Empfang nehmen, aber auch das Arbeitsverhältnis kündigen. Die Eltern können allerdings die mit der Zustimmung gegebene Vollmacht wieder zurücknehmen oder einschränken.

Genehmigte Erwerbsgeschäfte

- **Genehmigte Erwerbsgeschäfte**

Beispiel:

Ermächtigen die Eltern mit Genehmigung des Vormundschaftsgerichts den Minderjährigen zum selbstständigen Betrieb eines Bodenlegergewerbes, darf er alle damit zusammenhängenden Liefer-, Werk-, Dienst- oder Mietverträge rechtswirksam selbst abschließen.

Volle Geschäftsfähigkeit

Volle Geschäftsfähigkeit

Voll geschäftsfähig sind alle volljährigen Personen. Deutsche Staatsangehörige sind mit Vollendung des 18. Lebensjahres volljährig. Für Ausländer, die sich in Deutschland aufhalten (zum Beispiel Gastarbeiter), gelten die Vorschriften über die Volljährigkeit ihres Heimatlandes.

Rechtsfolgen:

Rechtsgeschäfte

Rechtsgeschäfte, die ein voll Geschäftsfähiger abschließt, sind rechtswirksam. Alle Rechte und Pflichten hieraus wirken für und gegen ihn.

Beispiel:

Ein voll Geschäftsfähiger
- kann alle Rechtsgeschäfte, das heißt auch alle Verträge, selbst abschließen
- kann Beruf, Arbeitsplatz, Aufenthaltsort frei wählen
- kann über sein Einkommen und Vermögen frei verfügen
- kann wählen und gewählt werden (zum Beispiel Bundestag)
- muss aber auch alle Verpflichtungen aus seinen Rechtsgeschäften selbst erfüllen.

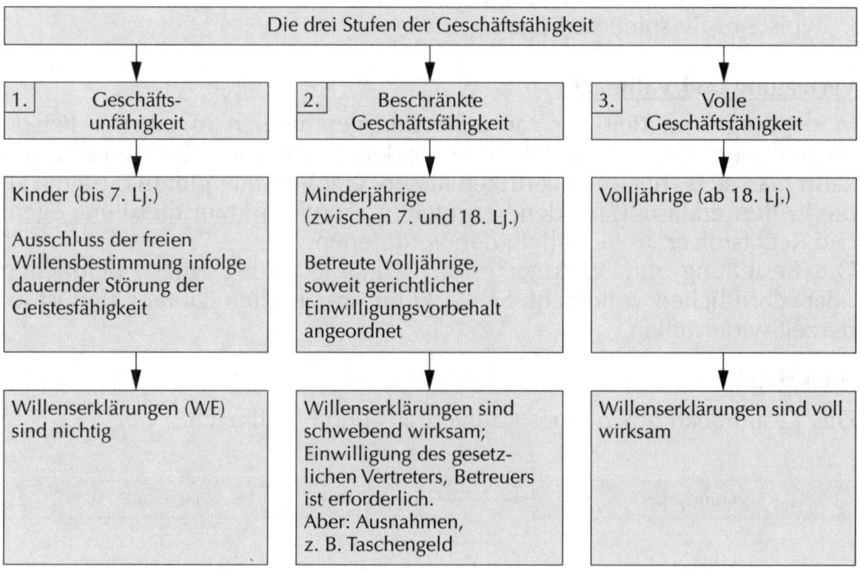

Abbildung 4

3.1.2.2 Rechtsgeschäftliches Handeln

Willenserklärungen

Der Mensch schließt zur Verwirklichung seiner vielfältigen Beziehungen Rechtsgeschäfte, zum Beispiel Verträge. Sie haben eine bestimmte Rechtsfolge zum Ziel. Rechtsgeschäfte bestehen daher aus einer oder mehreren Willenserklärungen, die die gewünschte Rechtsfolge herbeiführen. Inhalt und Ziel

Die Willenserklärung ist Grundlage und notwendiger Bestandteil jedes Rechtsgeschäfts.

Wirksamkeit der Willenserklärung

Für die Wirksamkeit einer Willenserklärung sind zwei Voraussetzungen erforderlich: Wirksamkeit
- **der Wille, eine bestimmte Rechtsfolge herbeizuführen,** zum Beispiel Anschaffung eines Pkws

- **Erklärung des Willens,** zum Beispiel: Ich will einen Pkw kaufen. Die Erklärung kann ausdrücklich oder durch schlüssiges Verhalten erfolgen.

Arten von Rechtsgeschäften

Je nach der Anzahl der beteiligten Willenserklärungen unterscheiden wir:

Einseitige Rechtsgeschäfte

- **Einseitige Rechtsgeschäfte,** das heißt, es genügt eine Willenserklärung zur Wirksamkeit des Rechtsgeschäfts, zum Beispiel Errichtung eines Testaments. In manchen Fällen ist der Empfang der Willenserklärung zu ihrer Wirksamkeit erforderlich, zum Beispiel Kündigung.

Mehrseitige Rechtsgeschäfte

- **Mehrseitige Rechtsgeschäfte,** das heißt, zwei oder mehrere übereinstimmende Willenserklärungen machen das Rechtsgeschäft wirksam. Typisches Beispiel: Verträge.

Vertretung und Vollmacht

Stellvertretung

In der Regel handelt der Mensch rechtsgeschäftlich in eigener Person (Ausnahmen: Geschäftsunfähige etc.). Bei den meisten Rechtsgeschäften kann man sich aber auch vertreten lassen. Der Vertreter gibt in diesem Fall die Willenserklärung für den Vertretenen ab oder nimmt diese entgegen. Die Rechtsfolgen treffen allein den Vertretenen.

Bestellung zum Vertreter

Die Bestellung zum Vertreter erfolgt durch Erteilung einer mündlichen oder schriftlichen Vollmacht. Sie wirkt nur im erteilten Umfang und ist jederzeit widerruflich.

Beispiel:

Das Zustandekommen eines Kaufvertrags durch Vollmacht.

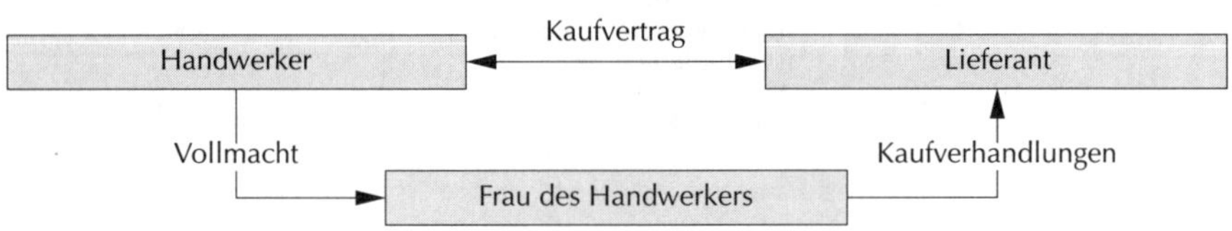

Abbildung 5

Vertretung ohne Vertretungsmacht

Der Vertreter wird aus dem Rechtsgeschäft selbst verpflichtet, wenn er nicht als Vertreter auftritt bzw. dies aus den Umständen nicht erkennbar wird. Gleiches gilt, wenn er ohne Vollmacht im Namen eines anderen einen Vertrag abschließt.

3.1.3 Vertragsrecht

3.1.3.1 Allgemeines Vertragsrecht

Vertragsfreiheiten

Das deutsche Vertragsrecht geht von drei grundsätzlichen Freiheiten aus:

Vertragliche Freiheiten

- **Abschlussfreiheit,** das heißt, die Parteien bestimmen, mit wem sie einen Vertrag abschließen wollen.
- **Inhaltsfreiheit,** das heißt, die Parteien legen, von wenigen Ausnahmen abgesehen, den Inhalt eines Vertrages nach ihren Vorstellungen fest.

- **Formfreiheit,** das heißt, die Parteien entscheiden, von gesetzlichen Formvorschriften (z. B. Schriftform bzw. wo gesetzlich zugelassen, elektronische Form, Textform, notarielle Beglaubigung oder Beurkundung) abgesehen, frei über die Form des Vertragsabschlusses.

Bei Drucklegung dieser Ausgabe zeichnet sich ab: Die Vertragsfreiheit ist bei Massengeschäften (d. h. bei Vertragsabschluss ohne Ansehung der Person) eingeschränkt, wenn Menschen wegen ihrer Rasse, ethnischen Herkunft, Religion oder Weltanschauung, Behinderung, sexuellen Identität, ihres Geschlechts oder Alters benachteiligt werden. Betroffene können Schadenersatz einklagen. Individualverträge unterliegen diesen Einschränkungen jedoch weitgehend nicht.

Allgemeine Geschäftsbedingungen

Treffen die Parteien bei Abschluss eines Vertrages, wie meist, keine Einzelabreden, gelten die Regeln des BGB, die die Interessen der Vertragspartner angemessen wahren. Will eine Partei davon abweichen, wird sie bestrebt sein, eigene Vertragsregeln (allgemeine Geschäftsbedingungen) zur Vertragsgrundlage zu machen.

Beispiel:

Der Verkäufer strebt günstigere Bedingungen zur Kaufpreiszahlung, zur Haftung oder zu den Lieferfristen an.

Vertragsbedingungen

- AGB sind alle für eine Vielzahl von Verträgen vorformulierten Vertragsbedingungen, die eine Vertragspartei (Verwender) der anderen bei Abschluss eines Vertrages einseitig auferlegt.
- AGB liegen dann nicht vor, wenn die Vertragsbedingungen zwischen den Parteien im Einzelnen ausgehandelt werden.

Voraussetzungen für die Gültigkeit von AGB

Anwendungsvoraussetzungen

- Der Verwender muss den anderen Vertragsteil ausdrücklich oder ausnahmsweise durch deutlich sichtbaren Aushang auf die AGB hinweisen; AGB müssen klar und verständlich sein (Transparenzgebot).
- Der andere Vertragsteil muss die Möglichkeit haben, in zumutbarer Weise von den AGB Kenntnis zu nehmen.
- Der andere Vertragsteil muss mit den AGB erkennbar einverstanden sein, zum Beispiel durch Unterschrift.

Liegen alle drei Voraussetzungen für die Gültigkeit von AGB vor, werden die AGB Bestandteil des geschlossenen Vertrages.

Schutzbestimmungen bei Anwendung von AGB:

Weil AGB in der Regel das Gleichgewicht zwischen den Vertragsparteien verändern, enthalten die im BGB integrierten Regelungen der AGB einige Bremsen und Verbote:

- **Überraschende Klauseln,** mit denen der andere Teil nicht rechnen muss, werden nicht Vertragsbestandteil.
- **Unklar abgefasste Klauseln** sind im Zweifel zugunsten des anderen Teils auszulegen.

Verbotene AGB-Klauseln

- **Gegen Treu und Glauben benachteiligende Klauseln** sind unwirksam.
- **Verboten** und damit unwirksam sind **ca. 20 Klauseln,** unter anderem folgende:
  - der Vorbehalt des Verwenders, die Preise auch für solche Waren und Leistungen zu erhöhen, die binnen vier Monaten nach Vertragsabschluss geliefert oder erbracht werden sollen
  - der Ausschluss oder die Begrenzung der Haftung bei Verletzung von Leben, Körper, Gesundheit und bei grobem Verschulden des Verwenders
  - der Ausschluss des Rücktrittsrechts des Kunden bei vom Verwender zu vertretenden Pflichtverletzungen
  - der Ausschluss von Mängelansprüchen bei Kaufverträgen über die Lieferung neuer Sachen und bei Werkverträgen sowie die Vereinbarung einer kürzeren als der gesetzlichen Mängelrügefrist und der gesetzlichen Mängelverjährungsfristen (Ausnahme: die Fristen der insgesamt vereinbarten VOB).

Schutzmaßnahmen gegen rechtswidrige AGB:

Gerichtliche Schutzmaßnahmen

- Verbraucherverbände, Handwerkskammern, Industrie- und Handelskammern oder Innungen können den Verwender auf Unterlassung und Widerruf verklagen.
- Der Betroffene kann vor Gericht die Unwirksamkeit einer Klausel in seinem speziellen Fall klären lassen.

Einzeln ausgehandelte Verträge haben Vorrang vor AGB.

In **Einzel**verträgen kann grundsätzlich alles vereinbart werden, auch wenn es bei Verwendung als AGB rechtswidrig wäre. Grenzen sind in diesem Fall die allgemeinen gesetzlichen Verbote und die guten Sitten.

Ein Vertrag bleibt, auch wenn AGB ganz oder teilweise unwirksam sind, im Übrigen wirksam, es sei denn, das Festhalten am Vertrag ist für eine Partei unzumutbar (siehe oben).

Zustandekommen eines Vertrages

Angebot und Annahme

Ein Vertrag kommt durch zwei Willenserklärungen zustande: Angebot (auch Antrag, Offerte) und Annahme. Voraussetzung ist, dass die Willenserklärungen inhaltlich übereinstimmen.

Erfolgt die Annahme unter Änderungen oder Einschränkungen, gilt das Angebot als abgelehnt, verbunden gleichzeitig mit einem neuen Angebot.

Zustandekommen eines Vertrages

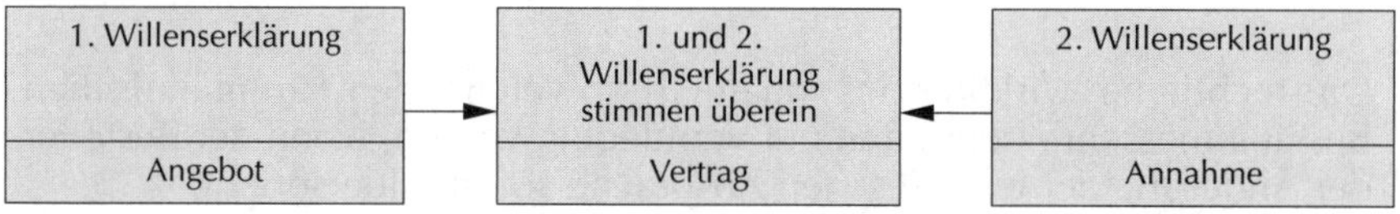

Abbildung 6

Kein Angebot im Sinne eines Vertragsabschlusses sind Werbung, Prospekte, Zeitungsanzeigen, Kataloge, Schaufensterauslagen etc.

Werbung

Sie gelten im Rechtssinne als Aufforderung an einen unbestimmten Kundenkreis, seinerseits dem Anbietenden ein Angebot zum Beispiel zum Kauf des beworbenen Gegenstandes zu unterbreiten.

Bindung an das Angebot

Hat der Anbieter sein Angebot zeitlich befristet, kann die Annahme nur innerhalb der Frist erfolgen. Danach erlischt das Angebot.

Bindungswirkung

Ist das Angebot zeitlich nicht befristet, kommt es für die Bindungswirkung auf den Adressaten an:

- Ein Angebot **unter Anwesenden** kann nur sofort angenommen werden. Als solches gilt auch ein telefonisches Angebot. Schweigen gilt als Ablehnung.
- Ein Angebot **unter Abwesenden** (zum Beispiel schriftlich) bindet den Anbieter so lange, wie er mit einer Antwort üblicherweise rechnen kann. Beförderungs- und Überlegungsfristen sind zu berücksichtigen. Eine zeitliche Befristung des Angebots vermeidet Differenzen.

Erlöschen der Bindungswirkung des Angebots

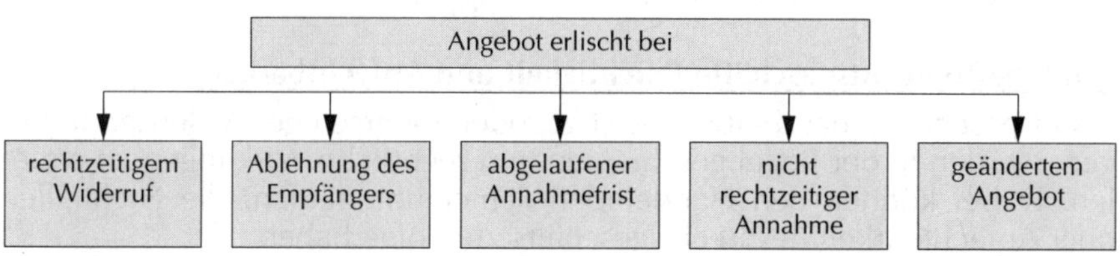

Abbildung 7

Besonderheiten beim kaufmännischen Bestätigungsschreiben:

Bestätigungsschreiben

Ausnahmsweise kommt ein Vertrag auch dann zustande, wenn Angebot und Annahme nicht übereinstimmen.

Beispiel:

Zwei Kaufleute stehen in Geschäftsbeziehungen zueinander. Einer bestellt (Angebot) mündlich eine Maschine zum Preis von 5.000,00 EUR, Zahlungsziel 3 Monate nach Lieferung. Der Lieferant bestätigt (Annahme) dem Besteller schriftlich die telefonische Absprache, lässt aber das Zahlungsziel weg (so genanntes kaufmännisches Bestätigungsschreiben). Der Kaufpreis wird sofort nach Lieferung fällig.

Die rechtliche Wirkung des inhaltlich abweichenden kaufmännischen Bestätigungsschreibens kann nur vermieden werden, wenn der Besteller der Änderung der telefonischen Absprache sofort widerspricht.

Elektronischer Geschäftsverkehr (Informationspflichten)

Dabei wird ein gewerblicher Vertrag über Waren und Dienstleistungen unter Einsatz elektronischer Kommunikationsmittel (z.B. Internet, nicht Telefon, Rundfunk und Telekommunikation) geschlossen.

- Neben den **allgemeinen** Informationspflichten (Name, Anschrift, Kontaktadresse, Preise, Kosten usw.) hat der Unternehmer den Kunden (Verbraucher und Unternehmer) **vor** Abschluss des Vertrages zu **informieren** über
  - die technischen Mittel des Vertragsabschlusses (z.B. Ablauf, Speicherung, Korrektur, Sprache)
  - die vom Anbieter verwendeten Verhaltensrichtlinien.
- **Nach** Vertragsschluss hat er dem Kunden
  - die Vertragsbedingungen in abrufbarer und wiedergabefähiger Form zur Verfügung zu stellen (Vertragstext, AGB)
  - den Eingang der Bestellung dem Kunden unverzüglich auf elektronischem Weg zu bestätigen. Sobald Bestellung und Bestätigung im Internet der jeweiligen Partei abrufähig sind, gelten sie als zugegangen, sind damit wirksam.
- Von den Informationspflichten kann zu Lasten des Kunden nicht abgewichen werden.
- Der Kunde kann bei Verletzung der Informationspflichten je nach Falllage Nachunterrichtung, Schadenersatz oder Unterlassung verlangen, oder wegen Erklärungsirrtum den Vertrag anfechten.

Fehlerhafte Rechtsgeschäfte (Nichtigkeit und Anfechtbarkeit)

Fehlerhafte Rechtsgeschäfte

Rechtsgeschäfte, das heißt einseitige oder mehrseitige Willenserklärungen, werden in der Regel geschlossen, um rechtliche Wirkungen zu erzielen. Dabei können den Handelnden Fehler unterlaufen, die Nichtigkeit oder Anfechtbarkeit des Rechtsgeschäfts zur Folge haben.

Nichtige Rechtsgeschäfte

Wirkungen der Nichtigkeit

Ein nichtiges Rechtsgeschäft entwickelt keine Rechtswirksamkeit. Es ist von Anfang an unwirksam. Jeder kann sich darauf berufen. Die Berufung auf die Nichtigkeit ist an keine Frist gebunden.

Nichtigkeitsgründe bei Rechtsgeschäften

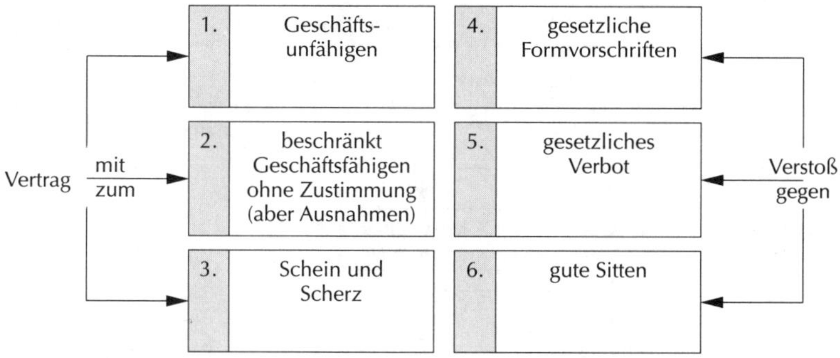

Abbildung 8

Beispiel:

zu 2.: Vertrag mit einem beschränkt Geschäftsfähigen, wenn kein Ausnahmefall, zum Beispiel Taschengeldprivileg, vorliegt oder die Zustimmung des gesetzlichen Vertreters fehlt.
zu 3.: Beurkundung eines Grundstückskaufvertrages mit einem niedrigeren Kaufpreis als der Käufer tatsächlich bezahlt.
zu 4.: Der Kauf eines Grundstücks wird nicht notariell, sondern nur schriftlich abgeschlossen.
zu 5.: Vertrag zum illegalen Erwerb von Rauschgift.
zu 6.: Ein Unternehmer verkauft seinen Betrieb, tatsächlicher Wert 50.000,00 EUR, an einen unerfahrenen jungen Kollegen für 100.000,00 EUR.

Anfechtbare Rechtsgeschäfte

Ein anfechtbares Rechtsgeschäft wird erst mit der Erklärung der Anfechtung nichtig. Nur der Berechtigte kann gegenüber dem Anfechtungsgegner anfechten. Die Anfechtung kann nur binnen der im Gesetz vorgesehenen Anfechtungsfrist erklärt werden. Wirkungen

Gründe und Fristen zur Anfechtung eines Rechtsgeschäfts

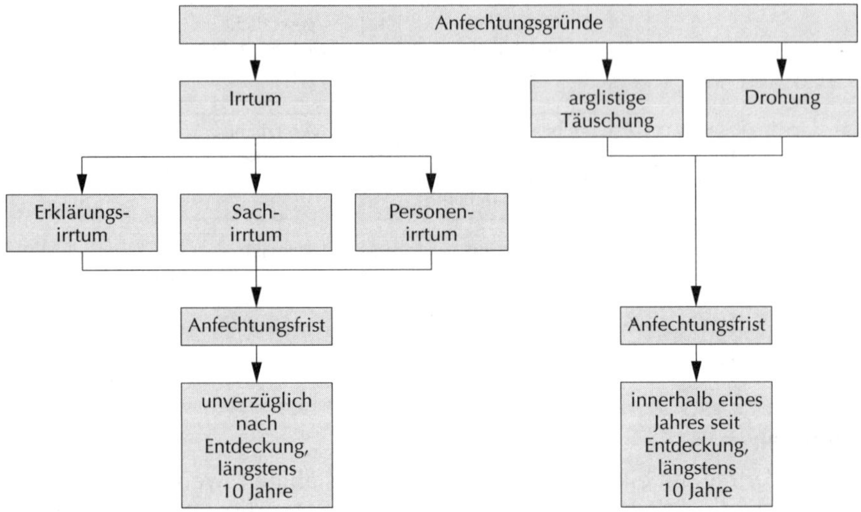

Abbildung 9

Beispiel:

- Erklärungsirrtum: Ein Bäcker bestellt monatlich 30 Sack Mehl. Er verschreibt sich und bestellt stattdessen 300 Sack Mehl. Er kann unverzüglich, das heißt ohne schuldhaftes Zögern, anfechten. Der Lieferant muss 270 Sack Mehl zurücknehmen, die unnötigen Transportkosten trägt der irrende Bäcker.
- Sachirrtum: Der Handwerker mietet einen Werkstattraum zum Lagern von empfindlichen Waren. Später stellt sich heraus, dass dies wegen Feuchtigkeit des Raumes nicht möglich ist. Er kann unverzüglich anfechten.
- Personenirrtum: Ein Fabrikant, der sich als zahlungsfähig ausgibt, erteilt einem Handwerker einen Auftrag, eine teure Maschine zu bauen. Tatsächlich ist der Fabrikant bereits zahlungsunfähig. Der Handwerker hat sich über eine wesentliche Eigenschaft seines Auftraggebers geirrt, er kann unverzüglich anfechten.

Motivirrtum

Der so genannte Motivirrtum (Irrtum im Beweggrund), zum Beispiel Kalkulationsirrtum, berechtigt nicht zur Anfechtung.

Haftung für Erfüllungs- und Verrichtungsgehilfen

Meist setzt der Handwerker bei der Ausführung von vertraglich übernommenen Arbeiten (zum Beispiel Werkverträgen) seine Arbeitnehmer ein. Entsteht dabei ein Schaden, ist zwischen Erfüllungs- und Verrichtungsgehilfen zu unterscheiden:

Erfüllungsgehilfe ist	Verrichtungsgehilfe ist
wer mit Willen des Unternehmers bei der von diesem übernommenen Arbeit tätig ist	wer von einem Unternehmer zu einer Verrichtung bestellt ist, auch wenn diese nicht in Erfüllung einer Vertragsleistung besteht

Abbildung 10

Haftung des Unternehmers

- Für Schäden, die der Erfüllungsgehilfe **bei Ausführung der übernommenen Arbeit** verursacht, haftet der Unternehmer seinem Vertragspartner (Kunden) wie für eigenes Verschulden.
- Für Schäden, die der Erfüllungs- oder Verrichtungsgehilfe (zum Beispiel Geselle) **bei Arbeiten** verursacht, **die er auf eigene Faust ausführt,** haftet der Geselle, nicht der Unternehmer.
- Für Schäden, die der Erfüllungs- oder Verrichtungsgehilfe **infolge unerlaubter Handlungen** anlässlich der Ausführung übernommener Arbeiten verursacht, haftet der Unternehmer nur, wenn er bei der Auswahl des Mitarbeiters nicht die im Geschäftsverkehr erforderliche Sorgfalt beachtet hat.

Erfüllungsort, Erfüllungszeit, Verzug

Für die erfolgreiche Abwicklung eines Vertrages ist von grundlegender Bedeutung, wo (Ort) und wann (Zeit) die Lieferung oder Leistung zu erfolgen hat. Ist hierzu vertraglich nichts vereinbart, gilt die gesetzliche Regelung.

Erfüllungsort

Erfüllungsort

Gesetzlicher Erfüllungsort ist der Ort, an dem der Schuldner seinen Wohnsitz oder seine gewerbliche Niederlassung hat. Das Gericht dieses Orts ist für Klagen gegen den Schuldner zuständig.
Im Übrigen gilt:

- Holschulden — **Sach-**(Waren-)**Schulden** sind Holschulden, das heißt, der Gläubiger muss sie beim Schuldner holen.
- Bringschulden — **Geldschulden** sind Bringschulden bzw. Schickschulden, das heißt, der Schuldner muss dem Gläubiger geschuldetes Geld bringen oder auf seine Kosten schicken.
- Versendungskauf — Ein **Versendungskauf** liegt vor, wenn der Sach-(Waren-)Schuldner die verkaufte Sache auf Verlangen des Gläubigers (Käufers) nach einem anderen Ort als dem Erfüllungsort (Wohnsitz des Schuldners) versendet.
  Mit Übergabe an den Spediteur (Bahn, Post etc.) hat der Schuldner seine Verpflichtung erfüllt, der Gläubiger trägt die Kosten und die Transportgefahr. Anweisungen des Gläubigers hat der Schuldner zu befolgen. Abweichende Vereinbarungen sind möglich, zum Beispiel „frei Haus", das heißt, der Schuldner trägt die Versandkosten, der Gläubiger die Transportgefahr.

Erfüllungszeit

Erfüllungszeit

Gesetzliche Erfüllungszeit:
Fehlt eine Vereinbarung, kann der Gläubiger die Lieferung/Leistung sofort verlangen, der Schuldner sie sofort bewirken.

Der Vertrag ist Zug um Zug, das heißt „hier Ware/Leistung – hier Geld", zu erfüllen. Jede Vertragspartei ist sowohl Gläubiger als auch Schuldner.

Beispiel:

Der Käufer einer Ware ist verpflichtet, diese abzunehmen (Gläubigerpflicht) und den Kaufpreis zu bezahlen (Schuldnerpflicht). Der Verkäufer einer Ware ist verpflichtet, diese zu übergeben (Schuldnerpflicht) und den Kaufpreis anzunehmen (Gläubigerpflicht).

Erfüllt eine Partei (Käufer/Verkäufer) eine Schuldnerpflicht nicht, kommt sie in Leistungsverzug des Schuldners.
Erfüllt eine Partei (Käufer/Verkäufer) eine Gläubigerpflicht nicht, kommt sie in Annahmeverzug des Gläubigers.
Beides hat für den, der sich in Verzug befindet, nachteilige Folgen.

Verzug

Leistungsverzug

Leistungsverzug bei Schuldnerverpflichtung

Erfüllt der Schuldner seine Verpflichtung zur Leistung nicht oder nicht rechtzeitig, kommt er in Verzug.

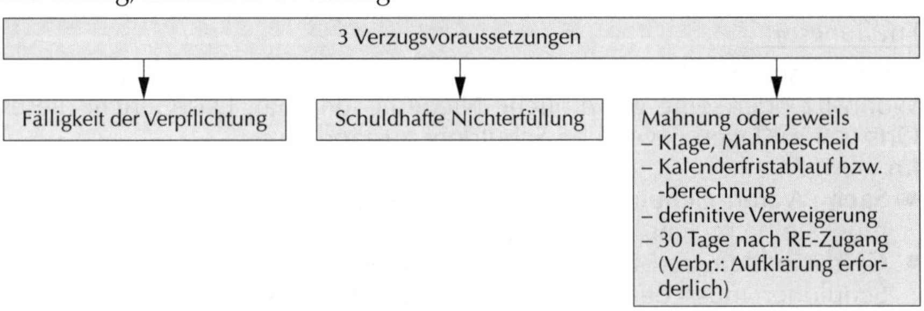

Abbildung 11

Beispiel:

Der Handwerker hat eine Maschine gekauft, die am 1.7. geliefert werden muss. Liefert der Verkäufer nicht spätestens am 1.7., ist er am 2.7. in Verzug. Eine Mahnung ist nicht erforderlich. Üblich ist wiederholte Mahnung.

Variante:

War kein Kalendertermin für die Lieferung bestimmt, kommt der Verkäufer z. B. mit der ersten Mahnung des Handwerkers in Verzug. Aus Beweisgründen sollte die Mahnung schriftlich erfolgen.

Rechtsfolgen bei Nichterfüllung einer Geldforderung

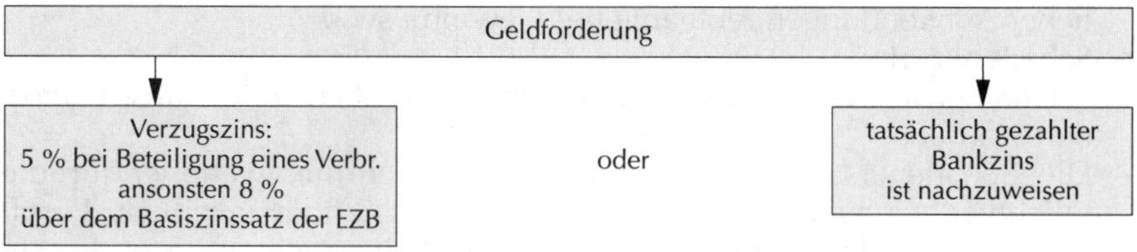

Abbildung 12

Rechtsfolgen bei Nichterfüllung einer sonstigen Verpflichtung

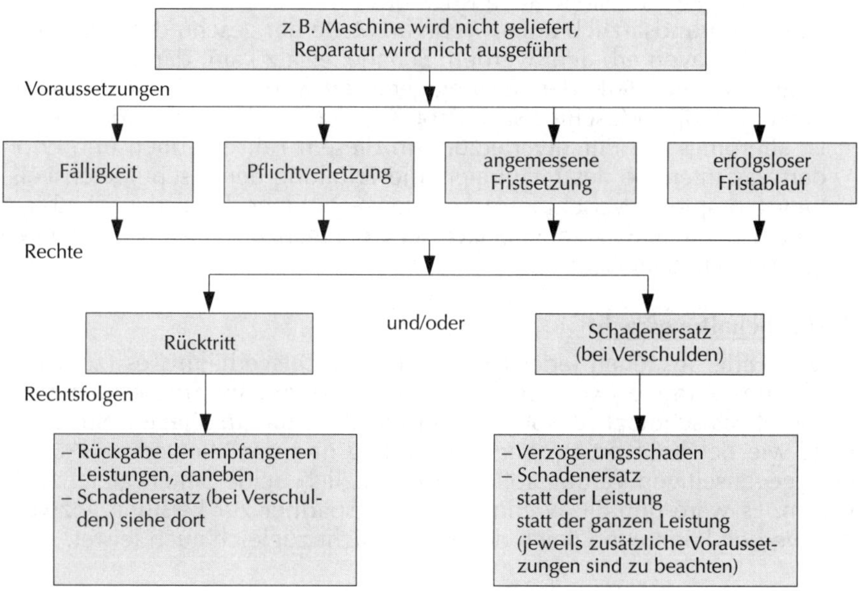

Abbildung 13

- **Allgemein:**
- Der Anspruch des Gläubigers auf Lieferung/Leistung muss fällig sein.
- Unter einer Pflichtverletzung ist jeder Verstoß gegen eine vertragliche oder gesetzliche Pflicht zu verstehen, auch Leistungsverzögerung.
- Der Erfüllungsanspruch hat Vorrang vor Rücktritt und Schadenersatz.
- Es ist daher zunächst grundsätzlich eine angemessene Frist zur Erfüllung der Leistung zu setzen. Entbehrlich ist die Fristsetzung bei einem Fixgeschäft, bei definitiver Leistungsverweigerung des Schuldners oder wegen besonderer Umstände unter Abwägung der Parteiinteressen.
- Erst mit der Erklärung des Rücktritts oder der Forderung von Schadenersatz erlischt der Anspruch auf Erfüllung der Leistung.
- **Rücktritt:**
- Nur erhebliche Pflichtverletzungen berechtigen zum Rücktritt.
- Die Parteien haben bereits empfangene Leistungen zurückzugeben. Ist dies nicht möglich, ist der jeweilige Wert zu ersetzen. In Ausnahmefällen entfällt der Wertersatz.

- Neben dem Rücktritt kann der Gläubiger auch einen vom Schuldner zu verantwortenden Verzögerungsschaden fordern (z.B. Ersatz vergeblicher Aufwendungen, entgangener Gewinn usw.).

- **Schadenersatz:**
  - Schadenersatz kann auch bei unerheblichen Pflichtverletzungen gefordert werden.
  - Die Schadenersatzpflicht trifft den Schuldner nur, wenn er für die Pflichtverletzung verantwortlich (Vorsatz und Fahrlässigkeit) ist. Beruft sich der Schuldner darauf, nicht verantwortlich zu sein, muss er dies im Streitfall beweisen.
  - Bleibt die Lieferung (z.B. Maschine) oder Leistung (z.B. Reparatur) gänzlich aus, kann der Gläubiger statt der Leistung Schadenersatz fordern (z.B. Produktionsausfall, Ersatz einer Vertragsstrafe, fehlgeschlagenes Folgegeschäft, siehe auch Rücktritt).
  - Dies gilt grundsätzlich auch, wenn an Stelle der geschuldeten Leistung nur Teile davon erbracht werden. Schadenersatz kann dann nur für die ausgebliebenen Teile der Leistung gefordert werden, z.B. die gelieferte, funktionsfähige Maschine war nicht vollständig (kleiner Schadenersatz). Ist allerdings die Pflichtverletzung in diesem Fall erheblich und erfordert das Interesse des Gläubigers die Erfüllung der geschuldeten Leistung (komplette Maschine) durch den Schuldner, kann der Gläubiger im Ausnahmefall Schadenersatz statt der ganzen Leistung verlangen (großer Schadenersatz).

Zurückbehaltungsrecht

Zurückbehaltungsrecht

Es gibt Fälle, in denen jeder Partner eines Rechtsverhältnisses (zum Beispiel eines Vertrages) vom anderen etwas fordern kann, diesem aber zugleich etwas schuldet. Besondere Beispiele hierfür sind gegenseitige Verträge wie der Kaufvertrag, der Werkvertrag und der Mietvertrag. Aus einem gegenseitigen Vertrag sollen grundsätzlich beide Seiten gleichzeitig leisten. Es wäre unbillig, wenn ein Vertragspartner zur Leistung gezwungen werden könnte, obgleich der andere nicht zugleich auch leistet.

Voraussetzungen

Schutz gegen eine einseitige Vorleistungspflicht bietet das gesetzliche Zurückbehaltungsrecht.
Das Zurückbehaltungsrecht ist an folgende Voraussetzungen geknüpft:
- Fälligkeit der Gegenleistung und
- ein innerer natürlicher wirtschaftlicher Zusammenhang der Ansprüche.

Liegen diese Voraussetzungen vor, ist der Schuldner berechtigt, die geschuldete Gegenleistung zu verweigern, bis die ihm gebührende Leistung bewirkt ist.

Beispiel:

Ein Hersteller beliefert einen Handwerker, mit dem er in ständiger Geschäftsverbindung steht, fortlaufend mit Waren. Hat der Handwerker bereits gelieferte Waren aus früheren Verträgen noch nicht bezahlt, kann der Hersteller die aus dem letzten Vertrag geschuldeten Warenlieferungen zurückbehalten.

Das Zurückbehaltungsrecht gibt dem Schuldner nur eine Einrede, das heißt, es wird nur beachtet, wenn es der Schuldner geltend macht.

Einrede

Wird die Einrede in einem Prozess erhoben, erfolgt die Verurteilung zur Leistung „Zug um Zug" gegen Empfang der Gegenleistung.

Ausschluss

Das Zurückbehaltungsrecht kann gesetzlich, durch Vereinbarung, aus der Natur des Schuldverhältnisses oder nach Treu und Glauben ausgeschlossen sein.

Beispiel:

Wer selbst vertragsuntreu oder vertraglich vorleistungspflichtig ist oder wer für seinen Gegenanspruch ausreichend Sicherheiten besitzt, hat kein Zurückbehaltungsrecht. Ausgeschlossen ist dieses auch bei Arbeitspapieren, Reisepässen, Führerscheinen, Krankenunterlagen.

Quittung

Die Quittung bestätigt die Bezahlung einer Schuld. Sie ist Beweismittel für die Erfüllung.

Anspruch auf Quittung

Auf Verlangen muss der Gläubiger eine schriftliche Quittung ausstellen. Die Bezahlung an den Überbringer einer Quittung befreit den Schuldner ebenso wie die Bezahlung an den Gläubiger.

Beispiel:

Der Meister schickt den Lehrling nach durchgeführtem Auftrag mit der Quittung zum Kunden. Der Kunde zahlt und erhält die Quittung. Der Lehrling veruntreut das Geld. Der Meister kann nur vom Lehrling, nicht erneut vom Kunden, Zahlung verlangen.

Forderungsabtretung

Forderungsabtretung

Eine Forderung kann vom Gläubiger an einen anderen abgetreten werden. Dieser ist dann neuer Gläubiger des Schuldners. Der Schuldner kann vom Zeitpunkt der Kenntnis der Abtretung eine Zahlung mit befreiender Wirkung nur noch an den neuen Gläubiger leisten.

- Eine Zustimmung des Schuldners zur Forderungsabtretung ist nicht erforderlich.
- Der Schuldner ist von der Abtretung vom alten oder neuen Gläubiger in Kenntnis zu setzen.
- Die dem Schuldner vom alten Gläubiger gewährten Erleichterungen (zum Beispiel Stundung etc.) gelten auch gegenüber dem neuen Gläubiger.

Verjährung

Zwischen Menschen können im Laufe der Zeit vielfältige Forderungen und Ansprüche entstehen. So lange diese nicht erfüllt sind, ist im Rechtssinn der Rechtsfriede zwischen ihnen gestört.

Leistungsverweigerung

Das Institut der Verjährung gibt dem Schuldner unter bestimmten Voraussetzungen ein Leistungsverweigerungsrecht (so genannte Einrede der Verjährung).

Die Verjährung hilft, die mit zunehmendem Zeitablauf entstehende Rechtsunsicherheit bei Durchsetzung von Ansprüchen zu vermeiden und stellt den zwischen den Parteien gestörten Rechtsfrieden wieder her. Erreicht wird dies durch Bereitstellung einer Vielzahl von gesetzlichen Verjährungsfristen, auf die sich der Schuldner berufen kann.

Zweck und Wirkung der Verjährung

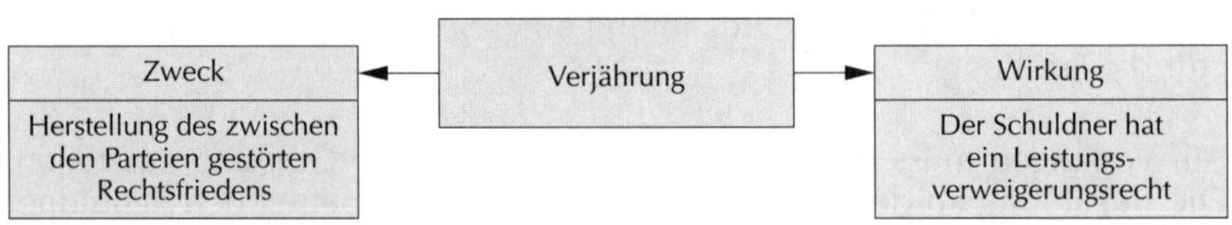

Abbildung 14

Systematik der Verjährungsfristen

Die **Regelverjährung** beträgt grundsätzlich für alle Ansprüche **drei** Jahre. **Ausgenommen** hiervon sind bestimmte Mängelansprüche des Kauf- und Werkvertragsrechts, z.B. **zwei** Jahre für Mängel an **körperlichen Sachen, fünf** Jahre an **Bauwerken. Absolute** Verjährungsfristen von **zehn** Jahren gelten z.B. bei Ansprüchen aus Rechten an einem Grundstück. Nach **30** Jahren tritt absolute Verjährung ein z.B. bei Ansprüchen auf Herausgabe von Eigentum, aus rechtskräftig festgestellten Ansprüchen, aus vollstreckbaren Titeln (Urteil, Vergleich, Urkunden) und auf Schadenersatz wegen Verletzung des Lebens, Körpers, der Gesundheit, Freiheit.

Beginn und Ende der Verjährung

- Die **Regelverjährung** beginnt ab Ende des Jahres nach der Entstehung (Fälligkeit) des Anspruchs **und** Kenntnis bzw. Kennenmüssen (grob fahrlässige Unkenntnis) der Person des Schuldners und der Anspruchsgründe und endet nach drei Jahren.

  Beispiel:

  Ein Kunde erhält seinen reparierten Pkw am 15.7. repariert zurück. Die Verjährung der Werklohnforderung des Kfz-Meisters beginnt am 31.12. um 0.00 Uhr dieses Jahres und endet drei Jahre später am 31.12. um 24.00 Uhr.
- Die **Ausnahmeverjährungsfrist** für körperliche Sach- bzw. Baumängel beginnt jeweils mit der Abnahme der Sache/des Bauwerks und läuft nach zwei bzw. fünf Jahren ab.

Beispiel:

Fertigstellung und Abnahme des reparierten Radios am 15.7. eines Jahres, damit Ende der Frist von zwei Jahren für Mängelansprüche am 15.7. des übernächsten Jahres.

- Die Verjährungsfristen können grundsätzlich durch Rechtsgeschäft verkürzt (nicht aber die Haftung für Vorsatz im Voraus) oder verlängert (nicht aber über 30 Jahre ab Beginn) werden. Besonderheiten sind bei Verbrauchsgüterkauf, AGB und Bauwerksmängeln zu beachten.

Wirkung der Verjährung

- Eine Forderung erlischt nicht mit Ablauf der Verjährungsfrist. Der Schuldner erhält lediglich das Recht, die Erfüllung der Forderung zu verweigern.
- Erfüllt der Schuldner eine bereits verjährte Forderung, kann die Zahlung nicht zurückgefordert werden, weil die Forderung und damit auch die Schuld noch bestand.
- Gerichte berücksichtigen die Verjährung einer Forderung nicht von Amts wegen. Erhebt der Schuldner allerdings die Einrede der Verjährung, muss das Gericht sie berücksichtigen.

Neubeginn und Hemmung der Verjährung

Kann der Schuldner nach Ablauf der Verjährungsfrist die Einrede der Verjährung erheben, fragt sich der Gläubiger, wie er die für ihn negativen Folgen der Verjährung, Verlust seiner Forderung, verhindern kann. Möglichkeiten hierzu bieten ihm der Neubeginn und die Hemmung.

- Neubeginn der Verjährung bedeutet Abbruch der noch laufenden Verjährungsfrist und völliger Neubeginn der ursprünglichen Verjährungsfrist mit dem Abbruchzeitpunkt. (Neubeginn)
- Hemmung der Verjährung hat zur Folge, dass der Zeitraum der Hemmung (zum Beispiel Stundung) in den Lauf der Verjährungsfrist nicht eingerechnet, sondern hintangehängt wird. (Hemmung)

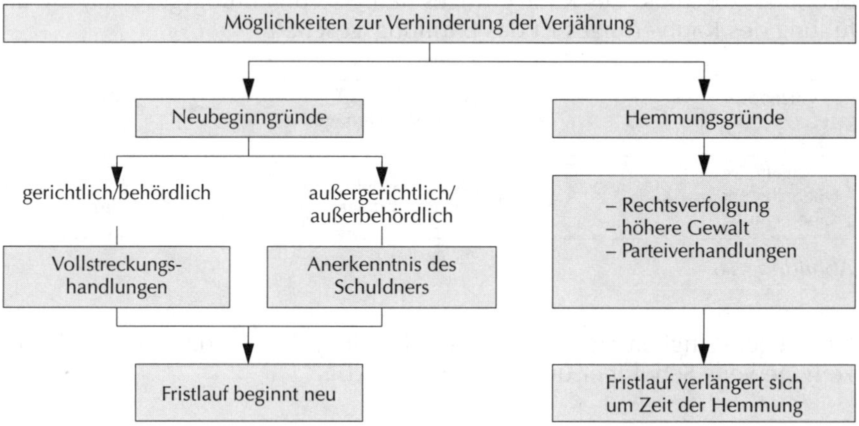

Abbildung 15

3.1.3.2 Kaufvertrag

Allgemeines zum Kaufvertrag

- Parteien

Die Parteien des Kaufvertrages heißen **Verkäufer und Käufer.** Der Kaufvertrag ist ein gegenseitiger Vertrag. Er kommt zustande, wenn die Erklärungen der Parteien, Angebot und Annahme, inhaltlich übereinstimmen.

- Ziel

Übertragung eines Gegenstandes

Ziel des Kaufvertrages ist die **Übertragung (Austausch) eines Gegenstandes** gegen Geld. In erster Linie werden bewegliche und unbewegliche Sachen übertragen, es können aber auch Sachgesamtheiten (Unternehmen) und Rechte (Patente) sein.

- Inhalt

Differenzen zwischen den Parteien bei Abwicklung des Kaufvertrages lassen sich vermeiden, wenn der Inhalt des Vertrages so klar und genau wie irgend möglich geregelt ist, zum Beispiel Gegenstand, Kaufpreis, Erfüllungsort und -zeit, Zahlungsmodalitäten, Vorbehalte, Bedingungen etc.

- Form

Ein Kaufvertrag kann **grundsätzlich in jeder beliebigen Form** geschlossen werden. Schreibt das Gesetz in besonderen Fällen eine bestimmte Form vor, ist diese einzuhalten.

Beispiel:

Der Kauf eines Grundstücks muss notariell beurkundet werden, um rechtswirksam zu sein.

Die Pflichten der Parteien beim Kaufvertrag

Übergabe und Übereignung

Abnahme und Bezahlung

Aufgrund des Kaufvertrages ist der Verkäufer verpflichtet, dem Käufer den verkauften Gegenstand mangelfrei zu übergeben und zu übereignen (Hauptverpflichtung des Verkäufers). Der Käufer ist demgegenüber verpflichtet, den gekauften Gegenstand abzunehmen und zu bezahlen (Hauptverpflichtung des Käufers).
Aus Gesetz und Vertrag können sich weitere Pflichten der Parteien ergeben. Der Abschluss des Kaufvertrages heißt Verpflichtungsgeschäft; die Erfüllung des Kaufvertrages ist das Erfüllungsgeschäft.

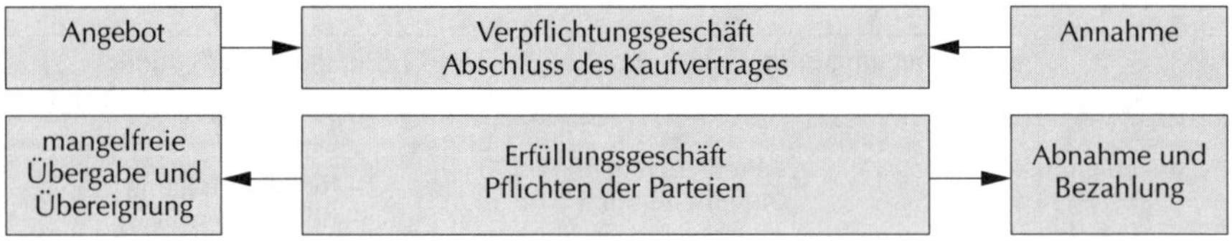

Abbildung 16

Die Gegenseitigkeit des Kaufvertrages bewirkt, dass beide Parteien gleichzeitig jeweils Schuldner und Gläubiger sind.

Beispiel:

Der Verkäufer ist Schuldner der Übergabe und Übereignung der Sache, aber auch Gläubiger hinsichtlich Abnahme und Bezahlung durch den Käufer.
Der Käufer ist Schuldner der Abnahme und Bezahlung, aber auch Gläubiger der Übergabe und Übereignung der Sache durch den Verkäufer.

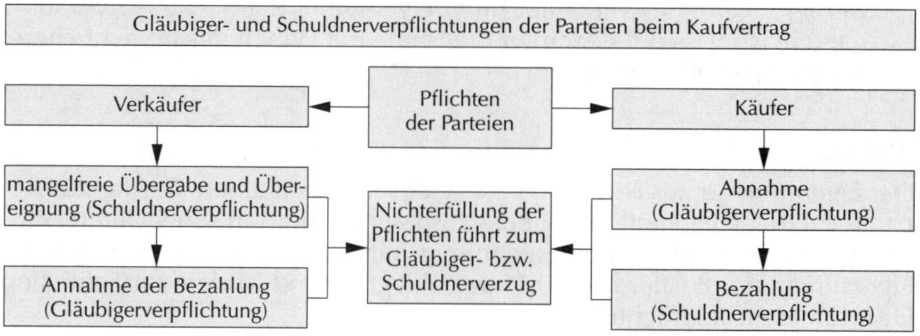

Abbildung 17

Einzelheiten zu den Erfüllungspflichten des Verkäufers

Erfüllungspflichten

Bei der **Übergabe** der Kaufsache an den Käufer ist Folgendes zu beachten:

Übergabe der Kaufsache

- Der Käufer wird Eigentümer der Sache erst mit Übergabe durch den Verkäufer und Einigung über den Eigentumsübergang.
- Die Sache ist am Erfüllungsort dem Käufer zu übergeben. Dies ist gewöhnlich der Wohnsitz oder die gewerbliche Niederlassung des Verkäufers.
- Mit der Übergabe der Sache geht die Gefahr des zufälligen Untergangs und der zufälligen Verschlechterung auf den Käufer über. Der Eintritt dieser Gefahren entbindet ihn nicht von der Pflicht, den Kaufpreis zu bezahlen.

Ersatz der Übergabe

- Die körperliche Übergabe der Sache an den Käufer kann ersetzt werden in vier Fällen:
  - durch Vereinbarung zwischen Verkäufer und Käufer, wenn der Käufer die Sache bereits im Besitz hat, zum Beispiel er ist Mieter der Sache
  - durch Übergabe der Traditionspapiere im Handelsrecht (Seefrachtbrief, Orderlagerschein etc.)
  - durch Abtretung des Herausgabeanspruchs an den Käufer, wenn ein Dritter die Sache im Besitz hat
  - durch Vereinbarung eines Besitzmittlungsverhältnisses zwischen Käufer und Verkäufer, zum Beispiel im Rahmen einer Sicherungsübereignung.

Übereignung

Bei **Übereignung** der Kaufsache an den Käufer gelten folgende Bestimmungen:

- Die Übereignung der Sache erfolgt durch Einigung der Parteien in der Weise, dass die im Eigentum des Verkäufers befindliche Sache in das Eigentum des Käufers übergeht.
- Ausnahmsweise kann der Käufer gutgläubig Eigentum auch dann erwerben, wenn der Verkäufer nicht Eigentümer der Sache ist. Voraussetzung ist, dass der Verkäufer die Sache mit Willen des tatsächlichen Eigentümers erlangt hatte.

Beispiel:

Gutgläubiger Erwerb des Eigentums

Der Eigentümer eines Fernsehgerätes gibt sein Gerät einem Bastler zur Reparatur. Dieser verkauft das Gerät absprachewidrig an einen Interessenten, der den Bastler für den Eigentümer hält. Der Käufer wird gutgläubig Eigentümer, der Bastler begeht Unterschlagung und ist dem tatsächlichen Eigentümer ersatzpflichtig.

- **Erwerb des Eigentums** vor Ablauf der Verjährungsfrist ist jedoch nicht möglich an Sachen, die dem Eigentümer gegen seinen Willen abhanden gekommen sind, zum Beispiel verloren oder gestohlen wurden.

Beispiel:

Ein Radler stellt sein Rad vor einem Geschäft ab. Dort wird es entwendet und vom Dieb an einen gutgläubigen Freund verkauft und übergeben. Der Freund kann nicht Eigentümer werden, weil das Rad dem tatsächlichen Eigentümer gegen dessen Willen abhanden gekommen ist. Dieser kann sein Rad von jedem bis zum Ablauf der Verjährung herausverlangen.

Einzelheiten zu den Erfüllungspflichten des Käufers

Erfüllungspflichten

- Die gegenseitigen Verpflichtungen von Verkäufer und Käufer sind grundsätzlich Zug um Zug zu erfüllen.
- Der Käufer muss daher den Kaufpreis unmittelbar bei Übergabe der Sache bezahlen.
- Der Käufer ist verpflichtet, die Sache abzunehmen. Der Verkäufer kann ihn erforderlichenfalls hierauf verklagen.
- Der Verkäufer hat bei Nichtabnahme der Sache durch den Käufer die Möglichkeiten des Annahmeverzugs des Gläubigers.

Mängel

Haftung des Verkäufers für Sach- und Rechtsmängel

Der Verkäufer haftet dem Käufer auch dafür, dass die Sache beim Gefahrübergang (i.d. R. Übergabe) mangelfrei ist.

Sachmangel

- Ein **Sachmangel** liegt vor, wenn die Sache
  - nicht die **vereinbarte** Beschaffenheit hat oder
  - ohne Beschaffenheitsvereinbarung sich nicht eignet für die **vertraglich vorausgesetzte** Verwendung oder
  - ohne Beschaffenheits- und Verwendungszweckvereinbarung sich nicht eignet für die **gewöhnliche** (übliche oder nach Art der Sache vom Käufer zu erwartende) Verwendung.

Rechtsmangel

- Ein **Rechtsmangel** liegt vor, wenn ein **Dritter** Rechte (außer den ihm vertraglich eingeräumten) in Bezug auf die Sache geltend machen kann. Die Ausführungen über Sachmängel gelten im Wesentlichen auch für Rechtsmängel.

Beispiel:

Ein Sachmangel liegt nach dem Gesetz vor, wenn etwas anderes oder eine zu geringe Menge als vereinbart geliefert wird.

Beispiel:

Wird bei einem Kaufvertrag über einen Altbau dessen Beschaffenheit als Einfamilienhaus aus dem Jahr 1955, modernisiert und repariert, vereinbart, liegt ein Sachmangel vor, wenn später die Hauselektrik versagt.

Zu den Eigenschaften der **gewöhnlichen Verwendung** zählen auch öffentliche Äußerungen des Verkäufers oder des Herstellers insbesondere in der Werbung, aber auch Montageanleitungen, außer der Verkäufer kannte diese oder deren öffentliche Berichtigung nicht bzw. die Sache wurde fehlerfrei montiert.

Haftung für Mangelfreiheit

Haftungsausschlüsse

- Der Verkäufer haftet dem Käufer grundsätzlich dafür, dass die Sache bei Gefahrübergang frei von Sach- und Rechtsmängeln ist.
- Der Verkäufer haftet aber nicht für unsachgemäßen Gebrauch, natürlichen Verschleiß, Abnutzung oder unbegrenzte Haltbarkeit der Sache.
- Ebenso haftet der Verkäufer nicht, wenn der Käufer den Mangel bei Vertragsabschluss kennt oder grob fahrlässig (außer der Verkäufer täuscht arglistig oder garantiert die Beschaffenheit der Sache) nicht kennt.

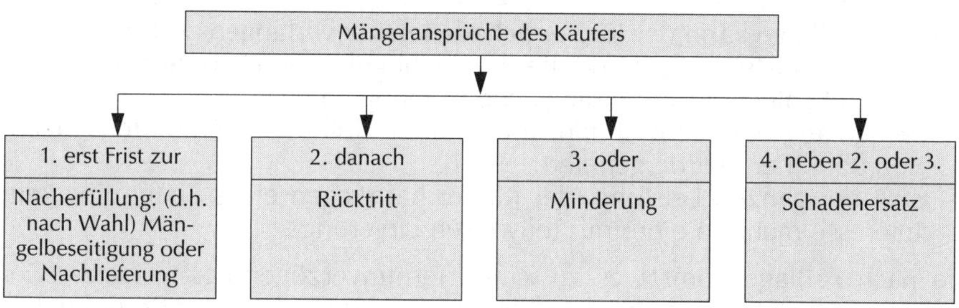

Abbildung 18

Einzelheiten zu den Mängelansprüchen

Das Folgende gilt auch für den Kauf von Verbrauchsgütern, soweit keine Sonderregelung besteht (siehe besondere Arten des Kaufs).

Nacherfüllung

- **Nacherfüllung**

Der Käufer einer mangelhaften Sache kann zunächst eine **angemessene Frist** setzen und vom Verkäufer **Nacherfüllung** verlangen. Dabei hat er die Wahl zwischen Mangelbeseitigung oder Nachlieferung einer mangelfreien Sache. Erhält der Käufer im Zuge der Nacherfüllung eine mangelfreie Sache, muss er dem Verkäufer die mangelhafte Sache zurückgeben und Wertersatz (z. B. Wert der Benutzung) für den Gebrauchsvorteil leisten.

Der Verkäufer kann die vom Käufer jeweils gewählte Nacherfüllung verweigern, wenn sie unmöglich ist oder unverhältnismäßig Kosten verursacht. Ist die Nacherfüllung erfolglos (z.B. zwei Fehlversuche zur Mängelbeseitigung) oder wird sie vom Verkäufer verweigert, hat der Käufer die weiteren Mängelansprüche.

Rücktritt

- **Rücktritt**

Erfüllt der Verkäufer innerhalb der ihm gesetzten angemessenen Frist oder aus vorgenannten Gründen nicht nach, verletzt er eine sonstige **erhebliche** Pflicht aus dem Kaufvertrag, kann der Käufer vom Vertrag zurücktreten. Eine Fristsetzung ist entbehrlich, wenn der Verkäufer die Leistung ernsthaft und endgültig verweigert, wenn ein Fixgeschäft oder besondere Umstände vorliegen, die unter Interessenabwägung der Parteien den sofortigen Rücktritt rechtfertigen. Mit Erklärung des Rücktritts kann der Käufer nicht mehr Nacherfüllung oder Minderung verlangen.

Minderung

- **Minderung**

Anstatt des Rücktritts kann der Käufer nach erfolgloser Fristsetzung zur Nacherfüllung, auch bei **unerheblichen** Pflichtverletzungen (z.B. Mängel), den Kaufpreis mindern. Der Kaufpreis ist in der Regel um den wirtschaftlichen Wert der Beeinträchtigung herabzusetzen.

Schadenersatz

- **Schadenersatz wegen Mängel**

kann der Käufer statt, aber auch neben Rücktritt oder Minderung verlangen. Voraussetzung ist zunächst, dass der Verkäufer für eine vertragliche **Pflichtverletzung** (Mangel, Verzug, Unmöglichkeit, Unvermögen, Verschulden bei Vertragsschluss, Übernahme einer Garantie usw.) **verantwortlich** ist. Der Anspruch umfasst alle Schäden am Gegenstand selbst, aber auch alle Folgeschäden. Zusätzlich muss der Käufer dem Verkäufer **vorher** (Ausnahmen siehe oben) erfolglos eine **angemessene Frist** zur **Nacherfüllung** eingeräumt haben.

Je nach Falllage kann der Käufer **Schadenersatz** verlangen, z. B.:
- statt der Leistung (der Verkäufer hat nicht geleistet, ist in Verzug)
- wegen Schlechtleistung (die Sache ist mangelhaft)
- wegen ausgebliebener Teilleistung (nur ein Teil der vereinbarten Anzahl von Bauteilen wurde geliefert)
- statt der ganzen Leistung (der Käufer hat wegen eines Fixtermins kein Interesse mehr an einer nur teilweisen Lieferung).

Je nach Falllage kommt es zu Zins-, Terminverzögerungs-, Ersatz-, Gewinnausfall- oder Deckungskaufkosten, die der Käufer unter Berücksichtigung weiterer gesetzlicher Anforderungen als Schaden verlangen kann.

Vorrang der Nacherfüllung

- Nur ein Mangel am Kaufgegenstand begründet Mängelansprüche.
- Der Käufer kann zunächst nur Nacherfüllung in Form der Mängelbeseitigung oder Nachlieferung fordern. Hierfür muss er eine angemessene Frist setzen.
- Die zum Zweck der Nacherfüllung erforderlichen Aufwendungen (z. B. Transport-, Wege-, Arbeits-, Materialkosten) trägt der Verkäufer.
- Andere als die gesetzlichen Mängelanspruchsrechte (z. B. Gutschrift) muss der Käufer nicht akzeptieren.
- Der Käufer kann statt oder neben Rücktritt oder Minderung Schadenersatz verlangen.
- Ausschluss oder Einschränkung von Mängelansprüchen sind (ausgenommen z. B. arglistig verschwiegene Mängel, Übernahme einer Eigenschaftsgarantie, Verjährung für Baumaterialien, Verbrauchsgüterkauf) grundsätzlich zulässig.

Schadenersatz

Dispositive Mängelansprüche

Verjährung der Mängelansprüche

Als Geschäfte des täglichen Lebens unterliegen Mängelansprüche aus Kaufverträgen kurzen Verjährungsfristen. Rücktritt und Minderung können nur so lange gefordert werden, wie der Nacherfüllungsanspruch nicht verjährt ist.

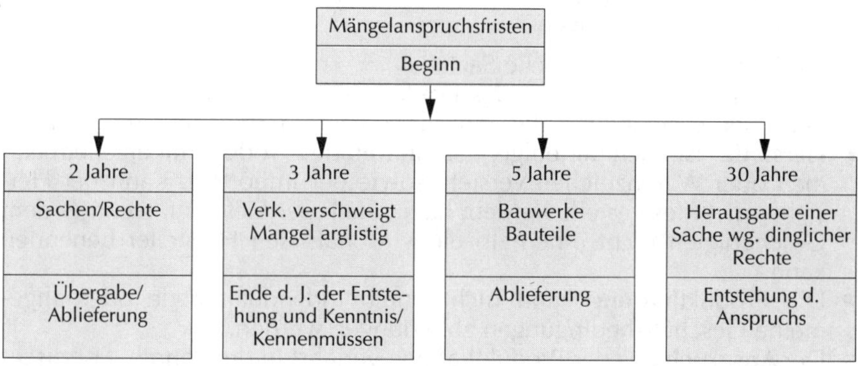

Abbildung 19

Handelskauf

Beim Handelskauf (Kauf ist für beide Teile ein Handelsgeschäft) muss der Käufer die Ware unverzüglich prüfen und erkannte Mängel unverzüglich rügen, um sich die Mängelansprüche zu erhalten.

Beispiel:

Ein Autohändler kauft Reifen beim Großhändler. Er muss diese unverzüglich prüfen und erkannte Mängel unverzüglich rügen.

Bauwerke

Bauteile

- Bauwerke sind Neubauten, bereits errichtete Bauwerke und Renovierungs- und Umbauarbeiten an diesen.
- Bauteile sind alle Einbauteile, die fest mit dem Gebäude verbunden werden.
- Der Mangel am Bauteil muss ursächlich sein für den Mangel am Bauwerk.

Produkthaftung

Zwischen dem Hersteller einer Ware und dem Verbraucher bestehen in der Regel keine unmittelbaren vertraglichen Beziehungen. Daher scheiden für Schäden, die dem Verbraucher infolge Fehlerhaftigkeit (Entwicklungs-, Konstruktions-, Fabrikations-, Instruktions- und Produktionsbeobachtungsfehler) eines verwendeten Produkts entstehen, Ansprüche aus Gewährleistung aus. Hier hilft dem Verbraucher das **Produkthaftungsgesetz.** Danach haftet der Hersteller eines fehlerhaften Produkts verschuldensunabhängig für alle durch dieses Produkt verursachten Körper- und Gesundheitsschäden. Wird eine Sache beschädigt, haftet der Hersteller nur, wenn eine **andere** Sache als das fehlerhafte Produkt beschädigt wird. Entsprach das Produkt zum Zeitpunkt, als es in den Verkehr gebracht wurde, den geltenden Rechtsvorschriften oder konnte der Fehler nach dem Stand der Wissenschaft und Technik nicht erkannt werden, ist eine Ersatzpflicht des Herstellers ausgeschlossen. Sachbeschädigungen bis zu 575,00 EUR (Bagatellgrenze) hat der Geschädigte selbst zu tragen.

Produkthaftungsgesetz

Ausschluss der Ersatzpflicht

- **Produkt** ist jede bewegliche Sache.
- Ein **Fehler** liegt vor, wenn das Produkt nicht die Sicherheit bietet, die unter Berücksichtigung aller Umstände von ihm erwartet werden kann.
- **Hersteller** ist auch derjenige, der ein fremdes Produkt mit eigenem Namen oder Warenzeichen versieht sowie der Importeur. Kann der Hersteller nicht festgestellt werden, haftet auch der Lieferant, wenn er dem Geschädigten nicht innerhalb eines Monats den Hersteller benennen kann.
- Die Produkt**haftung** kann nicht durch Individualabrede oder allgemeine Geschäftsbedingungen abbedungen werden.
- Der **Anspruch** aus der Produkthaftung verjährt in drei Jahren. Er erlischt zehn Jahre nach Inverkehrbringen des Produkts.

Besondere Arten des Kaufs

Eintrittsrecht

- **Vorkauf**

Der Eigentümer einer Sache oder eines Grundstücks räumt vertraglich dem Vorkaufsberechtigten das Recht ein, zu den gleichen Bedingungen in den Kaufvertrag einzutreten, den er (der Eigentümer) über das Verkaufsobjekt mit einem Dritten abschließt. Der Berechtigte übt das Vorkaufsrecht durch formlose Erklärung gegenüber dem Eigentümer aus. Der Kauf kommt zu den mit dem Dritten ausgehandelten Bedingungen zustande.

- **Verbrauchsgüterkauf**

Kauft ein Verbraucher von einem Unternehmer eine **bewegliche** Sache (Verbrauchsgüterkauf), sind ergänzend zum Kaufrecht Besonderheiten zu beachten. Ausgenommen sind gebrauchte Sachen, die während einer öffentlichen Versteigerung verkauft werden.

Erfasst werden nur Kaufverträge über bewegliche Sachen zwischen einem Verkäufer, der im Rahmen seiner beruflichen oder gewerblichen Tätigkeit **Verbrauchsgüter** verkauft, und einem privaten Verbraucher als Käufer. Für Kaufverträge zwischen Unternehmern oder zwischen Verbrauchern oder Verbrauchern und Unternehmern gilt das allgemeine Kaufrecht.

Verbrauchsgüter

Wichtige Besonderheiten:
- Vertragliche Vereinbarungen oder Umgehungsmaßnahmen, die die Mängelansprüche des Käufers (ausgenommen Schadenersatz) **ausschließen** oder **einschränken,** sind unwirksam. Gleiches gilt für die auf einer Pflichtverletzung beruhende Haftung für Körperschäden.
- Eine zum Nachteil des Verbrauchers von den **gesetzlichen Verjährungsfristen abweichende Vereinbarung** ist unwirksam. Für **gebrauchte** Sachen ist eine Abkürzung auf ein Jahr zulässig. Im Gebrauchtwagen-/-warenhandel ist daher ein Ausschluss der Mängelansprüche zur Gänze nicht mehr möglich. *(Abweichung)*
- Garantieerklärungen müssen einfach und verständlich sein, den Verbraucher auf seine Rechte hinweisen und ihn über Inhalt und Beanspruchung der Garantie aufklären. *(Garantieerklärungen)*
- Zeigt sich ein Sachmangel innerhalb von sechs Monaten seit Übergabe der Kaufsache, wird gesetzlich vermutet, dass die Sache bereits zu diesem Zeitpunkt mangelhaft war. Der Käufer hat dies, abweichend vom allgemeinen Kaufrecht, nicht zu beweisen. *(Beweislastumkehr)*
- Wird der Letztverkäufer wegen eines Herstellungsmangels einer **neuen** Kaufsache vom Käufer in Anspruch genommen, gibt ihm das Gesetz vereinfachte **Rückgriffsrechte** gegen seinen Lieferanten. Er kann alle Nacherfüllungskosten (Transport, Wege, Arbeit, Material) fordern, es gilt die Beweislastumkehr und das Nacherfüllungsbegehren entfällt. Die Verjährung seiner Mängelansprüche tritt ein frühestens zwei Monate nach Erfüllung der Ansprüche des Verbrauchers (spätestens fünf Jahre, nachdem der Lieferant die Sache geliefert hat). *(Rückgriffsrechte)*

- **Verbraucherdarlehensvertrag**

Unter diesen Schutzbereich fallen **Darlehensverträge** mit Verbrauchern (über netto 200,00 EUR) und mit natürlichen Personen, die damit, z.B. im Handwerk, eine Existenz gründen (bis netto 50.000,00 EUR). Erfasst werden z.B. auch **Teilzahlungs-** (Zahlungsaufschub von mehr als drei Monaten), **Finanzierungsleasing-** und **Ratenlieferungsverträge** (Teillieferung einer Gesamtheit von Sachen gegen Teilzahlung, regelmäßige Lieferung von Sachen gleicher Art, wiederkehrender Bezug von Sachen). Für diese Verträge gelten folgende Besonderheiten:

- Sie sind schriftlich abzuschließen; Formmängel führen zur Nichtigkeit. *(Schriftform)*
- Es sind anzugeben: Nettodarlehensbetrag, Art und Weise der Rückzahlung, Zinssatz und Kosten, effektiver Jahreszins, Versicherungskosten; dem Verbraucher ist eine Abschrift der Vertragserklärung zur Verfügung zu stellen. *(Inhaltsangaben)*
- Teil- und Abzahlungsverträge müssen zusätzlich enthalten: Bar- bzw. Teilzahlungspreis, Betrag und Fälligkeit der einzelnen Teilzahlungen.

Widerrufsrecht

- Der Verbraucher kann ohne Begründung den Vertrag binnen zwei Wochen seit Aushändigung der Widerrufsbelehrung in Textform widerrufen. Der Widerruf gilt als nicht erfolgt, wenn er das Darlehen binnen zwei Wochen seit Widerruf bzw. Auszahlung nicht zurückzahlt.

Tilgungszahlung

- Tilgungszahlungen werden in dieser Rangfolge verrechnet: Kosten der Rechtsverfolgung, Hauptschuld, Zinsen.

Kündigung

- Das Darlehen ist kündbar, wenn der Verbraucher mit mindestens zwei Folgeraten im Verzug ist, die 10 % (bei Laufzeit über drei Jahre 5 %) des Darlehensnennbetrages ausmachen.

- **Fernabsatzverträge**

Inhalt der Regelung im BGB ist es, die verschiedenen Verbraucherschutzbestimmungen (z. B. Haustürgeschäfte, Verbraucherdarlehens-, Finanzdienstleistungsverträge) zu koordinieren, um den Verbraucher vor irreführenden und aggressiven Unternehmerverkaufsmethoden im **Fernabsatz** (z. B. Telefon, Fax, Internet) zu schützen.

Personeller Geltungsbereich

- **Verbraucher** ist jede natürliche Person, die Rechtsgeschäfte zu privaten Zwecken, **Unternehmer** ist jede natürliche oder juristische Person und jede rechtsfähige Personengesellschaft, die Rechtsgeschäfte im Rahmen ihrer **gewerblichen** oder **selbstständigen beruflichen Tätigkeiten** abschließt.

Sachlicher Geltungsbereich

- Erfasst werden Verträge über Waren und Dienstleistungen (ausgenommen u. a. die Errichtung von Bauwerken), die der Unternehmer im Fernabsatz **ausschließlich** mittels eines **organisierten Vertriebs- bzw. Dienstleistungssystems** mit einem Verbraucher schließt. Darunter fallen z. B. Briefe, Kataloge, Telefonate, Kopien, E-Mails, Radio-, Tele- und Mediendienste.

Unternehmerpflichten

- Der Unternehmer hat **vor** Abschluss eines Fernabsatzvertrages eine Reihe von **unabdingbaren Pflichten.** Er muss den Verbraucher z. B. informieren über die Identität des Lieferanten, den Preis, wesentliche Eigenschaften der Ware oder Dienstleistung, Einzelheiten der Zahlung und das Widerrufsrecht. Diese Informationen müssen auf einem dauerhaften Datenträger (z. B. Urkunde oder andere lesbare Form) fixiert sein und vom Verbraucher jederzeit abgerufen werden können. Der Zugang der Bestellung muss dem Verbraucher unverzüglich bestätigt werden.

Widerrufsrecht des Verbrauchers

- Der Verbraucher kann den Vertrag (ausgenommen z. B. Individualverträge) binnen **zwei Wochen,** beginnend mit der Erfüllung der Informationspflicht des Unternehmers, **in Textform widerrufen** oder bei Waren diese zurücksenden. Das Widerrufsrecht erlischt spätestens sechs Monate nach Vertragsschluss bzw. nach Eingang der bestellten Ware beim Verbraucher. Anstelle des Widerrufsrechts kann bei Warenlieferungen ein Rückgaberecht eingeräumt werden. Hat der Verbraucher nicht alle Informationen bei Verträgen über Finanzdienstleistungen ordnungsgemäß erhalten, besteht unbegrenztes Widerrufsrecht. Der Vertrag wird bei fristgemäßem Widerspruch rückabgewickelt.

3.1.3.3 Werkvertrag

Allgemeines zum Werkvertrag

Parteien

- Parteien

Die Parteien des Werkvertrages heißen **Besteller** (auch Auftraggeber, Kunde) **und Unternehmer** (auch Auftragnehmer, Handwerker).

- Zweck

Zweck

Der Werkvertrag ist ein gegenseitiger Vertrag, durch den der Unternehmer zur **Herstellung des versprochenen Werkes** und der Besteller zur Entrichtung der vereinbarten Vergütung verpflichtet wird. Anders als beim Dienstvertrag wird nicht nur eine Tätigkeit oder Leistung, sondern ein Erfolg geschuldet.

Beispiel:

Nach Ausführung einer Dachreparatur muss das Dach dicht sein.

- Inhalt

Inhalt

Es liegt im Interesse der Parteien, den Inhalt des Vertrages so klar und genau wie möglich zu bestimmen, zum Beispiel Beschreibung des Werkes, Ausführungsfristen, Werklohn, Zahlungsmodalitäten, Anwendung technischer Vorschriften, Bedingungen, Vorbehalte etc.

- Form

Form

Das BGB sieht für den Werkvertrag **keine besondere Form** vor. Die meisten Werkverträge werden daher mündlich geschlossen. Aus Beweisgründen ist bei Aufträgen größeren Umfangs dringend Schriftform anzuraten.

- **Abgrenzung zwischen Werkvertrag und Kaufvertrag**

Das **Kaufrecht** ist anzuwenden auf alle Verträge, die die **Lieferung** herzustellender oder zu erzeugender **beweglicher Sachen** zum Gegenstand haben. Nicht maßgeblich ist, ob der Unternehmer oder der Besteller das Material hierfür stellen. Liefert der Unternehmer vertretbare Sachen (nach Maß, Zahl und Gewicht bestimmbar), z. B. Brote, findet hierauf das Kaufrecht Anwendung.

Das **Werkvertragsrecht** erfasst im Wesentlichen die **Herstellung von Bauwerken** und die **Herstellung, Wartung und Veränderung** von **beweglichen und unbeweglichen** (körperlichen) **Sachen** – jeweils mit den zugehörigen Planungs- und Überwachungsarbeiten sowie die **Herstellung nicht körperlicher Werke** (Pläne, Gutachten usw.).

Pflichten der Parteien beim Werkvertrag

- Der Unternehmer ist verpflichtet, das Werk mangelfrei herzustellen. Einschließlich einer Reihe von Nebenverpflichtungen, zum Beispiel Beratungs-, Verkehrssicherungs-, Verwahrungspflichten etc., hat er das mangelfrei hergestellte Werk dem Besteller zu übergeben.
- Der Besteller hat den vereinbarten Werklohn zu bezahlen und das mangelfrei hergestellte Werk abzunehmen.

Werklohn

Vorleistungspflicht

- Der Unternehmer ist nach dem BGB vorleistungspflichtig. Für in sich abgeschlossene Teile des Werkes sowie für erforderliche Stoffe und Bauteile kann der Unternehmer für die ordnungsgemäß erbrachte Leistung jedoch **Abschlagszahlungen** verlangen. Der Anspruch setzt voraus, dass der Besteller an diesen Eigentum oder Sicherheit erhält.
- Wurde keine Preisvereinbarung zwischen den Parteien getroffen, gilt die übliche Vergütung als vereinbart. Bei Differenzen hilft ein Sachverständiger.

- Wurde ein Preis vereinbart, ist die Mehrwertsteuer enthalten, wenn sich aus dem Vertrag nichts anderes ergibt.
- Der Besteller ist zur Abnahme des mangelfrei hergestellten Werkes verpflichtet. Er kann die Abnahme wegen unwesentlicher Mängel nicht verweigern. Weigert sich der Besteller trotz Abnahmepflicht, gilt das Werk nach Ablauf einer vom Unternehmer gesetzten Frist als abgenommen.

Wirkung der Abnahme

- Die Abnahme hat folgende Wirkungen:
  - Die Vergütung wird fällig. Auch der Subunternehmer kann für das von ihm hergestellte Werk Vergütung vom Hauptunternehmer verlangen, sobald dieser vom Besteller dafür die Vergütung erhalten hat. Hat der Hauptunternehmer dem Besteller wegen Mängel des Werkes Sicherheit geleistet, hat der Subunternehmer den Vergütungsanspruch nur, wenn er dem Hauptunternehmer entsprechend Sicherheit leistet.
  - Die Verjährung der Mängelansprüche beginnt.
  - Die Mängelansprüche für bekannte, nicht vorbehaltene Mängel gehen unter.
  - Die Beweislast für das Vorliegen von Mängeln geht auf den Besteller über. (Beweislast)
  - Die Preisgefahr geht auf den Besteller über, d. h., wird das Werk ohne Verschulden der Parteien beschädigt oder zerstört, hat der Besteller den Werklohn dennoch zu bezahlen. (Preisgefahr)
  - Der Besteller kann im Übrigen zur Behebung von Mängeln nach Abnahme mindestens das Dreifache der Mängelbeseitigungskosten zurückbehalten.
- Der Abnahme steht es gleich, wenn ein Gutachter dem Unternehmer die Fertigstellung des mangelfreien Werkes bescheinigt. Mit dieser Bescheinigung (Urkunde) kann der Unternehmer im Urkundenprozess rasch einen Vollstreckungstitel gegen einen zahlungsunwilligen Besteller einklagen.

Haftung des Unternehmers für Sach- und Rechtsmängel

Der Unternehmer ist verpflichtet, das bestellte Werk mangelfrei herzustellen.

Sachmangel

- Ein **Sachmangel** liegt vor, wenn das Werk
  - nicht die vertraglich **vereinbarte Beschaffenheit** hat oder
  - ohne Beschaffenheitsvereinbarung sich nicht eignet für die **vertraglich vorausgesetzte Verwendung** oder
  - ohne Beschaffenheits- und Verwendungszweckvereinbarung sich nicht eignet für die **gewöhnliche** (übliche oder nach der Art des Werkes zu erwartende) **Verwendung.**

Ein **anderes Werk** oder eine **zu geringe Menge** stehen einem Sachmangel gleich.

Rechtsmangel

- Ein **Rechtsmangel** liegt vor, wenn ein Dritter Rechte am Werk geltend machen kann (z. B. Eigentum, Urheberrecht, gewerbliche Schutzrechte).

Mängelansprüche des Bestellers

Mängelansprüche

Weist das Werk Mängel auf, kann der Besteller, ähnlich wie beim Kaufvertrag, auf den verwiesen wird, **Mängelansprüche** geltend machen. Der Besteller kann **Rücktritt** oder **Minderung** neben Schadenersatz erst verlangen, nachdem er dem Unternehmer eine angemessene Frist zur Beseitigung des Mangels (Nacherfüllung, Selbstvornahme) gesetzt hat.

Abbildung 20

Einzelheiten zu den Mängelansprüchen beim Werkvertrag:

Nacherfüllung

- **Nacherfüllung, Selbstvornahme**

Zunächst kann der Besteller nur verlangen, dass der Unternehmer einen Mangel innerhalb einer angemessenen Frist beseitigt. Der Unternehmer hat ein Recht auf Nacherfüllung, d. h. Mängelbeseitigung oder Neuherstellung. Lässt der Besteller ohne Grund den Mangel anderweitig nacherfüllen, verliert er die Mängelansprüche. Welche Frist angemessen ist, hängt von den Umständen des Einzelfalles ab.

Beispiel:

Ist eine Heizung bei –25 °C defekt, wird die Frist wegen der drohenden Schadensgefahr nur wenige Stunden betragen.

Eine **Nacherfüllung** kann der **Unternehmer ablehnen,** wenn
- sie unzumutbar ist, z. B. der Lieferant des Unternehmers hat den Mangel allein verschuldet
- die Kosten der Nacherfüllung unverhältnismäßig hoch sind.

- **Selbstvornahme, Rücktritt, Minderung**

Selbstvornahme

Der **Besteller** kann den Mangel **selbst beseitigen,** wenn die dem Unternehmer gesetzte angemessene Frist zur Nacherfüllung abgelaufen ist. Sofortige Selbstvornahme kommt in Betracht bei eindeutiger Verweigerung der Nacherfüllung, fehlgeschlagener oder unzumutbarer Nacherfüllung oder bei Termingeschäften.

Rücktritt

Minderung

Behebt der Unternehmer einen erheblichen Mangel innerhalb der ihm gesetzten angemessenen Frist (aber Frist in bestimmten Fällen entbehrlich, siehe oben) nicht, ist der Besteller zum **Rücktritt** berechtigt. Sobald er dies fordert, ist die Nacherfüllung ausgeschlossen. Alternativ kann der Besteller die Vergütung unter den Voraussetzungen des Rücktritts angemessen **mindern.** Dies gilt auch bei einem unerheblichen Mangel.

Schadenersatz

- **Schadenersatz** wegen mangelhaftem Werk

kann der Besteller auch neben Rücktritt oder Minderung verlangen, wenn der Unternehmer den Mangel zu vertreten hat, z. B. eine ihm vom Besteller gesetzte angemessene Nacherfüllungsfrist erfolglos verstreichen lässt. Der Schaden kann **am Werk selbst** (eigentlicher **Mangelschaden),** aber auch an **anderen Rechtsgütern** des Bestellers (Mangel**folge**schaden) entstehen. Beim eigentlichen **Mangelschaden** kann der Besteller wählen, ob er
- das Werk behält und Ersatz für den durch den Mangel verursachten Schaden (Minderwert) verlangt oder
- das Werk zurückweist und Ersatz des durch die mangelhafte Erfüllung des Vertrages entstandenen gesamten Schadens verlangt.

- Zunächst kann der Besteller grundsätzlich nur Nacherfüllung verlangen. Der Unternehmer hat ein Recht auf Nacherfüllung.
- Für die Nacherfüllung ist eine angemessene Frist zu setzen.
- Fordert der Besteller anschließend Rücktritt oder Minderung und daneben Schadenersatz, ist der Nacherfüllungsanspruch ausgeschlossen.

Verjährung der Mängelansprüche

Verjährung

Auch die Mängelansprüche des Werkvertrages (Nacherfüllung, Selbstvornahme, Schadenersatz) unterliegen kurzen Verjährungsfristen, die vom Besteller zu beachten sind. Rücktritt und Minderung sind nur möglich, so lange der Nacherfüllungsanspruch nicht verjährt ist.

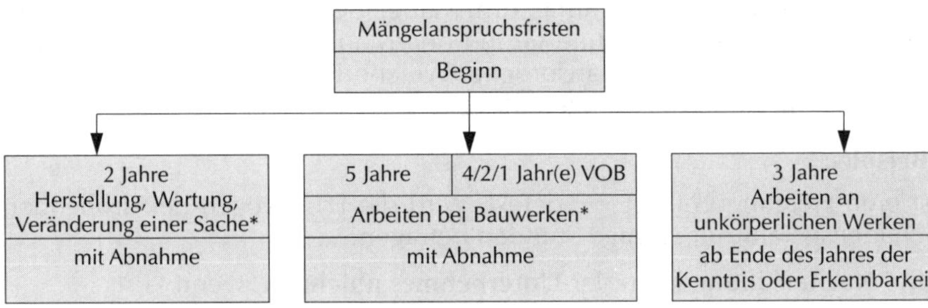

*auch Planungs- und Überwachungsarbeiten hierfür

Abbildung 21

- Die kurzen Verjährungsfristen beginnen mit der Abnahme der Sache, bzw. des Bauwerks, ansonsten ab Ende des Jahres der Kenntnis oder Erkennbarkeit.
- Die Verjährung kann durch rechtzeitige geeignete Maßnahmen neu beginnen oder gehemmt werden.
- Die Abnahme kann offiziell zwischen den Parteien oder auch durch Ingebrauchnahme des Werkes erfolgen.
- Arbeiten an Bauwerken sind solche zur Herstellung, Erneuerung sowie für den wesentlichen Bestand bedeutsamen Arbeiten, zum Beispiel alle Neubau-, aber auch Renovierungs- und Sanierungsarbeiten, inklusive Planungsarbeiten hierfür.

- Die Parteien können im Baubereich die **Vergabe- und Vertragsordnung** für **Bauleistungen (VOB;** drei Teile: A Vergabe-, B Ausführungs-, C technische Bestimmungen) vereinbaren. Es handelt sich hierbei um AGB (Teil B, C).

VOB-Vorzüge

Für den Handwerker bietet die **VOB** vor allem folgende **Vorzüge:**
- Die Verjährungsfrist bei Bauwerken beträgt vier Jahre, für Arbeiten an einem Grundstück und an vom Feuer berührten Teilen von nicht industriellen (industrielle: 1 Jahr) Feuerungsanlagen, für maschinelle, elektrotechnische, elektronische Anlagen oder Teile davon, wenn dem Handwerker die Wartung nicht übertragen worden ist, zwei Jahre.

- Abschlagszahlungen für Teilleistungen können auch ohne besondere Vereinbarung gefordert werden.
- Die fertig gestellte Bauleistung gilt zwölf Werktage nach schriftlicher Mitteilung an den Besteller als abgenommen, wenn nichts anderes vereinbart ist.
- Der Handwerker kann schriftlich kündigen, wenn der Besteller eine fällige Zahlung nicht leistet oder sonst in Verzug ist.

Kostenvoranschlag beim Werkvertrag

Will der Kunde wissen, welche Kosten auf ihn zukommen, erstellt der Unternehmer häufig eine Berechnung der voraussichtlich entstehenden Kosten. Nach der jeweiligen Verbindlichkeit lassen sich drei Typen unterscheiden mit unterschiedlicher Auswirkung auf den Werklohn und die Vertragsabwicklung: Kostenvoranschlag

- Kostenäußerung
- unverbindlicher Kostenvoranschlag
- verbindlicher Kostenvoranschlag.

- Von einer bloßen Kostenäußerung spricht man, wenn die Preise vage, ohne jede Verbindlichkeit genannt werden. Kostenäußerung
- Der übliche Kostenvoranschlag enthält Worte wie „ca., etwa, ungefähr, unverbindlich" etc. Die Rechtsprechung lässt hier ohne Mitteilung an den Besteller eine Kostenüberschreitung von 10 bis 20 % zu (unerhebliche Überschreitung). Eine erhebliche Kostenüberschreitung ist dem Besteller rechtzeitig mitzuteilen. Dieser kann dann wählen: Unverbindlicher Kostenvoranschlag

entweder	Weiterarbeit	→	und Bezahlung der Mehrkosten
oder	Kündigung	→	und Abrechnung der bisher geleisteten Arbeit.

  Unterlässt der Unternehmer, was in der Praxis häufig ist, die rechtzeitige Mitteilung der Mehrkosten, ist er dem Besteller zum Schadenersatz verpflichtet. Er hat den Besteller so zu stellen, wie er bei rechtzeitiger Anzeige und darauf folgender Kündigung stehen würde.

- Legen die Parteien den verbindlichen Kostenvoranschlag der Preisgestaltung des Werkvertrages zugrunde (Festpreis), sind Mehrforderungen ohne Einwilligung des Bestellers ausgeschlossen. Das Risiko höherer Kosten trägt in diesem Falle der Unternehmer. Verbindlicher Kostenvoranschlag
- Die Erstellung eines Kostenvoranschlages durch den Unternehmer ist im Zweifel kostenfrei (Ausnahmen: Kosten werden vereinbart oder der Kostenvoranschlag ist ein eigener Auftrag).
- Nachträgliche, zusätzliche Aufträge können auch beim verbindlichen Kostenvoranschlag gesondert abgerechnet werden.

Kündigung des Werkvertrages durch den Besteller

Der Werkvertrag kann vom Besteller vor Vollendung des Werkes jederzeit gekündigt werden. Der Besteller muss, macht er davon Gebrauch, die gesamte vereinbarte oder übliche Vergütung bezahlen. Abzuziehen ist hiervon allerdings Kündigung

- was der Unternehmer an Material und Löhnen erspart und
- was der Unternehmer durch anderweitige Verwendung seiner Arbeitskraft erwirbt oder zu erwerben böswillig unterlässt.

Sicherung der Werklohnforderung des Unternehmers

Das BGB verpflichtet den Unternehmer, bis zur Abnahme des Werkes durch den Besteller vorzuleisten. Der Unternehmer hat daher ein besonderes Bedürfnis, seine Werklohnforderung abzusichern. Vorrangig hat er folgende Sicherungsmöglichkeiten:

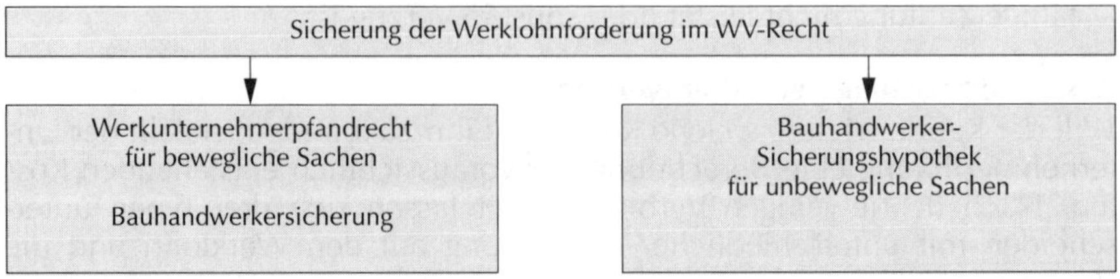

Abbildung 22

Werkunternehmerpfandrecht

Einzelheiten zum Werkunternehmerpfandrecht:

- Es entsteht nur an beweglichen Sachen des Bestellers, die pfändbar sind.
- Die Sachen müssen dem Besteller gehören.
- Das Pfandrecht entsteht ohne besondere Abrede kraft Gesetzes mit Abschluss des Werkvertrages.

Zurückbehaltungsrecht
Verwertungsrecht

- Der Unternehmer ist aufgrund des Pfandrechts berechtigt, die Sache bis zur Bezahlung des Werklohnes zurückzubehalten.
- Der Unternehmer kann die Pfandsache bei Nichtzahlung durch gerichtliche Versteigerung verwerten. Voraussetzung ist die Fälligkeit seiner Forderung und die Setzung einer Zahlungsfrist (zum Beispiel ein Monat) unter gleichzeitiger Androhung, dass er die Pfandverwertung betreiben wird.

Beispiel:

Der Informationstechniker hat ein Gerät des Kunden repariert, die Fertigstellung mitgeteilt und die Rechnung gestellt. Der Kunde zahlt nicht, holt das Gerät nicht ab. Die Mahnung beachtet der Kunde nicht (Verzug). Reagiert der Kunde auf die nun folgende Fristsetzung mit Versteigerungsandrohung nicht, kann der Handwerker das Gerät nach Ablauf der Frist gerichtlich versteigern lassen und aus dem Erlös seinen Werklohnanspruch decken.

- Achtung: Gibt der Unternehmer die Pfandsache auch ohne Bezahlung dem Besteller heraus, erlischt das Pfandrecht.

Sicherungshypothek

Einzelheiten zur Bauhandwerkersicherungshypothek:

- Sie entsteht nur an unbeweglichen Gegenständen (Grundstücke), die dem Besteller gehören.
- Sie entsteht nicht kraft Gesetzes, sondern nur mit Einwilligung des Bestellers.
- Weigert sich der Besteller, die Sicherungshypothek freiwillig auf seinem Grundstück eintragen zu lassen, kann der Unternehmer auf Bewilligung klagen und zur Sicherung der Rangstelle eine Vormerkung im Grundbuch eintragen lassen.

- Einzelheiten zur **Bauhandwerkersicherung:** Für die zu erbringenden Vorleistungen und dazugehörigen Nebenforderungen (z. B. Verzugszinsen) kann der Unternehmer vom Besteller die Leistung einer Sicherheit verlangen. Sicherheitsleistung
  Die Sicherheit kann bis zur Höhe des voraussichtlichen Vergütungsanspruchs verlangt werden, sie kann auch durch eine Garantie oder ein sonstiges Zahlungsversprechen eines Kreditinstituts oder Kreditversicherers geleistet werden. Leistet der Besteller die Sicherheit trotz vorheriger angemessener Fristbestimmung nicht, ist der Unternehmer berechtigt, seine Leistung zu verweigern. Wird der Werkvertrag wegen der verlangten Sicherheit vom Besteller gekündigt, kann der Unternehmer für den erlittenen Schaden 5 % der Vergütung ersetzt verlangen. Hat der Besteller Sicherheit geleistet, besteht daneben kein Anspruch auf Einräumung einer Sicherheitshypothek.

Bei Drucklegung dieser Auflage zeichnet sich im Rahmen eines Forderungssicherungsgesetzes eine bessere gesetzliche Sicherung u. a. für Handwerkerforderungen ab.

3.1.3.4 Miet- und Pachtvertrag

Grundsätzliches zum Mietvertrag

- Parteien

Parteien

Die Parteien des Mietvertrages heißen **Vermieter und Mieter.**

- Zweck

Zweck

Die Miete ist ein gegenseitiger Vertrag, durch den sich der Vermieter verpflichtet, dem Mieter den **Gebrauch einer Sache** (beweglich und unbeweglich) für die Dauer der Mietzeit gegen Entgelt zu überlassen.

- Form

Form

Der Mietvertrag ist **grundsätzlich formfrei.** Mietverträge über Wohnraum und Grundstücke mit einer Laufdauer über einem Jahr sind schriftlich abzuschließen.

- Pflichten

Pflichten

Der Vermieter ist verpflichtet, die Mietsache dem Mieter in geeignetem Zustand zu überlassen und während der Mietzeit in diesem Zustand zu erhalten. Er haftet für Mietmängel nach Gewährleistungsregeln.
Der Mieter ist verpflichtet, die vereinbarte **Miete** rechtzeitig zu **bezahlen** und die Mietsache pfleglich zu behandeln.

Beispiel:

- Die Parteien treffen in der Regel eigene Vereinbarungen über die Mietsache. Diese haben grundsätzlich Vorrang vor den gesetzlichen Mietbestimmungen, die aber dann gelten, wenn keine Vereinbarungen getroffen werden.
- **Schönheitsreparaturen** (zum Beispiel: Streichen und Tapezieren, Wände, Decken, Boden, Türen etc.) trägt nach dem Gesetz der Vermieter. In der Praxis sind sie jedoch vertraglich auf den Mieter übertragen.

Schönheitsreparaturen

- Der Mieter darf die Mietsache nur zu dem vertragsgemäßen Gebrauch benutzen. Für jede Abweichung ist die Zustimmung des Vermieters erforderlich.
- Eventuelle Schäden hat der Mieter alsbald dem Vermieter mitzuteilen.

Kauf bricht nicht Miete

- „Kauf bricht nicht Miete", das heißt, ein Erwerber der Mietsache tritt in alle Verpflichtungen des bisherigen Vermieters ein.
- Mit Ablauf der Mietzeit ist die Mietsache in vertragsgemäßem Zustand zurückzugeben.

Beendigung des Mietverhältnisses

Mietverhältnisse können durch Zeitablauf, ordentliche oder außerordentliche fristlose Kündigung und einvernehmliche Aufhebung beendet werden. Vertragliche Kündigungsvereinbarungen haben Vorrang vor gesetzlichen Kündigungsfristen.

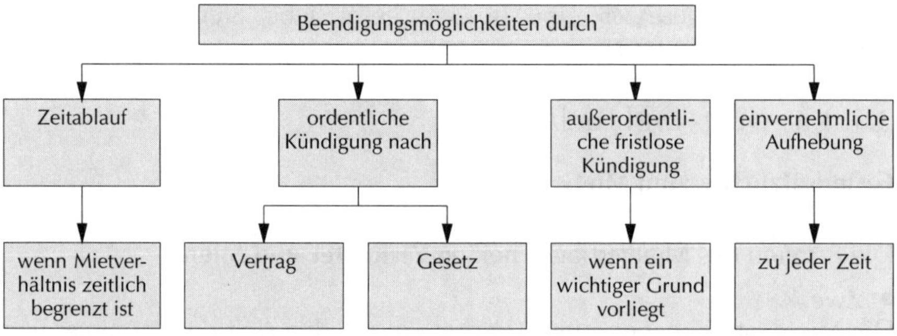

Abbildung 23

Gesetzliche Kündigungsfristen bei Mietverträgen

Sie gelten, wenn die Parteien vertraglich die Kündigung nicht individuell geregelt haben. Je nach Mietsache und Zeitraum der Mietzinszahlung sind folgende Fristen für eine ordentliche Kündigung zu beachten:

Mietobjekt	Tagesmietzins	Wochenmietzins	Monatsmietzins oder länger	Besonderheiten
Bewegliche Sachen	jeder Tag zum Ablauf des folgenden Tages	spätestens 3. Tag vor Ende des Mietvertrages	=	

Unbewegliche Sachen, z. B. Grundstücke, Räume, Schiffe	"	1. Werktag der Woche für den Ablauf des folgenden Sonnabends	spätestens 3. Werktag eines Kalendermonats zum Ablauf des übernächsten Monats (= 3. Mo.)	– unbebaute Gewerbegrundstücke – registrierte Schiffe: … zum Ablauf des Kalendervierteljahres
Geschäftsräume			spätestens am 3. Werktag eines Kalendervierteljahres für den Ablauf des nächsten Kalendervierteljahres zulässig	
Wohnungen			spätestens am 3. Werktag eines Kalendermonats zum Ablauf des übernächsten Monats	Für den Vermieter gilt: Verlängerung der Kündigungsfrist nach 5 und 8 Jahren Mietdauer um jeweils drei Monate
Möblierte Zimmer	"	"	spätestens am 15. des Monats für den Ablauf desselben Monats	

Mieterschutz, Vermieterschutz

- Die Mieter, vor allem von **Geschäftsräumen,** sind gesetzlich kaum geschützt. Ihnen sind dringend vertragliche Schutzvereinbarungen (zum Beispiel Vertragsdauer, Kündigungsfristen) zu empfehlen.
  Für Mieter von **Wohnräumen** gelten demgegenüber vielfältige gesetzliche Schutzvorschriften, zum Beispiel Verlängerung des Mietverhältnisses um jeweils drei Monate nach einer Mietdauer von 5 und 8 Jahren, wenn der Vermieter kündigt. Überdies kann der Mieter der Kündigung des Vermieters widersprechen und Fortsetzung des Mietverhältnisses verlangen, wenn die Beendigung des Mietvertrages für ihn eine nicht zu rechtfertigende Härte bedeuten würde.
- Der Vermieter hat zur Absicherung der Mietzinsforderung ein gesetzliches Pfandrecht an den eingebrachten, dem Mieter gehörenden Sachen. Weitere Voraussetzung ist, dass diese Sachen pfändbar sind.

Gesetzliches Pfandrecht

Beispiel:

Möbelstücke, Geräte, Maschinen, Werkzeuge, die der Mieter zum Leben oder zum Broterwerb benötigt, sind unpfändbar. Luxusgegenstände, zum Beispiel Bilder, Teppiche, Silber, sind dagegen pfändbar und unterliegen daher dem gesetzlichen Vermieterpfandrecht.
Der Vermieter kann die Entfernung dieser Mietersachen notfalls mit Gewalt verhindern, eventuell im Wege der Nacheile (bei Auszug des Mieters) zurückholen.

Grundsätzliches zum Pachtvertrag

Parteien

- Parteien

Die Parteien des Pachtvertrages heißen **Verpächter und Pächter.**

Zweck

- Zweck

Durch den Pachtvertrag (gegenseitiger Vertrag) wird der Verpächter verpflichtet, dem Pächter gegen Zahlung des Pachtzinses den **Gebrauch und die Nutzung des gepachteten Gegenstandes** (Sachen, Rechte) während der Pachtzeit zu gewähren.

Form

- Form

Der Pachtvertrag ist **grundsätzlich formfrei.** Pachtverträge über Grundstücke mit längerer Laufzeit als ein Jahr sind schriftlich abzuschließen.

Pflichten

- Pflichten

Der Verpächter ist verpflichtet, das Pachtobjekt zum Gebrauch und zur Nutzung zu überlassen und zu erhalten.
Der Pächter ist verpflichtet, den vereinbarten Pachtzins rechtzeitig zu bezahlen und das Pachtobjekt pfleglich zu behandeln.

Besonderheiten des Pachtvertrages gegenüber dem Mietvertrag

- Die Parteien können die Kündigungsfrist vertraglich vereinbaren.

Gesetzliche Kündigungsfrist

- Die gesetzliche Kündigung von Grundstücken und Räumen ist, wenn nichts anderes vereinbart ist, nur für den Schluss eines Pachtjahres zulässig. Die Kündigung muss spätestens am 3. Werktag des Halbjahres erklärt werden, mit dessen Ablauf die Pacht endet.
- Wird ein Grundstück mit Inventar verpachtet, muss der Pächter für die Erhaltung der Pachtstücke sorgen. Der Verpächter muss Pachtstücke ersetzen, die ohne Verschulden des Pächters unbrauchbar werden.

3.1.3.5 Bürgschaft

Die Bürgschaft ist ein Vertrag, durch den sich der Bürge gegenüber dem Gläubiger verpflichtet, für die Erfüllung der Verbindlichkeit eines Dritten (Schuldner) einzustehen.

Beteiligte

Beteiligt am Bürgschaftsverhältnis sind drei Personen: Gläubiger, Schuldner, Bürge.

Beispiel:

A kauft eine Maschine bei B, die A nicht sofort bezahlen kann. B fordert von A eine Sicherheit. A überredet seinen Freund C, für die Bezahlung der Maschine zu bürgen. A ist Schuldner, B ist Gläubiger, C ist Bürge. Es bestehen zwei Verträge: Kaufvertrag zwischen A und B, Bürgschaftsvertrag zwischen B und C.

Das Bürgschaftsverhältnis beim Kaufvertrag

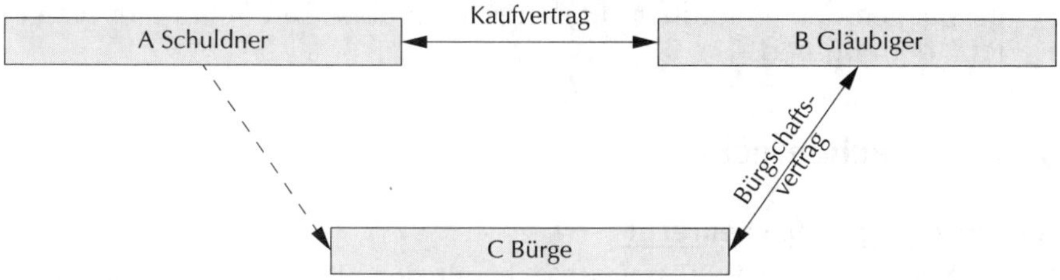

Abbildung 24

Form der Bürgschaftserklärung, Pflichten des Bürgen, besondere Arten der Bürgschaft

- Form

Form

Zur Gültigkeit des Bürgschaftsvertrages ist die **schriftliche Erteilung der Bürgschaftserklärung** gegenüber dem Gläubiger erforderlich. Bei Kaufleuten und Handwerkern, die im Handelsregister eingetragen sind, genügt die mündliche Bürgschaftserklärung.

- Pflichten des Bürgen

Erfüllt der Schuldner seine Verbindlichkeit gegenüber dem Gläubiger nicht, muss der Bürge zahlen. Er kann allerdings alle dem Schuldner gegen die Forderung zustehenden Einreden, zum Beispiel Verjährung etc., geltend machen. Insbesondere kann er die Befriedigung des Gläubigers verweigern, so lange nicht der Gläubiger die Zwangsvollstreckung gegen den Schuldner ohne Erfolg versucht hat (Einrede der Vorausklage). Die **Einrede der Vorausklage** ist jedoch in folgenden Fällen ausgeschlossen:

Einrede der Vorausklage

- Über das Vermögen des Schuldners wurde das Insolvenzverfahren eröffnet.
- Der Schuldner hat im Inland keinen Wohnsitz oder Aufenthalt.
- Der Bürge hat eine selbstschuldnerische Bürgschaft übernommen.

- Arten

Die **selbstschuldnerische Bürgschaft** entsteht, wenn der Bürge auf die Einrede der Vorausklage verzichtet. Die Bürgschaft eines Vollkaufmanns ist stets selbstschuldnerisch. Bei der **Ausfallbürgschaft** haftet der Bürge nur

Selbstschuldnerische Bürgschaft

Ausfallbürgschaft

für den Teil der Forderung, der dem Gläubiger trotz Wahrnehmung aller rechtlichen Möglichkeiten ausfällt.

- Für die Höhe der Verpflichtung des Bürgen ist der Bestand der Verbindlichkeit des Schuldners maßgeblich.
- Die Bürgschaft erlischt mit der Verbindlichkeit des Schuldners, zum Beispiel Erfüllung, Aufrechnung, Erlass.
- Der Bürge kann dem Gläubiger alle Einreden entgegenhalten, die der Schuldner hat, zum Beispiel Verjährung.
- Befriedigt der Bürge den Gläubiger, geht die Forderung des Gläubigers gegen den Schuldner auf den Bürgen über. Der Schuldner haftet jetzt dem Bürgen.

3.1.4 Sachenrecht

Allgemeines zum Sachenrecht

Das Schuldrecht des BGB befasst sich mit den Rechtsbeziehungen zwischen Personen, das Sachenrecht (3. Buch des BGB) regelt dagegen überwiegend die Rechtsbeziehungen zwischen Personen und Sachen. Das Schuldrecht bietet die Möglichkeit, Verträge weitgehend frei zu gestalten, **im Sachenrecht gelten die strengen gesetzlichen Regelungen.** Die wichtigsten Begriffe im Sachenrecht sind Besitz, Eigentum, bewegliche und unbewegliche Sachen, Grundbuch, Grundpfandrechte etc., die auch für die Absicherung von Forderungen grundlegende Bedeutung haben.

3.1.4.1 Besitz, Eigentum

Im Sprachgebrauch wird meist nicht genau zwischen diesen Begriffen unterschieden. Man spricht vom Hausbesitzer und meint den Hauseigentümer. Das Gesetz ist jedoch präziser.

Besitz
Eigentum

- Besitz ist die tatsächliche Herrschaft einer Person über eine Sache.
- Eigentum ist das umfassende Recht einer Person an einer Sache.

Erläuterung:
Dem Eigentümer gehört die Sache rechtlich, der Besitzer hat nur die tatsächliche Gewalt über die Sache.
Der Eigentümer kann über die Sache nach Belieben verfügen, der Besitzer ist an die Vorgaben des Eigentümers gebunden.

Beispiel:

Besitzer einer Sache sind Mieter, Entleiher, Pächter, Finder, auch der Dieb. Eigentümer sind andere Personen.

Bewegliche und unbewegliche Sachen (Grundstücke)

Sachen im Sinne des Gesetzes sind alle körperlichen Gegenstände. Sie können beweglich oder unbeweglich sein.

- Bewegliche Sachen sind solche, die nicht Grundstücke oder Bestandteile von Grundstücken sind. Die Unzahl von beweglichen Sachen erlaubt nur eine negative Abgrenzung. Vereinfacht ausgedrückt sind es Sachen, die bewegt werden können.

Bewegliche Sachen

Beispiel:

Möbel, Geräte, Waren, Kleidung etc.
Auch Schiffe und Flugzeuge sind eigentlich bewegliche Sachen, werden aber zum Teil wie Grundstücke behandelt.

- Unbewegliche Sachen sind Grundstücke, Bestandteile von Grundstücken und grundstücksgleiche Rechte.

Unbewegliche Sachen

Beispiel:

Bebaute, unbebaute Grundstücke, Immobilien, Erbbaurecht.

Übertragung von Besitz und Eigentum

- Besitz wird übertragen durch Verschaffung der tatsächlichen Gewalt über die Sache.
- Eigentum an einer beweglichen Sache wird übertragen durch Einigung der Parteien und Übergabe (eventuell Übergabeersatz, siehe Kaufrecht).
- Eigentum an einer unbeweglichen Sache wird übertragen durch Einigung (Auflassung) und Eintragung im Grundbuch. Die Auflassung erfolgt bei gleichzeitiger Anwesenheit der Parteien vor dem Notar.

Besitzübertragung
Eigentumsübertragung

Grundbuch

Das Grundbuch gibt verbindlich Auskunft über die Rechtsverhältnisse an einem Grundstück. Jedes Grundstück wird auf einem eigenen Blatt im Grundbuch des Amtsgerichts geführt, in dessen Bezirk das Grundstück gelegen ist. Jedes Grundbuchblatt hat drei Abteilungen.

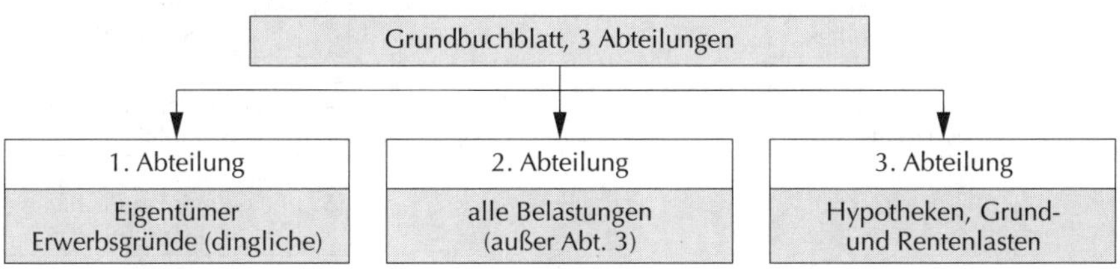

Abbildung 25

Nießbrauch

Der Eigentümer von Sachen (beweglichen und unbeweglichen), Rechten und Vermögen kann einem anderen (Nießbraucher) die Nutzziehung aus diesen Gegenständen ganz oder zum Teil einräumen. Der Nießbrauch ist grundsätzlich nicht übertragbar und nicht vererbbar.

Nießbrauch

Beispiel:

Ein Bäckermeister überträgt das Eigentum an seiner Wohnanlage auf seine Kinder. Die Einkünfte aus der vermieteten Wohnanlage sollen seinen Lebensunterhalt decken. Zu seinen Gunsten wird ein Nießbrauchsrecht im Grundbuch eingetragen.

3.1.4.2 Sicherungsrechte

Zweck und Übersicht

Sicherung von Forderungen

Der Mensch schließt im täglichen Leben unablässig Rechtsgeschäfte der verschiedensten Art. Daraus ergeben sich für ihn nicht nur Rechte, sondern auch Verpflichtungen. Bei deren Abwicklung wird eine höchstmögliche persönliche Sicherheit angestrebt. Der Einzelne hat es in der Hand, rechtzeitig durch geeignete vertragliche Vereinbarungen vorzusorgen. Unterstützt wird er dabei vom Gesetzgeber, der eine Reihe von gesetzlichen Sicherungsrechten bereitstellt. Sicherungsrechte lassen sich nach der Entstehungsform (vertraglich, gesetzlich) und nach der Art der Sicherheit (Personen, Sachen) unterscheiden.

Sicherungsrechte nach der Form der Entstehung

Die wichtigsten Sicherungsrechte (SR) und ihre Entstehungsform:

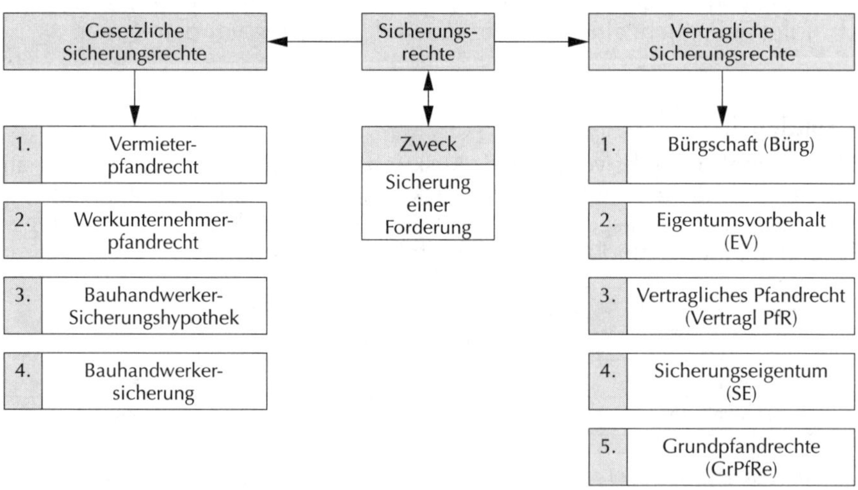

Abbildung 26

Sicherungsrechte nach der Art der Sicherheiten

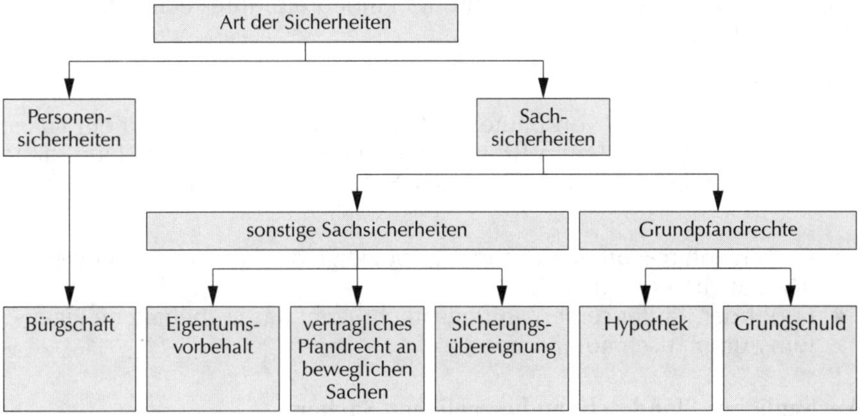

Abbildung 27

Sachsicherheiten

Die gesetzlichen Sachsicherheiten wurden beim Werkvertrag (Unternehmerpfandrecht, Bauhandwerkersicherungshypothek) und beim Mietvertrag (Vermieterpfandrecht) besprochen. Die vertraglichen Sachsicherheiten sind in erster Linie Eigentumsvorbehalt, Sicherungsübereignung, vertragliches Pfandrecht und Grundpfandrechte. Sach-sicherheiten

Im Folgenden sollen die Besonderheiten (Zweck, Form, Wirkungen, Grenzen) der einzelnen vertraglichen Sachsicherheiten dargestellt werden:

Eigentumsvorbehalt

- Zweck Zweck

Kann der Käufer einer beweglichen Sache den Kaufpreis nicht sofort bezahlen, wird sich der Verkäufer dadurch **sichern,** dass er sich das Eigentum an der Sache **bis zur vollständigen Bezahlung** rechtzeitig und ausdrücklich vorbehält. Der Käufer wird zwar sofort Besitzer, kann also auch die Kaufsache nutzen, Eigentum erwirbt er aber erst mit vollständiger Kaufpreisbezahlung.

- Form Form

Zwar ist **keine Form vorgeschrieben,** aus Beweisgründen ist aber Schriftform zu empfehlen. Der Eigentumsvorbehalt ist spätestens bei der Übergabe der Sache zu erklären.

Beispiel:

Der Eigentumsvorbehalt wird erst nach Übergabe der Sache auf der später ausgehändigten Rechnung erklärt. Der Eigentumsvorbehalt ist verspätet und daher unwirksam, mit der Übergabe der Sache ist der Käufer auch Eigentümer geworden.

- Wirkungen Wirkungen

Zahlt der Käufer nicht oder wird er insolvent, **kann der Verkäufer die Sache herausverlangen,** nachdem er vom Vertrag zurückgetreten ist.

Grenzen

- Grenzen

Der Eigentumsvorbehalt erlischt in dem Augenblick, in dem die Sache durch Vermischung oder Verarbeitung, Einbau etc. ihre rechtliche Selbstständigkeit verliert.

Beispiel:

Lieferung und Einbau von Bauteilen (Steine, Fenster, Gläser) in ein Haus; Vermischen von Mehl zum Brotbacken. Der Eigentümer der Hauptsache (Haus, Brot) wird auch Eigentümer der Nebensachen (Steine etc., Mehl).

- Der Eigentumsvorbehalt ist nur an beweglichen, nicht an unbeweglichen Sachen möglich.
- Erfüllt der Käufer seine Zahlungspflicht, geht das vorbehaltene Eigentum automatisch auf ihn über.

Vertragliches Pfandrecht an beweglichen Sachen

- Zweck

Zweck

Eine bewegliche Sache kann einem **Gläubiger zur Sicherung seiner Forderung** verpfändet werden.

Form

- Form

Eine besondere Form sieht das Gesetz nicht vor, zum Nachweis wird Schriftform empfohlen.

Wirkungen

- Wirkungen

Die **Sicherheit** für den Gläubiger **entsteht nur, wenn der Schuldner das Pfand dem Gläubiger übergibt (Faustpfand)** und beide sich einig sind, dass das Pfandrecht dem Gläubiger zustehen soll.

Beispiel:

Der Kürschner hat seinem Lieferanten zur Sicherung einer Kaufpreisforderung einen teuren Pelzmantel zum Pfand gegeben. Zahlt der Kürschner bei Fälligkeit die Kaufpreisforderung nicht, kann der Lieferant den Pelzmantel nach den Regeln der Pfandverwertung öffentlich versteigern lassen, um seine Ansprüche aus dem Erlös zu befriedigen.

Grenzen

- Grenzen

Braucht der Schuldner den Pfandgegenstand in seinem Betrieb, zeigen sich die Grenzen des vertraglichen Pfandrechts.

Beispiel:

Der Metallbauer kauft eine Maschine, die er dringend im Betrieb benötigt. Da er den Kaufpreis nicht bezahlen kann, sucht er eine Möglichkeit, die Forderung des Verkäufers zu sichern. Die gekaufte Maschine kommt als Pfand nicht in Betracht, da er sie im Betrieb benötigt. Er kann allenfalls eine andere Maschine oder einen anderen Gegenstand zum Pfand geben.

Gibt der Pfandgläubiger das Pfand aus der Hand, erlischt das Pfandrecht.

Sicherungsübereignung

- Zweck

Zweck

Die Verpfändung einer beweglichen Sache ist aus praktischen Erwägungen in vielen Fällen nicht möglich, weil der Schuldner die Sache, zum Beispiel eine Maschine, in seinem Betrieb selbst braucht. Hier helfen sich die Parteien in der Praxis dadurch, dass der **Schuldner die Sache dem Gläubiger** wegen dessen Forderung **zur Sicherung übereignet und übergibt** und beide vereinbaren, dass die Sache dem Schuldner leihweise wieder ausgehändigt wird. Auf diese Weise kann der Schuldner mit der Sache arbeiten, der Gläubiger hat treuhänderisches Eigentum.

- Form

Form

Eine besondere Form sieht das Gesetz nicht vor; wie vorstehend wird Schriftform empfohlen.

- Wirkungen

Wirkungen

Zahlt der Schuldner nicht, kann der Gläubiger, da er Eigentümer ist, die Sache vom Schuldner herausverlangen. Im Konkurs des Schuldners hat der Gläubiger ein Absonderungsrecht an der Sache.

- Grenzen

Grenzen

Da der Gläubiger Eigentum nur zur Sicherheit hat, darf er mit der Sache nicht nach Belieben verfahren, zum Beispiel darf er sie nicht verkaufen.

<u>Grundpfandrechte</u>

- **Hypothek**

Hypothek

Die Hypothek ist die Belastung eines Grundstücks in der Weise, dass zugunsten des Berechtigten (Hypothekengläubiger = Kreditgeber) eine bestimmte Geldsumme wegen der diesem zustehenden Forderung (zum Beispiel Baudarlehen) aus dem Grundstück zu zahlen ist. Sie ist die wichtigste Form des Realkredits neben der

- **Grundschuld,**

Grundschuld

die ein Grundstück in der Weise belastet, dass dieses für die Zahlung einer bestimmten Geldsumme haftet. Sie ist, anders als die Hypothek, rechtlich nicht zur Sicherung einer Forderung bestellt, wenngleich dies der Praxis entspricht.

- Die Eintragung und Übertragung von Grundpfandrechten erfolgt nach den Regeln der Übertragung von unbeweglichen Sachen (siehe oben).
- Die Hypothek ist abhängig von der ihr zugrunde liegenden Forderung (akzessorisch).
- Die Grundschuld ist unabhängig von einer eventuell zugrunde liegenden Forderung (nicht akzessorisch). Sie kann, weil von einer Forderung unabhängig, auch für den Eigentümer (so genannte Eigentümergrundschuld) im Grundbuch eingetragen werden und sichert damit die Rangstelle, zum Beispiel zum Zweck der Kreditbeschaffung.

Übersicht über alle vertraglichen Sicherheiten

	1. Bürgschaft	2. Eigentumsvorbehalt	3. Vertragliches Pfandrecht	4. Sicherungseigentum	5. Grundpfandrechte
Arten	Bürgschaft Selbstschuldnerische Bürgschaft Varianten				Hypothek Grundschuld
Entstehungsform	Schriftlich	Formlos Empfehlung: schriftlich	Formlos Empfehlung: schriftlich	Formlos Empfehlung: schriftlich	Notariell Eintragung ins Grundbuch
Sicherungszweck	Einstehen für Verbindlichkeit eines Dritten	zum Beispiel Kaufpreisforderung	zum Beispiel Darlehensforderung	zum Beispiel Darlehensforderung	zum Beispiel Kaufpreis-, Darlehensforderungen
Sicherungsmittel	Person und deren Vermögen	Bewegliche Gegenstände	Bewegliche Gegenstände	Bewegliche Gegenstände	Immobilien

Abbildung 28

3.1.5 Familien- und Erbrecht

3.1.5.1 Eheliches Güterrecht

Allgemeines zum Familienrecht

Familienrecht

Das Familienrecht enthält die Gesamtheit der staatlichen Rechtsnormen, welche die rechtlichen Beziehungen der Familienmitglieder zueinander und zu Dritten regeln. Den Unternehmer interessieren vor allem die vermögensrechtlichen Beziehungen der Ehegatten, das eheliche Güterrecht und die gegenseitige Vertretungsmacht von Mann und Frau.
Aber auch gleichgeschlechtlichen, volljährigen, nicht verheirateten und nicht in gerader Linie miteinander verwandten Partnern ist es möglich, durch persönliche und gleichzeitige Erklärung vor dem Standesamt oder Notar eine der Ehe (siehe folgende Varianten) weitgehend angeglichene Partnerschaft auf Lebenszeit zu begründen.

Gleichberechtigung von Mann und Frau

Gleichberechtigung

Mann und Frau sind nach unserer Verfassung gleichberechtigt.

Beide Ehegatten sind berechtigt, erwerbstätig zu sein; auf die Belange des anderen Ehegatten und die Familie ist dabei in gebotener Weise Rücksicht zu nehmen. Es besteht eine gegenseitige Verpflichtung der Ehegatten, durch Arbeit und mit ihrem Vermögen die Familie angemessen zu unterhalten; wird einem Ehegatten die Haushaltsführung überlassen, erfüllt er diese Verpflichtung mit der Haushaltsführung.

Gegenseitige Vertretungsmacht der Ehegatten

Jeder Ehegatte ist berechtigt, alle Rechtsgeschäfte zur angemessenen Deckung des Lebensbedarfs der Familie auch mit Wirkung für und gegen den anderen Ehegatten abzuschließen (ehemalige Schlüsselgewalt, dieses Recht hatte früher nur die Frau).

Beispiel:

Einkauf von Lebensmitteln, Buchung eines Familienurlaubs, Ergänzungskauf eines defekten Haushaltsgerätes.
Kauft dagegen die Frau eine Maschine für das Unternehmen des Mannes, ohne hierzu ermächtigt zu sein, wird der Mann nicht verpflichtet, weil es kein Rechtsgeschäft zur angemessenen Deckung des Lebensbedarfs der Familie ist.

- Die gesetzliche Vertretungsmacht **kann eingeschränkt oder ausgeschlossen werden,** wenn sie zum Nachteil des anderen Ehegatten ausgenutzt wird.
- Dritten gegenüber wirkt die Einschränkung oder der Ausschluss nur bei Eintragung im Güterrechtsregister beim Amtsgericht-Registergericht. Der davon betroffene Ehegatte haftet in diesem Fall allein für die Erfüllung von Vertragsverpflichtungen, auch wenn es sich um einen Vertrag zur Deckung des Lebensbedarfs der Familie handelt.
- Leben die Ehegatten getrennt, ruht die gegenseitige Vertretungsmacht.

Güterstände

Die Ehe ist Lebens- und Vermögensgemeinschaft. Zur Regelung der Vermögensbeziehungen haben die Ehegatten drei Möglichkeiten: Zugewinngemeinschaft, Gütergemeinschaft und Gütertrennung.

Eheliches Güterrecht

Zugewinngemeinschaft (ZG), gesetzlicher Güterstand

Zugewinngemeinschaft

- Form: **Die ZG** entsteht durch Heirat **kraft Gesetzes,** wenn kein notarieller Ehevertrag vereinbart wird.
- Wesen: Der ZG liegen zwei gedankliche Vorstellungen zugrunde:
  1. **So lange die ZG besteht, gelten im Wesentlichen die Regeln der Gütertrennung.**
  2. **Endet die ZG** (z. B. Tod, Scheidung), **ist der Zugewinn unter den Ehegatten auszugleichen.**

Daraus ergeben sich folgende weitere Konsequenzen:

- Vermögen: Was einer in die Ehe einbringt und in dieser hinzuerwirbt, gehört ihm allein.
- Verwaltung: Es gibt **zwei Vermögensmassen,** Mannes- und Frauenvermögen. Jeder verwaltet sein Vermögen selbst. Es gibt allerdings zwei Einschränkungen:
  - Verfügungen über das gesamte Vermögen und
  - Verfügungen über Hausratsgegenstände bedürfen der Zustimmung des anderen Ehegatten.
- Schulden: **Jeder haftet für seine Schulden allein** (Ausnahme: Rechtsgeschäfte im Rahmen der Schlüsselgewalt).
- Ende der ZG: Der **Zugewinn ist** unter den Ehegatten **auszugleichen.**

Ausgleich des Zugewinns bei Tod

Das gesetzliche Erbteil des überlebenden Ehegatten erhöht sich um ein Viertel. Dabei spielt es keine Rolle, ob tatsächlich ein Zugewinn erzielt wurde oder ob der Überlebende einen höheren Zugewinn hatte (erbrechtliche Regelung). Der überlebende Ehegatte kann aber die Erbschaft auch ausschlagen oder, falls er nicht erbt, Ausgleich des Zugewinns und seinen Pflichtteil verlangen (güterrechtliche Regelung).

Ausgleich des Zugewinns bei Scheidung

In diesem Fall ist der beiderseitige Zugewinn zu berechnen und auszugleichen.

Berechnung des Zugewinns

Zugewinn ist der Betrag, um den das Endvermögen eines Ehegatten sein Anfangsvermögen übersteigt. Wer während der Ehe mehr Zugewinn erzielt hat, muss dem Ehepartner die Hälfte des Überschusses auszahlen.

Für die Berechnung des Anfangs- und des Endvermögens gelten jeweils drei Regeln:

Regeln zur Berechnung des Vermögens

- **Berechnung des Anfangsvermögens:**
  - Es kann nicht geringer sein als null; ein passives Vermögen wird mit null angesetzt.
  - Während der Ehe erhaltene Schenkungen und Erbschaften werden dem Anfangsvermögen zugerechnet, werden also vom Endvermögen abgezogen.
  - Kann ein Ehegatte sein Anfangsvermögen nicht beweisen, wird es mit null angesetzt.
- **Berechnung des Endvermögens:**
  - Auch das Endvermögen kann nicht geringer als null sein.
  - Hat ein Ehegatte in den letzten zehn Jahren Vermögen verschenkt und war dies nicht durch Anstand und Sitte geboten, kann der andere Ehegatte verlangen, dass das Verschenkte dem Endvermögen zugerechnet wird, also auszugleichen ist.
  - Reicht das Vermögen nach einer solchen Schenkung nicht mehr aus, um den Ausgleichsanspruch des anderen Ehegatten zu befriedigen, kann dieser das Erforderliche als ungerechtfertigte Bereicherung vom Beschenkten herausverlangen.

Gütertrennung (GTr), vertraglicher Güterstand

- Form: Erforderlich ist **notarielle Vereinbarung** bei gleichzeitiger Anwesenheit beider Ehegatten.
- Wesen: Es handelt sich um eine **absolute Trennung der Vermögensmassen** zwischen den Ehegatten.
- Vermögen: Es gibt zwei Vermögensmassen: Mannes- und Frauenvermögen. Gütertrennung
- Verwaltung: **Jeder Ehegatte verwaltet sein Vermögen allein.** Er unterliegt keinen Verfügungsbeschränkungen.
- Schulden: **Jeder Ehegatte haftet für seine Schulden allein** (Ausnahme: Rechtsgeschäfte im Rahmen der Schlüsselgewalt).
- Ende der GTr: Es findet **kein Vermögensausgleich** statt.

Gütergemeinschaft (GG), vertraglicher Güterstand

- Form: Es gilt das zur GTr Gesagte.
- Wesen: Die GG beinhaltet die **Vereinigung der Vermögen der Ehegatten.** Gütergemeinschaft
- Vermögen: Das Gesamtgut bildet das **gemeinschaftliche Vermögen der Ehegatten.** Beide Ehegatten können im Alleineigentum Vorbehaltsgut (zum Beispiel Aktienvermögen) und Sondergut (zum Beispiel Schmerzensgeldforderung) haben.
- Verwaltung: Das Gesamtgut verwalten **beide Ehegatten zusammen** oder ein Ehegatte nach Vereinbarung allein. Vorbehalts- und Sondergut verwaltet jeder Ehegatte allein.
- Schulden: Schulden des Gesamtguts **betreffen beide,** Schulden von Vorbehalts- oder Sondergut jeden allein.
- Ende der GG: Jeder Ehegatte erhält die **Hälfte des Gesamtguts** sowie sein Vorbehalts- und Sondergut.

Güterrecht

Güterstände	Zugewinngemeinschaft	Gütertrennung	Gütergemeinschaft
Form	Gesetzlich	Vertraglich (notariell)	Vertraglich (notariell)
Wesen	Gütertrennung so lange Ehe besteht Zugewinnausgleich bei Tod oder Trennung	Gütertrennung	Gütergemeinschaft
Vermögen	Mann und Frau getrennt	Mann und Frau getrennt	a) Gemeinsames Vermögen b) Sonder-, Vorbehaltsvermögen, Mann und Frau
Verwaltung	Mann und Frau getrennt	Mann und Frau getrennt	a) Gemeinsam Mann und Frau b) je Mann und Frau
Beschränkungen	Verfügungen über Gesamtvermögen Hausrat	Keine	Verfügungen über Gesamtvermögen

Abbildung 29

3.1.5.2 Erbfolge

Allgemeines zum Erbrecht

Erbfall

Das 5. Buch des BGB regelt unter anderem die Erbfolge, rechtliche Stellung der Erben, Testament, Erbvertrag, Pflichtteil, Erbschein. Mit dem Erbfall geht das gesamte Vermögen (Nachlass) des Erblassers mit allen Rechten und Pflichten auf den oder die Erben über (Gesamtrechtsnachfolge).

Beispiel:

Wird ein Grundstück vererbt, bedarf es keiner Auflassung und Eintragung im Grundbuch, sondern nur der Berichtigung des Grundbuches.

Grundbegriffe im Erbrecht

Erblasser

- Erblasser: Mit dem Tode eines Menschen geht sein Vermögen auf seine Erben über.

Nachlass

- Erbschaft (Nachlass): ist das Vermögen, das heißt die **Gesamtheit der Rechtsverhältnisse des Erblassers,** das auf die Erben übergeht. Es beinhaltet Eigentum, Beteiligungen, Forderungen, Rechte, aber auch Schulden des Erblassers. Nicht vererbbar sind höchstpersönliche Rechte, zum Beispiel Unterhaltsansprüche, Nießbrauch, Ehrungen, persönliche Titel.

- Erbe: ist, wer kraft Gesetzes (gesetzlicher Erbe) oder kraft Verfügung von Todes wegen (gewillkürter Erbe) Gesamtnachfolger des Erblassers wird. Erbe kann **jede natürliche (Mensch) oder jede juristische Person** (zum Beispiel GmbH) werden, die zum Zeitpunkt des Erbfalles lebt bzw. besteht.
- Gesetzliche Erben: sind die **Verwandten des Erblassers,** sein **Ehegatte** und ersatzweise der Staat (Fiskus). Gesetzliche Erben
- Gewillkürte Erben: sind die natürlichen oder juristischen Personen, die der Erblasser **durch Testament oder Erbvertrag bestimmt.** Gewillkürte Erben
- Erbschein: ist das **amtliche Zeugnis** über Erbteile, Berechtigte, eventuelle Beschränkungen der Erbberechtigung. Zuständig ist das Amtsgericht-Nachlassgericht am letzten Wohnsitz des Erblassers (eventuell Amtsgericht Berlin bei Auslandswohnsitz). Erbschein
- Ausschlagung: Jeder Erbe kann **innerhalb von sechs Wochen** seit Kenntnis vom Erbfall und dem Berufungsgrund die Erbschaft **ausschlagen.** Vor allem bei Überschuldung des Nachlasses wird er diesen Weg wählen. Zuständig ist das Nachlassgericht. Die Ausschlagung bewirkt, dass der Nachlass nicht an den Ausschlagenden fällt. Ausschlagung

Gesetzliche Erbfolge

> Gesetzliche Erben sind die Verwandten des Erblassers und sein Ehegatte. Sie erben, wenn der Erblasser die Erbfolge durch letztwillige Verfügung (Testament, Erbvertrag) nicht anders geregelt hat.

Die Verwandten sind in fünf Erbordnungen zur Erbfolge berufen: Erbordnungen

1. Erbordnung: Alle Abkömmlinge des Erblassers, das heißt Kinder (auch adoptierte und uneheliche) und deren Abkömmlinge.
2. Erbordnung: Die Eltern des Erblassers und deren Abkömmlinge.
3. Erbordnung: Die Großeltern des Erblassers und deren Abkömmlinge.
4. Erbordnung: Die Urgroßeltern und deren Abkömmlinge.
5. Erbordnung: Alle entfernteren Verwandten.

Uneheliche Kinder sind seit 1.4.1998 ehelichen Kindern erbrechtlich gleichgestellt. Sie haben jedoch neben Abkömmlingen und dem überlebenden Ehegatten in Höhe ihres Erbteils nur einen Erbersatzanspruch, wenn vor dem 1.4.1998 entweder der Erblasser verstorben ist oder der Erbausgleich durch wirksame Vereinbarung bzw. durch rechtskräftiges Urteil geregelt worden ist. Es handelt sich um einen Geldanspruch gegen den/die Erben, der in drei Jahren seit Kenntnis, längstens in 30 Jahren verjährt. Uneheliches Kind

> Erben einer näheren Erbordnung schließen Erben einer entfernteren Erbordnung aus.

Beispiel:

Sind Kinder vorhanden, erben Eltern und Geschwister nichts.

Lebende Erben innerhalb einer Erbordnung schließen entferntere Erben derselben Erbordnung aus.

Beispiel:

Grundregeln

Kinder schließen Enkel aus.

Erben der ersten drei Erbordnungen erben nach Stämmen und zu gleichen Teilen.

Beispiel:

Stirbt ein Witwer, erhalten seine drei Kinder je $^1/_3$ vom Nachlass. Eventuell vorhandene Enkel erhalten nichts.

Variante:

Ist ein Kind vorverstorben, bekommen seinen Anteil von $^1/_3$ seine drei Kinder (Stamm) zu gleichen Teilen, das heißt je $^1/_9$.

Ab der vierten Erbordnung wird derjenige Erbe des gesamten Nachlasses, der zum Erblasser am nächsten verwandt ist.

Gesetzliche Erbfolge des Ehegatten

Der Ehegatte hat ein eigenes gesetzliches Erbrecht. Grundsätzlich erhält er neben Verwandten der ersten Erbordnung $^1/_4$, der zweiten Erbordnung und Großeltern $^1/_2$ des Nachlasses, der dritten oder fernerer Erbordnungen den gesamten Nachlass.
Sein Anteil am Nachlass neben Kindern richtet sich nach dem Güterstand (siehe Beispiele) mit dem Erblasser bis zu dessen Tod.

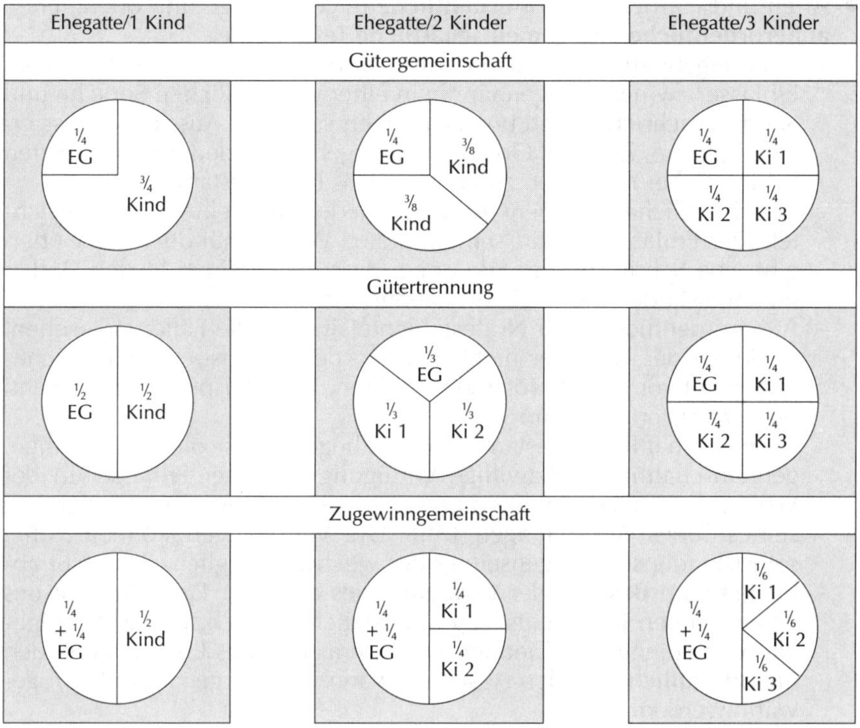

Abbildung 30

Gewillkürte Erbfolge (Erbvertrag und Testament)

Die Erbfolge kann auch vertraglich oder testamentarisch geregelt werden. Dafür sind bestimmte Formen zu beachten. Gewillkürte Erbfolge

Erbvertrag, Einzelheiten

Erbvertrag

- Zweck: Der Erbvertrag ist eine den Erblasser bindende und **in der Regel unwiderrufliche Verfügung von Todes wegen.** Er kann zwischen Verwandten und Nichtverwandten geschlossen werden.
- Form: Er muss bei gleichzeitiger Anwesenheit der Vertragsteile (Erblasser, Begünstigter) **vor einem Notar** geschlossen werden. Er kann nur in gleicher Form wieder aufgehoben werden. Stirbt ein Vertragsteil, ist die vertragliche Aufhebung unmöglich.
- Inhalt: des Erbvertrages sind Erbeinsetzungen, Anordnungen, Vermächtnisse, Auflagen oder sonstige Verfügungen des Erblassers.

Testament, Einzelheiten

Testament

- Zweck: des Testaments ist eine **einseitige Verfügung von Todes wegen,** die der Erblasser nur persönlich treffen kann. Er muss testierfähig sein.
- Inhalt: Durch Testament bestimmt der Erblasser den Erben und schließt damit die gesetzliche Erbfolge aus. Möglich sind Vermächtnisse, Auflagen, Anordnungen für den Todesfall, Enterbung etc.

Arten

- Arten und Formen: Es gibt **ordentliche** (eigenhändige und öffentliche), **außerordentliche und gemeinschaftliche Testamente.**
  - Beim eigenhändigen Testament muss die letztwillige Verfügung vom Erblasser zwingend eigenhändig in einer verständlichen Sprache und Schrift geschrieben und unterschrieben sein. Der Aussteller muss erkennbar sein. Zeit und Ort sollen angegeben werden, um den letzten Willen sicher feststellen zu können. Das letzte Testament gilt.
  - Das öffentliche Testament wird zur Niederschrift eines Notars errichtet. Der Erblasser erklärt seinen letzten Willen mündlich oder übergibt eine Schrift mit der Erklärung, dass diese seinen letzten Willen enthält (Minderjährige ab 16. Lebensjahr).
  - Außerordentliche oder Nottestamente sind für die Fälle vorgesehen, in denen der Erblasser nicht mehr in der Lage ist, ein öffentliches Testament vor einem Notar zu errichten, zum Beispiel Seetestament, Bürgermeistertestament.
  - Gemeinschaftliches Testament (nur Ehegatten) ist die gleichzeitige, gemeinschaftliche letztwillige Verfügung mehrerer Erblasser in der Weise, dass jeder von ihnen einseitig (anders Erbvertrag) für den Fall seines Todes Anordnungen trifft. Die Verfügungen können völlig selbstständig sein, gegenseitig oder wechselbezüglich, das heißt abhängig vom Bestand der Verfügung des anderen. Der Widerruf des gemeinsamen Testaments ist grundsätzlich möglich, wechselbezügliche Verfügungen sind jedoch nach dem Tode des Erstversterbenden unwiderruflich. Für den Abschluss kann jede vorgenannte Form gewählt werden.

Pflichtteilsanspruch

Pflichtteil

- Zweck: Die **Testierfreiheit** des Erblassers wird durch das Pflichtteilsrecht zugunsten der Berechtigten **eingeschränkt.**

Beispiel:

Setzt der Ehemann seine langjährige Freundin als Alleinerbin ein, sind seine Abkömmlinge und seine Frau durch das Pflichtteilsrecht geschützt.

- Berechtigter Personenkreis: **Abkömmlinge, Ehegatte; Eltern,** wenn keine Abkömmlinge vorhanden sind.
- Voraussetzung des Anspruchs: **Die Berechtigten sind** durch Verfügung des Erblassers von Todes wegen (Testament, Erbvertrag) **von der gesetzlichen Erbfolge** ganz oder zu einem wesentlichen Teil **ausgeschlossen.**
- Art: Er ist ein **persönlicher Geldanspruch** gegen den tatsächlichen Erben.
- Höhe: Der Geldanspruch beträgt **die Hälfte des gesetzlichen Erbteils** zum Zeitpunkt des Erbfalles. Der Berechtigte, der weniger als den Pflichtteil erbt, hat einen Pflichtteilsergänzungsanspruch. Hat die Ehefrau bis zum Tode des Erblassers mit ihm in Zugewinngemeinschaft gelebt, hat sie evtl. Wahlmöglichkeiten (siehe Eherecht).
- Verjährung: Er verjährt drei Jahre nach Kenntnis vom Erbfall und der die Erbfolge ausschließenden Verfügung.
- Entziehung: des Pflichtteils ist möglich, wenn der Berechtigte dem Erblasser nach dem Leben getrachtet, diesen oder dessen Ehegatten vor-

sätzlich körperlich misshandelt, einen unsittlichen Lebenswandel gegen den Willen des Erblassers geführt oder die Unterhaltspflicht schuldhaft verletzt hat.

Der Pflichtteilsanspruch im Erbrecht

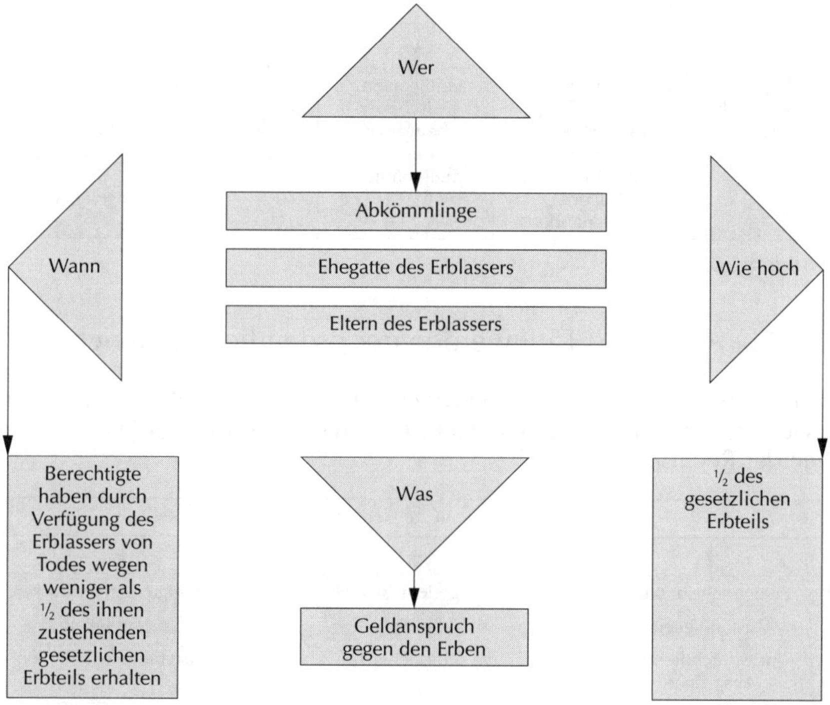

Abbildung 31

3.1.6 Mahn- und Klageverfahren

3.1.6.1 Zuständigkeit der Gerichte nach Art der Ansprüche

Gerichtsbarkeiten

In einem Rechtsstaat ist es unzulässig, Rechtsansprüche auf eigene Faust durchzusetzen. Wer einen Anspruch gegen einen säumigen oder unwilligen Schuldner selbst nicht durchsetzen kann, muss sich der Hilfe der vom Staat eingesetzten Gerichte und Vollstreckungsorgane bedienen. Je nach Art eines Anspruches erhält der Bürger für die Wechselfälle des täglichen Lebens Rechtsschutz bei folgenden Gerichtsbarkeiten:

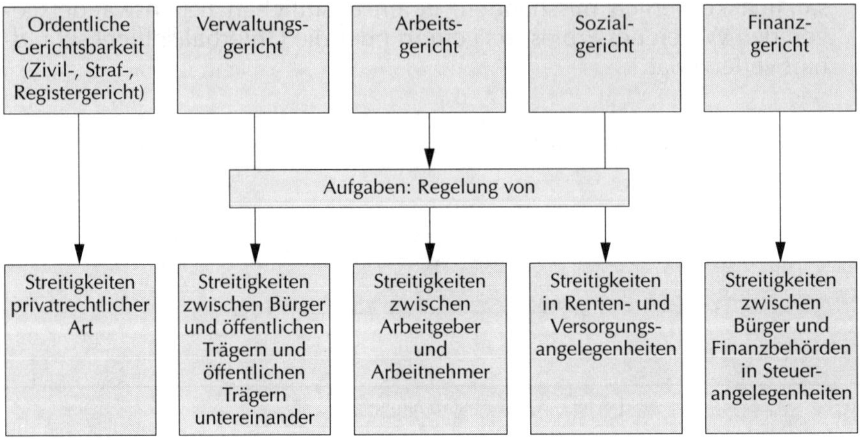

Abbildung 32

3.1.6.2 Arten und Tätigwerden der ordentlichen Gerichte

Ordentliche Gerichte sind: Amtsgericht (AG), Landgericht (LG), Oberlandesgericht (OLG) und Bundesgerichtshof (BGH). Sie werden in drei Bereichen der Rechtspflege tätig.

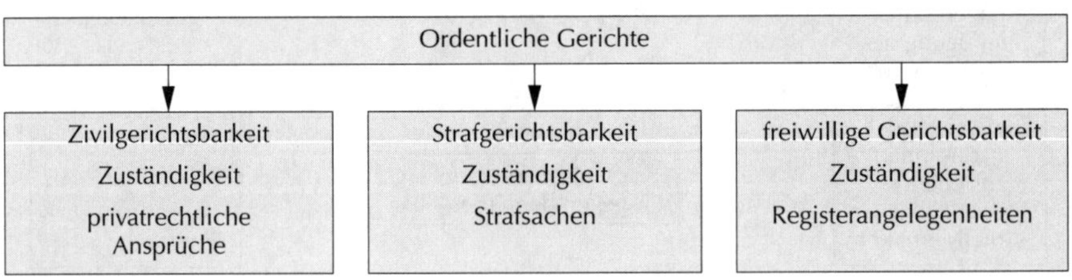

Abbildung 33

Zivilgerichtsbarkeit

Obligatorische außergerichtliche Streitschlichtung

- Obligatorische außergerichtliche Streitschlichtung

Aufgrund des Gesetzes zur Förderung der außergerichtlichen Streitbeilegung können die Länder den Streitparteien vor Einleitung von zivilgerichtlichen Verfahren **verbindlich** einen außergerichtlichen Schlichtungsversuch vorschreiben. Notwendig ist dieses Verfahren in zivilrechtlichen Streitigkeiten mit einem Streitwert von bis zu 750,00 EUR, in Nachbarschaftsstreitigkeiten und in Streitigkeiten wegen Verletzung der persönlichen Ehre außerhalb von Presse und Rundfunk. Ausgenommen hiervon sind familienrechtlichte Streitigkeiten und Geldforderungen, die im gerichtlichen Mahnverfahren durchgesetzt werden. Obligatorische Streitschlichtungsstellen existieren bereits in einer Reihe von Bundesländern. Obligatorische Streitschlichter können Rechtsanwälte (z. B. Baden-Württemberg), Notare und andere dauerhaft eingerichtete Schlichtungsstellen (z. B. Bayern) sein. Bleibt die obligatorische Streitschlichtung erfolglos, ist der Weg zu den ordentlichen Gerichten offen.

- Allgemeine Zuständigkeit

Die Zivilgerichte sind für **alle privatrechtlichen Streitigkeiten und Ansprüche der Bürger untereinander** zuständig. Ansprüche können auf ein Tun oder Unterlassen gerichtet sein.

Zivilgerichtsbarkeit

- Parteien

Die Parteien im Zivilprozess heißen **Kläger und Beklagter.**

- Aufgabenverteilung (örtliche und sachliche Zuständigkeit)

Aufgabenteilung

Klagen sind bei den Gerichten der **ersten Instanz** einzureichen. Es sind dies die **Amts- und Landgerichte** in Deutschland, unter denen die Aufgaben örtlich und sachlich aufgeteilt sind. **Örtlich** zuständig ist das **Gericht am Wohnsitz** (allgemeiner Gerichtsstand) oder gewerblichen Sitz (besonderer Gerichtsstand) des Schuldners. Die vertragliche Vereinbarung eines davon abweichenden örtlichen Gerichtsstandes ist nur in Sonderfällen möglich, zum Beispiel unter Kaufleuten. **Sachlich** zuständig sind in erster Instanz das **Amtsgericht oder Landgericht** je nach Höhe des Streitwerts oder der Zuweisung von Aufgaben durch das Gesetz (siehe unten).

- Prozessvertretung

Prozessvertretung

Vor dem Amtsgericht kann jeder als Partei selbst auftreten oder sich von einer geschäftsfähigen Person vertreten lassen. In letzterem Fall ist Prozessvollmacht nachzuweisen. Im Scheidungsverfahren vor dem Amtsgericht gilt Anwaltszwang. **Beim Landgericht und allen anderen Gerichten der Zivilgerichtsbarkeit gilt Anwaltszwang.** Damit soll fach- und sachkundige Vertretung der Parteien sichergestellt werden.

- Gerichts- und Parteikosten

Kosten

Im Verfahren vor Gericht entstehen **Gerichts- und Parteikosten** (zum Beispiel Anwälte, Sachverständige etc.). Die Kosten **trägt grundsätzlich der Unterlegene;** der Kläger hat in der Regel Gerichtskosten vorzuleisten. Die Kosten richten sich nach dem Streitwert (Tabelle) oder dem Streitgegenstand. Bedürftige Parteien erhalten auf Antrag Beratungs- und Prozesskostenhilfe, wenn Bedürftigkeit und hinreichende Erfolgsaussicht im beabsichtigten Verfahren (bei Prozesskostenhilfe) besteht. Die Parteikosten sind dem Gegner in jedem Fall zu ersetzen, wenn die bedürftige Partei unterliegt.

- Ziel

Verfahrensziel

Ziel des Verfahrens ist die **rechtskräftige Feststellung des erhobenen Anspruchs** durch das Gericht, also dessen Unanfechtbarkeit durch weitere Rechtsmittel, **und die Vollstreckbarkeit** des festgestellten Anspruchs auch gegen den Willen des Unterlegenen.

Verteilung der Aufgaben in der ersten Gerichtsinstanz

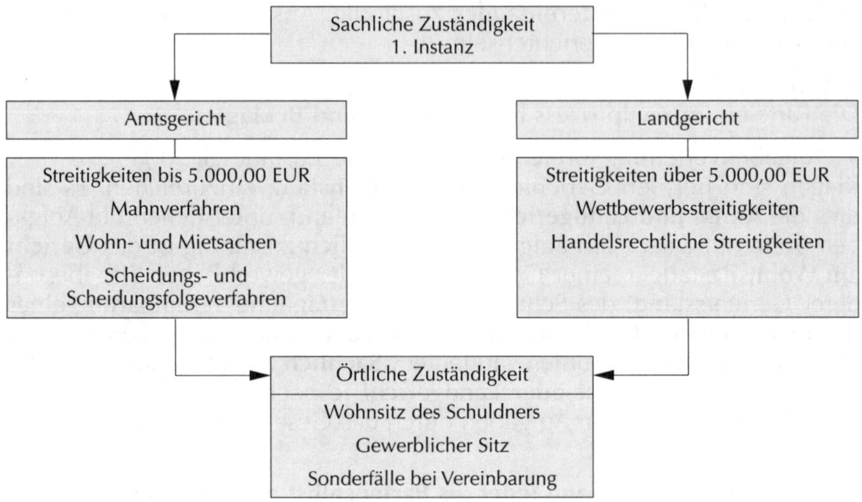

Abbildung 34

3.1.6.3 Gerichtliches Klageverfahren

Antrag

Rechtsschutz gewährt der Staat nur auf Antrag. Erforderlich ist daher die Einleitung einer Klage bei Gericht. Nach Einzahlung der Gerichtsgebühr durch den Kläger stellt das Gericht die Klageschrift dem Beklagten zu mit der Aufforderung, hierzu binnen einer bestimmten Frist Stellung zu nehmen.

Inhalt

- Inhalt der Klage

Die Klageschrift muss enthalten: Bezeichnung des Gerichts, der **Parteien** und ihrer Anschriften, einen **Klageantrag, Klagegegenstand, Grund und Höhe des geltend gemachten Anspruches.**

Beispiel:

Werklohnanspruch für Malerarbeiten in Höhe von 4.000,00 EUR laut Rechnung vom ...

Mündliche Verhandlung

- Mündliche Verhandlung

Der Verhandlungstermin soll so vorbereitet sein, dass die **Streitsache in der Regel in einem mündlichen Termin erledigt** werden kann. Zum Zweck der gütlichen Streitbeilegung geht eine Güteverhandlung voraus, es sei denn, sie erscheint aussichtslos oder es hat bereits ein Einigungsversuch vor einer außergerichtlichen Gütestelle stattgefunden. In bestimmten Fällen (geringer Streitwert) kann das Gericht die Erledigung im schriftlichen Verfahren anordnen. Gleiches gilt, wenn die Parteien zustimmen. Über die mündliche Verhandlung wird vom Gericht ein **Sitzungsprotokoll** geführt, das alle wesentlichen Vorgänge und Förmlichkeiten wiedergibt.

- Beweisaufnahme

Erbringt die Verhandlung keine Klärung der strittigen Fragen, ordnet das Gericht die Beweisaufnahme an. Es kann Zeugen vernehmen, Sachverständige anhören, Urkunden verlesen, amtliche Auskünfte einholen oder durch Augenschein vor Ort sich einen eigenen Eindruck verschaffen. Jede Partei muss die für sie günstigen Tatsachen beweisen (so genannte **Beweislast).** Gelingt ihr dies nicht, trägt sie den Nachteil. Beweislast

- Entscheidungen: Vergleich oder Urteil

Die Parteien können sich in jedem Stadium des Verfahrens außergerichtlich oder gerichtlich einigen. Ein **gerichtlicher Vergleich** ist dann zu empfehlen, wenn die Rechtslage unklar, das Prozessrisiko groß ist. Aus einem Vergleich kann wie aus einem Urteil vollstreckt werden. Vergleich Urteil

Wenn kein Vergleich zustande kommt oder der Rechtsstreit sich nicht auf sonstige Weise erledigt (zum Beispiel Klagerücknahme), entscheidet das Gericht durch **Urteil.** Das Gericht kann dem Klageanspruch ganz oder teilweise stattgeben oder diesen abweisen, die Gründe hierfür sind anzugeben. Kostenentscheidung und Vollstreckbarkeit ergeben sich aus dem Urteil.

- Besonderheit: Versäumnisurteil

Versäumt der Kläger oder Beklagte einen Termin zur mündlichen Verhandlung, **kann auf Antrag** der erschienenen Partei ein **Versäumnisurteil ergehen.** Voraussetzung ist die Zulässigkeit der Klage und, wenn es gegen den Beklagten ergeht, auch die Schlüssigkeit der Klage. Gegen den Beklagten ergeht ein Versäumnisurteil also nur, wenn die vom Kläger vorgetragenen Gründe seinen Klageanspruch rechtfertigen. Aus einem Versäumnisurteil kann die Zwangsvollstreckung betrieben werden. Gegen ein Versäumnisurteil kann der Betroffene binnen zwei Wochen seit Zustellung Einspruch einlegen. Der Prozess wird dann in dem Stadium fortgesetzt, in dem er sich zum Zeitpunkt der Säumnis befand. Versäumnisurteil

3.1.6.4 Rechtsmittel gegen ein Urteil (Berufung und Revision)

Gegen ein ihm nachteiliges Urteil kann der Unterlegene die Rechtsmittel der Berufung bzw. Revision einlegen.

Berufung

Berufung findet statt gegen Endurteile der ersten Instanz (Amts-, Landgericht). Im Berufungsverfahren wird der Streitfall in rechtlicher und, soweit begründete Zweifel bestehen, auch in tatsächlicher Hinsicht nochmals überprüft. Voraussetzung ist, dass der Berufungsführer mit mehr als 600,00 EUR aus dem erstinstanziellen Urteil beschwert ist (dies ist die Differenz zwischen Antrag und ergangener Entscheidung) oder die Berufung wegen grundsätzlicher Bedeutung, Rechtsfortbildung oder zur Sicherung einheitlicher Rechtsprechung vom Erstinstanzgericht zugelassen wird. Berufung

Berufungsgericht gegen Entscheidungen des **Amtsgerichts** in Familien- und Auslandsbezugssachen und des Landgerichts ist das Oberlandesgericht, ansonsten das **Landgericht.** Bis 31.12.2007 können die Länder gesetzlich regeln, ob sie alle oder welche weiteren Berufungsverfahren sie beim Oberlandesgericht konzentrieren (so genannte Experimentierklausel).

Revision

Die Revision findet statt gegen Endurteile der Berufungsgerichte (Landgericht, Oberlandesgericht). Zuzulassen ist die Revision im Urteil des Berufungsgerichts oder durch das Revisionsgericht auf Beschwerde gegen die Nichtzulassung,
- wenn die Rechtssache grundsätzliche Bedeutung hat oder
- wenn die Rechtssache der Rechtsfortbildung dient oder
- wenn die Sicherung einer einheitlichen Rechtsprechung eine Revisionsentscheidung erfordert.

Die Revision geht zum Bundesgerichtshof (BGH) und kann nur auf Gesetzesverletzung gestützt werden.

Fristen für Berufung und Revision

Einlegung →	binnen eines Monats seit Zustellung des Urteils
Begründung →	binnen eines Monats seit Einlegung des Rechtsmittels

Abbildung 35

Gesamtübersicht zum Zivilprozess

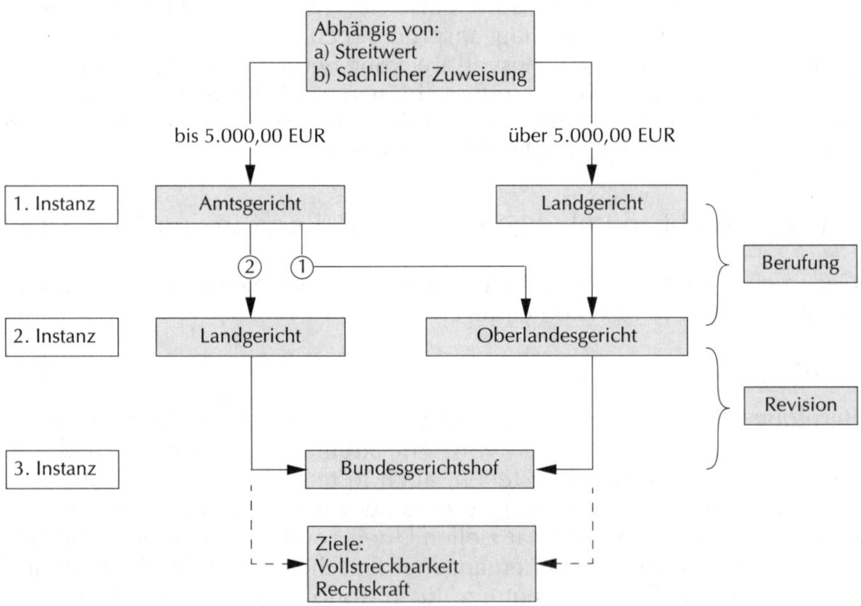

Zu ①: Familien-, Auslandsbezugssachen (Experimentierklausel)
Zu ②: Alle sonstigen Rechtssachen

Abbildung 36

3.1.6.5 Mahnverfahren

Mahnverfahren

Die Unterschiede zum Klageverfahren sind folgende:

- Zuständiges Gericht

Zuständiges Gericht

Örtlich zuständig ist grundsätzlich das Amtsgericht, in dessen Bezirk der **Antragsteller** seinen allgemeinen Gerichtsstand **(Wohnsitz)** hat. Die Bundesländer können die Zuständigkeit bei einem Amtsgericht zentralisieren und maschinenlesbare Formulare verwenden.
Sachlich zuständig, unabhängig von der Höhe des Streitwerts, **sind die Amtsgerichte.** Handelt es sich um eine Lohnforderung oder andere Zahlungen aus einem Arbeitsverhältnis, ist das Arbeitsgericht zuständig (es gelten besondere Verfahren und Vordrucke).

- Parteien

Parteien

Im Gegensatz zur Klage heißen die Parteien **Antragsteller (Gläubiger)** und **Antragsgegner (Schuldner).**

- Zulässigkeit

Zulässigkeit

Das Mahnverfahren ist nur zulässig für Ansprüche auf **Zahlung einer bestimmten Geldsumme** in inländischer Währung. Eine eventuelle Gegenleistung (zum Beispiel Ware) muss bereits erbracht sein.

- Vorzüge

Vorzüge

Das Mahnverfahren soll als abgekürztes zivilprozessuales Verfahren dem Gläubiger rasch zu einem Vollstreckungstitel verhelfen. Dies wird erreicht durch:
1. ein **Formularverfahren** (Erwerb im Schreibwarenhandel)
2. Erlass gerichtlicher **Bescheide ohne Prüfung der inhaltlichen Berechtigung der Forderung** durch den Rechtspfleger (nicht Richter) bei Gericht
3. Einführung **kurzer Fristen für Rechtsmittel**
4. **niedrige Gerichtsgebühr** (eine halbe Klagegebühr), in der Regel keine Rechtsanwaltsgebühr, weil kein Anwaltszwang besteht.

- Verfahren

Das Amtsgericht erlässt auf Antrag des Gläubigers einen **Mahnbescheid (erste Stufe)** und stellt ihn dem Schuldner zu. Dieser kann zahlen, innerhalb von zwei Wochen Widerspruch erheben oder untätig bleiben.

Mahnbescheid (MB)

Reagiert der Schuldner nicht, erlässt das Amtsgericht auf Antrag des Gläubigers den **Vollstreckungsbescheid (zweite Stufe)** und stellt ihn dem Schuldner zu. Dieser kann wiederum zahlen, innerhalb von zwei Wochen Einspruch einlegen oder untätig bleiben.

Vollstreckungsbescheid (VB)

Reagiert der Schuldner auch hierauf nicht, kann der Gläubiger die Zwangsvollstreckung in das Vermögen des Schuldners betreiben.
Achtung: Der Vollstreckungsbescheid muss vom Gläubiger binnen sechs Monaten seit Zustellung des Mahnbescheides an den Schuldner beantragt werden.

- Beendigung

Das Verfahren endet, wenn der Schuldner in Stufe 1 (Mahnbescheid) oder Stufe 2 (Vollstreckungsbescheid) die Forderung des Gläubigers erfüllt.
Das Verfahren endet auch, wenn der Schuldner **in Stufe 1** (Mahnbescheid) fristgerecht **Widerspruch, in Stufe 2** (Vollstreckungsbescheid) fristgerecht **Einspruch** erhebt. In diesem Fall kann die Forderung nur im ordentlichen Gerichtsverfahren vor dem dann örtlich und sachlich zuständigen Gericht geltend gemacht werden (siehe folgende Abbildung).

Widerspruch
Einspruch

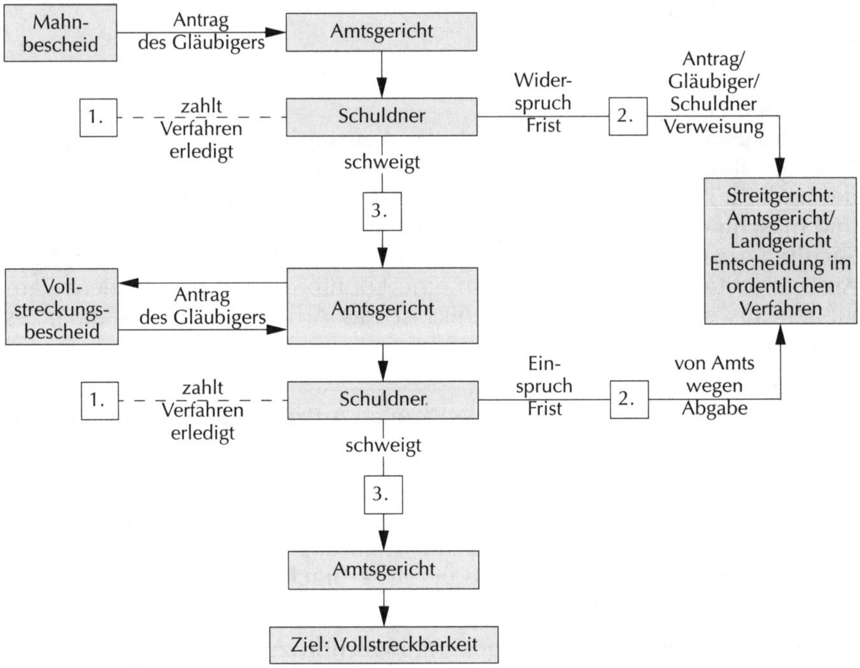

Abbildung 37

3.1.7 Zwangsvollstreckung

Hat der Gläubiger gegen den Schuldner ein rechtskräftiges Urteil erwirkt, ist damit noch nicht sichergestellt, dass der Schuldner die gerichtlich festgestellte Forderung erfüllt. Weigert er sich oder ist er untätig, kann der Gläubiger seinen Anspruch auch gegen den Willen des Schuldners durchsetzen, er muss allerdings staatliche Machtmittel zu Hilfe nehmen (Zwangsvollstreckung).

3.1.7.1 Voraussetzungen der Zwangsvollstreckung

Voraus-
setzungen

Die Zwangsvollstreckung ist an drei Voraussetzungen gebunden: vollstreckbarer Titel, Vollstreckungsklausel, Zustellung des vollstreckbaren Titels an den Schuldner.

Vollstreckungstitel

Vollstreckungs-
titel

Vollstreckungstitel sind in erster Linie rechtskräftige Urteile. Es gibt jedoch, wie die folgende Abbildung zeigt, weitere Vollstreckungstitel.

Übersicht über Zwangsvollstreckungstitel

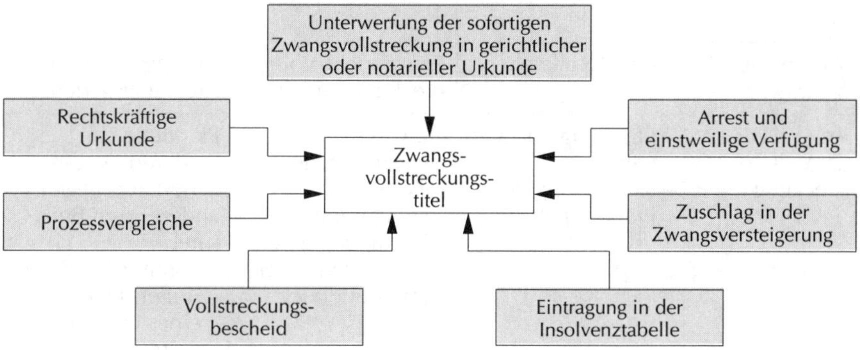

Abbildung 38

Vollstreckungsklausel

Die Vollstreckungsklausel macht den Titel in der Regel vollstreckbar. Der Urkundsbeamte des Gerichts vermerkt auf dem Urteil: „Vorstehende Ausfertigung wird dem Gläubiger zum Zwecke der Zwangsvollstreckung erteilt." Klausel

Zustellung des Vollstreckungstitels

Die Zustellung des Vollstreckungstitels muss vor oder mit dem Beginn der Zwangsvollstreckung erfolgen.

3.1.7.2 Arten der Zwangsvollstreckung, Vollstreckungsorgane, Zuständigkeit

Für Zwangsvollstreckungsmaßnahmen sind eine Reihe von staatlichen Organen zuständig, je nachdem, ob wegen Geld- oder sonstiger Forderungen (zum Beispiel auf Herausgabe einer Urkunde, Abgabe einer Willenserklärung, Unterlassung einer Handlung) und ob in das bewegliche oder unbewegliche Vermögen des Schuldners vollstreckt werden soll.

Zwangsvollstreckung wegen Geldforderungen

Sie sind der häufigste Grund für Zwangsvollstreckungsmaßnahmen. Die Vollstreckung kann erfolgen in bewegliches, unbewegliches Vermögen sowie Rechte und Forderungen des Schuldners. Bei der Zwangsvollstreckung in die verschiedenen Vermögensgegenstände des Schuldners gelten folgende Besonderheiten und Unterschiede:

Zwangs-vollstreckung in	bewegliche Sachen	unbewegliche Sachen	Forderungen und Rechte
Vollstreckungs-organe	Gerichtsvollzieher	Amtsgericht-Voll-streckungsgericht	Amtsgericht-Voll-streckungsgericht
Art und Weise der Voll-streckung	– Pfändung und Mitnahme – Anbringung des Pfandsiegels	– Zwangs-versteigerung – Zwangs-verwaltung – Eintragung einer Zwangshypothek im Grundbuch	Pfändung von Forderungen des Schuldners gegen andere, zum Beispiel – Lohnforderungen – Außenstände eines Unternehmers – Bank- und Sparkassenguthaben durch Pfändungs- und Überweisungs-beschluss gegen den Drittschuldner
Grenzen der Vollstreckung	unpfändbar sind: – lebensnotwendige Sachen – berufsnotwendige Sachen – Fremdsachen		nur in Grenzen pfändbar: – Lohnforderungen
Rechtsmittel	– Erinnerung des Schuldners – Interventions-klage des Dritten		
Befriedigung des Gläubigers	aus Versteigerungs-erlös nach Abzug der Verfahrens-kosten	aus Versteigerungs-, Zwangs-, Verwal-tungserlös nach Abzug der Verfahrens-kosten	Drittschuldner muss gepfändete Forderung an den Gläubiger abführen; Gläubiger kann ihn auf Zahlung verklagen

Abbildung 39

3.1.7.3 Eidesstattliche Versicherung (ehem. Offenbarungseid) und Schuldnerverzeichnis

Bleibt die Zwangsvollstreckung wegen einer Geldforderung in das bewegliche Vermögen des Schuldners erfolglos, kann der Gläubiger beim Amtsgericht-Vollstreckungsgericht beantragen, dass der **Schuldner ein Verzeichnis über sein Vermögen aufstellt und dieses eidesstattlich bekräftigt.** In die aus dem Verzeichnis ersichtlichen Vermögensgegenstände kann der Gläubiger zwangsvollstrecken lassen. Verweigert der Schuldner die Erstellung eines Vermögensverzeichnisses bzw. die Abgabe einer eidesstattlichen Versicherung, kann das Gericht auf Antrag des Gläubigers Beugehaft

– längstens sechs Monate – zur Erzwingung der Abgabe der eidesstattlichen Versicherung anordnen.
Schuldner, die eine eidesstattliche Versicherung abgegeben haben oder gegen die Beugehaft angeordnet wurde, werden in das Schuldnerverzeichnis beim Vollstreckungsgericht eingetragen, in das jeder auf Antrag Einsicht nehmen kann. Die Eintragung in das **Schuldnerverzeichnis** wird gelöscht, wenn der Schuldner die Erfüllung der Forderung des Gläubigers nachweist oder drei Jahre seit Ende des Jahres, in dem die Eintragung erfolgte, verstrichen sind.

Schuldnerverzeichnis

3.1.8 Insolvenzverfahren

Unternehmer und Verbraucher können durch betriebliche, außerbetriebliche oder persönliche Ursachen (Fehlentscheidungen, falsche Produkte, Konkurrenz, Rezession, Ausfall von Märkten, falsche Schuldenpolitik, Ausfall von Forderungen usw.) in ihrer Existenz bedroht werden. Lösungsmöglichkeiten aus dieser Bedrohung bietet die am 1.1.1999 in Kraft getretene Insolvenzordnung (InsO). Sie enthält Regelungen für Unternehmens- und Verbraucherinsolvenzen.

Insolvenzordnung

3.1.8.1 Unternehmensinsolvenz

Ziele der InsO:

Einheitliches **Ziel** ist die **bestmögliche Befriedigung** der **Gläubiger** durch Sanierung oder Liquidation des Unternehmens. Daneben tritt im Fall der Insolvenz von natürlichen Personen das Ziel, den **redlichen Schuldner** von **restlichen Schulden** zu **befreien** und ihm damit die Chance eines wirtschaftlichen **Neubeginns** zu geben.

Schematischer Verfahrensablauf im Fall einer Unternehmensinsolvenz

Das Verfahren gliedert sich vereinfacht dargestellt in **drei Phasen:**

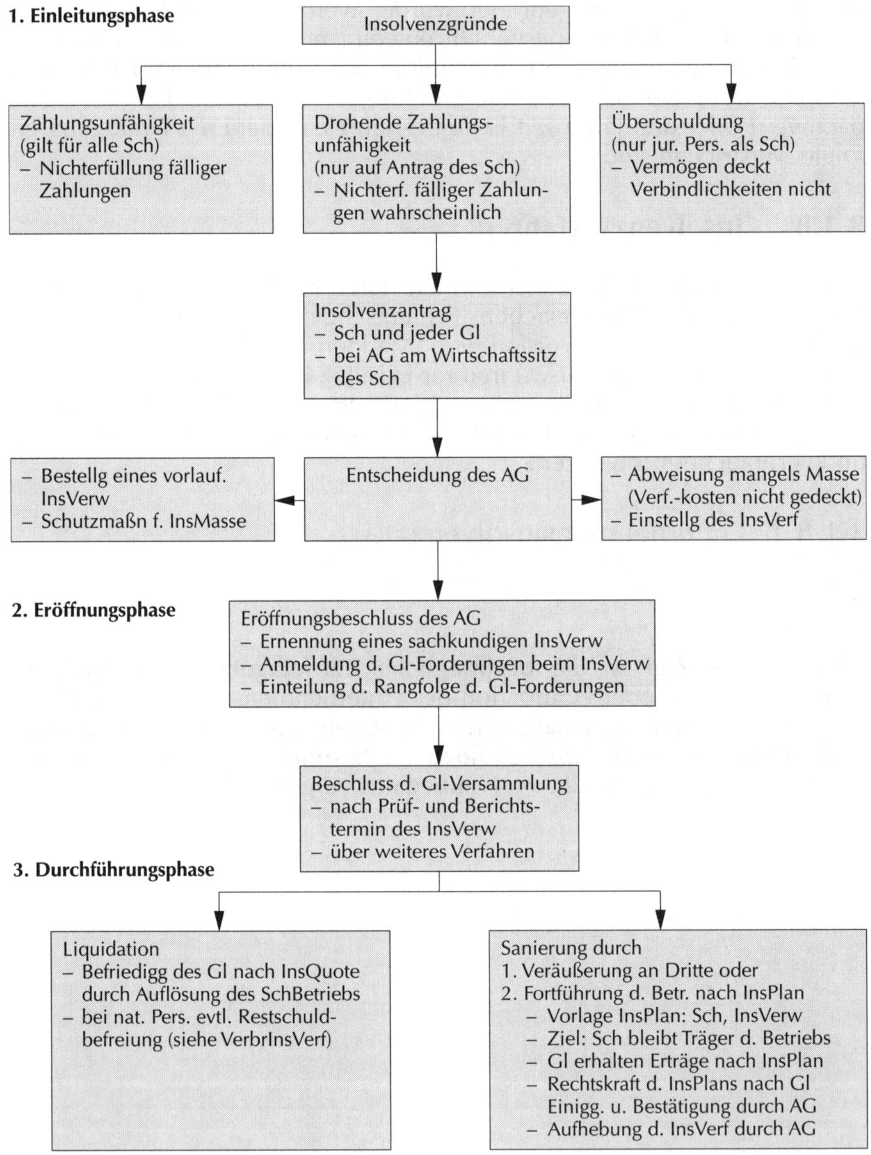

Abbildung 40

3.1.8.2 Kleingewerbe- und Verbraucherinsolvenzverfahren

Mit der InsO wurde auch ein neuartiges Entschuldungsverfahren für Kleingewerbetreibende (weniger als 20 Gläubiger, keine Forderungen von Arbeitnehmern) und Privatpersonen (Verbraucher, Arbeitnehmer, Rentner etc.) eingeführt, die ihre Schulden mit gerichtlicher Hilfe und im Einzelfall auch ohne Mitwirkung eines Ins-Verwalters anhand eines Ins-Plans abwickeln dürfen.

Das Verfahren gliedert sich in **vier** selbstständige **Abschnitte:**

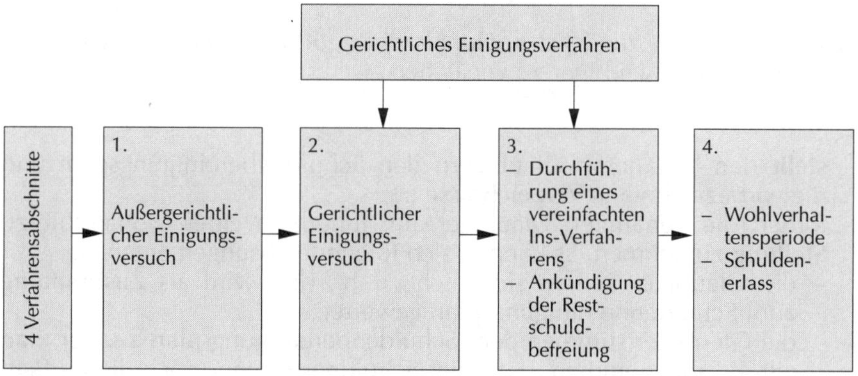

Abbildung 41

<u>Außergerichtlicher Einigungsversuch:</u>

Zunächst muss der Schuldner ernsthaft versuchen, sich mit seinen Gläubigern **außergerichtlich** zu einigen.

Dies ist zwingende Voraussetzung für die Einleitung der weiteren Abschnitte. Der Schuldner hat seinen Gläubigern seine Einkommens- und Vermögensverhältnisse darzulegen und konkret vorzuschlagen, z. B. mit einem **Zahlungs- und Tilgungsplan,** wie er seine Schulden begleichen möchte.

Misslingt die Einigung trotz ernsthafter Bemühungen, kann der Schuldner bei **Gericht** die Eröffnung des Ins-Verfahrens beantragen.

<u>Gerichtliches Einigungsverfahren:</u> Einigungsverfahren

Zuständig ist das Amtsgericht am Sitz des Landgerichts, in dessen Bezirk der Schuldner wohnt.

- Voraussetzungen
  Mit dem **Antrag** auf Einleitung eines Insolvenzverfahrens hat der Schuldner dem Amtsgericht vorzulegen:
  - eine **Bescheinigung,** z. B. eines Rechtsanwalts, einer Schuldnerberatungsstelle, über den vergeblichen Versuch einer außergerichtlichen Einigung innerhalb der letzten sechs Monate auf der Grundlage eines Planes,

- **Verzeichnisse** seines Einkommens und vorhandenen Vermögens, seiner Gläubiger und der gegen ihn erhobenen Forderungen,
- einen eigenen **Plan** zur angemessenen Bereinigung der Schulden, z. B. Stundung, Ratenzahlung, Erlass der Schulden, mit Anpassungs- und Änderungsklauseln für den Fall, dass sich die wirtschaftlichen oder familiären Verhältnisse des Schuldners ändern,
- einen **Antrag** auf **Restschuldbefreiung.**

Reicht der Schuldner die geforderten Unterlagen trotz erneuter Aufforderung durch das Gericht nicht ein, gilt der Antrag als zurückgenommen, das gerichtliche Verfahren ist beendet.

Gerichtlicher Einigungsversuch

- Gerichtlicher Einigungsversuch

Das Gericht hat zunächst **nochmals** eine **gütliche Einigung** zwischen Schuldner und Gläubiger zu versuchen.

Es
- **stellt** den benannten Gläubigern den Schuldenbereinigungs**plan** und die vorbezeichneten **Verzeichnisse** zu,
- fordert die benannten Gläubiger auf, innerhalb **eines** Monats hierzu **Stellung** zu nehmen. Es können sich folgende Lösungen ergeben:
  - die Gläubiger äußern sich nicht, d. h., dies wird als **Zustimmung** zum Schuldenbereinigungsplan gewertet,
  - die Gläubiger stimmen dem Schuldenbereinigungsplan zu, der Plan gilt als angenommen, d. h., der Schuldner hat nur noch die im Plan zugesicherten Verbindlichkeiten,
  - stimmen mehr als die Hälfte der Gläubiger (nach Köpfen und Forderungen) dem Plan zu, kann das Gericht die fehlende **Zustimmung** einzelner Gläubiger **ersetzen,**
  - **nicht benannte** Gläubiger können vom Schuldner weiterhin ihre volle Forderung verlangen. Wichtig ist daher, dass der Schuldner alle Gläubiger benennt.

Vereinfachtes Insolvenzverfahren

Vereinfachtes Insolvenzverfahren:

- Voraussetzungen

Scheitert auch der gerichtliche **Einigungs**versuch, entscheidet das Gericht über die Eröffnung des Ins-Verfahrens.

Voraussetzung ist, dass die **Kosten** des Verfahrens (z. B. Gerichtsgebühren, Auslagen etc.) **gedeckt** sind. Dies hängt vom **Wert** des Schuldnervermögens und der Höhe der entstandenen Auslagen ab. Auf Antrag können die Kosten gestundet werden.

Verfahrenseröffnung

- Verfahrenseröffnung

Mit der Entscheidung über die Verfahrenseröffnung wird über das Vermögen des Schuldners **ein vereinfachtes Insolvenzverfahren** durchgeführt:
- Das Gericht bestellt in der Regel einen Treuhänder (z. B. Rechtsanwalt).
- Dieser **verwertet** die **Insolvenzmasse** durch Veräußerung der Massegegenstände.
- Insolvenzmasse ist das **pfändbare** Vermögen des Schuldners zur Zeit der Verfahrenseröffnung und alles, was während des Verfahrens hinzu-

kommt. **Ausgenommen** sind: unpfändbare Gegenstände (z. B. lebens-, berufsnotwendige Dinge).
- Eine **Verwertung** der Ins-Masse kann der Schuldner **verhindern,** wenn er innerhalb einer gerichtlich festgesetzten Frist einen Geldbetrag im Wert der Ins-Masse an den Treuhänder bezahlt.

- Beendigung

Beendigung

Mit Beendigung des vereinfachten Ins-Verfahrens kündigt das Gericht die **Restschuldbefreiung** an, wenn kein Gläubiger Versagungsgründe glaubhaft macht.

Versagungsgründe sind z. B. Verurteilung wegen einer Ins-Straftat; Verletzung von Auskunfts- und Mitwirkungspflichten während des Verfahrens; Vermögensverschwendung; unangemessene Schulden im Jahr vor der Eröffnung.

Wohlverhaltensperiode:
- Pflichten des Schuldners

Um von den Restschulden befreit zu werden, hat der **Schuldner** nach Durchführung des Ins-Verfahrens folgende **Pflichten:**

Wahlverhaltensperiode

- er muss sich innerhalb der nächsten sechs Jahre nach Verfahrenseröffnung wohlverhalten
- er muss den pfändbaren Teil seines Arbeitseinkommens/Einnahmen an den Treuhänder abführen
- er muss jede zumutbare Arbeit annehmen
- er muss jeden Arbeitsplatzwechsel melden.

- Verteilung des pfändbaren Einkommens des Schuldners

Der Treuhänder verteilt die erhaltenen Beträge **einmal jährlich** an die Gläubiger. Als Belohnung für das Wohlverhalten und zur Motivation des Schuldners **überlässt** ihm der Treuhänder neben dem pfändungsfreien Betrag ab dem 4. Jahr einen immer **höheren Anteil** der gepfändeten Beträge:
- im 5. Jahr: 10 % des pfändbaren Teils der Beträge
- im 6. Jahr: 15 % des pfändbaren Teils der Beträge

Während der Wohlverhaltensperiode sind **Zwangsvollstreckungen** einzelner Gläubiger **unzulässig,** Pfändungen werden mit der Eröffnung des Verfahrens unwirksam, Abtretungen drei Jahre nach diesem Zeitpunkt.

Entscheidung über die Restschuldbefreiung:

Verhält sich der Schuldner während der Periode **redlich,** erlässt das Amtsgericht nach Ablauf der Periode die bisherigen Schulden.

Ausgenommen hiervon sind: Schulden aus vorsätzlich begangenen unerlaubten Handlungen, Geldstrafen, Geldbußen, Zwangs- und Ordnungsgelder.
Die Restschuldbefreiung kann vom Amtsgericht **widerrufen** werden, wenn der Schuldner seine Pflicht in dieser Zeit vorsätzlich verletzt und dadurch die Befriedigung von Gläubigern erheblich beeinträchtigt hat.

Übungs- und Prüfungsaufgaben

1. Nennen Sie die fünf Teile des BGB und ihre Hauptgegenstände!

„Siehe Seite 15 des Textteils!"

2. Was versteht man unter Rechtsfähigkeit?

☐ a) Die Fähigkeit, Rechtsgeschäfte abschließen zu können
☐ b) Die Fähigkeit, einen Rechtsstreit führen zu können
☐ c) Die Fähigkeit, sich durch das Begehen von Straftaten strafbar zu machen
☒ d) Die Fähigkeit, Träger von Rechten und Pflichten zu sein
☐ e) Die Fähigkeit zu unterscheiden, was Recht und Unrecht ist.

„Siehe Seite 16 des Textteils!"

3. Wer ist rechtsfähig?

☐ a) Nur die volljährigen Personen
☒ b) Alle natürlichen Personen (Menschen) und die juristischen Personen
☐ c) Nur diejenigen Personen, die im Besitz der bürgerlichen Ehrenrechte sind
☐ d) Nur diejenigen Personen, die im Vollbesitz ihrer Geisteskräfte sind
☐ e) Alle Menschen, die Rechte und Pflichten haben.

„Siehe Seite 17 des Textteils!"

4. Welche Stufen der Geschäftsfähigkeit gibt es und welche Auswirkungen haben sie auf die Gültigkeit von Rechtsgeschäften?

„Siehe Seite 18 des Textteils!"

5. Was versteht man unter Geschäftsfähigkeit?

☒ a) Die Fähigkeit, Rechtsgeschäfte rechtswirksam abschließen zu können
☐ b) Die Fähigkeit, ein Erwerbsgeschäft selbstständig führen zu können
☐ c) Die Fähigkeit, ein Erwerbsgeschäft erfolgreich zu führen
☐ d) Die Fähigkeit, sich durch eine verbotene Handlung strafbar zu machen
☐ e) Die Fähigkeit, rechtsvorteilhafte Geschäfte selbst abschließen zu können.

„Siehe Seite 18 des Textteils!"

6. Wer ist voll geschäftsfähig?

☐ a) Alle Menschen, die das 7. Lebensjahr vollendet haben
☐ b) Alle Menschen, die das 14. Lebensjahr vollendet haben
☐ c) Alle Menschen, die das 16. Lebensjahr vollendet haben
☐ d) Alle Menschen, die das 20. Lebensjahr vollendet haben
☒ e) Alle Menschen, die wirksam Rechtsgeschäfte abschließen.

„Siehe Seite 20 des Textteils!"

7. Wann wird man bei uns volljährig?

☐ a) Mit Vollendung des 14. Lebensjahres
☒ b) Mit Vollendung des 18. Lebensjahres
☐ c) Mit Vollendung des 20. Lebensjahres
☐ d) Mit Vollendung des 21. Lebensjahres
☐ e) Mit Vollendung des 22. Lebensjahres.

„Siehe Seite 20 des Textteils!"

8. Unter den nachstehend aufgeführten Personen sind einige, die geschäftsunfähig sind. Welche sind das?

☒ a) Ein Kind mit sechs Jahren und ein nicht nur vorübergehend geistig Kranker
☐ b) Ein Kind mit zwölf Jahren und ein Erwachsener mit über 80 Jahren
☐ c) Ein 17-Jähriger und ein volljähriger Betreuter
☐ d) Ein 22-jähriger Kranker, der im Krankenhaus liegt, und ein 33-jähriger Häftling, der seine Freiheitsstrafe verbüßt
☐ e) Ein Volljähriger, der trunksüchtig ist, und ein Drogenabhängiger auf Entziehungskur.

„Siehe Seite 18 des Textteils!"

9. Wer ist der gesetzliche Vertreter eines ehelichen Kindes?

☐ a) Der Vater für sich allein
☐ b) Die Mutter für sich allein
☐ c) Das Amtsgericht (Vormundschaftsgericht)
☐ d) Der Amtsvormund beim Jugendamt
☒ e) Beide Eltern gemeinsam.

„Siehe Seite 18 des Textteils!"

10. Wer ist der gesetzliche Vertreter eines nichtehelichen Kindes?

☐ a) Der Vater
☒ b) Die Mutter
☐ c) Der Vater und die Mutter gemeinsam
☐ d) Der Amtsvormund beim Jugendamt
☐ e) Der Vormundschaftsrichter beim Amtsgericht.

„Siehe Seite 18 des Textteils!"

11. Unter den nachfolgend aufgeführten Personen ist eine, die beschränkt geschäftsfähig ist. Welche ist das?

☐ a) Ein Erwachsener, dem die bürgerlichen Ehrenrechte entzogen worden sind.
☒ b) Ein Kind mit 12 Jahren, das bei seinen Großeltern lebt.
☐ c) Ein Gastwirt, der laut Vertrag nur das Bier einer bestimmten Brauerei ausschenken darf.
☐ d) Ein Gast des Gastwirts zu c), der betrunken unterm Tisch liegt.
☐ e) Ein nicht nur vorübergehend geistig Kranker.

„Siehe Seite 19 des Textteils!"

12. Nennen Sie den Unterschied zwischen Einwilligung und Genehmigung!

„Siehe Seite 19 des Textteils!"

13. In einem der nachfolgend aufgeführten Fälle braucht der Minderjährige nicht die Zustimmung des gesetzlichen Vertreters, sondern kann den Vertrag allein rechtswirksam abschließen.

Aufgabe: Welcher Fall ist das?

- ☐ a) Wenn es sich um einen Vertrag mit einem Gegenstandswert von unter 100,00 EUR handelt
- ☐ b) Wenn der Minderjährige seinen gesetzlichen Vertreter gerade nicht erreichen kann
- ☐ c) Wenn der Minderjährige den Kaufpreis in kleinen, für ihn tragbaren Raten bezahlt
- ☐ d) Wenn der Minderjährige sich eine Skiausrüstung kaufen will, weil der Skisport seiner Gesundheit förderlich ist
- ☐ e) Wenn es sich um einen Vertrag handelt, den der Minderjährige mit Taschengeld sofort erfüllt.

„Siehe Seiten 19 f. des Textteils!“

14. Wie heißen die notwendigen Bestandteile jedes Rechtsgeschäfts?

„Siehe Seite 21 des Textteils!“

15. Nennen Sie die drei grundsätzlichen Freiheiten des Vertragsrechts!

„Siehe Seiten 22 f. des Textteils!“

16. Erklären Sie, was unter allgemeinen Geschäftsbedingungen im Gegensatz zu Einzelvereinbarungen zu verstehen ist!

„Siehe Seite 23 des Textteils!“

17. Ein Vertrag kommt durch zwei Willenserklärungen zustande.

Aufgabe: Wie heißen diese?

- ☐ a) Auftrag und Bestätigung
- ☐ b) Angebot und Zustimmung
- ☐ c) Antrag (Angebot) und Annahme
- ☐ d) Anfrage und Genehmigung
- ☐ e) Ersuchen und Zusage.

„Siehe Seite 24 des Textteils!“

18. Nennen Sie die wichtigsten Nichtigkeits- und die wichtigsten Anfechtungsgründe!

„Siehe Seiten 26 bis 28 des Textteils!“

– Bis hier –

19. Manche Verträge leiden zwar auch an Mängeln, sind aber nicht sofort nichtig, sondern können vom einen oder anderen Vertragsteil angefochten und durch die Anfechtung nichtig werden.

Aufgabe: Aus welchen der nachfolgend aufgeführten Gründe kann man einen Vertrag anfechten?

- ☐ a) Nur wegen Irrtum, und zwar auch wegen Motivirrtum
- ☐ b) Wegen Erklärungsirrtum, Sachirrtum oder Personenirrtum sowie wegen arglistiger Täuschung und Drohung
- ☐ c) Wegen finanzieller Schwierigkeiten, die nach Vertragsabschluss eingetreten sind, die der in Not geratene Vertragspartner aber nicht voraussehen konnte
- ☐ d) Wegen Fehlens reiflicher Überlegung beim Vertragsabschluss
- ☐ e) Wegen einer fehlerhaften Kalkulation, die zur Grundlage des Vertrages gemacht wurde.

„Siehe Seite 28 des Textteils!"

20. Welches sind die wichtigsten Unterschiede zwischen dem Erfüllungs- und dem Verrichtungsgehilfen und welche haftungsrechtlichen Folgen ergeben sich hieraus?

„Siehe Seiten 28 f. des Textteils!"

21. Erklären Sie, welcher Ort als gesetzlicher Erfüllungsort gilt!

„Siehe Seite 29 des Textteils!"

22. Welche Besonderheiten gelten beim Versendungskauf?

„Siehe Seite 29 des Textteils!"

23. Was kann der Gläubiger tun, wenn der Schuldner nicht fristgerecht liefert?

- ☐ a) Er kann dem Schuldner eine angemessene Frist setzen und nach erfolglosem Ablauf der Frist vom Vertrag zurücktreten und/oder Schadenersatz wegen Verzögerung der Lieferung verlangen.
- ☐ b) Er braucht dem Schuldner keine Nachfrist zu setzen, sondern kann sofort vom Vertrag zurücktreten.
- ☐ c) Er kann die Abnahme der geschuldeten Sache oder Leistung verweigern, vom Vertrag zurücktreten und Schadenersatz wegen Nichterfüllung des Vertrags verlangen, ohne dass er eine Nachfrist setzt.
- ☐ d) Er kann auf Aufhebung des Vertrags bei Gericht klagen.
- ☐ e) Er kann sofort einen Vertrag mit einem neuen Partner schließen und vom Schuldner Schadenersatz wegen Nichterfüllung verlangen.

„Siehe Seiten 30 f. des Textteils!"

24. Bei Geldschulden kann der Gläubiger vom Schuldner vom Zeitpunkt des Verzugs ab Verzugszinsen verlangen, und zwar mindestens den gesetzlichen Verzugszins.

Aufgabe: Wie hoch ist dieser?

- ☐ a) So hoch wie der jeweilige Basiszinssatz der EZB
- ☐ b) 1 % unter Basiszinssatz der EZB
- ☐ c) 2 % über Basiszinssatz der EZB
- ☐ d) 5 % über dem Basiszinssatz der EZB
- ☐ e) 6 % bei Privatschulden und 8 % bei Geschäftsschulden.

„Siehe Seite 31 des Textteils!"

25. Nennen Sie den Zweck und die wesentlichen Merkmale einer Quittung!

„Siehe Seite 33 des Textteils!"

26. Was ist zu beachten, wenn eine Forderung abgetreten wird?

„Siehe Seite 33 des Textteils!"

27. Wie lang ist die regelmäßige Verjährungsfrist?

☐ a) 1 Jahr
☐ b) 3 Jahre
☐ c) 5 Jahre
☐ d) 10 Jahre
☐ e) 30 Jahre.

„Siehe Seite 34 des Textteils!"

28. Wann beginnt die Verjährungsfrist, die für Werklohnforderungen der Handwerker gilt, zu laufen?

☐ a) Sofort mit der Entstehung der Schuld, das heißt, sobald der Handwerker seine Lieferung oder Leistung getätigt hat
☐ b) Erst dann, wenn der Handwerker dem Schuldner die Rechnung übergibt
☐ c) Mit dem ersten Tag des Monats, der auf die Entstehung der Forderung folgt
☐ d) Mit dem ersten Tag des Jahres, das auf die Rechnungsstellung folgt
☐ e) Mit Ende des Jahres, in dem der Anspruch entstanden ist und er die Person des Bestellers und den Anspruchsgrund kennt oder kennen muss.

„Siehe Seiten 34 f. des Textteils!"

29. Nennen Sie Möglichkeiten, wie der Ablauf einer Verjährungsfrist verhindert werden kann!

„Siehe Seite 35 des Textteils!"

30. Wodurch trägt der Schuldner zum Neubeginn der Verjährung bei?

☐ a) Wenn er auf eine Mahnung des Gläubigers schweigt, denn dadurch erkennt er die Forderung an
☐ b) Wenn er in irgendeiner Form die Forderung anerkennt, zum Beispiel ausdrücklich oder durch Leistung einer Teilzahlung
☐ c) Wenn er dem Gläubiger gegenüber die Schuld bestreitet
☐ d) Nur wenn er bei Gericht Klage erhebt auf Feststellung, dass er dem Gläubiger dessen Forderung nicht schuldet
☐ e) Wenn er dem Gläubiger einen neuen Auftrag erteilt.

„Siehe Seite 35 des Textteils!"

31. Ein Dachdeckermeister hat für einen Auftraggeber dessen Hausdach eingedeckt. Trotz wiederholter Mahnungen zahlt der Auftraggeber den vereinbarten Werklohn nicht. Kurz vor der Verjährung der Werklohnforderung überweist er einen geringen Betrag der Forderung an den Dachdeckermeister.

Aufgabe: Welche Auswirkungen hat dies auf die Werklohnforderung des Dachdeckermeisters?

☐ a) Dann beginnt eine neue, und zwar eine 10-jährige Verjährungsfrist zu laufen.
☐ b) Dann beginnt eine neue, und zwar eine 30-jährige Verjährungsfrist zu laufen.
☐ c) Dann kann die Forderung überhaupt nicht mehr verjähren.
☐ d) Dann beginnt eine neue 3-jährige Verjährungsfrist zu laufen.
☐ e) Dann verlängert sich die Verjährungsfrist um die Zeit der Unterbrechung.

„Siehe Seite 35 des Textteils!"

32. Erklären Sie, wie ein Kaufvertrag zustande kommt!

„Siehe Seite 36 des Textteils!"

33. Wie heißen die Parteien beim Kaufvertrag und welche Pflichten haben sie?

„Siehe Seite 36 des Textteils!"

34. Unter den nachfolgend aufgeführten Pflichten des Käufers ist eine, die ihm **nicht** durch das Gesetz auferlegt ist.

Aufgabe: Welche ist das?

☐ a) Er muss die Kaufsache abnehmen.
☐ b) Er muss den vereinbarten Kaufpreis bezahlen.
☐ c) Er muss eventuelle Mängelansprüche vor Ablauf der Verjährungsfrist geltend machen.
☐ d) Er muss die Kaufsache schonend behandeln.
☐ e) Er muss bei Vorliegen von Mängeln rechtzeitig Umtausch verlangen.

„Siehe Seite 37 des Textteils!"

35. Zählen Sie die Ansprüche auf, die der Käufer bei Vorliegen von Mängeln gegen den Verkäufer hat!

„Siehe Seiten 39 f. des Textteils!"

36. Erklären Sie, wofür der Verkäufer, wenn ein Sachmangel vorliegt, einzustehen hat!

„Siehe Seite 38 des Textteils!"

37. Der Käufer eines neuen Autos stellt in den folgenden Tagen im Fahrbetrieb fest, dass das Auto eine Reihe schwer wiegender Mängel an Motor und Fahrgestell hat, die er bei Kaufabschluss nicht kannte. Der Verkäufer ist bereit, auf die Mangelbeschwerden des Käufers einzugehen.

Aufgabe: Welches Recht hat der Käufer zunächst aus dem Kaufvertrag?

- ☐ a) Er kann Nacherfüllung (Mängelbeseitigung oder Nachlieferung) binnen einer vom Käufer zu bestimmenden angemessenen Frist fordern.
- ☐ b) Er kann Rückgängigmachung des Kaufs oder Minderung des Kaufpreises, in manchen Fällen auch Umtausch oder Schadenersatz verlangen.
- ☐ c) Er kann sofort den Vertrag wegen arglistiger Täuschung anfechten.
- ☐ d) Er braucht gar nicht erst anzufechten, der Vertrag ist schon wegen der mangelhaften Lieferung nichtig.
- ☐ e) Er kann den Vertrag kündigen, da der Kaufgegenstand unbrauchbar ist.

„Siehe Seite 39 des Textteils!"

38. Nennen Sie die besonderen Arten des Kaufs und ihre Unterscheidungsmerkmale!

„Siehe Seiten 42 f. des Textteils!"

39. Wie heißen die Parteien beim Werkvertrag und welche Pflichten haben sie?

„Siehe Seite 44 des Textteils!"

40. Ist für einen Werkvertrag Schriftform vorgeschrieben?

- ☐ a) Nein, der Werkvertrag kann in jeder beliebigen Form geschlossen werden.
- ☐ b) Ja, er muss immer schriftlich gemacht werden.
- ☐ c) Ja, aber nur, wenn es sich um Arbeiten an einem Bauwerk handelt.
- ☐ d) Ja, aber nur, wenn der Werklohn verbindlich vereinbart werden soll.
- ☐ e) Nein, nur der Vertrag über den Bau eines Hauses muss notariell beglaubigt werden.

„Siehe Seite 45 des Textteils!"

41. Nennen Sie die Unterscheidungsmerkmale des Werkvertrages und des Vertrages zur Lieferung herzustellender oder zu erzeugender beweglicher Sachen!

„Siehe Seite 45 des Textteils!"

42. Welche der nachstehend aufgeführten Verpflichtungen hat der Handwerksmeister beim Werkvertrag kraft Gesetzes?

- ☐ a) Er muss den Kunden über den Beginn und die Beendigung seiner Arbeiten informieren.
- ☐ b) Er muss den Kunden über den Fortschritt der Arbeiten auf dem Laufenden halten.
- ☐ c) Er muss seine Arbeiten mangelfrei ausführen und sie dann dem Kunden übergeben.
- ☐ d) Er muss das fertig gestellte Werk dem Kunden in dessen Wohnung oder Geschäftslokal abliefern.
- ☐ e) Er muss fertig gestellte Teile des Werkes dem Kunden sofort in Rechnung stellen.

„Siehe Seite 45 des Textteils!"

43. Ein Kunde gibt dem Inhaber eines Malerbetriebes den Auftrag, sein neu gebautes Einfamilienhaus innen und außen zu streichen. Untergrundgestaltung, Farbe, Zahl der Schichten, Farbqualität und Ausführungsfristen werden von den Parteien im Detail besprochen, nicht dagegen die Kosten der Auftragsarbeit.

Aufgabe: Was kann der Handwerker in diesem Fall für seine Arbeit verlangen?

☐ a) Überhaupt nichts.
☐ b) Dann kann der Handwerker verlangen, was er will.
☐ c) Eine ortsübliche, angemessene Vergütung.
☐ d) Der Werklohn des Handwerkers wird dann von der Innung festgesetzt.
☐ e) Der Werklohn richtet sich nach den von der Handwerkskammer festgelegten Werklohnrichtsätzen.

„Siehe Seite 45 des Textteils!“

44. Für welche Mängel hat der Unternehmer Gewähr zu leisten?

„Siehe Seite 46 des Textteils!“

45. Wie verhält sich der Handwerksmeister, wenn der Kunde Mängelrüge erhebt?

☐ a) Er lehnt zunächst einmal alle Mängelansprüche des Kunden ab und verlangt, dass der Kunde auf seine Kosten einen Sachverständigen hinzuzieht.
☐ b) Er prüft die gerügten Mängel und erfüllt nach, wenn er die Beanstandungen des Kunden als gerechtfertigt anerkennen muss.
☐ c) Er macht auf jeden Fall alles, was der Kunde an Nachbesserungsarbeiten verlangt und stellt diese dem Kunden dann in Rechnung.
☐ d) Er schaltet selbst einen Sachverständigen ein und erfüllt nur das nach, was dieser als mangelhaft bezeichnet.
☐ e) Er lehnt Nacherfüllung ab und gewährt sofort einen Preisnachlass (Minderung), weil dies wirtschaftlicher ist.

„Siehe Seite 47 des Textteils!“

46. Wie lange läuft die gesetzliche Verjährungsfrist für die Mängelansprüche des Bestellers?

☐ a) Bei Arbeiten an beweglichen Sachen eine Woche, bei Arbeiten an einem Grundstück einen Monat, bei Arbeiten an einem Bauwerk ein Jahr
☐ b) Bei beweglichen Sachen einen Monat, bei Arbeiten an einem Grundstück zwei Monate und bei Arbeiten an einem Bauwerk drei Monate
☐ c) Bei Arbeiten an beweglichen Sachen drei Monate, bei Arbeiten an einem Grundstück sechs Monate und bei Arbeiten an einem Bauwerk neun Monate
☐ d) Bei Arbeiten an Sachen zwei Jahre, bei Arbeiten an einem Bauwerk fünf Jahre
☐ e) Bei Arbeiten an beweglichen Sachen ein Jahr, bei Arbeiten an einem Grundstück zwei Jahre, bei Arbeiten an einem Bauwerk zehn Jahre.

„Siehe Seite 48 des Textteils!“

47. Nennen Sie die verschiedenen Arten von Kostenvoranschlägen und ihre jeweiligen Rechtsfolgen!

„Siehe Seite 49 des Textteils!“

48. Darf ein verbindlich veranschlagter Preis überschritten werden?

☐ a) Nein, er darf grundsätzlich nicht überschritten werden, außer wenn der Besteller damit einverstanden ist.

☐ b) Nein, er darf grundsätzlich nicht überschritten werden, außer wenn der Unternehmer damit einverstanden ist.

☐ c) Ja, er darf dann überschritten werden, wenn der Handwerker nachweist, dass er die Arbeit nicht zu dem veranschlagten Preis ausführen kann.

☐ d) Ja, er darf dann überschritten werden, wenn zwischen Auftragserteilung und Auftragsbeendigung Lohnerhöhungen oder Materialpreissteigerungen eingetreten sind.

☐ e) Ja, er darf ohne Begründung überschritten werden, weil das Verlangen des Bestellers nach einem verbindlichen Voranschlag sittenwidrig ist.

„Siehe Seite 49 des Textteils!"

49. Darf ein unverbindlich veranschlagter Preis überschritten werden?

☐ a) Ja, deshalb ist er ja unverbindlich.

☐ b) Ja, die Überschreitung darf aber höchstens 20 % betragen und ist nur dann zulässig, wenn der Handwerksmeister mehr gemacht hat, als der Kunde in Auftrag gegeben hat.

☐ c) Ja, wenn es sich nur um eine unwesentliche Überschreitung (allgemein 10 % bis 20 %) handelt.

☐ d) Ja, die Überschreitung muss aber wesentlich sein (allgemein ab 20 %, bei öffentlichen Aufträgen ab 10 %).

☐ e) Ja, wenn der Handwerker bei Rechnungsstellung nachweist, dass die Überschreitung auf Lohn- und Materialpreiserhöhungen beruht.

„Siehe Seite 49 des Textteils!"

50. Unter welchen Voraussetzungen kann der Besteller den Werkvertrag kündigen und welche Rechtsfolgen ergeben sich daraus für ihn?

„Siehe Seite 49 des Textteils!"

51. Nennen Sie Möglichkeiten, wie der Unternehmer seine Werklohnforderung sichern kann!

„Siehe Seite 50 f. des Textteils!"

52. Ein Kunde bringt ein beschädigtes Gerät zum Handwerksmeister zur Reparatur. Als er das fertige Gerät abholen will, hat er kein Geld dabei.

Aufgabe: Muss der Handwerksmeister ihm das Gerät ohne Bezahlung herausgeben?

☐ a) Ja, denn das Gerät gehört ja dem Kunden.

☐ b) Nein, denn der Handwerksmeister hat ein gesetzliches Pfandrecht und ein Zurückbehaltungsrecht an dem Gerät.

☐ c) Nein, denn durch die Ausführung der Reparatur ist der Handwerker Miteigentümer des Geräts geworden.

☐ d) Ja, er muss es trotz seines Pfandrechts herausgeben, wenn der Kunde das Gerät unbedingt benötigt.

☐ e) Ja, denn der Handwerker behält den Anspruch auf seinen Werklohn, den er bei Gericht einklagen kann.

„Siehe Seite 50 des Textteils!"

53. Dem Handwerker, der ein Bauwerk errichtet hat, gibt der Gesetzgeber ein besonderes Recht zur Sicherung seiner Werklohnforderung.

Aufgabe: Welchen Anspruch hat der Bauhandwerker?

- ☐ a) Anspruch auf Eintragung einer Bauhandwerker-Sicherungshypothek im Grundbuch
- ☐ b) Anspruch auf Eintragung einer Bauhandwerker-Grundschuld im Grundbuch
- ☐ c) Anspruch auf Stellung eines Bürgen für die ganze Werklohnforderung
- ☐ d) Anspruch auf Vorauszahlung des gesamten vereinbarten Werklohns
- ☐ e) Anspruch auf Einzahlung des Werklohns auf ein Sperrkonto.

„Siehe Seiten 50 f. des Textteils!"

54. Nennen Sie die Parteien des Miet- bzw. des Pachtvertrages sowie ihre jeweiligen vertraglichen Pflichten!

„Siehe Seite 51 des Textteils!"

55. Welches Recht hat der Mieter aufgrund des Mietvertrages?

- ☐ a) Er darf die Mietsache zu jedem beliebigen Zweck benutzen.
- ☐ b) Er darf die Mietsache zu dem Zweck benutzen, zu dem er sie gemietet hat.
- ☐ c) Er darf die Mietsache zu dem Zweck benutzen, zu dem er sie gemietet hat, muss sich dabei aber an die Weisungen des Vermieters halten.
- ☐ d) Er darf die Mietsache sowohl selbst benutzen als auch (selbst ohne Genehmigung des Vermieters) einem anderen zur Benutzung überlassen (untervermieten).
- ☐ e) Er darf die Mietsache wie der Eigentümer benutzen, da sie ihm für die Mietdauer gehört.

„Siehe Seite 52 des Textteils!"

56. Welche Pflichten hat der Mieter bezüglich der Mieträume?

- ☐ a) Er muss die Mieträume schonend behandeln, soweit vereinbart die notwendigen Schönheitsreparaturen machen lassen und den vereinbarten Mietzins pünktlich bezahlen.
- ☐ b) Er muss alle notwendig werdenden Reparaturen auf seine Kosten machen lassen und den vereinbarten Mietzins bezahlen.
- ☐ c) Er muss den vereinbarten Mietzins bezahlen und die Mieträume bei Beendigung des Mietverhältnisses in dem Zustand zurückgeben, in dem sie sich dann befinden.
- ☐ d) Er muss eine Haftpflichtversicherung bezüglich der Mieträume abschließen.
- ☐ e) Er muss den Mietzins bezahlen, Schönheitsreparaturen ausführen lassen und eine Brand- und Hausratversicherung abschließen.

„Siehe Seite 51 des Textteils!"

57. Nennen Sie die verschiedenen Möglichkeiten zur Beendigung eines Mietverhältnisses!

„Siehe Seite 52 des Textteils!"

58. Welche gesetzliche Kündigungsfrist gilt für Wohnungen bzw. Geschäftsräume bei monatlicher Mietzinszahlung?

„Siehe Seiten 52 f. des Textteils!"

59. Wie ist die gesetzliche Kündigungsfrist bei Pachtverhältnissen über Gewerbebetriebe geregelt?

☐ a) Sie beträgt einen Monat zum Ende eines Kalendervierteljahres.
☐ b) Sie beträgt ebenso wie bei Mietverhältnissen drei Monate zum Ende eines Kalendervierteljahres.
☐ c) Sie beträgt ein halbes Jahr zum Ende eines Pachtjahres.
☐ d) Sie beträgt ein Jahr zum Ende eines Kalenderjahres.
☐ e) Sie beträgt ein Jahr zum Ende eines Pachtjahres.

„Siehe Seite 54 des Textteils!"

60. Damit der Vermieter auch bestimmt zu seinem Mietzins kommt, gibt ihm das Gesetz ein Sicherungsrecht.

Aufgabe: Welches ist das?

☐ a) Er kann den Mieter, wenn dieser unter Hinterlassung von Mietschulden ausziehen möchte, so lange in die Mieträume einsperren, bis er bezahlt hat.
☐ b) Er hat ein gesetzliches Pfandrecht an den vom Mieter in die Mieträume eingebrachten beweglichen Sachen, soweit sie pfändbar sind, und kann sich aus diesen Sachen bezahlt machen.
☐ c) Er ist dadurch, dass der Mieter bewegliche Sachen in die Mieträume eingebracht hat, Miteigentümer an diesen Sachen geworden und kann sie deshalb zurückbehalten.
☐ d) Er muss, um zu seinem Geld zu kommen, den Mieter verklagen und die Zwangsvollstreckung gegen ihn betreiben.
☐ e) Er kann die vom Mieter geleistete Kaution mit allen Forderungen gegen den Mieter aufrechnen.

„Siehe Seite 53 des Textteils!"

61. Bedarf die Bürgschaftserklärung zu ihrer Gültigkeit einer bestimmten Form?

„Siehe Seite 55 des Textteils!"

62. Wenn der Schuldner bei Fälligkeit einer durch Bürgschaft abgesicherten Geldforderung den Gläubiger nicht befriedigt, kann der Gläubiger dann sofort vom Bürgen Zahlung erzwingen?

☐ a) Ja, dann muss der Bürge sofort zahlen.
☐ b) Ja, dann muss der Bürge sofort zahlen, wenn der Gläubiger nachweist, dass er den Schuldner mindestens dreimal erfolglos gemahnt hat.
☐ c) Ja, denn jede Bürgschaft ist selbstschuldnerisch, das heißt der Bürge haftet wie der Schuldner selbst.
☐ d) Nein, der Gläubiger muss in jedem Fall – das heißt, auch ohne Einwand des Bürgen – zuerst den Schuldner verklagen und gegen ihn die Zwangsvollstreckung betreiben.
☐ e) Nein, der Bürge kann dem Gläubiger die Einrede der Vorausklage entgegenhalten, dann muss der Gläubiger zuerst den Schuldner verklagen.

„Siehe Seite 55 des Textteils!"

63. Welcher Unterschied ist zwischen Besitz und Eigentum an einer Sache?

☐ a) Da ist überhaupt kein Unterschied, zum Beispiel ist der Hausbesitzer auch der Hauseigentümer.

☐ b) Besitzer ist, wer die Sache in seiner tatsächlichen Gewalt hat; Eigentümer ist, wem die Sache gehört.

☐ c) Wenn jemand eine Sache gekauft und bezahlt hat, so ist er Eigentümer, auch wenn diese ihm noch nicht vom Verkäufer übergeben wurde. Besitzer ist bis zur Übergabe noch der Verkäufer.

☐ d) Besitzer ist derjenige, dem die Sache gehört; Eigentümer ist, wer die Sache in Gewahrsam hat.

☐ e) Der Eigentümer einer Sache hat alle Rechte, der Besitzer einer Sache hat alle Pflichten.

„Siehe Seite 56 des Textteils!"

64. Was sind bewegliche Sachen?

☐ a) Das sind solche Gegenstände, die sich selbst bewegen, zum Beispiel Auto, Schiff, Flugzeug, Eisenbahn usw.

☐ b) Das sind solche Gegenstände, die man leicht bewegen kann und die nicht zu schwer sind, zum Beispiel ist eine schwere Maschine, die mehrere Tonnen wiegt, keine bewegliche Sache.

☐ c) Das sind alle Gegenstände, die keine Grundstücke oder grundstücksgleiche Rechte (unbewegliche Sachen) sind.

☐ d) Das sind alle Gegenstände, die dazu dienen, um andere Gegenstände zu bewegen, insbesondere Motoren aller Art.

☐ e) Das sind alle Gegenstände, ausgenommen Häuser und Hausteile.

„Siehe Seite 57 des Textteils!"

65. Wie wird das Eigentum an unbeweglichen Sachen übertragen und welche Form müssen Sie dabei beachten?

„Siehe Seite 57 des Textteils!"

66. Was versteht man unter Nießbrauch und welche Bedeutung hat er für den Handwerker?

„Siehe Seite 57 des Textteils!"

67. Sicherheiten zur Absicherung einer vertraglichen Forderung unterscheiden sich nach der Art und der Entstehungsform. Nennen Sie die wichtigsten Sicherungsrechte nach ihrer Art und nach ihrer rechtlichen Entstehungsform!

„Siehe Seite 58 des Textteils!"

68. Ein Kunde will bei einem Handwerksunternehmer eine Bohrmaschine kaufen und sofort mitnehmen. Der Kunde versichert, die Maschine in zehn Tagen von seinem Gehalt zu bezahlen und verweist den Handwerksunternehmer auf die Möglichkeit des Eigentumsvorbehalts zur Sicherung seiner Forderung.

Aufgabe: Nennen Sie die Voraussetzungen, die der Handwerksunternehmer beachten muss, damit der Eigentumsvorbehalt wirksam vereinbart wird.

„Siehe Seite 59 des Textteils!"

69. Wenn ein Tischlermeister seinem Kunden (Bauherrn) Türen und Fensterstöcke unter Eigentumsvorbehalt liefert, wann gehen diese Sachen in das Eigentum des Bauherrn über?

☐ a) Sofort mit dem Abschluss des Werkvertrags
☐ b) Sofort mit der Ablieferung beim Bauherrn
☐ c) In dem Augenblick, in dem sie in das Gebäude eingebaut werden
☐ d) Erst dann, wenn der Bauherr die Rechnung bezahlt
☐ e) In dem Augenblick, in dem sie auf dem Baugrundstück eingelagert werden.

„Siehe Seite 60 des Textteils!"

70. Kann ein Handwerksmeister seine Maschinen, die im Betrieb unentbehrlich sind, verpfänden?

☐ a) Nein, weil Maschinen, die man zur Berufsausübung unbedingt braucht, unpfändbar sind.
☐ b) Nein, er braucht sie in seinem Betrieb und kann sie deshalb nicht dem Gläubiger übergeben. Das aber müsste er tun, weil das Pfandrecht an beweglichen Sachen ein so genanntes Faustpfandrecht ist.
☐ c) Ja, er kann seine Maschinen verpfänden und mit dem Gläubiger ausmachen, dass dieser ihm die Maschinen für die Dauer des Pfandrechts leihweise überlässt.
☐ d) Ja, er kann seine Maschinen verpfänden, kann sie aber auch ohne Vereinbarung einer Leihe weiterbenutzen, weil sie ihm nach wie vor gehören.
☐ e) Nein, Maschinen sind Gebrauchsgegenstände, die nur gepfändet, nicht verpfändet werden können.

„Siehe Seite 60 des Textteils!"

71. Nennen Sie den wichtigsten Unterschied zwischen dem Pfandrecht an beweglichen Sachen und der Sicherungsübereignung!

„Siehe Seiten 60 f. des Textteils!"

72. Erklären Sie den Zweck und die rechtlichen Auswirkungen des Eigentumsvorbehalts, des Pfandrechts an beweglichen Sachen und der Sicherungsübereignung!

„Siehe Seiten 59 bis 61 des Textteils!"

73. Zur Sicherung seiner künftigen Werklohnforderung für die Errichtung eines Rohbaus auf dem Grundstück des Bauherrn beabsichtigt der Bauhandwerker eine Hypothek (Sicherungshypothek) auf dem Baugrundstück des Bauherrn eintragen zu lassen. Der Bauherr ist damit einverstanden.

Aufgabe: Wie muss die Hypothekenbestellung erfolgen, damit sie rechtswirksam ist?

☐ a) Mündlich
☐ b) Schriftlich
☐ c) In öffentlich beglaubigter Form
☐ d) In notariell beurkundeter Form
☐ e) Beide Parteien müssen persönlich einen Rechtsanwalt aufsuchen.

„Siehe Seiten 57, 61 des Textteils!"

74. Erklären Sie, wie der Gesetzgeber die gegenseitige Vertretungsmacht der Ehegatten bei Rechtsgeschäften zur angemessenen Deckung des Lebensbedarfs der Familie geregelt hat!

„Siehe Seite 63 des Textteils!"

75. Nennen Sie die Güterstände, die den Ehegatten zur Regelung ihrer Güterverhältnisse zur Verfügung stehen!

„Siehe Seite 63 des Textteils!"

76. In welchem Güterstand leben Ehegatten, die keinen vertraglichen Güterstand ausgemacht haben?

- ☐ a) Im gesetzlichen Güterstand der Gütergemeinschaft
- ☐ b) Im gesetzlichen Güterstand der Gütertrennung
- ☐ c) Im gesetzlichen Güterstand der Zugewinngemeinschaft
- ☐ d) In keinem geregelten Güterstand, da sie immer bei Eheschließung einen der drei vorgenannten Güterstände vereinbaren müssen
- ☐ e) Im gesetzlichen Güterstand des Güterausgleichs.

„Siehe Seite 63 des Textteils!"

77. Erklären Sie, was die Zugewinngemeinschaft dem Wesen nach ist, wer das Vermögen verwaltet und wie das Vermögen im Falle einer Scheidung auszugleichen ist!

„Siehe Seiten 63 f. des Textteils!"

78. Wie teilt sich das Eigentum am Vermögen der beiden Ehegatten in der Zugewinngemeinschaft auf?

- ☐ a) Jeder Ehegatte ist Eigentümer dessen, was er in die Ehe mitgebracht hat (Anfangsvermögen). Was beide während der Ehe dazugewonnen haben, gehört ihnen gemeinsam.
- ☐ b) Alles, was die Ehegatten besitzen, gehört ihnen gemeinsam.
- ☐ c) Was beide Ehegatten in die Ehe mitbringen, gehört ihnen gemeinsam; was einer von ihnen während der Ehe erwirbt, gehört ihm allein.
- ☐ d) Jeder Ehegatte ist Eigentümer dessen, was er in die Ehe mitgebracht hat und was er in der Ehe hinzuerworben hat. Die Vermögen von Mann und Frau bleiben getrennt.
- ☐ e) Jeder Ehegatte hat den anderen zur Hälfte an dem Eingebrachten zu beteiligen. Während der Ehe erzielter Zugewinn ist sofort auszugleichen.

„Siehe Seite 64 des Textteils!"

79. Haftet das Vermögen der Frau für die Schulden des Mannes oder umgekehrt, wenn die Ehegatten in Zugewinngemeinschaft leben?

- ☐ a) Nein, das Vermögen des Mannes haftet nicht für die Schulden der Frau und auch nicht umgekehrt.
- ☐ b) Ja, das Vermögen des einen Ehegatten haftet immer für die Schulden des anderen.
- ☐ c) Das Vermögen der Frau haftet zwar für die Schulden des Mannes, aber sein Vermögen nicht für die Schulden der Frau.
- ☐ d) Das Vermögen des Mannes haftet zwar für die Schulden der Frau, aber ihr Vermögen nicht für die Schulden des Mannes.
- ☐ e) Aus Rechtsgeschäften im Rahmen der Schlüsselgewalt haftet zunächst die Frau, nachrangig der Mann.

„Siehe Seite 64 des Textteils!"

80. Ein Handwerker, der sich demnächst verheiraten will, hat gehört, dass zwischen Ehegatten gesetzlich der Güterstand der Zugewinngemeinschaft gilt, wenn nichts anderes vereinbart wird. Er fürchtet im Fall einer Scheidung seinen Betrieb auflösen zu müssen, um den in der Ehe erzielten Zugewinn ausgleichen zu können.

Aufgabe: Stellen Sie Überlegungen an, wie dies vermieden werden kann!

a) Welche weiteren Güterstände (neben der Zugewinngemeinschaft) kommen in Betracht?
b) Ist beim Abschluss dieser Güterstände eine besondere Form zu wahren?
c) Wie unterscheiden sich diese Güterstände hinsichtlich der Vermögensverhältnisse und deren Verwaltung?
d) Welcher Güterstand kommt vorrangig in Betracht, um bei Scheidung eine Betriebsauflösung zu vermeiden?

„Siehe Seite 65 des Textteils!"

81. Wer sind die gesetzlichen Erben eines Verstorbenen, der seinen Ehepartner, zwei Kinder, Eltern und Geschwister sowie Vettern und Basen hinterlässt?

☐ a) Alle aufgezählten Angehörigen
☐ b) Nur sein Ehepartner
☐ c) Nur seine Eltern
☐ d) Nur sein Ehepartner und seine Kinder
☐ e) Nur sein Ehepartner, seine Kinder und seine Eltern.

„Siehe Seite 67 des Textteils!"

82. Zu welcher Erbordnung zählen die Kinder des Verstorbenen?

☐ a) Zur 1. Erbordnung
☐ b) Zur 2. Erbordnung
☐ c) Zur 3. Erbordnung
☐ d) Zur 4. Erbordnung
☐ e) Zu keiner, sie sind pflichtteilsberechtigt.

„Siehe Seite 67 des Textteils!"

83. Zu welcher Erbordnung zählt der überlebende Ehegatte?

☐ a) Er zählt zur 1. Erbordnung wie die Kinder des Verstorbenen.
☐ b) Er zählt zur 2. Erbordnung wie die Eltern und Geschwister des Verstorbenen.
☐ c) Er zählt zur 3. Erbordnung wie die Großeltern des Verstorbenen.
☐ d) Er zählt in keine Erbordnung und hat ein besonders geregeltes Erbrecht.
☐ e) Er zählt zur 1. Erbordnung, wenn der Verstorbene keine Kinder hatte.

„Siehe Seite 68 des Textteils!"

84. Wie hoch ist der gesetzliche Erbteil des überlebenden Ehegatten, wenn er mit seinem Ehepartner in Zugewinngemeinschaft gelebt hat und wenn drei Kinder vorhanden sind?

☐ a) Ein Fünftel
☐ b) Ein Viertel
☐ c) Ein Drittel
☐ d) Die Hälfte
☐ e) Drei Viertel.

„Siehe Seiten 68 f. des Textteils!"

85. Ein in Zugewinngemeinschaft lebendes Ehepaar hat gemeinschaftlich einen Handwerksbetrieb aufgebaut. Keines der drei Kinder ist am Betrieb interessiert. Sollte einer von ihnen vorversterben, fürchten die Eheleute um den Fortbestand des Betriebes als Existenzgrundlage für den Überlebenden, weil – wie sie gehört haben – der Nachlass zwischen den gesetzlichen Erben, also auch den Kindern, gleichmäßig aufzuteilen ist. Die Eheleute überlegen, wie sie den Fortbestand des Betriebes und die Existenz für den länger lebenden Ehegatten sichern können.

Aufgabe: Entwerfen Sie anhand der nachfolgenden Fragen ein Lösungsmodell!

a) Was gilt, wenn ein Ehegatte ohne letztwillige Verfügung verstirbt?
b) Wie ist in diesem Fall der Nachlass zwischen dem überlebenden Ehegatten und den Kindern aufzuteilen?
c) Welche letztwilligen Verfügungen kommen in Betracht, die Erbfolge anders als durch das Gesetz zu regeln?
d) Wie unterscheiden sich diese letztwilligen Verfügungen nach Zweck, Form und Inhalt?
e) Was müssen die Ehegatten beachten, wenn sie ein Testament errichten wollen?
f) In welcher Weise wird dem Willen der Eheleute am besten entsprochen?

„Siehe Seiten 66 bis 70 des Textteils!"

86. Erklären Sie den Zweck der Pflichtteilsregelung!

„Siehe Seite 70 des Textteils!"

87. Wer gehört zu dem pflichtteilsberechtigten Personenkreis?

☐ a) Die Kinder, die Geschwister und die Eltern des Verstorbenen
☐ b) Die Geschwister und der Ehegatte des Verstorbenen
☐ c) Nur die Kinder und der Ehegatte des Verstorbenen
☐ d) Nur die Kinder und die Eltern des Verstorbenen
☐ e) Die Abkömmlinge, die Eltern und der Ehegatte des Verstorbenen.

„Siehe Seite 70 des Textteils!"

88. Wie hoch ist der Pflichtteilsanspruch?

☐ a) Ein Fünftel des gesetzlichen Erbteils
☐ b) Ein Viertel des gesetzlichen Erbteils
☐ c) Ein Drittel des gesetzlichen Erbteils
☐ d) Die Hälfte des gesetzlichen Erbteils
☐ e) Drei Viertel des gesetzlichen Erbteils.

„Siehe Seite 70 des Textteils!"

89. Haftet der Erbe für die Schulden des Erblassers?

☐ a) Nein, niemals, denn grundsätzlich haftet jeder Mensch nur für seine eigenen Schulden.
☐ b) Ja, immer, denn die Erbfolge ist eine Gesamtrechtsnachfolge.
☐ c) Ja, wenn er die Haftung nicht auf den Nachlass beschränkt hat, was er durch einen Antrag auf Nachlassinsolvenzverfahren erreichen kann.
☐ d) Nur dann, wenn der Erblasser durch letztwillige Verfügung bestimmt hat, dass der Erbe für die Schulden haften soll.
☐ e) Ja, immer, anderenfalls würden die Gläubiger des Verstorbenen leer ausgehen.

„Siehe Seite 67 des Textteils!"

90. Welche Arten von Testamenten sind Ihnen bekannt und wie unterscheiden sie sich?

„Siehe Seiten 69 f. des Textteils!"

91. Nennen Sie den Zweck des Erbscheins!

„Siehe Seite 67 des Textteils!"

92. Nennen Sie die verschiedenen Gerichtswege und ihre Zuständigkeit nach der Art der Rechtsansprüche!

„Siehe Seite 72 des Textteils!"

93. Welche von den nachfolgend aufgeführten Gerichten gehören zu den ordentlichen Gerichten?

☐ a) Amtsgericht, Landgericht, Oberlandesgericht, Bundesgerichtshof
☐ b) Arbeitsgericht, Landesarbeitsgericht, Bundesarbeitsgericht
☐ c) Verwaltungsgericht, Verwaltungsgerichtshof, Bundesverwaltungsgericht
☐ d) Sozialgericht, Landessozialgericht, Bundessozialgericht
☐ e) Finanzgericht und Bundesfinanzhof.

„Siehe Seite 72 des Textteils!"

94. In welchen Bereichen der Rechtspflege sind die ordentlichen Gerichte tätig?

„Siehe Seite 72 des Textteils!"

95. Erklären Sie die sachliche und örtliche Zuständigkeit der Zivilgerichte in erster Instanz!

„Siehe Seite 73 des Textteils!"

96. Wenn ein Handwerksmeister gegen einen Kunden gerichtlich vorgehen muss, weil dieser eine Rechnung nicht bezahlt, an welches Gericht wendet er sich dann?

☐ a) Immer zuerst an das Amtsgericht
☐ b) Zuerst an das Amtsgericht, wenn er einen Mahnbescheid beantragen oder eine Klage über einen Streitwert bis zu 5.000,00 EUR einreichen will. Eine Klage mit einem Streitwert von über 5.000,00 EUR muss er über seinen Rechtsanwalt beim Landgericht einreichen
☐ c) Immer zuerst an das Landgericht, wenn der Streitwert 500,00 EUR übersteigt
☐ d) Zuerst an das Amtsgericht, wenn seine Forderung 3.000,00 EUR nicht übersteigt und er Klage einreichen oder Mahnbescheid beantragen will. Bei höherem Streitwert reicht er Antrag auf Mahnbescheid oder Klage beim Landgericht ein
☐ e) An das Landgericht, das für alle Streitigkeiten zwischen Handwerker und Kunden, auch im Mahnverfahren, zuständig ist.

„Siehe Seite 74 des Textteils!"

97. Der Kunde A in X-Stadt hat den Schreiner B aus Y-Stadt mit der Anfertigung einer Einbauküche beauftragt. Vereinbarungen über den Ort der Zahlung wurden nicht getroffen. Der Auftrag wurde von B fachgerecht und ordnungsgemäß ausgeführt. Trotz wiederholter Mahnung zahlt A den geschuldeten Werklohn nicht.

Aufgabe: Welches Gericht ist für die Klage auf Zahlung des Werklohns örtlich zuständig?

- ☐ a) Das Wohnsitzgericht des Schreiners B.
- ☐ b) Das Wohnsitzgericht des Kunden A.
- ☐ c) Das Wohnsitzgericht des Kunden A, wenn kein anderer Gerichtsstand (z. B. der Wohnsitz des Schreiners B) vereinbart ist.
- ☐ d) Sowohl das Wohnsitzgericht des Schreiners B wie das des Kunden A; der Schreiner B kann wählen.
- ☐ e) Das Gericht, auf das sich die Parteien vorher geeinigt haben.

„Siehe Seite 73 des Textteils!“

98. Wer trägt grundsätzlich die Prozesskosten?

- ☐ a) Der Kläger
- ☐ b) Der Beklagte
- ☐ c) Derjenige, der den Prozess verliert; der Kläger muss die Kosten aber vorschussweise einzahlen
- ☐ d) Die Parteien gemeinsam, und zwar je zur Hälfte
- ☐ e) Der Staat, weil es sich bei den Gerichten um soziale Institutionen handelt.

„Siehe Seite 73 des Textteils!“

99. Nennen Sie die Rechtsmittel, die gegen richterliche Entscheidungen eingelegt werden können!

„Siehe Seiten 75 f. des Textteils!“

100. Der Inhaber einer Fachwerkstatt hat die Bremsenreparatur fachgerecht ausgeführt und den reparierten Pkw dem Kunden inkl. Rechnung ausgehändigt. Der Kunde hat den Pkw täglich ohne Beanstandung in Gebrauch, reagiert jedoch seit drei Monaten weder auf mündliche noch schriftliche Zahlungsaufforderungen.

Aufgabe: Wie macht der Handwerker am einfachsten und kostengünstigsten seine Werklohnforderung gerichtlich geltend?

- ☐ a) Durch Einreichung einer Klage bei dem zuständigen Gericht.
- ☐ b) Indem er einen Antrag auf Erlass eines Mahnbescheides bei dem nach dem Streitwert zuständigen Gericht einreicht.
- ☐ c) Indem er ein Mahnbescheidformular selbst ausfüllt und beim Amtsgericht einreicht.
- ☐ d) Indem er seine Klage bei der Geschäftsstelle des zuständigen Gerichts zu Protokoll erklärt.
- ☐ e) Indem er beim zuständigen Amtsgericht den Erlass einer einstweiligen Verfügung beantragt.

„Siehe Seite 77 des Textteils!“

101. Nennen Sie die wesentlichen Unterschiede zwischen dem ordentlichen Klage- und dem gerichtlichen Mahnverfahren!

„Siehe Seiten 72 bis 78 des Textteils!“

102. Wenn der Schuldner gegen den Mahnbescheid nicht fristgerecht Widerspruch eingelegt hat, erlässt das Gericht auf Antrag des Gläubigers eine Entscheidung.

Aufgabe: Wie heißt diese?

☐ a) Urteil
☐ b) Beschluss
☐ c) Vollstreckungsbescheid
☐ d) Pfändungsbeschluss
☐ e) Vollstreckungs- und Überweisungsbeschluss.

„Siehe Seite 77 des Textteils!"

103. Wenn man gegen einen Schuldner die Zwangsvollstreckung betreiben will, braucht man einen Vollstreckungstitel.

Aufgabe: Was ist das?

☐ a) Das ist ein Amtstitel, der mit der Vollstreckung in Zusammenhang steht, zum Beispiel Vollstreckungssekretär.
☐ b) Eine gerichtliche oder notarielle Urkunde, aus der man die Zwangsvollstreckung betreiben kann.
☐ c) Das ist eine Urkunde mit einer Überschrift (Titel), die sich über die ganze Breite der Urkunde erstreckt.
☐ d) Das ist eine Urkunde, die sich auf das ganze (volle) Vermögen des Schuldners erstreckt.
☐ e) Das ist eine gerichtliche Liste, auf der die Vermögensgegenstände des Schuldners verzeichnet sind.

„Siehe Seite 78 des Textteils!"

104. Nennen Sie die drei Voraussetzungen für die Zwangsvollstreckung!

„Siehe Seite 78 f. des Textteils!"

105. Nennen Sie verschiedene Titel, aus denen die Zwangsvollstreckung betrieben werden kann!

„Siehe Seite 79 des Textteils!"

106. Welche gerichtlichen Organe sind für die Zwangsvollstreckung zuständig?

„Siehe Seite 80 des Textteils!"

107. Welche Art der Zwangsvollstreckung erledigt der Gerichtsvollzieher? Er kann vollstrecken

☐ a) in die beweglichen Sachen des Schuldners.
☐ b) in die unbeweglichen Sachen des Schuldners (Grundstücke, Häuser).
☐ c) in Forderungen des Schuldners (Außenstände, Bankguthaben, Lohnforderungen usw.).
☐ d) in sonstige Rechte des Schuldners, zum Beispiel Patente, Gebrauchsmuster, Herausgabeansprüche usw.
☐ e) in Lohn- und Gehaltsforderungen des Schuldners gegen seinen Arbeitgeber.

„Siehe Seiten 79 f. des Textteils!"

108. Was darf der Gerichtsvollzieher nicht pfänden?

☐ a) Kleidungsstücke
☐ b) Möbel
☐ c) Sachen, deren Wert mehr als das Dreifache des Wertes der Gläubigerforderung ist
☐ d) Wertpapiere, Edelmetalle und Edelsteine
☐ e) Sachen, die Dritten gehören oder die lebens- oder berufsnotwendig für den Schuldner sind.

„Siehe Seite 80 des Textteils!"

109. Was kann der Schuldner tun, wenn der Gerichtsvollzieher bei ihm eine Sache pfändet, die er für seinen Haushalt oder die Berufsausübung unbedingt benötigt?

☐ a) Er kann den Gläubiger auf Freigabe verklagen.
☐ b) Er kann den Gerichtsvollzieher auf Freigabe verklagen.
☐ c) Er kann beim Amtsgericht (Vollstreckungsgericht) Erinnerungen erheben.
☐ d) Er kann beim Dienstvorgesetzten des Gerichtsvollziehers Beschwerde einlegen.
☐ e) Er kann den Gerichtsvollzieher auf Schadenersatz verklagen.

„Siehe Seite 80 des Textteils!"

110. Was geschieht, wenn der Schuldner der Aufforderung des Gerichtsvollziehers, ein Vermögensverzeichnis aufzustellen und eine eidesstattliche Versicherung über dessen Vollständigkeit abzugeben, keine Folge leistet?

☐ a) Dann erlässt das Gericht auf Antrag des Gläubigers gegen den Schuldner einen Haftbefehl zur Erzwingung der eidesstattlichen Versicherung.
☐ b) Dann können der Gläubiger und das Gericht gar nichts machen.
☐ c) Dann muss der Gläubiger beim höheren Gericht (Landgericht) Beschwerde einlegen.
☐ d) Dann muss der Gläubiger den Schuldner auf Abgabe des Vermögensverzeichnisses und der eidesstattlichen Versicherung verklagen.
☐ e) Dann wendet der Gläubiger sich an die Staatsanwaltschaft und diese ermittelt, wo der Schuldner sein Vermögen hat.

„Siehe Seite 81 des Textteils!"

111. Nennen Sie die Ziele des Unternehmensinsolvenzverfahrens!

„Siehe Seite 81 des Textteils!"

112. Wer entscheidet im Unternehmensinsolvenzverfahren darüber, ob der Insolvenzplan angenommen wird?

☐ a) Das Amtsgericht–Insolvenzgericht
☐ b) Die Gläubigermehrheit
☐ c) Der Insolvenzverwalter
☐ d) Alle Vorgenannten gemeinsam
☐ e) Der Schuldner.

„Siehe Seite 82 des Textteils!"

113. Wer kann das Unternehmensinsolvenzverfahren beantragen?

„Siehe Seite 82 des Textteils!"

114. Welche Maßnahmen kann die Gläubigerversammlung über das zukünftige Schicksal des insolventen Unternehmens beschließen?

„Siehe Seite 82 des Textteils!"

115. Welche der nachfolgenden Aussagen ist falsch?

☐ a) Sanierung oder Liquidation des Unternehmens werden von der Gläubigermehrheit beschlossen.
☐ b) Mit der Liquidation wird das Unternehmen fortgeführt, mit der Sanierung aufgelöst.
☐ c) Die Sanierung eröffnet die Möglichkeit, das Unternehmen weiterzuführen.
☐ d) Mit der Liquidation wird das Unternehmen aufgelöst.
☐ e) Mit der Sanierung wird das Unternehmen fortgesetzt, mit der Liquidation aufgelöst.

„Siehe Seite 82 des Textteils!"

116. Worin unterscheidet sich das Unternehmensinsolvenzverfahren vom Kleingewerbe- und Verbraucherinsolvenzverfahren?

„Siehe Seiten 81 bis 85 des Textteils!"

117. Welches sind die Verfahrensabschnitte des Kleingewerbe- und Verbraucherinsolvenzverfahrens?

☐ a) Einleitungsphase, Eröffnungsphase, Durchführungsphase, Restschuldbefreiung
☐ b) Außergerichtlicher Vergleich, gerichtlicher Vergleich, Anschlusskonkurs, Wohlverhaltensphase
☐ c) Außergerichtliches Mahnverfahren, gerichtliches Mahnverfahren, Klage, Zwangsvollstreckung
☐ d) Außergerichtlicher Einigungsversuch, gerichtlicher Einigungsversuch, vereinfachtes Insolvenzverfahren, Wohlverhaltensphase
☐ e) Vergleich, Konkurs, Konkurstabelle, Restschuldbefreiung.

„Siehe Seite 83 des Textteils!"

118. Unter welchen Voraussetzungen kann ein Insolvenzschuldner von seinen Restschulden befreit werden?

„Siehe Seite 83 ff. des Textteils!"

3.2 Handwerks- und Gewerberecht, Handels- und Gesellschaftsrecht, Wettbewerbsrecht

3.2.1 Handwerks- und Gewerberecht

3.2.1.1 Handwerk als eine besondere Form eines Gewerbes

Überblick über die gesetzlichen Grundlagen zur selbstständigen Ausübung eines Gewerbes

Gewerbeordnung
Handwerksordnung

Rechtsgrundlage jeder selbstständigen Gewerbeausübung ist die Gewerbeordnung. Sie wird ergänzt für die selbstständige Gewerbeausübung im Handwerk durch die Handwerksordnung als gewerbliche Spezialvorschrift.
In Deutschland hat jeder das Recht, jedes Gewerbe auszuüben, soweit Gesetze nicht Ausnahmen, Beschränkungen oder Auflagen vorsehen. Für das zulassungspflichtige Handwerk z. B. gilt die Besonderheit, dass seine selbstständige Ausübung an den Nachweis einer handwerklichen Befähigung und die Eintragung in die Handwerksrolle gebunden ist.

Gewerbe, stehendes Gewerbe, Selbstständigkeit

Gewerbe

Der Gesetzgeber hat den Begriff Gewerbe nicht näher bestimmt. Man versteht darunter jede erlaubte, auf Gewinnerzielung gerichtete, private selbstständige Tätigkeit, die fortgesetzt und nicht nur gelegentlich ausgeübt wird.

Beispiel:
Handel, Industrie, Handwerk, sonstige Dienstleistungsbetriebe etc.

Fehlt eine der Voraussetzungen, meist ist es die Gewinnerzielungsabsicht, liegt keine gewerbliche Tätigkeit im Sinne der Gewerbeordnung vor, das heißt, weder die Gewerbeordnung noch sonstige gewerbliche Spezialgesetze sind anwendbar.

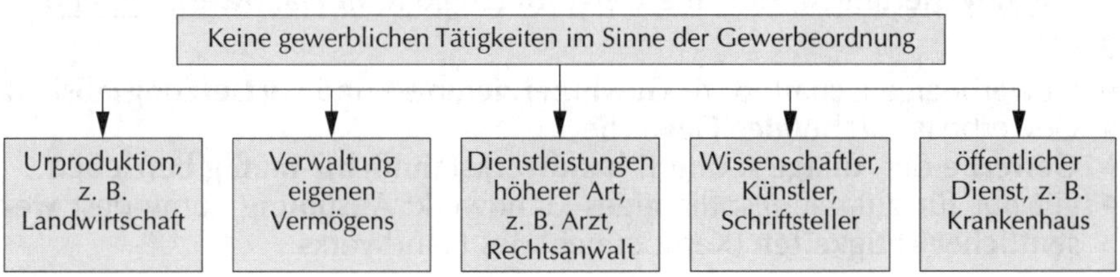

Abbildung 42

Stehendes Gewerbe

Die Gewerbeordnung kennt drei Arten von gewerblichen Tätigkeiten: stehendes Gewerbe (jede gewerbliche Tätigkeit innerhalb und außerhalb der gewerblichen Niederlassung eines Gewerbetreibenden), Reisegewerbe, Marktgewerbe.

Selbstständigkeit

Als selbstständig gilt, wer ein Gewerbe für eigene Rechnung und in eigener Verantwortung betreibt. Er stellt das Betriebskapital zur Verfügung, erhält den Gewinn, trägt den Verlust, entscheidet über die Führung des Betriebes und trägt die Verantwortung für den Betrieb. Äußeres Kennzeichen des selbstständig Gewerbetreibenden ist in der Regel die eigene Betriebsstätte.

3.2.1.2 Die Gewerbe im Handwerk, Eintragung in die Handwerksrolle, Verzeichnisse der zulassungspflichtigen, verwandten, zulassungsfreien Handwerke und handwerksähnlichen Gewerbe

Einteilung der Gewerbe im Handwerk:

Dem Handwerk und damit dem Geltungsbereich der Handwerksordnung sind folgende Gewerbe zugeordnet:

Zulassungspflichtige Handwerke

Zulassungspflichtige Handwerke:

Ihr selbstständiger Betrieb setzt eine Zulassung (i. d. R. handwerkliche Befähigung) und die Eintragung in die bei der Handwerkskammer geführte Handwerksrolle voraus. Verzeichnet sind sie in der **Anlage A** zur Handwerksordnung.
Die Ausübung eines zulassungspflichtigen Handwerks berechtigt ohne weiteren Nachweis auch zur selbstständigen Ausübung eines wegen seiner Ausbildungsnähe damit für **verwandt erklärten Handwerks** (siehe Verzeichnis), z. B. Bäcker und Konditor.

Zulassungsfreie Handwerke

Zulassungsfreie Handwerke:

Diese Betriebe sind in einem von der Handwerkskammer geführten Verzeichnis einzutragen. Eine besondere Zulassung (z. B. handwerkliche Befähigung) ist nicht zwingend vorgeschrieben. Verzeichnet sind sie in der **Anlage B Abschnitt 1** zur Handwerksordnung.

Handwerksähnliche Gewerbe

Handwerksähnliche Gewerbe:

Es gilt das zu den zulassungsfreien Handwerken Gesagte. Verzeichnet sind sie in der **Anlage B Abschnitt 2** zur Handwerksordnung.

Grundanforderungen, die eine **Gewerbetätigkeit im Handwerk** erfüllen muss:

- Gewerbeeigenschaft: d. h. **Gewinnerzielungs-** und **Fortsetzungsabsicht**
- Gewerbeart: **stehendes Gewerbe**
- **Gewerbe** der **Anlage A und B handwerks(ähnlich)/-mäßig betrieben**
- gilt nur für zulassungspflichtiges Handwerk: **Ausübung** zumindest **wesentlicher Tätigkeiten** (Kernbereich) des Handwerks.

Abgrenzung der Gewerbe im Handwerk zu anderen Gewerbebereichen:

Nicht gewerbliche Tätigkeiten im Handwerk und damit nicht von der Anwendung der Handwerksordnung erfasst sind:

- **Unwesentliche Tätigkeiten** eines **zulassungspflichtigen Handwerks** (Kleingewerbe). Dies sind insbesondere Tätigkeiten,

- die eine Anlernzeit bis zu drei Monate haben,
- die trotz längerer Anlernzeit für das Gesamtbild des zulassungspflichtigen Handwerks nebensächlich sind,
- die nicht aus einem zulassungspflichtigen Handwerk entstanden sind.

Auch die Ausübung mehrerer dieser einfachen Tätigkeiten ist grundsätzlich frei. Eine Pflicht zur Eintragung in der Handwerksrolle entsteht allerdings dann, wenn die **Anhäufung** einfacher Tätigkeiten in der **Gesamtschau** eine wesentliche Tätigkeit eines zulassungspflichtigen Handwerks ergibt.

- **Industrielle Tätigkeiten:**

Industrielle Tätigkeiten

Abgrenzung zur Industrie

Zur Abgrenzung zwischen Handwerk und Industrie hat, weil oft gleiche oder ähnliche Tätigkeiten ausgeübt werden (die Herstellung von Bier), die Rechtsprechung eine Reihe von Abgrenzungskriterien entwickelt.

Abgrenzungskriterien Handwerk – Industrie		
Merkmale	Handwerk	Industrie
Gesetzliche Grundlagen	Anlagen A, B zur Handwerksordnung	———
Fertigung	Einzelfertigung	Massenfertigung
Auftrag	individuell	Vorrat
Betriebsgröße	kleinere, mittlere Unternehmen	Großunternehmen
Maschineneinsatz	individuell zur Zeit- und Kraftersparnis	selbsttätige Maschinen (Voll-/Halbautomaten)
Persönlicher Einsatz des Unternehmers	unerlässlich	entbehrlich, in der Regel sind angestellte Fachleute tätig
Einsatz von Fachkräften	Gesellen-/Meisterprüfung in der Regel erforderlich	meistens genügen Hilfskräfte
Arbeitsteilung	Einsatz von Fachkräften im gesamten Unternehmensbereich möglich	Einsatz einer Hilfskraft nur in einem bestimmten Bereich

Abbildung 43

Die Aufzählung der Kriterien ist nicht abschließend. Die jeweilige Zuordnung zu Handwerk oder Industrie erfolgt durch die Handwerkskammer nach der Mehrzahl der im Einzelfall vorliegenden Kriterien.

Zuordnung

Handwerksrolle

Handwerksrolle

Die Handwerksrolle ist ein von der Handwerkskammer geführtes Verzeichnis (elektronische Datei), in das die selbstständigen zulassungspflichtigen Handwerker des Kammerbezirks mit ihrem zulassungspflichtigen Handwerk einzutragen sind. Das zulassungspflichtige Handwerk darf erst mit der Eintragung in die Handwerksrolle selbstständig betrieben werden. Vor der Eintragung in die Handwerksrolle muss die handwerkliche Befähigung für den Betrieb des zulassungspflichtigen Handwerks nachgewiesen werden, zum Beispiel Meisterprüfung, gleichwertige Prüfung etc.

Die zulassungsfeien Handwerke und die handwerksähnlichen Gewerbe werden von der Handwerkskammer in einem Verzeichnis gesondert erfasst.

Handwerkliches Befähigungssystem als Voraussetzung zur Eintragung in die Handwerksrolle:

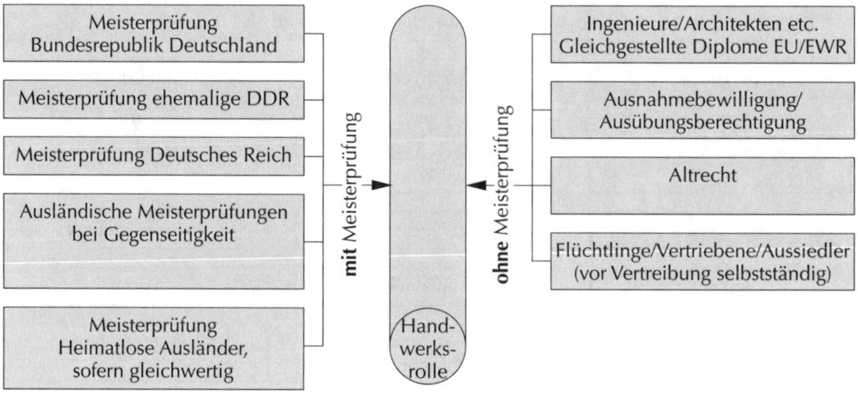

Abbildung 44

Einzelheiten zu den handwerklichen Befähigungen

Meisterprüfung

- Meisterprüfung
  - **Meisterprüfung,** die **in Deutschland** und der ehemaligen DDR abgelegt wurde
  - Meisterprüfung, die im ehemaligen Deutschen Reich nach dem Gebietsstand 1937 abgelegt wurde
  - Meisterprüfung eines heimatlosen Ausländers, sofern sie der deutschen Meisterprüfung gleichwertig ist
  - Meisterprüfung, die im Ausland von Staatsangehörigen in der Schweiz, Österreich oder Frankreich abgelegt wurden, soweit sie gegenseitig anerkannt werden.

Meisterrechte

Nur die Meisterprüfung im zulassungspflichtigen Handwerk gewährt drei Rechte: selbstständige Ausübung des erlernten Handwerks, Ausbildung von Lehrlingen im erlernten Handwerk und das Recht zur Führung des Meistertitels. Der Meister hat auch das Recht, verwandte Handwerke und zugeordnete Tätigkeiten auszuüben.

• Gleichwertige Prüfungen (Ing./Architekt)

Gleichwertige Prüfungen

Inhaber von Diplom- und Abschlussprüfungen an deutschen Hoch-/Fachschulen (staatlich oder staatlich anerkannt) sind berechtigt, das ihrer Fachrichtung entsprechende zulassungspflichtige Handwerk selbstständig auszuüben.

Beispiel:

Ein Diplomingenieur der Fachrichtung Hochbau ist berechtigt, das Maurer- und Betonbauerhandwerk selbstständig auszuüben.
Gleichgestellt sind auch Diplome, die in einem Staat der Europäischen Union oder des Europäischen Wirtschaftsraumes erworben wurden, wenn sie nach der Regelung zur Anerkennung der Hochschuldiplome anerkannt sind.

• **Ausnahmebewilligung,** Ausübungsberechtigung

Ausnahmebewilligung

In Ausnahmefällen kann die Regierung (regional: Handwerkskammer, auf die die Aufgabe übertragen wurde) eine Ausnahmebewilligung zum Betrieb eines zulassungspflichtigen Handwerks erteilen. Voraussetzungen sind

- **der Nachweis eines Ausnahmefalles.** Diese Voraussetzung entfällt jedoch z. B. bei Nachweis bestimmter Fortbildungsprüfungen nach der HwO oder dem BBiG (z. B. Industriemeister) und beim Vorliegen besonderer Umstände in der Person des Antragstellers. Einzelheiten zur einheitlichen und möglichst großzügigen Anerkennung von Ausnahmefällen regelt eine Bekanntmachung von Bund und Ländern zum Vollzug der Handwerksordnung.
- **der Nachweis meistergleicher Kenntnisse und Fertigkeiten auf andere Weise als durch die Meisterprüfung** (zum Beispiel durch eine Eignungsprüfung vor einer Fachkommission).

Ausnahmebewilligungen erhalten auch im Inland tätige **Unternehmer aus EU- oder EWR-Staaten,** die nach den Vorschriften ihres jeweiligen Staates die Voraussetzungen zum Betrieb eines zulassungspflichtigen Handwerks nachgewiesen haben. Dies gilt auch, wenn sie im Inland regelmäßig arbeiten, aber keine gewerbliche Niederlassung unterhalten.

Beispiel:

Ein Italiener hat in Italien einen Friseurbetrieb sechs Jahre selbstständig oder drei Jahre selbstständig und drei Jahre in leitender Position geführt.

Ausübungsberechtigung

Wer bereits ein zulassungspflichtiges Handwerk betreibt, kann von der Regierung (regional: Handwerkskammer, auf die die Aufgabe übertragen wurde) eine **Ausübungsberechtigung** für ein anderes Handwerk oder wesentliche Tätigkeiten dieses Handwerks erhalten. Voraussetzung ist, dass er die hierfür erforderlichen praktischen und theoretischen Kenntnisse und Fertigkeiten nachweist. Anders als bei der Meisterprüfung oder Ausnahmebewilligung sind betriebswirtschaftliche, kaufmännische und rechtliche Kenntnisse gesondert nicht mehr nachzuweisen, weil ja bereits ein Handwerk selbstständig ausgeübt wird.

Gesellen erhalten auf Antrag eine Ausübungsberechtigung, wenn sie nach ihrer Gesellenprüfung zumindest wesentliche Tätigkeiten eines zulassungspflichtigen Handwerks insgesamt sechs Jahre, davon vier Jahre in leitender Stellung ausgeübt haben. Hiervon ausgenommen sind die Sicherheits- und Gesundheitsberufe (Nr. 12, 33–37) der Anlage A.

Die **leitende Stellung** erfordert eigenverantwortliche Entscheidungsbefugnisse in einem Betrieb oder in einem wesentlichen Betriebsteil. Der fachliche Nachweis kann durch Zeugnisse, Stellenbeschreibungen, etc. erbracht werden. Betriebswirtschaftliche, kaufmännische und rechtliche Kenntnisse gelten durch die Berufserfahrung als erbracht oder sind durch Teilnahme an z. B. Lehrgängen nachgewiesen.

Altrecht

- Altrecht **(Wahrung des Besitzstandes)**

Wurde ein Handwerk bis zum In-Kraft-Treten von Befähigungsvorschriften ohne Befähigung selbstständig geführt, darf es danach auch ohne Befähigung aus Gründen der Besitzstandwahrung weitergeführt werden.

Beispiel:

Ausübung eines Handwerks ohne Meisterprüfung in der ehemaligen amerikanischen Besatzungszone zwischen 1945 und 16.9.1953 (Handwerksordnung in Kraft). Ausübung des Gerüstbaus (handwerksähnliches Gewerbe) vor dem 1.4.1998.
Die am 1.1.2004 von der alten Anlage A in die neue Anlage B1 überführten Handwerke sind in ihrem Bestand geschützt.

- Flüchtlinge/Vertriebene/Aussiedler

Sie dürfen nach Flucht, Vertreibung oder Aussiedlung ihr Handwerk weiterhin selbstständig ausüben, das sie vorher nachweislich selbstständig betrieben haben.

<u>Gesetzliche Erleichterungen für den Zugang zur selbstständigen Handwerksausübung</u>

Inhaberprinzip

Betriebsleiterprinzip

Das ursprünglich strenge **Inhaberprinzip** (das heißt der Einzelbetriebsinhaber muss in eigener Person die handwerkliche Befähigung besitzen) ist durch das Betriebsleiterprinzip ergänzt worden. Heute kann auch derjenige selbstständig ein zulassungspflichtiges Handwerk betreiben, der in eigener Person keine handwerkliche Befähigung besitzt. Es genügt, einen fachlich-technischen Betriebsleiter anzustellen, der eine der oben behandelten handwerklichen Befähigungen nachweist. Den Zusammenhang zwischen Betriebsform und Inhaber der handwerklichen Befähigung verdeutlicht die folgende Übersichtstabelle:

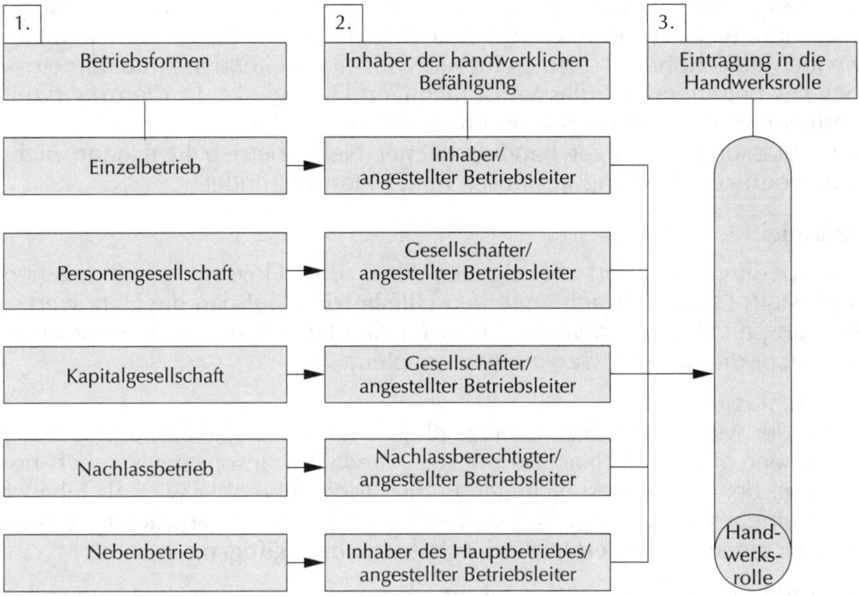

Abbildung 45

Einzelheiten zu den verschiedenen Betriebsformen

- Einzelbetrieb

Einzelbetrieb

Der **Inhaber kann in eigener Person eine handwerkliche Befähigung nachweisen** oder einen Betriebsleiter anstellen, der hierfür die handwerklichen Voraussetzungen erfüllt.

- Personengesellschaft

Personengesellschaften

Eine BGB-Gesellschaft, OHG oder KG wird in die Handwerksrolle eingetragen, wenn ein **Gesellschafter** den Betrieb fachlich-technisch leitet, **der** eine **handwerkliche Befähigung** hierzu **besitzt.** Das beim Einzelbetrieb beschriebene Betriebsleiterprivileg gilt auch hier.

- Kapitalgesellschaft

Kapitalgesellschaften

Die Eintragung zum Beispiel einer GmbH in die Handwerksrolle erfolgt, wenn ein Gesellschafter, aber auch ein **angestellter Betriebsleiter** den **Betrieb fachlich-technisch tatsächlich** leitet und die hierfür **erforderliche handwerkliche Befähigung besitzt.**

- Nebenbetrieb, Hilfsbetrieb

Nebenbetrieb

Führt ein Unternehmer nebenbei eine Reparaturwerkstätte, wird er damit in die Handwerksrolle eingetragen, wenn er für den zulassungspflichtigen handwerklichen Nebenbetrieb eine handwerkliche Befähigung (Inhaber, Gesellschafter, Betriebsleiter) nachweist.
Das Privileg gilt nur, wenn der Nebenbetrieb mit dem Hauptbetrieb verbunden ist, das heißt der Befriedigung der gleichen Lebensbedürfnisse dient.

Beispiele:

Radio- und Fernsehhandel mit Reparaturwerkstatt; Gaststätte und Fleischerei.

Eine Verpflichtung zur Eintragung in die Handwerksrolle besteht allerdings nur dann, wenn die durchschnittliche Arbeitszeit des handwerklichen Nebenbetriebes höher ist als die eines in Vollzeit arbeitenden Einmannbetriebes des betreffenden zulassungspflichtigen Handwerks. Ist die Arbeitszeit geringer, ist die Handwerksordnung nicht anwendbar.
Ein zulassungspflichtiger handwerklicher Nebenbetrieb liegt dann nicht vor, wenn kein Leistungsaustausch mit Dritten stattfindet.

Beispiel:

Hilfsbetrieb

Ein Spediteur repariert die eigenen Pkws und Lkws in seiner eigenen Werkstatt. Es handelt sich um einen **Hilfsbetrieb,** auf den die Handwerksordnung nicht anwendbar ist. Motiv für den Hilfsbetrieb ist Kostenersparnis, nicht die Absicht, Gewinne zu erzielen.

Nachlassbetrieb

- Nachlassbetrieb

Stirbt der Meister, ist der Nachlassinhaber (Ehegatte, Lebenspartner, Erbe, Testamentvollstrecker, Nachlasspfleger, -verwalter, -insolvenzverwalter) berechtigt, den zulassungspflichtigen Betrieb fortzuführen. Er wird als Inhaber des Betriebes in die Handwerksrolle eingetragen. Er ist **verpflichtet, unverzüglich einen qualifizierten Betriebsleiter zu beschäftigen.**

Bei ordnungsgemäßer Betriebsführung kann in Härtefällen die Handwerkskammer eine angemessene Frist setzen.

Meldepflichten

Jede Eröffnung, Änderung, Übernahme oder Beendigung seiner gewerblichen/handwerklichen Tätigkeit hat der Unternehmer unverzüglich einer Reihe von Dienststellen zu melden, z. B. Gewerbeamt, Finanzamt, Berufsgenossenschaft, Handwerkskammer.

Verzeichnis der Gewerbe, die als zulassungspflichtige Handwerke betrieben werden können (Anlage A § 1 Abs. 2)

Nr.
1 Maurer und Betonbauer
2 Ofen- und Luftheizungsbauer
3 Zimmerer
4 Dachdecker
5 Straßenbauer
6 Wärme-, Kälte- und Schallschutzisolierer
7 Brunnenbauer
8 Steinmetzen und Steinbildhauer
9 Stuckateure
10 Maler und Lackierer
11 Gerüstbauer
12 Schornsteinfeger
13 Metallbauer
14 Chirurgiemechaniker
15 Karosserie- und Fahrzeugbauer
16 Feinwerkmechaniker
17 Zweiradmechaniker
18 Kälteanlagenbauer
19 Informationstechniker
20 Kraftfahrzeugtechniker
21 Landmaschinenmechaniker
22 Büchsenmacher
23 Klempner
24 Installateur und Heizungsbauer
25 Elektrotechniker
26 Elektromaschinenbauer
27 Tischler
28 Boots- und Schiffbauer
29 Seiler
30 Bäcker
31 Konditoren
32 Fleischer
33 Augenoptiker
34 Hörgeräteakustiker
35 Orthopädietechniker
36 Orthopädieschuhmacher
37 Zahntechniker
38 Friseure
39 Glaser
40 Glasbläser und Glasapparatebauer
41 Vulkaniseure und Reifenmechaniker

Zuordnung von wesentlichen Tätigkeiten der Anlage A zu mehreren Handwerken der Anlagen A und B1

1. Dachdecker: Herstellung und Reparatur von Dachstühlen
   Zimmerer: Herstellung und Reparatur von Ziegeldächern
2. Karosserie- und Fahrzeugbauer: Lackierung von Karosserien und Fahrzeugen
   Kraftfahrzeugtechniker: Lackierung von Karosserien und Fahrzeugen
   Maler und Lackierer: Reparatur von Karosserien und Fahrzeugen, soweit zur Vorbereitung der Lackierung erforderlich
3. Ofen- und Luftheizungsbauer: Herstellung und Reparatur von Energieversorgungsanschlüssen
4. Aufstellen von Arbeits- und Schutzgerüsten:
   Zu Anlage A–Handwerken: 1, 3–10, 12, 13, 18, 23, 24, 25, 27, 39
   Zu Anlage B1–Handwerken: 1–3, 33, 53 (Befähigung zum Gerüstbauer ist nicht Pflicht)

Verzeichnis der verwandten Handwerke (Anlage zu § 1)

Nr.	Spalte I	Spalte II
1	Bäcker	Konditoren
2	Konditoren	Bäcker
3	Informationstechniker	Elektrotechniker
4	Elektrotechniker	Elektromaschinenbauer
5	Elektromaschinenbauer	Elektrotechniker
6	Kraftfahrzeugtechniker	Zweiradmechaniker (Krafträder)
7	Zweiradmechaniker	Kraftfahrzeugtechniker (Krafträder)
8	Landmaschinenmechaniker	Metallbauer
9	Metallbauer	Feinwerkmechaniker, Landmaschinenmechaniker
10	Maler und Lackierer	Stuckateure
11	Stuckateure	Maler und Lackierer (Maler)

Verzeichnis der Gewerbe, die als zulassungsfreie Handwerke oder handwerksähnliche Gewerbe betrieben werden können (Anlage B § 18 Abs. 2)

Abschnitt 1: Zulassungsfreie Handwerke

Nr.
1 Fliesen-, Platten- und Mosaikleger
2 Betonstein- und Terrazzohersteller
3 Estrichleger
4 Behälter- und Apparatebauer
5 Uhrmacher
6 Graveure
7 Metallbildner
8 Galvaniseure
9 Metall- und Glockengießer
10 Schneidwerkzeugmechaniker
11 Gold- und Silberschmiede
12 Parkettleger
13 Rollladen- und Jalousiebauer
14 Modellbauer
15 Drechsler (Elfenbeinschnitzer) und Holzspielzeugmacher
16 Holzbildhauer
17 Böttcher
18 Korbmacher
19 Damen- und Herrenschneider
20 Sticker
21 Modisten
22 Weber
23 Segelmacher
24 Kürschner
25 Schuhmacher
26 Sattler und Feintäschner
27 Raumausstatter

28 Müller
29 Brauer und Mälzer
30 Weinküfer
31 Textilreiniger
32 Wachzieher
33 Gebäudereiniger
34 Glasveredler
35 Feinoptiker
36 Glas- und Porzellanmaler
37 Edelsteinschleifer und -graveure
38 Fotografen
39 Buchbinder
40 Buchdrucker: Schriftsetzer, Drucker
41 Siebdrucker
42 Flexografen
43 Keramiker
44 Orgel- und Harmoniumbauer
45 Klavier- und Cembalobauer
46 Handzuginstrumentenmacher
47 Geigenbauer
48 Bogenmacher
49 Metallblasinstrumentenmacher
50 Holzblasinstrumentenmacher
51 Zupfinstrumentenmacher
52 Vergolder
53 Schilder- und Lichtreklamenhersteller

Abschnitt 2: Handwerksähnliche Gewerbe

Nr.
1 Eisenflechter
2 Bautentrocknungsgewerbe
3 Bodenleger
4 Asphaltierer (ohne Straßenbau)
5 Fuger (im Hochbau)
6 Holz- und Bautenschutzgewerbe (Mauerschutz und Holzimprägnierung in Gebäuden)
7 Rammgewerbe (Einrammen von Pfählen im Wasserbau)
8 Betonbohrer und -schneider
9 Theater- und Ausstattungsmaler
10 Herstellung von Drahtgestellen für Dekorationszwecke in Sonderanfertigung
11 Metallschleifer und Metallpolierer
12 Metallsägen-Schärfer
13 Tankschutzbetriebe (Korrosionsschutz von Öltanks für Feuerungsanlagen ohne chemische Verfahren)
14 Fahrzeugverwerter
15 Rohr- und Kanalreiniger
16 Kabelverleger im Hochbau (ohne Anschlussarbeiten)
17 Holzschuhmacher
18 Holzblockmacher
19 Daubenhauer
20 Holz-Leitermacher (Sonderanfertigung)
21 Muldenhauer
22 Holzreifenmacher
23 Holzschindelmacher
24 Einbau von genormten Baufertigteilen (z. B. Fenster, Türen, Zargen, Regale)
25 Bürsten- und Pinselmacher
26 Bügelanstalten für Herren-Oberbekleidung
27 Dekorationsnäher (ohne Schaufensterdekoration)
28 Fleckteppichhersteller
29 Klöppler
30 Theaterkostümnäher
31 Plisseebrenner
32 Posamentierer
33 Stoffmaler
34 Stricker
35 Textil-Handdrucker
36 Kunststopfer
37 Änderungsschneider
38 Handschuhmacher
39 Ausführung einfacher Schuhreparaturen
40 Gerber
41 Innerei-Fleischer (Kuttler)
42 Speiseeishersteller (mit Vertrieb von Speiseeis mit üblichem Zubehör)
43 Fleischzerleger, Ausbeiner
44 Appreteure, Dekateure
45 Schnellreiniger
46 Teppichreiniger
47 Getränkeleitungsreiniger
48 Kosmetiker
49 Maskenbildner
50 Bestattungsgewerbe
51 Lampenschirmhersteller (Sonderanfertigung)
52 Klavierstimmer
53 Theaterplastiker
54 Requisiteure
55 Schirmmacher
56 Steindrucker
57 Schlagzeugmacher

3.2.1.3 Unberechtigte Ausübung des Handwerks, Schwarzarbeit

Verstöße gegen die gesetzlich vorgesehenen Auskunfts-, Eintragungs- und Meldepflichten können mit Bußgeld und Untersagung geahndet werden.

- Auskunftspflicht

Auskunftspflicht

Der Unternehmer hat der Handwerkskammer **alle Auskünfte** zu geben, **die eine handwerkliche Zuordnung des Betriebes ermöglichen.** Beauftragte der Kammer sind zur Überprüfung des Betriebes berechtigt. Verstöße gegen die Auskunftspflicht können auf Betreiben der Kammer mit Geldbuße bis 1.000,00 EUR belegt werden.

- Unberechtigte Handwerksausübung

Unberechtigte Handwerksausübung

Wer ohne Eintragung in die Handwerksrolle ein zulassungspflichtiges Handwerk selbstständig betreibt, begeht eine **Ordnungswidrigkeit** und kann mit Geldbuße bis zu 10.000,00 EUR belegt werden. Auch die Schließung des Betriebes kann nach Anhörung und gemeinsamer Erklärung von IHK und HWK (evtl. auch Schlichtungskommission) von der zuständigen Landesbehörde angeordnet werden.

- Schwarzarbeit

Schwarzarbeit

Erbringt ein Unternehmer in einem zulassungspflichtigen Handwerk, das er selbst als stehendes Gewerbe betreibt, Dienst- oder Werkleistungen in erheblichem Umfang, ohne u. a. in die Handwerksrolle eingetragen zu sein, verstößt er auch gegen die Vorschriften des Schwarzarbeitsbekämpfungsgesetzes. Gegen ihn und den Auftraggeber kann ein Bußgeld bis zu 50.000,00 EUR verhängt werden.
Die Verletzung von Pflichten gegenüber Sozial- und Asylbehörden kann mit Bußgeld bis 300.000,00 EUR geahndet werden. Die Behörden der Zollverwaltung haben in diesem Zusammenhang weitgehende Prüfrechte. Werbeträger müssen ihnen z. B. Name und Anschrift von Auftraggebern unentgeltlich mitteilen, die der anonymen (z. B. Chiffre-)Werbung für Schwarzarbeit verdächtig sind.
Alle nicht auf nachhaltigen Gewinn gerichteten Angehörigen-, Lebenspartner-, Gefälligkeits-, Nachbarschafts- und Selbsthilfearbeiten sind zugelassen.
Bewerber um öffentliche Aufträge, die gegen das Schwarzarbeitsbekämpfungsgesetz verstoßen haben, können von der Teilnahme an einem Wettbewerb um einen Bauauftrag bis zur Dauer von drei Jahren ausgeschlossen werden.

- Gewerbeuntersagung

Gewerbeuntersagung

Begeht der Unternehmer strafbare Handlungen, kommt er Steuer- oder Abgabepflichten nicht nach, kann ihm im Rahmen eines Strafverfahrens oder wegen gewerblicher Unzuverlässigkeit im Rahmen eines Verwaltungsverfahrens die Ausübung seines Gewerbes untersagt werden.

3.2.2 Handels- und Gesellschaftsrecht

Überblick über das Handelsgesetzbuch (HGB), Folgen der Geltung des HGB

Handelsgesetzbuch

Das HGB als wichtigstes Gesetz des Handelsrechts ist ein Teil des bürgerlichen Rechts und enthält Sonderbestimmungen für Kaufleute. Das BGB gilt für alle Bürger, das Handelsrecht nur für Kaufleute.
GmbH- und Aktiengesetz, Wechsel- und Scheckgesetz sowie diverse Gesetze zur Regelung des Wettbewerbs ergänzen das Handelsrecht.

Besonderheiten und Folgen der Geltung des HGB

Das HGB gilt für die Geschäfte eines Kaufmanns, die dieser im Rahmen seines Handelsgewerbes abschließt. Es enthält gegenüber dem BGB eine Vielzahl von Pflichten, aber auch Rechte, z. B.:

Bestimmungen für Kaufleute

- Die Sorgfalt eines ordentlichen Kaufmanns bei Vertragsabwicklung.
- Handelsgewohnheiten und -gebräuche gehen Vertrag und Gesetz vor.
- Es genügt die mündlich erklärte Übernahme einer Bürgschaft.
- Jede Bürgschaft des Kaufmanns ist selbstschuldnerisch.
- Gelieferte Waren sind unverzüglich auf Mängel zu untersuchen und zu rügen, um die Gewährleistungsrechte zu erhalten.
- Führen und Aufbewahren von Handelsbüchern.
- Der Kaufmann ist firmenführungsberechtigt.

3.2.2.1 Kaufmannseigenschaft

Kaufmann

Kaufmann im Sinne des Gesetzes ist, wer ein Handelsgewerbe betreibt.

Abhängig vom Erfordernis kaufmännischer Einrichtungen im Gewerbebetrieb, vom Antrag auf Eintragung in das Handelsregister oder von der Rechtsform des Unternehmens unterscheidet das Handelsgesetzbuch den Ist-, Wahl-, Kann- und Formkaufmann (Kaufleute) sowie den Nichtkaufmann. **Für Kaufleute gelten die Bestimmungen des HGB uneingeschränkt, für Nichtkaufleute gelten die Bestimmungen des HGB, von Ausnahmen abgesehen, nicht.**

Die Bestimmungen des HGB für Kaufmann und Nichtkaufmann

Abbildung 46

Istkaufmann

Istkaufmann

Istkaufmann im Sinne des HGB ist, wer ein Handelsgewerbe betreibt. Als Handelsgewerbe gilt jeder Gewerbebetrieb, wenn er nach Art und Umfang einen in kaufmännischer Weise eingerichteten Gewerbebetrieb erfordert.

Erfordert der Gewerbebetrieb kaufmännische Einrichtungen nicht, ist er grundsätzlich Nichtkaufmann (siehe aber Wahlkaufmann).

Erforderlich sind also zwei Voraussetzungen:

Kriterien für einen Istkaufmann nach dem HGB

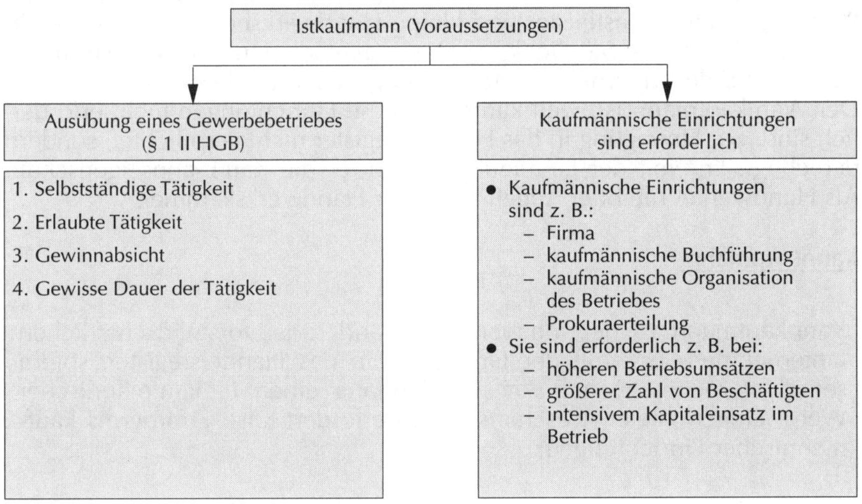

Gewerbebetrieb

Kaufmännische Einrichtungen

Abbildung 47

Beispiel:

Die Fabrikation von Waren des täglichen Bedarfs (Pkw, Haushaltsmaschinen etc.) erfordert höheren Personaleinsatz sowie notwendigerweise eine kaufmännische Organisation des Betriebes. Der Fabrikant ist Kaufmann in der Variante Istkaufmann (§ 1 HGB). Auch große Handwerksbetriebe (Bäcker, Konditoren, Fleischer) gehören zu den Istkaufleuten.

Kaufmann auch ohne Eintragung ins Handelsregister

Aufgrund seiner Gewerbetätigkeit und der Größe seines Betriebes gilt für den Istkaufmann kraft Gesetzes Kaufmannsrecht auch **ohne** Eintragung im Handelsregister. Er bleibt allerdings zur Eintragung im Handelsregister verpflichtet. Das HGB regelt im Einzelnen nicht, wann kaufmännische Einrichtungen notwendig sind. Diese Feststellung bleibt dem Amtsgericht-Handelsregister im Zusammenwirken mit Handwerkskammern und Industrie- und Handelskammern vorbehalten.

Wahlkaufmann

Wahlkaufmann

Erfordert ein Gewerbebetrieb (Handel, Handwerk, Dienstleistung) **keine** kaufmännischen Einrichtungen (Kleingewerbebetrieb), ist er grundsätzlich Nichtkaufmann. Er kann aber nach freier Wahl und ohne besondere Voraussetzungen erfüllen zu müssen die Eintragung in das Handelsregister beantragen und erwirbt mit der Eintragung die volle Kaufmannseigenschaft. Dies gilt auch für die Gründung einer kaufmännischen Personengesellschaft (OHG, KG), deren Gewerbebetrieb kaufmännische Einrichtungen nicht erfordert.

Beispiel:

Hierunter fallen alle Arten von Kleingewerbetreibenden, z. B. kleine Händler, kleine Dienstleister und kleine Handwerksbetriebe. Ihnen eröffnet sich damit die Möglichkeit, eine passende Unternehmensform zu wählen und die Unternehmensfortführung sicherzustellen.
Der Wahlkaufmann ist, weil kaufmännische Einrichtungen nicht erforderlich sind, zur Eintragung in das Handelsregister nicht verpflichtet, sondern berechtigt. Erst mit der Eintragung erwirbt er die Kaufmannseigenschaft. Als Handwerker bleibt er Angehöriger der Handwerkskammer.

Kannkaufmann

Kannkaufmann

Kannkaufmann ist der Inhaber eines land- oder forstwirtschaftlichen Unternehmens erst mit der Eintragung in das Handelsregister, sofern sein Unternehmen nach Art und Umfang einen in kaufmännischer Weise eingerichteten Geschäftsbetrieb erfordert (also Erfordernis kaufmännischer Einrichtungen).

Freiwillige Eintragung

Der Kannkaufmann ist auch dann, wenn kaufmännische Einrichtungen erforderlich sind, nicht zur Eintragung im Handelsregister verpflichtet. Entscheidet er sich freiwillig dazu, ist er mit der Eintragung in das Handelsregister Kaufmann in der Variante Kannkaufmann.

Formkaufmann

Formkaufmann

Kaufmann kraft Rechtsform sind die Handelsgesellschaften (z. B. GmbH, AG, eG). Diese Gesellschaften erlangen die Kaufmannseigenschaft in der Variante Formkaufmann kraft Gesetzes durch Eintragung ins Handelsregister auch dann, wenn kaufmännische Einrichtungen nicht erforderlich sind.

Nichtkaufmann

Nichtkaufmann

Nichtkaufmann ist, wer ein Gewerbe betreibt, für das jedoch kaufmännische Einrichtungen nicht erforderlich sind, weil mit geringem Personaleinsatz vergleichsweise geringe Umsätze erzielt werden.

Beispiel:

Hierzu gehören Inhaber kleiner Ladengeschäfte, kleiner Gaststätten und Schenken, aber auch kleine Handwerker und sonstige Dienstleister (Kleingewerbetreibende).

Für den Nichtkaufmann gelten die Vorschriften des HGB nicht (siehe oben). Seine Rechtsbeziehungen richten sich in erster Linie nach BGB und Gewerbeordnung.

Mit dem Verzicht auf eine Eintragung in das Handelsregister vermeidet er die oft schärferen Vorschriften das HGB. Auf Handelsvertreter und -makler, Kommissionäre, Spediteure, Lagerhalter und Frachtführer sind aber die für diese geltenden Bestimmungen des HGB auch dann anzuwenden, wenn kaufmännische Einrichtungen im Einzelfall nicht erforderlich sind.

Einzelheiten zum Kaufmann im Handelsrecht

Arten und Rechtsformen	Varianten	Unternehmensart	Eintragung ins Handelsregister	besondere a) Rechte und b) Pflichten
I. Kaufmann	Istkaufmann	Jeder Gewerbebetrieb, der nach Art oder Umfang einen in kaufmännischer Weise eingerichteten Geschäftsbetrieb erfordert	Kaufmann auch **ohne** Eintragung ins Handelsregister	a) Wahl eines Firmennamens; Übertragbarkeit des Firmennamens; Prokuraerteilung; mündlicher Abschluss einer Bürgschaft; höhere gesetzliche Zinsen (5 %)
	Wahlkaufmann	Jeder Gewerbebetrieb, der nach Art oder Umfang einen in kaufmännischer Weise eingerichteten Geschäftsbetrieb **nicht** erfordert	Kaufmann **nur** mit Eintragung ins Handelsregister auf **Antrag**	
	Kannkaufmann	Unternehmen der **Land- und Forstwirtschaft,** das nach Art und Umfang einen in kaufmännischer Weise eingerichteten Geschäftsbetrieb erfordert	Kaufmann **nur** mit Eintragung ins Handelsregister auf **Antrag**	b) Führen von Handelsbüchern, Bilanzen etc.; unverzügliche Rügepflicht bei Kaufmängeln; Haftung für Geschäftsschulden
	Formkaufmann	**Handelsgesellschaften**	Kaufmann kraft Rechtsform (i. d. R. erst mit Eintragung ins Handelsregister)	
II. Nichtkaufmann		Kleingewerbebetrieb, der nach Art oder Umfang einen in kaufmännischer Weise eingerichteten Geschäftsbetrieb **nicht** erfordert	**Keine** Eintragung ins Handelsregister gewünscht	keine Firma keine Handelsbücher keine Prokura keine Eintragung ins Handelsregister

Abbildung 48

3.2.2.2 Firma

Die Firma ist der Name, unter dem der Kaufmann seine Geschäfte betreibt und die Unterschrift abgibt. Ein Kaufmann kann unter seiner Firma klagen und verklagt werden.

Firmenbildung, Schutz der Verbraucher, Rechtsformzusatz, Pflichtangaben

Wahlfreiheit der Unternehmen bei der Firmenbildung

Firmenbildung

Unabhängig von der Rechtsform des Unternehmens kann die Firma nach folgenden drei wesentlichen Kriterien gebildet werden:

- Unterscheidungskraft der Firma (Kennzeichnungswirkung)
- Ersichtlichkeit des Gesellschaftsverhältnisses
- Offenlegung der Haftungsverhältnisse.

Jede Firma, die diese drei Kriterien erfüllt, ist grundsätzlich im Handelsregister eintragungsfähig. Der Unternehmer kann dabei wählen, ob er sich für eine Personen-, Sach- oder Fantasiefirma entscheidet. Ein Bezug zum Unternehmensgegenstand wird nicht gefordert, soweit die Firma nur hinreichend unterscheidungskräftig ist. Eine Firma, die ersichtlich über geschäftliche Verhältnisse, die für die angesprochenen Verkehrskreise wesentlich sind, irreführt, schließt das Registergericht von einer Eintragung in das Handelsregister aus.

Verbraucherschutz

Rechtsformzusätze

Interessen des Rechtsverkehrs und Schutz der Verbraucher

Zum Ausgleich für die erleichterte Firmenbildung verlangt das Gesetz von allen kaufmännischen Betrieben zwingend einen **Rechtsformzusatz** und **Pflichtangaben** auf Geschäftsbriefen.

Einzelheiten hierzu:

- zwingende **Rechtsformzusätze** sind z. B. für
  - den **Einzelhandelskaufmann:** eingetragene(r) Kaufmann/Kauffrau oder e. K. oder e. Kfm/Kfr.
  - die **offene Handelsgesellschaft:** offene Handelsgesellschaft oder oHG oder OHG
  - die **Kommanditgesellschaft:** Kommanditgesellschaft oder KG
  - die **Gesellschaft mit beschränkter Haftung:** Gesellschaft mit beschränkter Haftung oder Gesellschaft m. b. H. oder GmbH
  - die **Aktiengesellschaft:** Aktiengesellschaft oder AG

Geschäftsbriefe

- **Pflichtangaben** auf Geschäftsbriefen (auch Bestellscheine), die an einen bestimmten Empfänger gerichtet worden sind:
  - Die Firma, der Rechtsformzusatz, ggf. der Hinweis auf Haftungsverhältnisse, der Ort der Handelsniederlassung, das Registergericht, die Handelsregisternummer der Firma.

  Werden vorgedruckte Mitteilungen oder Berichte im bestehenden Geschäftsverkehr verwendet, besteht keine Angabepflicht.

Beispiele zur Firmierung:

- Einzelkaufmann
  „Rudolf Blei eingetragener Kaufmann“, „Tankstelle Bleifuß e. K.“ oder „Backhaus Eduard Meier e. Kfm.“

- Personenhandelsgesellschaften
  „Möbel Meier OHG“ oder „Dietz und Co. KG“ oder „Himmelbett Kommanditgesellschaft“
- Kapitalgesellschaften
  „Meier GmbH“ oder „Mahl Holzwerk Gesellschaft mit beschränkter Haftung“ oder „MMHW Gesellschaft m. b. H.“

Gewerbebezeichnungen des Nichtkaufmannes

Im Gegensatz zu Kaufleuten führen Nichtkaufleute keine Firma. Sie können im Rechts- und Geschäftsverkehr nur unter ihrem ausgeschriebenen Vor- und Zunamen auftreten.

Gestattet sind ihnen sog. Etablissementbezeichnungen, sofern eine Verwechslung mit einem kaufmännischen Betrieb ausgeschlossen ist.

Beispiel:

Ein Gastwirt, der kein kaufmännisches Unternehmen hat, darf sein Gasthaus „Roter Hahn“, „Zum Elefanten“ oder dergleichen nennen.

3.2.2.3 Handelsregister

Das Handelsregister ist ein öffentliches Buch mit Urkundencharakter (Verzeichnis), das über die Rechtsverhältnisse der in seinem Bezirk bestehenden Handelsfirmen Auskunft gibt.

Einzelheiten zum Handelsregister

- Zuständigkeit

Das Handelsregister wird von dem **Amtsgericht als Registergericht** geführt, in dessen Bezirk das einzutragende Unternehmen seinen Sitz hat. Die Handwerkskammern und die Industrie- und Handelskammern haben daran mitzuwirken, unrichtige Eintragungen zu vermeiden oder zu berichtigen und unvollständige zu ergänzen. Hierfür sind sie antrags- und beschwerdeberechtigt. Amtsgericht Registergericht

- Geltungsbereich

Alle **Kaufleute** und bestimmte auf sie bezogene Tatsachen und Rechtsverhältnisse **sind in das Handelsregister einzutragen.** Eintragungen erfolgen in der Regel auf Antrag. Die Anmeldung muss in öffentlich beglaubigter Form erfolgen (Notar). Kaufleute

- Zweck

Jedermann soll Auskunft erhalten, wer Kaufmann ist und wie seine wichtigsten Rechtsverhältnisse geregelt sind. Deshalb ist die **Einsicht in das Handelsregister jedermann gestattet** (Öffentlichkeit des Handelsregisters). Sicherheit und Vertrauen im Rechtsverkehr sollen damit gefördert werden. Auskunft Einsicht

- Inhalt

Inhalt

Einzutragen sind zum Beispiel **Name, Vorname, Geburtsdatum, aktuelle Geschäftsanschrift des Unternehmers** (des Gesellschafters), die **Firma** und der **Sitz** der Niederlassung, Zeitpunkt des Betriebsbeginns, eventuelle Einlagen, eventuelle Prokuraerteilung.

Auch alle grundsätzlichen Statusänderungen sind einzutragen, wie zum Beispiel Neugründung, Veränderungen (Gesellschafterwechsel, Erteilung der Prokura) und Löschungen (Entzug der Prokura).

Wirkungen der Eintragung

- Wirkungen der Eintragung
  - Eingetragene und bekannt gemachte Tatsachen muss ein Dritter ab dem 16. Tag nach Bekanntmachung gegen sich gelten lassen **(positive Publizität).**

    Beispiel:

    Mit dem entlassenen Prokuristen kann nach Ablauf der Frist für den Vollkaufmann verbindlich kein Rechtsgeschäft mehr abgeschlossen werden.
  - Einzutragende, aber noch nicht eingetragene oder noch nicht bekannt gemachte Tatsachen (zum Beispiel Ausscheiden eines Gesellschafters) braucht ein Dritter nicht gegen sich gelten zu lassen **(negative Publizität).**

Veröffentlichung

- Bekanntmachung der Eintragung

Jede Eintragung muss vom Amtsgericht-Registergericht **im Bundesanzeiger und in mindestens einem weiteren Blatt,** in der Regel der führenden örtlichen Tageszeitung, veröffentlicht werden.

3.2.2.4 Personen- und Kapitalgesellschaften

Mehrere Personen können sich zusammenschließen, um gemeinsam einen bestimmten Zweck zu erreichen, zum Beispiel die Herstellung von oder der Handel mit Waren und Erzeugnissen, die Ausführung handwerklicher Leistungen oder die Erbringung sonstiger Dienstleistungen. Bei den gewerblichen Gesellschaften steht die Absicht im Vordergrund, Gewinn zu erzielen.

Handelsgesellschaften

Vereinigen sich Personen zum gemeinsamen Betrieb eines Handelsgewerbes unter gemeinsamer Firma, spricht man von einer Handelsgesellschaft. Es gibt Personen- und Kapitalgesellschaften.

Unterscheidung der Personen- und Kapitalgesellschaften

Personengesellschaften

- Bei den Personengesellschaften ist die Mitgliedschaft auf die Person und die einzelnen Gesellschafter zugeschnitten. Wesentliches Merkmal ist das Zusammengehen und Zusammenbleiben der Mitgesellschafter. Scheidet aber aus einer Mehrpersonengesellschaft ein Gesellschafter z. B. durch Tod oder Kündigung aus, besteht die Gesellschaft fort, es sei denn, der Gesellschaftsvertrag sieht die Auflösung vor (Unternehmenskontinuität).

BGB-Gesellschaften

Die Grundform aller Personengesellschaften ist die Gesellschaft bürgerlichen Rechts (BGB-Gesellschaft). Der Gesellschaftsvertrag ist grundsätzlich formfrei. Jeder Gesellschafter haftet grundsätzlich mit seiner eventuellen Einlage und seinem Privatvermögen für die gemeinschaftlich eingegangenen Verbindlichkeiten. Auch wenn die Gesellschaft selbst keine juristische Person ist, kann sie z. B. Mitglied einer anderen Gesellschaft werden, Scheck- und Wechselverbindlichkeiten eingehen, klagen und verklagt werden, d. h., sie ist in diesem Rahmen rechtsfähig. Benötigt die

BGB-Gesellschaft für ihren Geschäftsbetrieb **keine** kaufmännischen Einrichtungen, ist sie keine Handelsgesellschaft. Sie kann aber auf **Antrag** in das Handelsregister eingetragen werden und wird damit Handelsgesellschaft in der Rechtsform der OHG oder KG. Damit können auch Kleingewerbetreibende Personenhandelsgesellschaften gründen.

- Eine Kapitalgesellschaft ist im Gegensatz dazu auf die reine Kapital-(Geld-)Beteiligung und nicht auf die persönliche Mitarbeit der Gesellschafter zugeschnitten. Das Ausscheiden eines Gesellschafters oder die Veräußerung eines Gesellschaftsanteils wirkt sich daher nicht auf den Bestand der Gesellschaft aus.

Kapitalgesellschaften

Beispiel:

Ob und wer im Einzelnen Anteile an einer GmbH oder AG hat, ist für den Bestand der Gesellschaft unmaßgeblich.

Überblick über die Personengesellschaften

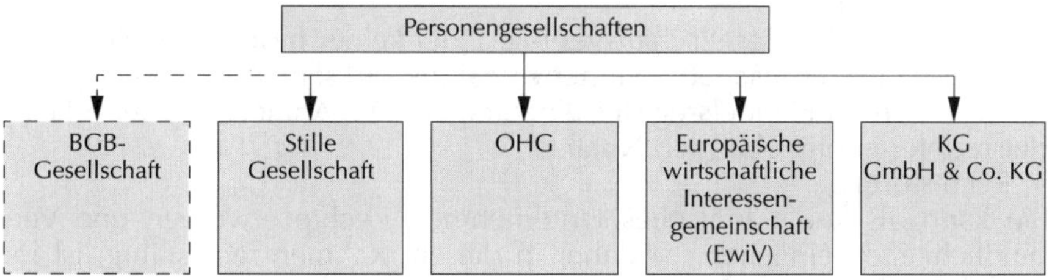

Abbildung 49

Einzelheiten zu den Personengesellschaften des Handelsrechts

Die stille Gesellschaft

Stille Gesellschaft

- Wesen

Es handelt sich um eine **Innengesellschaft.** Der stille Gesellschafter beteiligt sich mit einer Einlage an dem von einem anderen betriebenen Handelsgeschäft. Er tritt nach außen nicht in Erscheinung, der **Inhaber führt die Geschäfte allein.** Die stille Gesellschaft ist eine besondere Art der Gesellschaft des bürgerlichen Rechts. Der stille Gesellschafter nimmt teil an Gewinn und Verlust des Handelsgeschäfts.

- Abschlussform

Der Vertrag über eine stille Gesellschaft ist **grundsätzlich formfrei.** Schriftform ist aus Beweisgründen zu empfehlen.

- Rechtsform

Sie besitzt **keine eigene Rechtsfähigkeit.** Rechtsträger ist der Kaufmann, an dessen Handelsgeschäft sich der stille Gesellschafter beteiligt.

- Einlagen

Das **HGB schreibt Einlagen nicht** im Einzelnen **vor.** Der stille Gesellschafter kann dem Geschäftsinhaber jede denkbare Vermögenseinlage (Geld, bewegliche und unbewegliche Sachen) zur Verfügung stellen. Diese geht in das Vermögen des Geschäftsinhabers über.

- Haftung

Der **stille Gesellschafter haftet** Geschäftsgläubigern unmittelbar nur aus besonderer Verpflichtung (zum Beispiel Bürgschaft). Mittelbar haftet er **mit**

seiner Geschäftseinlage, das heißt, Verluste trägt er bis zur Höhe seiner Einlage.

- Eintragung ins Handelsregister

Die stille Gesellschaft als Sonderform der Gesellschaft des bürgerlichen Rechts kann **im Handelsregister** nicht eingetragen werden. **Eingetragen ist allein der Inhaber des Handelsgeschäfts,** an dem der stille Gesellschafter beteiligt ist.

OHG
EwiV

Die offene Handelsgesellschaft (OHG) und die Europäische wirtschaftliche Interessengemeinschaft (EwiV)

Die OHG und die EwiV sind in wesentlichen Belangen vergleichbar und werden daher im Folgenden zusammen behandelt. Die EwiV soll Unternehmern und Angehörigen freier Berufe grenzüberschreitende Zusammenarbeit im EU-Raum erleichtern. Ihr Zweck ist die Förderung der wirtschaftlichen Tätigkeit ihrer Mitglieder, während Zweck der OHG der Betrieb eines Handelsgewerbes oder auch die Verwaltung eigenen Vermögens ist.

- Abschlussform

Mit Abschluss des Gesellschaftsvertrages, der **keiner besonderen Form** bedarf, wird die Gesellschaft im Innenverhältnis wirksam. Als Handelsgesellschaft ist sie im Handelsregister einzutragen. Die Anmeldung beim Handelsregister erfolgt über den Notar.

- Rechtsform

Sie kann als kaufmännisches Unternehmen Rechte erwerben und Verbindlichkeiten eingehen, ist daher in diesem Rahmen rechtsfähig, ist jedoch keine juristische Person.

Beispiel:

Unter der Firma können Rechte erworben und Verbindlichkeiten eingegangen, Eigentum an einer Immobilie erworben, vor Gericht geklagt oder verklagt werden.

- Einlagen

Einlagen schreibt das Gesetz nicht vor. Es bleibt den Gesellschaftern überlassen, ob und welche Einlagen sie erbringen.

- Haftung

Alle Gesellschafter haften den Gesellschaftsgläubigern **persönlich und unbeschränkt.**

- Eintragung ins Handelsregister

Die **Eintragung ins Handelsregister** ist erforderlich.

KG

Die Kommanditgesellschaft (KG) und die GmbH & Co. KG

Hinsichtlich Zweck, Abschlussform, Rechtsfähigkeit, Einlagen und der Eintragung im Handelsregister gilt das zur OHG Gesagte.

Komplementär
Kommanditist

Von der OHG unterscheidet sich die KG allein dadurch, dass bei einem Teil der Gesellschafter die Haftung gegenüber den Gesellschaftsgläubigern beschränkt ist. Es gibt folglich zwei Gruppen von Gesellschaftern: den Komplementär, der unbeschränkt haftet, und den Kommanditisten, der nur mit seiner Einlage haftet. Jede KG muss mindestens einen Komplementär und einen Kommanditisten haben, die in der Regel natürliche Personen sind.

Die Gesellschaftergruppen der KG

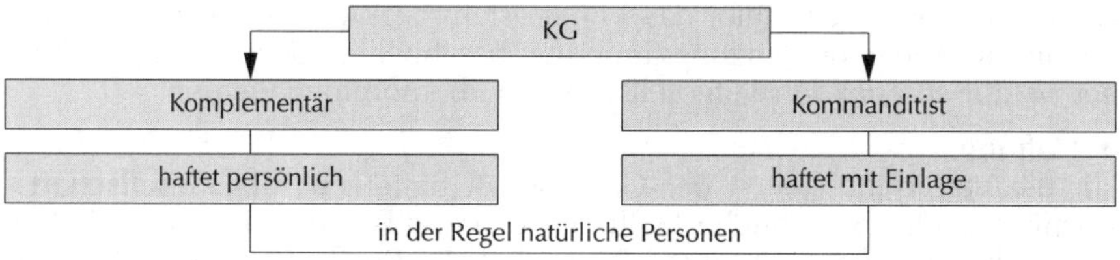

Abbildung 50

Das Gesetz schreibt jedoch nicht vor, dass der Komplementär eine natürliche Person (Mensch) sein muss. Als Komplementär kommt daher auch eine juristische Person in Betracht, zum Beispiel eine GmbH. Gerade diese Rechtsform bietet sich an, wenn keiner der Gesellschafter persönlich die unbeschränkte Haftung übernehmen will.

Überblick über die Kapitalgesellschaften

Kapitalgesellschaften: GmbH, AG, KGaA

> Besondere Merkmale einer Kapitalgesellschaft sind die eigene Rechtspersönlichkeit, die grundsätzliche freie Übertragbarkeit der Anteile und der Ausschluss der persönlichen Haftung der Gesellschafter. Die Mitarbeit bei der Geschäftsführung ist nicht notwendig. Kapitalgesellschaften sind die GmbH, die AG und die KGaA.

Einzelheiten zur Gesellschaft mit beschränkter Haftung

GmbH

Die GmbH hat im Rechts- und Geschäftsverkehr vor allem auch für mittelgroße Dienstleistungs- und Bauhandwerksbetriebe praktische Bedeutung erlangt. Stellvertretend für die Kapitalgesellschaften soll sich die folgende Übersicht auf Einzelheiten zur GmbH beschränken.

Einzelheiten

- Abschlussform

Der **Gesellschaftsvertrag muss notariell** abgeschlossen werden. Er wird als Satzung bezeichnet. Die GmbH muss **im Handelsregister eingetragen werden.** Anmeldungen erfolgen durch den Notar.

- Rechtsform

Die GmbH ist eine **juristische Person** des privaten Rechts.

- Gründung

Die GmbH kann für jeden gesetzlich zulässigen Zweck errichtet werden. Die Gründung durch eine Person (so genannte Einmanngesellschaft) ist zulässig.

- Einlagen

Das **Stammkapital** muss **mindestens 25.000,00 EUR** betragen. Jeder Gesellschafter hat eine Stammeinlage von mindestens 100,00 EUR zu übernehmen. Die GmbH entsteht erst, wenn 12.500,00 EUR in Geld oder Sacheinlagen erbracht sind. Dies gilt für eine Mehrpersonen-GmbH. Der **Gesamtbetrag der Stammeinlagen muss mit dem Stammkapital übereinstimmen.** Bei der Einmann-GmbH hat folglich der einzige Gesellschafter bereits bei der Gründung eine Stammeinlage in Höhe des Stammkapitals (mindestens

25.000,00 EUR) zu erbringen. Eine Auszahlung des Stammkapitals an die Gesellschafter ist unzulässig. Eine Erhöhung oder Ermäßigung des Stammkapitals (jedoch nicht unter das Mindeststammkapital) können die Gesellschafter im Wege der Satzungsänderung beschließen. Stammeinlagen können veräußert oder von Mitgesellschaftern übernommen werden.

- Haftung

Für die Verbindlichkeiten der Gesellschaft haftet **nur das Gesellschaftsvermögen.** Die persönliche Haftung der Gesellschafter ist grundsätzlich ausgeschlossen. In besonderen Fällen hat die Rechtsprechung allerdings die so genannte Durchgriffshaftung gegen Gesellschafter und Geschäftsführer entwickelt.

- Organe

Organe der GmbH sind die **Gesellschafterversammlung,** die **Geschäftsführer** und eventuell ein Aufsichtsrat.

Schematische Übersicht über die Wahl der Unternehmensform

Unternehmensformen

Bei der Wahl der Rechtsform spielen persönliche, betriebswirtschaftliche, gesellschaftsrechtliche und steuerliche Aspekte eine Rolle. Für den konkreten Einzelfall wird Sie Ihre Handwerkskammer beraten.

Rechtsformen							
Arten: Rechtsformen	Varianten:	Form des Abschlusses:	Eintragung ins Handelsregister:	Einlage:	Haftung:	Gründungsgesellschafter:	Firmierung:
I. Einzelunternehmen	--		Nein, wenn Nichtkaufmann Ja, wenn Kaufmann oder auf Antrag	gesetzlich nicht vorgeschrieben	Inhaber mit Betriebs- und Privatvermögen	1 Inhaber	Nein, wenn Nichtkaufmann (nur Gewerbezeichnung) Ja, wenn Kaufmann oder auf Antrag (Firmierung siehe unten)
II. Personengesellschaften	Stille Gesellschaft	grundsätzlich: formfrei Empfehlung: Schriftform	Nein	Höhe gesetzl. nicht vorgeschrieben, i.d. R. durch stillen Teilhaber	Inhaber wie oben, stiller Gesellschafter nur mit Einlage	1 Einzelunternehmen oder Gesellschaft 1 stiller Gesellschafter	Nein, wie Nichtkaufmann
	Gesellschaft des bürgerl. Rechts	wie oben	Nein; auf Antrag als OHG/KG	gesetzlich nicht vorgeschrieben, möglich: Arbeitskraft, Geld, Sachen, Rechte	alle Gesellschafter mit Einlage und Privatvermögen (Beschränkung im Einzelfall möglich)	mindestens 2 Gesellschafter	Nein, wenn Nichtkaufmann Ja, wenn Kaufmann auf Antrag (OHG/KG – Firmierung siehe unten)
	Offene Handelsgesellschaft	wie oben	ja, da Gegenstand ein kaufm. Unternehmen ist	wie oben	wie oben (Beschränkung nicht möglich)	mindestens 2 Gesellschafter	Wahlmöglichkeiten: • Personenname • Sachname • Fantasiename • Mischformen sind möglich Erforderlich zusätzlich: • Rechtsformzusatz (z. B.: e. K., OHG, KG GmbH, etc.) • evtl. Haftungszusatz (wegen Einzelheiten Kapitel Firmierung)
	Kommanditgesellschaft	wie oben	wie oben	wie oben	Komplementär: voll, das heißt Einlage + Privatvermögen; Kommanditist: nur mit Einlage	mindestens 1 Komplementär 1 Kommanditist	
	GmbH & Co. KG	notariell formfrei	wie oben	Stammkapital der GmbH Kommanditist wie oben	i.d.R. nur GmbH (als Komplementär mit Einlage), Kommanditist: nur mit Einlage	mindestens 1 GmbH als Komplementär 1 Kommanditist	
III. Kapitalgesellschaft/ juristische Person	GmbH	notariell Schriftform	kraft Gesetz	mindestens 25.000,00 EUR	GmbH mit Einlage	mindestens 1 Gesellschafter	

3.2.3 Wettbewerbsrecht

Werbung

Werbung und Wettbewerb beruhen auf dem Grundrecht der freien Persönlichkeitsentfaltung, das jedoch dort endet, wo gleiche Rechte anderer beeinträchtigt werden. Den Wettbewerb regelnde und einschränkende wichtige Gesetze, die teils alle Stufen des Wettbewerbs, teils nur den Endverbraucher schützen, zeigt die folgende Übersicht:

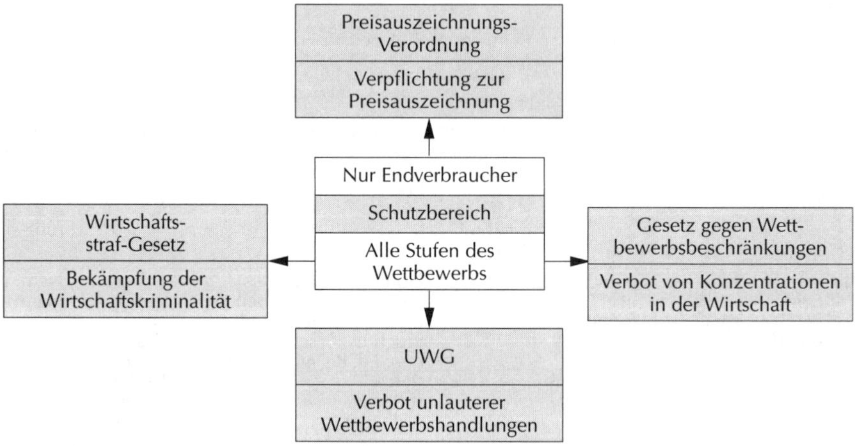

Abbildung 51

3.2.3.1 Gesetz gegen Wettbewerbsbeschränkungen (Kartellgesetz)

Grundformen der Wirtschaftsordnung eines Staates sind die Planwirtschaft oder die Marktwirtschaft wie in der Bundesrepublik Deutschland.

Marktwirtschaft

Überlässt der Staat die Marktwirtschaft sich selbst, finden Unternehmer rasch Mittel und Wege, den Markt durch Zusammenschlüsse, Vereinbarungen, abgestimmtes Verhalten für sich vorteilhaft, für Verbraucher und Konkurrenten nachteilig zu beeinflussen (so genannte **freie Marktwirtschaft).** Die **Bundesrepublik Deutschland** als moderner Sozialstaat hat verfassungsrechtlich sichergestellt, dass aus sozialen Rücksichten korrigierend in die freie Marktwirtschaft eingegriffen werden kann **(soziale Marktwirtschaft).**

Verboten sind in der sozialen Marktwirtschaft grundsätzlich Wettbewerbsbeschränkungen durch Kartellvereinbarungen, Kartellbeschlüsse und abgestimmtes Verhalten, Marktbeherrschung, wettbewerbsbeschränkendes Verhalten.

Kartellvereinbarungen – Beschlüsse und abgestimmtes Verhalten

Dies sind Vereinbarungen, Beschlüsse und aufeinander abgestimmte Verhaltensweisen von miteinander im Wettbewerb stehenden Unternehmen, die den Wettbewerb geplant oder tatsächlich verhindern, einschränken oder verfälschen.

Sie sind verboten, wenn sie die Erzeugung von Waren oder die Marktverhältnisse für den Verkehr mit Waren oder gewerblichen Leistungen durch Beschränkung des Wettbewerbs spürbar beeinflussen.

Beispiele:

Treibstofflieferanten beschließen, die Treibstoffpreise zu einem vereinbarten Stichtag gemeinsam auf ein einheitliches Niveau anzuheben. Mitglieder der Bäcker-Innung beschließen, dass ab morgen Brote generell um 20 Cent teurer werden.

Erlaubte Kartelle

Von dem Verbot gibt es eine Reihe von Ausnahmen:
Normen- und Typenkartelle, Spezialisierungs-, Mittelstands-, Rationalisierungs- und Strukturkrisenkartelle.

Beispiel:

Kooperationserleichterungen für die Zusammenarbeit kleiner und mittlerer Unternehmen für den Einkauf von Waren, die Verwaltung, Werbung oder Produktion, wenn dadurch der Wettbewerb nicht wesentlich beeinflusst wird.
Einige von ihnen werden auch ohne besondere Erlaubnis wirksam, wenn die Kartellbehörde, bei der sie anzumelden sind, nicht binnen drei Monaten widerspricht.

Marktbeherrschung, wettbewerbsbeschränkendes Verhalten

Ein Unternehmen ist marktbeherrschend, wenn es für bestimmte Waren oder Leistungen ohne Wettbewerber ist oder keinem wesentlichen Wettbewerb ausgesetzt ist oder eine überragende Marktstellung hat.

Die missbräuchliche Ausnutzung einer marktbeherrschenden Stellung durch ein oder mehrere Unternehmen ist verboten.

Beispiele:

für Marktbeherrschung:
Forderung von bei funktionierendem Wettbewerb unüblichem Entgelt; Verweigerung des Zugangs zu eigenen Netzen oder Einrichtungen trotz angemessenen Entgelts.
Als wettbewerbsbeschränkendes Verhalten gelten Diskriminierungsverbot, Verbot unbilliger Behinderung, sonstiges wettbewerbsbeschränkendes Verhalten und Empfehlungsverbot.

Beispiele:

Liefer- und Bezugssperren: Gewährung von Vorzugsbedingungen; unbillige Untereinstandspreisverkäufe.

Kartellbehörden

Kartellbehörden sind das **Bundeskartellamt** in Bonn und die **Kartellämter** der **Länder** (in der Regel das Wirtschaftsministerium).

Geldbußen

Verstöße gegen das Kartellgesetz sind Ordnungswidrigkeiten, die mit Geldbuße bis zu 1.000.000,00 EUR, darüber hinaus bis zu maximal 10 % des im Vorgeschäftsjahr erzielten Gesamtumsatzes geahndet werden können.

3.2.3.2 Gesetz gegen den unlauteren Wettbewerb (UWG)

Verbot unlauteren Wettbewerbs (Generalklausel)

Unlautere Wettbewerbshandlungen, die geeignet sind, den Wettbewerb zum Nachteil der Mitbewerber, der Verbraucher oder der sonstigen Marktteilnehmer nicht nur unerheblich zu beeinträchtigen, sind unzulässig.

Die Generalklausel des UWG verbietet somit, vereinfacht ausgedrückt, alle Handlungen als unlauter, die den anständigen Gepflogenheiten in Handel, Handwerk, Gewerbe oder selbstständiger beruflicher Tätigkeit zuwiderlaufen.

Definitionen

- **Wettbewerbshandlung** ist jede Handlung einer Person mit dem Ziel, zugunsten des eigenen oder eines fremden Unternehmens den Absatz oder den Bezug von Waren oder die Erbringung oder den Bezug von Dienstleistungen, einschließlich unbeweglicher Sachen, Rechte und Verpflichtungen zu fördern.
- **Mitbewerber** ist jeder Unternehmer, der mit einem oder mehreren Unternehmern als Anbieter oder Nachfrager der vorgenannten Güter in einem konkreten Wettbewerbsverhältnis steht.
- **Verbraucher** ist jede natürlich Person, die weder in ihrer gewerblichen noch in ihrer selbstständigen beruflichen Tätigkeit betroffen ist.
- **Marktteilnehmer** erfasst als Oberbegriff neben den bereits Genannten alle Personen, die die vorgenannten Güter anbieten oder nachfragen.

In allen Fällen zu beachten ist die Bagatellschwelle: nicht nur unerheblich beeinträchtigende, sondern die einen Marktteilnehmer benachteiligenden Wettbewerbshandlungen sind unlauter und damit verboten.

Schutzzweck des UWG

Das UWG bezweckt den Schutz des genannten Personenkreises vor unlauterem Wettbewerb, nicht dagegen den Schutz sonstiger Allgemeininteressen (z. B. Arbeitnehmer-, Tier-, Umwelt-, Diskriminierungsschutz).

Systematik des UWG

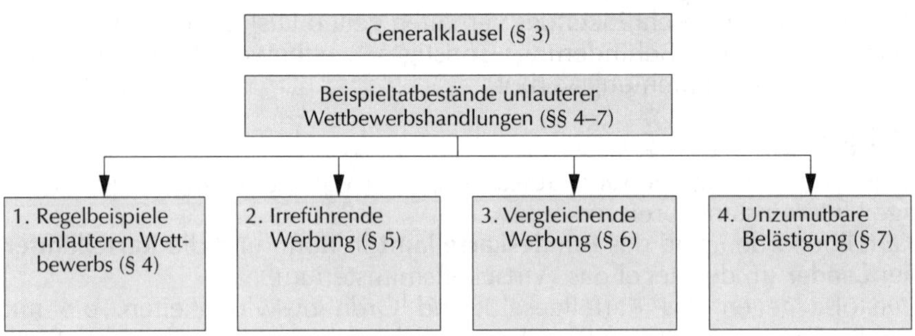

Abbildung 52

Einzelheiten zu den Beispieltatbeständen:

Beispieltatbestände

1. Regelbeispiele unlauteren Wettbewerbs:

- **unsachliche Beeinflussung**

Beispiel:

Unangekündigte extreme Kurzfristrabatte, wenn der Kunde die Preiswürdigkeit nicht mit Konkurrenzangeboten vergleichen kann.

- **Verkaufsförderungsmaßnahmen**

Beispiel:

Für Preisnachlässe, Zugaben, Geschenke, etc. werden die Teilnahmebedingungen nicht klar und deutlich angegeben.

- **Herabsetzung von Mitbewerbern**

- **gezielte Mitbewerberbehinderung**

Beispiel:

Boykott und Vernichtungswettbewerb, um den Konkurrenten an dessen wettbewerblicher Entfaltung zu hindern.

- **Rechtsbruch**

Beispiel:

Verstöße gegen Marktverhaltensregeln (z. B. Ladenschlussgesetz, Preisangabenverordnung) oder Marktzutrittsregeln (z. B. Handwerksordnung, Rechtsberatungsgesetz).

Irreführende Werbung

2. Irreführende Werbung:

- **über Merkmale der Waren oder Dienstleistungen**

- **über den Anlass von Verkaufsaktionen**

Beispiel:

Jubiläums-, Räumungsverkäufe ohne tatsächlichen Anlass.

- **über geschäftliche Verhältnisse**

- **über Preisherabsetzungen**

Beispiel:

Ein überhöhter Preis wird nur für unangemessen kurze Zeit gefordert (Mondpreis), um kurz darauf mit einer Preissenkung werben zu können.

- **für Ware ohne ausreichende Bevorratung**

Beispiel:

Die Ware umfasst nur einige Exemplare und ist nach kurzer Zeit verkauft (Lockvogelangebot).

Vergleichende Werbung

3. Vergleichende Werbung, wenn sie:

- **das Sachlichkeitsgebot verletzt** (ungleich Vergleich)
- **zu pauschal gehalten ist** (kein gleicher Bedarf oder Zweck)
- **eine Verwechslung begründen kann** (zwischen Mitbe- und Werber)
- **Kennzeichen ausbeutet oder beeinträchtigt** (des Mitbewerbers)
- **Waren, Dienstleistungen, Tätigkeiten**, persönliche oder geschäftliche **Verhältnisse eines Mitbewerbers herabsetzt oder verunglimpft**
- eine Ware oder Dienstleistung **als Imitat oder Nachahmung einer** unter einem **geschützten Kennzeichen vertriebenen Ware oder Dienstleistung darstellt**
- bei einem **Preisvergleich Ende und** gegebenenfalls **Beginn des Angebots nicht eindeutig angibt.**

Unzumutbare Belästigung

4. Unzumutbare Belästigung eines Marktteilnehmers:

- **Der Empfänger wünscht die Werbung erkennbar nicht.**
- **Telefonanrufe ohne** (bei Verbrauchern: ausdrückliche) **Einwilligung.**
- **Telefax-, E-Mail- und Werbung mit automatischen Anrufmaschinen ohne ausdrückliche Einwilligung.**
- **Werbung über elektronische Kommunikationsdienste, wenn** die **Identität** des **Absenders verschleiert** wird oder **keine gültige Antwortadresse angegeben** wird.

Ansprüche

Wettbewerbsrechtliche Ansprüche und ihre Durchsetzung:

Einen unlauter Werbenden können verletzte Mitbewerber und u. a. auch gewerbliche Kammern nach Abmahnung auf Unterlassung, Beseitigung und Schadenersatz in Anspruch nehmen. Bei vorsätzlichen Verstößen können Letztere den zu Lasten einer Vielzahl von Abnehmern erzielten Gewinn zugunsten des Bundeshaushalts abschöpfen.

Einigungsstellen
Landgericht

Zur Beilegung auch von Wettbewerbsstreitigkeiten haben Industrie- und Handelskammern unter Mitwirkung der Handwerkskammern und der Verbraucherverbände Einigungsstellen errichtet. Ziel ist die außergerichtliche Streitbeilegung. Misslingt diese, sind die Landgerichte ausschließlich zuständig.

3.2.3.3 Preisangabenverordnung

Grundsätzliches zur Preisangabe

Jeder Unternehmer, der unter Angabe von Preisen wirbt, hat zum Schutz der Endverbraucher die Preise anzugeben, die einschließlich der Umsatzsteuer und sonstiger Preisbestandteile zu zahlen sind (Endpreise).

Endpreise

Die Preisangabenpflicht trifft jeden Unternehmer, der gewerbs- oder geschäftsmäßig Letztverbrauchern Waren oder Leistungen anbietet oder damit in Presse, Rundfunk, Fernsehen oder sonstigen Medien wirbt.
Hiervon ausgenommen sind Preise mit Änderungsvorbehalt bei Liefer- oder Leistungsfristen von mehr als vier Monaten und bei Dauerschuldverhältnissen.

Änderungsvorbehalt

Beispiel:

Der Landmaschinenmechanikermeister wirbt in der Zeitung für eine von ihm entwickelte Maschine zum Preis von 10.000,00 EUR, Lieferfrist fünf Monate. Durch Hinweis auf Material- und Lohnerhöhungen während der Lieferfrist kann er sich eine Preisänderung vorbehalten.

Einzelheiten zur Preisauszeichnung

- Handel
  - **Waren in Verkaufsräumen, in Schaufenstern, Schaukästen oder Verkaufsständen** müssen **durch Preisschilder** oder Beschriftung der Ware **ausgezeichnet** werden.
  - **Für sonstige Waren gilt:** entweder Auszeichnung wie vorstehend oder Beschriftung der Behältnisse oder Regale oder Anbringen/Auslegen von Preisverzeichnissen. **Katalog-** oder **Bildschirmwaren** sind bei der Warenabbildung oder in einem zusammenhängenden Verzeichnis anzupreisen.

Waren

- Kredite
  Der **effektive Jahreszins** (Zinsen; Vermittlungsgebühren und sonstige Kosten) **und die sonstigen Nebenbedingungen und Nebenkosten sind durch Aushang auszuweisen** bzw. im Angebot bekannt zu geben.

Kredite

- Leistungen
  - Dienstleistungsbetriebe und Handwerker müssen ihre **wesentlichen Leistungen in** einem **Preisverzeichnis zusammenstellen** und im Geschäftslokal und Schaufenster oder Schaukasten anbringen oder sämtliche angebotenen Leistungen in ein Preisverzeichnis aufnehmen.

Leistungen

Verstöße sind Ordnungswidrigkeiten und können mit Geldbuße geahndet werden.

3.2.3.4 Ladenschlussgesetz

Die Ladenschlussvorschriften schützen die Arbeitnehmer und regeln den Wettbewerb der Betriebe untereinander.

Geltungsbereich des Ladenschlussgesetzes

Verkaufsstellen

Das Ladenschlussgesetz gilt für Verkaufsstellen (Ladengeschäfte aller Art, Kioske, Basare etc.), in denen von einer festen Stelle aus ständig Waren zum Verkauf an jedermann feilgehalten werden.

Nicht Verkaufstätigkeit und damit von den Ladenschlusszeiten freigestellt sind:

- die Auslieferung bereits bestellter Waren
- das Zu-Ende-Bedienen von Kunden zum Zeitpunkt des Ladenschlusses
- Werbeveranstaltungen, wenn eine Verkaufstätigkeit sicher ausgeschlossen ist.

Allgemeines und Besonderes zu den Ladenschlusszeiten

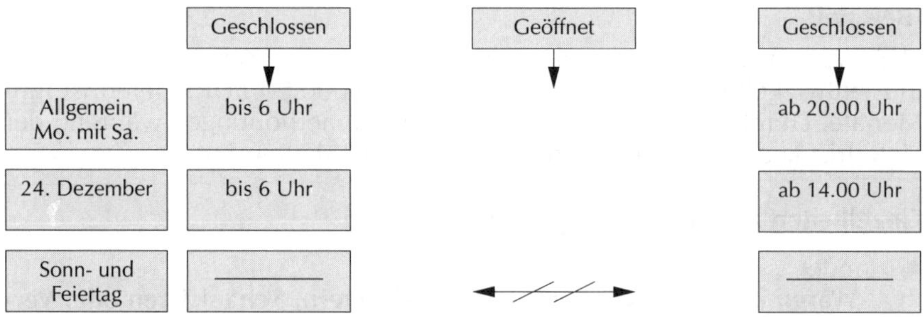

Abbildung 53

Für viele Betriebe gelten Besonderheiten. Die Bundesländer haben im Übrigen Regelungskompetenz, z. B. anlässlich bestimmter Großereignisse.

3.2.3.5 Gewerblicher Rechtsschutz und Urheberrecht

Allgemeines

Gewerblicher Rechtsschutz

Der gewerbliche Rechtsschutz dient dem **Schutz der gewerblich-geistigen Leistung** und der damit zusammenhängenden Interessen. Im weiteren Sinne gehören hierzu Patent-, Gebrauchsmuster-, Geschmacksmuster-, Marken- sowie Urheberrecht, denn alle haben das Ziel, eine individuelle geistige Leistung zu schützen. Unterschiede ergeben sich nach dem Inhalt der geschützten Leistungen. Das Urheberrecht schützt kulturelles Schaffen, während die gewerblich-technischen Rechte Leistungen technischer Art schützen.

Urheberrecht

Einzelheiten zum gewerblichen Rechtsschutz

Patent

> Patent ist die dem Erfinder vom Staat erteilte ausschließliche, aber zeitlich begrenzte, Befugnis, eine Erfindung zu benutzen.

- Schutzbereich

Geschützt werden kann ein technisches Herstellungs- oder Anwendungsverfahren oder ein Erzeugnis und dessen Einrichtung. Die **Erfindung muss neu sein und einen nennenswerten Fortschritt der Technik bedeuten.**

Technischer Fortschritt

- Schutzdauer

Sie beträgt **20 Jahre** und beginnt mit dem der Anmeldung folgenden Tag. Der Schutz erlischt mit Ablauf der Frist, bei schriftlichem Verzicht oder bei Nichtzahlung der Patentgebühr.

- Wirkung

Allein der Patentinhaber ist berechtigt, die patentierte Erfindung zu benutzen. Unbefugter Benutzung durch Dritte kann der Berechtigte mit Unterlassungs- und Schadenersatzansprüchen begegnen.

Nutzung

- Zuständigkeit

Das Patent kann **national** und international geschützt werden. Für die Bundesrepublik Deutschland ist das **Deutsche Patentamt** in München zuständig.

Patentamt

Gebrauchsmuster

Es wird auch das „kleine Patent" genannt; es gelten daher weitgehend die Patentbestimmungen mit folgenden Abweichungen:

- Schutzbereich

Geschützt werden **Arbeitsgeräte und Gebrauchsgegenstände oder Teile davon,** soweit sie dem Arbeits- oder Gebrauchszweck durch eine neue Gestaltung, Anordnung, Vorrichtung oder Schaltung dienen sollen.

Beispiel:

Werkzeuge, Haushaltsgeräte, Maschinen, Spielzeug etc.

- Schutzdauer

Sie beträgt **drei Jahre,** je nach Gebührenzahlung maximal zehn Jahre ab dem Anmeldetag.

Geschmacksmuster

- Schutzbereich

Geschützt sind **Muster (in Flächen- und Raumform),** wenn sie neu sind und Eigenart (d. h. Unterscheidbarkeit) haben. Der wesentliche Unterschied gegenüber dem Gebrauchsmuster liegt in dem über das Auge wirkenden ästhetischen Gehalt.

Beispiel:

Kleiderschnitte, Tapetenmuster, Lampen, Bestecke, Vasen etc.

- Schutzdauer

Sie beträgt **fünf Jahre,** je nach Gebührenzahlung maximal 25 Jahre ab dem Anmeldetag.

Markenrecht

- Schutzbereich

Marken

Kennzeichen

Geschützt werden Marken, die beim Patentamt **eingetragen** sind **oder** die **im geschäftlichen Verkehr erworben** wurden, aber **auch** sonst im geschäftlichen Verkehr **benutzte Kennzeichen** (z. B.: Waren-, Dienstleistungs-, Kollektivmarken, Unternehmenskennzeichen, Werktitel). Eintragungsfähig sind alle zur Unterscheidung geeigneten **Zeichen,** die sich **grafisch, dreidimensional** und **akustisch darstellen** lassen. Der Markenschutz kann auch ohne eigenen Geschäftsbetrieb erworben werden.

Beispiel:

Wortzeichen (BMW, Milkana), Bildzeichen (Stern, Schriftzüge), kombinierte Wort- und Bildzeichen, Symbole, Firmenabkürzungen.

- Schutzdauer

Sie beträgt zehn Jahre und kann gegen Gebühr beliebig oft verlängert werden.

Urheberrecht

Urheberrecht ist das eigentumsähnliche Recht des Werkschöpfers (Urhebers) an seinem individuellen geistigen Werk.

Schutzbereich

- Schutzbereich

Geschützt sind unter anderem Werke der Literatur, Wissenschaft, Kunst, Sprach- und Schriftwerke, Musik, bildende Kunst, Baukunst, Rechen- und Computerprogramme.

Beispiel:

Auch künstlerische Metallbauer- (Schmiede-) und Tischlerarbeiten.

Schutzdauer

- Schutzdauer

Das Urheberrecht erlischt **70 Jahre nach dem Tod des Urhebers,** bei anonymen Werken 70 Jahre nach Veröffentlichung. Die Leistungsrechte der Fotografen, ausübenden Künstler, Bild- und Tonträgerhersteller und Sendeunternehmen sind 50 Jahre geschützt.

- Wirkung

Rechte des Urhebers

Der **Urheber hat höchstpersönliche Rechte** (zum Beispiel Veröffentlichungsrecht, Anerkennung der Urheberschaft), **Verwertungsrechte** (zum Beispiel Vervielfältigung, Verbreitung, Vermietung, Ausstellung, öffentliche Wiedergabe) und **sonstige Rechte** (Zugang zu seinem Werk, Vergütung z. B. bei Vervielfältigung).

- Verletzung

Folgen

Der Urheber ist strafrechtlich gegen schuldhafte rechtswidrige Verletzung seines Rechts geschützt. Zivilrechtlich kann er bei schuldhafter Verletzung seines Rechts Schadenersatz, Unterlassung und Beseitigung von Beeinträchtigungen sowie Vernichtung von Vervielfältigungsstücken verlangen. Die Rechte von Tondichtern nimmt in Deutschland die GEMA wahr. Das Gesetz zur Stärkung des Schutzes geistigen Eigentums und zur Bekämpfung von Produktpiraterie erweitert die Schutzmöglichkeiten und verschärft den Strafrahmen.

Übungs- und Prüfungsaufgaben

1. Was versteht man allgemein unter Gewerbefreiheit?

☐ a) Dass man sich auch in einem Handwerk ohne weiteres selbstständig machen kann, gleichgültig, ob man es erlernt hat oder nicht

☐ b) Dass man ein Handwerk zwar ohne Prüfung, aber erst nach abgeschlossener Berufsausbildung selbstständig betreiben darf

☐ c) Dass man für die Selbstständigmachung im Handwerk zwar keine Meisterprüfung, wohl aber die Gesellenprüfung bestanden haben muss

☐ d) Dass man sich nach Bestehen der Meisterprüfung überall im Bundesgebiet selbstständig machen kann

☐ e) Dass man jedes Gewerbe selbstständig ausüben kann, ausgenommen im zulassungspflichtigen Handwerk, für das eine Befähigung erforderlich ist.

„Siehe Seite 107 des Textteils!"

2. Wer darf nach den Bestimmungen der Handwerksordnung ein zulassungspflichtiges Handwerk selbstständig als stehendes Gewerbe betreiben?

☐ a) Jeder, der seinen Betrieb bei der Gemeindebehörde angemeldet hat

☐ b) Jeder, der seinen Betrieb beim Finanzamt angemeldet hat

☐ c) Jeder, der für dieses Handwerk in der Handwerksrolle eingetragen ist

☐ d) Jeder, der sich dazu befähigt fühlt, ohne Anmeldung

☐ e) Nur der, der seinen Betrieb bei der Berufsgenossenschaft angemeldet hat.

„Siehe Seite 108 des Textteils!"

3. Der Meisterinhaber eines in der Handwerksrolle eingetragenen handwerklichen Einzelbetriebes ist seit einigen Wochen krank. Sein Geschäftsführer führt die laufenden Geschäfte, sein Altgeselle betreut die Baustellen und fachlichen Belange des Betriebes. Der Altgeselle behauptet, er übe den Betrieb in Abwesenheit des Inhabers selbstständig aus.

Aufgabe: Wer übt tatsächlich das zulassungspflichtige Handwerk „selbstständig" aus und warum?

„Siehe Seite 108 des Textteils!"

4. Ein Jungunternehmer, der gerade damit begonnen hat, Einfamilienhäuser zu bauen, wird von seiner zuständigen Handwerkskammer zur Eintragung in die Handwerksrolle mit dem Maurer- und Betonbauerhandwerk aufgefordert. Er lehnt dies nachdrücklich ab mit dem Hinweis, auch die industriellen Baubetriebe würden nicht der Verpflichtung zur Eintragung in die Handwerksrolle unterliegen und er mache nichts anderes als diese Baubetriebe.

Aufgabe: Erläutern Sie, welche Merkmale die Rechtsprechung zur Abgrenzung zwischen Industrie und Handwerk entwickelt hat.

„Siehe Seite 109 des Textteils!"

5. Wann kann der in einem zulassungspflichtigen Handwerk Selbstständige in der Regel in der Handwerksrolle eingetragen werden?

☐ a) Wenn er die Anmeldung seines Betriebes bei der Gemeinde nachweist
☐ b) Wenn er seine Berufsausbildung abgeschlossen und die Gesellenprüfung bestanden hat
☐ c) Wenn er zwar keine Gesellen- und Meisterprüfung abgelegt hat, sich aber zur Nachholung der Meisterprüfung binnen zwei Jahren verpflichtet
☐ d) Wenn er das Bestehen der Gesellenprüfung nachweist und sich verpflichtet, innerhalb einer bestimmten Frist die Meisterprüfung nachzumachen
☐ e) Wenn er das Bestehen der Meisterprüfung in diesem Handwerk nachweist.

„Siehe Seite 110 des Textteils!"

6. Kann ein Handwerksmeister nur für das zulassungspflichtige Handwerk in der Handwerksrolle eingetragen werden, in dem er die Meisterprüfung bestanden hat?

☐ a) Ja, denn das Bestehen der Meisterprüfung beweist nur, dass er das Handwerk beherrscht, in dem er die Meisterprüfung bestanden hat.
☐ b) Nein, wer die Meisterprüfung in einem Handwerk bestanden hat, kann für jedes beliebige Handwerk in der Handwerksrolle eingetragen werden.
☐ c) Wer die Meisterprüfung in einem Handwerk bestanden hat, kann für alle Handwerke, die zu seiner Berufsgruppe gehören, in der Handwerksrolle eingetragen werden.
☐ d) Nein, er kann außer mit diesem auch mit einem damit verwandt erklärten Handwerk in der Handwerksrolle eingetragen werden.
☐ e) Ja, denn es gibt 41 verschiedene Vollhandwerke, die nur mit der jeweiligen Meisterprüfung betrieben werden können.

„Siehe Seite 108 des Textteils!"

7. Man kann in der Handwerksrolle auch dann für ein zulassungspflichtiges Handwerk eingetragen werden, wenn man eine so genannte Ausnahmebewilligung erhalten hat.

<u>Aufgabe:</u> Kann jeder so eine Ausnahmebewilligung erhalten?

☐ a) Eine solche Ausnahmebewilligung erhält nur, wer finanzielle Bedürftigkeit nachweist.
☐ b) Eine solche Ausnahmebewilligung erhält jeder, der die Gesellenprüfung in seinem Handwerk bestanden und fünf Jahre als Geselle gearbeitet hat, sofern ein wichtiger Grund vorliegt.
☐ c) Eine solche Ausnahmebewilligung erhält nur ein Geselle, der mindestens 50 Jahre alt ist und nachweist, dass er mindestens drei Jahre ständig in seinem Handwerk gearbeitet hat.
☐ d) Eine solche Ausnahmebewilligung erhält nur, wer nachweist, dass er meisterliche Kenntnisse und Fertigkeiten im zulassungspflichtigen Handwerk hat und dass besondere Gründe vorliegen, die die Ablegung der Meisterprüfung als nicht mehr zumutbar erscheinen lassen.
☐ e) Eine solche Ausnahmebewilligung erhält nur, wer in einem gewerblichen Betrieb lange Jahre leitend tätig war und besondere Kenntnisse in der Ausführung von Dienstleistungen erworben hat.

„Siehe Seite 111 des Textteils!"

8. Kann auch eine juristische Person, zum Beispiel eine GmbH, in der Handwerksrolle eingetragen werden?

☐ a) Nein, Handwerksbetriebe dürfen nur von natürlichen Personen betrieben werden.
☐ b) Ja, eine GmbH kann immer in der Handwerksrolle eingetragen werden, auch wenn kein qualifizierter Betriebsleiter vorhanden ist.
☐ c) Ja, auch eine GmbH kann in der Handwerksrolle eingetragen werden, wenn sie als juristische Person die Eintragungsvoraussetzungen (Meisterprüfung, Ausnahmebewilligung usw.) erfüllt.
☐ d) Ja, eine GmbH kann in der Handwerksrolle eingetragen werden, wenn eine Person den Betrieb in technischer Beziehung leitet, die eine Voraussetzung für die Eintragung in die Handwerksrolle erfüllt.
☐ e) Nein, eine GmbH kann selbst keine Meisterprüfung ablegen; dies wäre aber Voraussetzung für eine Eintragung in die Handwerksrolle.

„Siehe Seiten 112 f. des Textteils!"

9. Ein Unternehmer in einer Kleingemeinde handelt in der Hauptsache mit Radio- und Fernsehgeräten. Nach Ablauf der gesetzlichen Gewährleistungsfrist kommen nicht selten Kunden, die ihre defekten Geräte von ihm repariert haben wollen. In der Handwerksrolle ist der Unternehmer nicht eingetragen, er besitzt auch nicht die dafür erforderliche handwerkliche Qualifikation.

<u>Aufgabe:</u> Erläutern Sie anhand der nachstehenden Fragen die Regelung des handwerklichen Nebenbetriebes.

a) Wann spricht man von einem handwerklichen Nebenbetrieb?
b) Wovon hängt es ab, ob der handwerkliche Nebenbetrieb in erheblichem oder unerheblichem Umfang arbeitet?
c) Was gilt hinsichtlich der Verpflichtung zur Eintragung in die Handwerksrolle für den erheblichen bzw. unerheblichen handwerklichen Nebenbetrieb?

„Siehe Seite 113 des Textteils!"

10. Der Handwerksmeister und Betriebsinhaber ist plötzlich verstorben. Der Betrieb war die wesentliche Erwerbsgrundlage des Verstorbenen und seiner Frau. Alleinerbin ist seine Frau, die bisher das Büro des Betriebes geführt hat. Die Frau befürchtet, dass sie mangels eigener handwerklicher Qualifikation den Betrieb abmelden muss.

<u>Aufgabe:</u> Sind ihre Befürchtungen berechtigt? Unter welchen Voraussetzungen kann sie den Betrieb fortführen?

„Siehe Seite 114 des Textteils!"

11. Wer sich im Handwerk selbstständig machen will, muss sich bei verschiedenen amtlichen Stellen melden. Wo meldet er sich?

☐ a) Beim Amtsgericht und beim Landratsamt
☐ b) Bei der höheren Verwaltungsbehörde (Regierung) und beim Arbeitsamt
☐ c) Bei der Handwerkskammer, der Gemeinde, dem Finanzamt und der Berufsgenossenschaft
☐ d) Beim statistischen Landesamt, beim Gewerbeaufsichtsamt, beim Finanzamt und bei der Ortskrankenkasse
☐ e) Beim Registergericht und bei der Industrie- und Handelskammer.

„Siehe Seite 114 des Textteils!"

12. Wer ein zulassungspflichtiges Handwerk selbstständig als stehendes Gewerbe betreibt, ohne in der Handwerksrolle eingetragen zu sein, begeht

☐ a) Steuerhinterziehung, die mit Geldstrafe in unbegrenzter Höhe bestraft wird.
☐ b) Betrug, der mit schwerer Freiheitsstrafe geahndet wird.
☐ c) unberechtigte Handwerksausübung, das ist eine Ordnungswidrigkeit, die mit Geldbuße bis zu 10.000,00 EUR und mit Betriebsschließung bedroht ist.
☐ d) Schwarzarbeit, die mit Geldstrafe bis zu 1.000,00 EUR bestraft wird.
☐ e) einen Verstoß gegen die Gewerbeordnung, der mit Strafgeld bis 20.000,00 EUR verfolgt wird.

„Siehe Seite 117 des Textteils!"

13. Nennen Sie Gründe für die Untersagung der selbstständigen Ausübung eines Gewerbes im Handwerk!

„Siehe Seite 117 des Textteils!"

14. In welchen Verzeichnissen sind die mit dem Handwerk zusammenhängenden Gewerbe erfasst? Wodurch unterscheiden sich die drei Verzeichnisse?

„Siehe Seiten 114 f. des Textteils!"

15. Der Inhaber einer mittelgroßen Handwerkerwerkstatt ist mit seinem Einzelbetrieb in der Handwerksrolle eingetragen. Befreundete Mitunternehmer haben ihn auf seine Pflicht hingewiesen, sich auch in das Handelsregister eintragen zu lassen, was zur Folge hat, dass er Kaufmann ist und das Handelsgesetzbuch mit all seinen besonderen Vorschriften auf ihn anzuwenden ist.

Aufgabe: Welche Voraussetzungen müssen vorliegen, dass auch ein Handwerksbetrieb in das Handelsregister einzutragen ist?

„Siehe Seiten 121 ff. des Textteils!"

16. Definieren Sie, wer Kaufmann im Sinne des HGB ist!

„Siehe Seite 118 des Textteils!"

17. Der nicht in das Handelsregister eingetragene Einzelinhaber eines Handwerksbetriebes hat gehört, dass nur Kaufleute im rechtlichen Sinne firmenführungsberechtigt sind. Ihm liegt daran, eine Firma zu haben, die er unter diesem Firmennamen verkaufen, verpachten oder vererben kann.

Aufgabe:

a) Was ist die Firma eines Kaufmanns im rechtlichen Sinne?
b) Unter welchen Voraussetzungen ist ein Unternehmer firmenführungsberechtigt?
c) Was ist das Handelsregister, wo wird es geführt und welche Aufgaben hat es?

„Siehe Seiten 122 f. des Textteils!"

18. Ein allein arbeitender Elektrotechnikermeister ist in der Handwerksrolle, nicht aber im Handelsregister eingetragen, weil er keinen in kaufmännischer Weise eingerichteten Geschäftsbetrieb benötigt. Er macht sich Gedanken, wie er werben sowie seine Rechnungen und Geschäftsbriefe abfassen darf.

Aufgabe:

a) Ist er firmenführungsberechtigt?
b) Wie darf er im Rechts- und Geschäftsverkehr seinen Betrieb bezeichnen?
c) Muss er die Vorschriften des Handelsgesetzbuches beachten oder welche anderen Gesetze gelten für ihn?

„Siehe Seiten 121 f., 122 des Textteils!"

19. Nennen Sie die wichtigsten Personen- und Kapitalgesellschaften!

„Siehe Seiten 124 f. des Textteils!"

20. Welche von den nachfolgend aufgeführten Gesellschaften sind Personengesellschaften?

☐ a) Gesellschaft des bürgerlichen Rechts, offene Handelsgesellschaft, Kommanditgesellschaft
☐ b) Gesellschaft mit beschränkter Haftung (GmbH) und eingetragene Genossenschaft
☐ c) Aktiengesellschaft (AG) und Kommanditgesellschaft auf Aktien (KGaA)
☐ d) Eingetragene Genossenschaft und Kommanditgesellschaft auf Aktien
☐ e) Stille Gesellschaft, eingetragener Verein, Aktiengesellschaft.

„Siehe Seiten 125 f. des Textteils!"

21. Welche der nachfolgend aufgeführten Gesellschaften sind Kapitalgesellschaften?

☐ a) Gesellschaft des bürgerlichen Rechts und stille Gesellschaft
☐ b) Offene Handelsgesellschaft und Kommanditgesellschaft (OHG, KG)
☐ c) Kommanditgesellschaft und Schachtelgesellschaft (GmbH u. Co. KG)
☐ d) Gesellschaft mit beschränkter Haftung und Aktiengesellschaft
☐ e) Eingetragene Genossenschaft und gemeinnütziger Verein.

„Siehe Seiten 127 f. des Textteils!"

22. Ein Zweiradmechanikermeister ist wegen der Werbung mit einem Rabatt von 40 % auf seine Ware anlässlich eines vorgetäuschten Räumungsverkaufs von der Konkurrenz mit hohen Kosten zu seinen Lasten abgemahnt worden. Der Einwand, er habe nicht gewusst, dass dies verboten sei, hat ihm nichts genutzt.

Aufgabe: Zählen Sie vier Gesetze auf, die der Handwerksmeister bei seiner Werbung beachten muss!

„Siehe Seite 130 des Textteils!"

23. Was ist nach den Vorschriften des Gesetzes gegen den unlauteren Wettbewerb (UWG) verboten?

☐ a) Alle Wettbewerbshandlungen, die unlauter sind.
☐ b) Das UWG ist nur eine Sollvorschrift und verbietet überhaupt nichts.
☐ c) Verboten ist nur jede Art der vergleichenden Werbung.
☐ d) Verboten ist vor allem, die Preise der Konkurrenz zu unterbieten.
☐ e) Verboten sind alle Sonderveranstaltungen und Sonderangebote.

„Siehe Seite 132 des Textteils!"

24. Nach tagelangem Regen hat der über die Ufer tretende Fluss im Warenlager eines Kürschnerbetriebes durch Wasser, Sand und Geröll Schaden verursacht. Der Unternehmer möchte die betroffene Ware in einer Sonderveranstaltung bis zu 70 % unter den bisher verlangten Preisen verkaufen.

Aufgabe:

a) Ist dies nach dem UWG verboten?
b) Welche Voraussetzungen sind dabei zu beachten?

„Siehe Seiten 132 f. des Textteils!"

25. Was sind Kartelle und welchen Zweck verfolgen sie?

„Siehe Seite 130 des Textteils!"

26. Was versteht man unter einem verbotenen Kartell im Sinne des Gesetzes gegen Wettbewerbsbeschränkungen?

☐ a) Das sind z. B. Vereinbarungen von miteinander im Wettbewerb stehenden Unternehmen, die den Wettbewerb verhindern, einschränken oder verfälschen.
☐ b) Das ist der Zusammenschluss von Unternehmern zur Pflege von Kollegialität und Gemeingeist.
☐ c) Das ist der Zusammenschluss von Unternehmen zum Zwecke gemeinsamer Anstrengungen zur Hebung des Exports.
☐ d) Das ist die Zusammenarbeit von mehreren Unternehmen zum Zwecke der Ausführung größerer Aufträge.
☐ e) Das ist der Zusammenschluss von selbstständigen Unternehmern zur einheitlichen Anwendung von genehmigten allgemeinen Geschäfts-, Liefer- und Zahlungsbedingungen.

„Siehe Seiten 130 f. des Textteils!"

27. Die sämtlichen in einer Stadt ansässigen Handwerksmeister eines bestimmten Handwerkszweiges verabreden, dass sie alle am Mittwoch ihr Geschäft geschlossen halten.

Aufgabe: Ist das zulässig?

☐ a) Nein, weil diese Verabredung unter anderem dazu dient, den Konkurrenzkampf am Mittwoch auszuschalten.
☐ b) Ja, denn es ist jedem Geschäftsmann freigestellt, ob und wann er während der gesetzlichen Ladenöffnungszeiten sein Geschäft aufhalten oder schließen will.
☐ c) Die Verabredung ist nur zulässig, wenn sie von der Bezirksregierung genehmigt wird.
☐ d) Die Verabredung bedarf der Genehmigung durch die Handwerkskammer.
☐ e) Ja, weil an diesem Tag die im Interesse des Staates erforderliche Büroarbeit ohne Beeinträchtigung des Betriebes verrichtet werden kann.

„Siehe Seiten 130 f. des Textteils!"

28. Was versteht man unter einem Lockvogelangebot?

„Siehe Seite 133 des Textteils!"

29. Der Fleischermeister ist für die weitere Existenz seines kleinen Stadtrandbetriebes dringend auf seine Stammkunden angewiesen. Er gibt daher seinen Kunden zu deren Einkauf kostenlos Fleischwaren im Wert von 10 % des Einkaufspreises dazu.

Aufgabe: Wann und in welchem Umfang sind Zugaben zulässig?

„Siehe Seiten 131 f. des Textteils!"

30. Wie erfolgt die Preisauszeichnung im Allgemeinen?

☐ a) Indem man an der Ladentür oder Werkstattür ein Verzeichnis der (im Laden, in der Werkstatt) erhältlichen Waren (Leistungen) anbringt und die entsprechenden Preise hinzufügt.
☐ b) Indem man die einzelnen Waren mit einem Preisschild (Preisbeschriftung) versieht bzw. die handwerklichen Leistungen in einem Preisverzeichnis, das im Schaufenster oder in einer Werkstatt sichtbar ausgehängt wird, zusammenfasst.
☐ c) Indem man die Preise für Waren und Leistungen in einem Preisverzeichnis zusammenstellt, das man auf Verlangen dem Kunden vorlegen muss.
☐ d) Wenn die Auszeichnung der Waren und die Aufstellung eines Preisverzeichnisses für handwerkliche Leistungen zu umständlich sind, so genügt es, dem Kunden auf Verlangen die Einkaufsrechnungen vorzulegen.
☐ e) Es genügt, nur die wertvollen Waren auszuzeichnen und die besonderen Dienstleistungen in eine Preisliste aufzunehmen.

„Siehe Seite 135 des Textteils!"

31. Für welche Betriebe gilt das Ladenschlussgesetz?

☐ a) Für alle Betriebe des Handels und Gewerbes, gleichgültig, ob sie in Läden oder Verkaufsstellen, in Werkstätten oder auf einem unbebauten Grundstück betrieben werden.
☐ b) Es gilt nur für Handelsbetriebe, aber nicht für Gewerbebetriebe, die nur in geringem Umfang Handel betreiben.
☐ c) Es gilt nur – wie der Name schon sagt – für Läden, aber nicht für sonstige Verkaufsstellen wie zum Beispiel Kioske und schon gar nicht für Gewerbebetriebe, wenn diese nicht in einem Laden betrieben werden.
☐ d) Es gilt für alle Verkaufsstellen, also für Läden, Verkaufsstände, Verkaufsbuden, Kioske.
☐ e) Es gilt nur für gewerbliche Betriebe, die Waren kaufen und verkaufen und die im Handelsregister eingetragen sind.

„Siehe Seite 136 des Textteils!"

32. In welcher Zeit dürfen Verkaufsstellen allgemein an den Wochentagen Montag mit Samstag offen sein?

☐ a) Von 6.30 Uhr bis 18.30 Uhr
☐ b) Von 7.00 Uhr bis 12.00 Uhr und von 13.00 Uhr bis 18.00 Uhr
☐ c) Von 7.30 Uhr bis 18.30 Uhr
☐ d) Von 6.30 Uhr bis 13.00 Uhr und von 15.00 bis 18.30 Uhr
☐ e) Von 6.00 Uhr bis 20.00 Uhr.

„Siehe Seite 136 des Textteils!"

33. Der Inhaber einer Brauerei hat eine Vorrichtung entwickelt, mit der sich Pils und Weißbier in einem Bruchteil der bisher benötigten Zeit zapfen lässt. Dies ist von großem Interesse für alle Gaststätten, in denen es aufgrund der Massennachfrage zur Zeitverzögerung bei der Abgabe dieser Biere kommt. Der Braumeister möchte seine Entwicklung schützen und die Rechte daraus für sich nutzen.

Aufgabe:

a) **Welche Schutzrechte kommen in Betracht?**
b) **Welchen Bereich schützt das Urheberrecht, welchen Bereich schützen die gewerblichen Schutzrechte?**
c) **Welche Stellen sind zuständig für die Erfassung gewerblicher Schutzrechte?**

„Siehe Seiten 136 f. des Textteils!“

3.3 Arbeitsrecht

Rechtsgrundlagen des Arbeitsrechts

Das Arbeitsrecht regelt die Rechtsverhältnisse zwischen den Arbeitnehmern und Arbeitgebern.

Es schreibt Mindeststandards fest, die für alle Arbeitnehmer gelten und nicht unterschritten werden dürfen. Beim Arbeitsrecht unterscheidet man zwischen

- dem Individualarbeitsrecht: Es regelt die Beziehungen zwischen dem Arbeitgeber und dem einzelnen Arbeitnehmer

und

- dem Kollektivarbeitsrecht: Es regelt das Recht der Arbeitgeberverbände und der Gewerkschaften auf betrieblicher und überbetrieblicher Ebene.

3.3.1 Abschluss des Arbeitsvertrages

3.3.1.1 Anbahnung von Arbeitsverträgen

Bei der Anbahnung eines Arbeitsvertrages sind einige Grundsätze zu beachten:

- Die Ausschreibung des Arbeitsplatzes muss geschlechtsneutral erfolgen. *Geschlechtsneutrale Ausschreibung*
- Der Arbeitgeber darf einen Bewerber bei der Begründung des Arbeitsverhältnisses nicht wegen seines Geschlechts oder einer Behinderung benachteiligen; bei Verletzung dieses Verbots kann der benachteiligte Bewerber eine angemessene Entschädigung in Geld verlangen.
- Die Einstellungsverhandlungen müssen beiderseits so geführt werden, dass falsche Vorstellungen und Erwartungen in Bezug auf das zu begründende Arbeitsverhältnis nicht entstehen können. Den Arbeitgeber trifft insbesondere eine Pflicht zur Unterrichtung *Einstellungsverhandlungen*
  - bei besonderen gesundheitlichen Belastungen,
  - bei überdurchschnittlichen Anforderungen,
  - bei beabsichtigten organisatorischen Änderungen, die zur Gefährdung des Arbeitsplatzes führen,
  - wenn zukünftige Löhne und Gehälter gefährdet sind.

  Der Bewerber seinerseits hat alle Angaben zu machen, die von ihm im Rahmen seiner – wenn auch beschränkten – Offenbarungspflicht zu erwarten sind (z. B. Angaben über Ungeeignetheit für die betreffende Stelle, bevorstehende Kur und ähnliche Umstände, die der Arbeitsaufnahme entgegenstehen). *Offenbarungspflicht*
- Im Rahmen seines Fragerechts darf der Arbeitgeber nur solche Fragen stellen, die für die vorgesehene Tätigkeit und die Eignung des Bewerbers erforderlich sind (z. B. Ausbildung, Fachkenntnisse, Prüfungen, Berufserfahrungen, Staatsangehörigkeit, einschlägige Vorstrafen). *Fragerecht*
- Die unrichtige Beantwortung einer zulässigen Frage kann den Arbeitgeber zur Anfechtung des Arbeitsvertrages wegen arglistiger Täuschung berechtigen.
- Unzulässige Fragen kann der Bewerber jedoch unbeantwortet lassen oder – ohne Rechtsfolgen für ihn – wahrheitswidrig beantworten (z. B.

generelle Frage nach Vorstrafen, die Frage nach einer Schwangerschaft, Gewerkschafts- und Parteizugehörigkeit).

Personalfragebogen

- Der Arbeitgeber kann sich eines Personalfragebogens bedienen, der alle zulässigen Fragen enthält und bei Zustandekommen eines Arbeitsvertrages zur Personalakte genommen werden kann. Bei Nichtzustandekommen des Arbeitsverhältnisses ist er zu vernichten.

Vorstellungskosten

- Die dem Bewerber entstehenden Vorstellungskosten, wie Fahrtkosten, gegebenenfalls auch Verpflegungs- und Übernachtungskosten, hat der Arbeitgeber nur dann zu tragen, wenn er den Bewerber zur Vorstellung auffordert und der Ersatz dieser Aufwendungen nicht ausdrücklich ausgeschlossen wurde.
- Ärztliche Einstellungsuntersuchungen und psychologische Tests dürfen nur in den gesetzlich vorgeschriebenen Fällen oder mit ausdrücklicher Zustimmung des Bewerbers vorgenommen werden.

Bewerbungsunterlagen

- Die Bewerbungsunterlagen wie Lebenslauf, Zeugnisse und dergleichen sind dem Bewerber zurückzugeben, sobald feststeht, dass eine Einstellung nicht erfolgt.
- Bei nicht EU-Staatsangehörigen ist der Arbeitgeber verpflichtet, Feststellungen hinsichtlich der erforderlichen Arbeitserlaubnis zu treffen; dies gilt auch bei Staatsangehörigen aus den zum 1.5.2004 neu hinzu gekommenen EU-Beitrittsstaaten (die entsprechende Übergangsregelung gilt vorläufig bis 30.04.2009).

Betriebsrat

- In Unternehmen/Betrieben mit mehr als 20 wahlberechtigten Arbeitnehmern sind die Beteiligungsrechte des Betriebsrats zu beachten (siehe hierzu Abschnitt 3.3.7.6 „Mitwirkungs- und Mitbestimmungsrechte des Betriebsrats – Mitbestimmung bei personellen Einzelmaßnahmen").

3.3.1.2 Form und Zustandekommen des Arbeitsvertrages

Vereinbaren Arbeitnehmer und Arbeitgeber die Aufnahme eines Arbeitsverhältnisses, so schließen sie damit einen Arbeitsvertrag ab.

Beim unbefristeten Arbeitsvertrag besteht kein gesetzlicher Formzwang; er kann mündlich oder schriftlich abgeschlossen werden. Aus Gründen der Beweissicherung und der Rechtssicherheit empfiehlt sich jedoch der Abschluss von schriftlichen Arbeitsverträgen. Die Befristung eines Arbeitsvertrages bedarf der Schriftform.

Musterarbeitsverträge

Es empfiehlt sich die Verwendung von Musterarbeitsverträgen, die bei den verschiedenen Organisationen und im Handel erhältlich sind. Dabei sollte darauf geachtet werden, dass diese auch die strengen Anforderungen nach dem Recht der Allgemeinen Geschäftsbedingungen erfüllen.

Der Schriftform bedürfen Wettbewerbsvereinbarungen mit Arbeitnehmern (Vereinbarung, die den Unternehmer für eine bestimmte Frist vor Wettbewerb nach Beendigung des Arbeitsverhältnisses schützen soll); außerdem kann durch Tarifvertrag die Schriftform vorgeschrieben sein. Angehörige der EU-Staaten dürfen bei der Begründung von Arbeitsverhältnissen nicht benachteiligt werden.

Niederschrift

Wird kein schriftlicher Vertrag abgeschlossen, hat der Arbeitgeber spätestens 1 Monat nach dem vereinbarten Beginn des Arbeitsverhältnisses die wesentlichen Vertragsbedingungen schriftlich niederzulegen, die Niederschrift zu unterzeichnen und dem Arbeitnehmer auszuhändigen.

In einer solchen Niederschrift müssen enthalten sein:
- Name und Anschrift der Vertragspartner
- Beginn (bei Befristung auch voraussichtliche Dauer) des Arbeitsverhältnisses
- Arbeitsort(e)
- Bezeichnung bzw. Beschreibung der zu leistenden Tätigkeit
- Zusammensetzung, Höhe und Fälligkeit des Arbeitsentgelts
- vereinbarte Arbeitszeit, Dauer des jährlichen Erholungsurlaubs
- Kündigungsfristen
- Hinweise auf geltende Tarifverträge und Betriebsvereinbarungen
- bei geringfügig Beschäftigten der ausdrückliche Hinweis darauf, dass sie in der Rentenversicherung durch Aufstockung der pauschalen Arbeitgeberbeiträge die Stellung eines versicherungspflichtigen Arbeitnehmers erwerben können.

Dabei kann im Einzelnen auch auf geltende Tarifverträge und Betriebsvereinbarungen bzw. maßgebliche gesetzliche Regelungen verwiesen werden. Die Niederschrift ist eine einseitige Erklärung des Arbeitgebers.
Der Arbeitsvertrag hingegen setzt sich aus zwei übereinstimmenden Willenserklärungen zusammen. Er hat einen höheren Beweiswert. Der Arbeitsvertrag enthält regelmäßig die oben genannten Angaben, die gegebenenfalls durch individuelle Vereinbarungen ergänzt werden, insbesondere die beiderseitigen Rechte und Pflichten der Vertragsparteien (siehe Abschnitt 3.3.2 „Vertragspflichten des Arbeitnehmers" und 3.3.3 „Vertragspflichten des Arbeitgebers").

Minderjährige

Zum Abschluss eines Arbeitsvertrages befugt sind
- volljährige Personen
- Minderjährige, wenn und soweit sie hierzu von dem gesetzlichen Vertreter ermächtigt sind.

Vereinbarungen, die für den Minderjährigen nicht verkehrsüblich und außergewöhnlich sind, bedürfen jedoch der Zustimmung des gesetzlichen Vertreters.

Arbeitsvertrag bei Inhaberwechsel

Gesamtrechtsnachfolge

Im Falle der Gesamtrechtsnachfolge (z. B. Erbfall) geht das gesamte Vermögen des Arbeitgebers einschließlich der Arbeitsverhältnisse auf den Nachfolger (z. B. Erben) über.

Einzelrechtsnachfolge

Geht der Betrieb durch Rechtsgeschäft (z. B. Kauf, Pacht) auf einen anderen Inhaber über, so tritt dieser in die Rechte und Pflichten der bestehenden Arbeitsverhältnisse ein (Einzelrechtsnachfolge).

Für Verpflichtungen aus den Arbeitsverhältnissen, soweit sie vor dem Betriebsübergang entstanden sind und vor Ablauf von einem Jahr nach diesem Zeitpunkt fällig werden, haftet neben dem neuen Betriebsinhaber der bisherige Arbeitgeber als Gesamtschuldner.

Der bisherige Arbeitgeber oder der neue Inhaber hat die von einem Übergang betroffenen Arbeitnehmer vor dem Übergang in Textform zu unterrichten über

- den Zeitpunkt oder den geplanten Zeitpunkt des Übergangs
- den Grund für den Übergang
- die rechtlichen, wirtschaftlichen und sozialen Folgen des Übergangs für die Arbeitnehmer
- die hinsichtlich der Arbeitnehmer in Aussicht genommenen Maßnahmen.

Der Arbeitnehmer kann dem Übergang des Arbeitsverhältnisses innerhalb eines Monats nach Zugang der Information schriftlich widersprechen.

3.3.1.3 Vertragsarten

Arbeitsvertrag auf unbestimmte Zeit

Unbefristeter Arbeitsvertrag

Häufig wird der Arbeitsvertrag auf unbestimmte Zeit abgeschlossen; er endet z. B. mit Kündigung durch einen der beiden Vertragspartner oder auch durch einvernehmliche Aufhebung.

Arbeitsvertrag auf bestimmte Zeit

Befristeter Arbeitsvertrag

Der Arbeitsvertrag auf bestimmte Zeit endet mit Ablauf der vereinbarten Befristung (kalendermäßig befristeter Arbeitsvertrag) oder mit Erreichen des vereinbarten Zwecks der Arbeitsleistung (zweckbefristeter Arbeitsvertrag), ohne dass es einer Kündigung bedarf. Die Befristung erfordert die Schriftform.

Sachlicher Grund

Befristete Arbeitsverträge sind zulässig, wenn sachliche Gründe wie Aushilfsbeschäftigung, Vertretung von vorübergehend abwesenden Arbeitnehmern, Saisonbeschäftigung hierfür vorliegen.

Erleichterungen

Bei Neueinstellung von Arbeitnehmern – auch im Anschluss an ein Berufsausbildungsverhältnis – kann ohne besonderen Grund ein befristetes Arbeitsverhältnis bis zur Dauer von zwei Jahren vereinbart werden. (Hier sind allerdings Änderungen durch den Gesetzgeber zu erwarten.)

Dies ist ausgeschlossen, wenn mit demselben Arbeitnehmer in der Vergangenheit schon ein unbefristeter oder befristeter Arbeitsvertrag bestanden hat.
Innerhalb der Gesamtdauer von zwei Jahren ist eine dreimalige Verlängerung des befristeten Arbeitsvertrages zulässig.
Mit Arbeitnehmern, die bei Beginn des befristeten Arbeitsverhältnisses das 52. Lebensjahr (ab 1.1.2007: 58. Lebensjahr) vollendet haben, können ohne diese Einschränkungen Befristungen vereinbart werden. Es ist allerdings regelmäßig ein Zwischenraum von mindestens sechs Monaten zu einem früheren unbefristeten Arbeitsverhältnis erforderlich. (Aufgrund eines Urteils des Europäischen Gerichtshofs ist allerdings der Gesetzgeber gehalten, diese Regelung zu ändern.)

In den ersten vier Jahren nach der Gründung eines Unternehmens ist die kalendermäßige Befristung eines Arbeitsvertrages ohne Vorliegen eines sachlichen Grundes bis zur Dauer von vier Jahren zulässig. Innerhalb dieser Zeit ist auch die mehrfache Verlängerung eines kalendermäßig befristeten Arbeitsvertrages zulässig.

Existenzgründer

Arbeitsvertrag zur Probe

Das Probearbeitsverhältnis kann als befristetes Arbeitsverhältnis, das nach Ablauf der Probezeit endet, oder als unbefristetes Arbeitsverhältnis vereinbart werden. In diesem Fall geht es in ein normales Arbeitsverhältnis über, wenn es nicht zuvor gekündigt wird. Sowohl das befristete Probearbeitsverhältnis als auch die unbefristete Probezeit bedürfen der ausdrücklichen Vereinbarung. Sie darf in der Regel nicht länger als sechs Monate dauern. (Hier sind allerdings Änderungen durch den Gesetzgeber zu erwarten.)

Probezeit

Will der Arbeitnehmer geltend machen, dass die Befristung rechtsunwirksam ist, so muss er innerhalb von drei Wochen nach dem vereinbarten Ende des befristeten Arbeitsvertrages Klage beim Arbeitsgericht erheben.

Klagefrist

Teilzeitarbeitsvertrag

Teilzeitbeschäftigte sind Arbeitnehmer, deren regelmäßige Wochenarbeitszeit kürzer ist als die regelmäßige Wochenarbeitszeit vergleichbarer vollzeitbeschäftigter Arbeitnehmer im Betrieb. Als Teilzeitbeschäftigte gelten auch geringfügig Beschäftigte (siehe hierzu auch Abschnitt 3.4.1.4 „Beiträge"). Unerheblich ist dabei die Verteilung der Arbeitszeit.

Auf den Teilzeitarbeitsvertrag finden die Grundsätze des Arbeitsrechts und des Arbeitsschutzes in gleicher Weise Anwendung, wie sie für vollzeitbeschäftigte Arbeitnehmer gelten.

Benachteiligungsverbot

Ein Arbeitnehmer, dessen Arbeitsverhältnis länger als sechs Monate bestanden hat, kann verlangen, dass seine vertraglich vereinbarte Arbeitszeit verringert wird. Die Verringerung und deren Umfang muss er spätestens drei Monate vor deren Beginn geltend machen. Der Arbeitgeber kann seine Zustimmung nur verweigern, wenn betriebliche Gründe dem Wunsch des Arbeitnehmers entgegenstehen. Diese Regelungen finden nur in Betrieben Anwendung, in denen in der Regel mehr als 15 Arbeitnehmer beschäftigt werden. Auszubildende werden dabei nicht mitgezählt.
Andererseits hat der Arbeitgeber einen teilzeitbeschäftigten Arbeitnehmer, der ihm den Wunsch nach einer Verlängerung seiner vertraglich vereinbarten Arbeitszeit angezeigt hat, bei der Besetzung eines entsprechenden freien Arbeitsplatzes bei gleicher Eignung bevorzugt zu berücksichtigen.

Teilzeitanspruch

Leiharbeitsvertrag

Arbeitgeber, die als Verleiher Dritten (Entleihern) Arbeitnehmer (Leiharbeitnehmer) gewerbsmäßig zur Arbeitsleistung überlassen, bedürfen einer Erlaubnis der Bundesagentur für Arbeit.
Die Arbeitsbedingungen des Leiharbeitsverhältnisses sind schriftlich zu dokumentieren und dem Arbeitnehmer auszuhändigen. Der Vertrag zwischen Verleiher und Entleiher bedarf der Schriftform.

Arbeitnehmerüberlassung

3.3.2 Vertragspflichten des Arbeitnehmers

3.3.2.1 Arbeitspflicht

Arbeitsleistung

Die Arbeitspflicht erfordert, die Arbeitsleistung so zu erbringen, wie sie bei Abschluss des Arbeitsvertrages fachlich oder allgemein umschrieben wurde und wie es nach den gesetzlichen und tariflichen Regelungen erwartet werden kann.

Arbeitnehmer müssen die Arbeitsleistung, ohne zur Nacharbeit verpflichtet zu sein, nicht erbringen, wenn sie ihnen unter Berücksichtigung ihrer Treuepflicht nicht zugemutet werden kann, z. B. bei besonderen Familienereignissen wie Begräbnis der Eltern.

Arbeitszeit

Mehrarbeit

Die Dauer der Arbeitszeit richtet sich in der Regel nach Einzelvereinbarung oder Tarifvertrag. Darüber hinaus kann der Arbeitnehmer zu Überstunden oder Mehrarbeit verpflichtet sein, wenn dies betrieblich erforderlich und rechtlich zulässig ist.

Weisungsrecht Arbeitgeber

Der Arbeitnehmer ist verpflichtet, den Anweisungen des Arbeitgebers nachzukommen. Das Weisungsrecht des Arbeitgebers findet jedoch seine Schranken in der vereinbarten Art und Dauer der Tätigkeit.

Haftung des Arbeitnehmers

Der Arbeitnehmer ist gehalten,
- die ihm übertragenen Arbeiten sorgfältig und
- in angemessener Zeit auszuführen und
- mit Material, Betriebseinrichtung sowie Werkzeugen pfleglich umzugehen.

Haftungsgrundsatz

Im Rahmen der Grundsätze über die Beschränkung der Arbeitnehmerhaftung haftet der Arbeitnehmer dem Arbeitgeber für den Schaden, den er verursacht. Der Arbeitnehmer hat Vorsatz und Fahrlässigkeit zu vertreten.

Leichte Fahrlässigkeit

Bei leichter Fahrlässigkeit oder fehlendem Verschulden entfällt die Haftung des Arbeitnehmers.

3.3.2.2 Treuepflicht

Die Treuepflicht findet ihren Ausdruck darin, dass der Arbeitnehmer
- die berechtigten Interessen des Betriebes wahrnimmt, z. B. drohende Schäden abwendet
  und
- alles unterlässt, was diesen Interessen zuwiderläuft, wie z. B. Abwerbung von Kunden, Schwarzarbeit, Verletzung der Verschwiegenheitspflicht, Störung des Betriebsfriedens.

3.3.3 Vertragspflichten des Arbeitgebers

3.3.3.1 Entgeltzahlungspflicht

Entgeltanspruch des Arbeitnehmers

Der Arbeitgeber schuldet für die Arbeitsleistung eine angemessene Vergütung, deren Höhe mit dem Arbeitnehmer grundsätzlich frei vereinbart werden kann (Grenze: Sittenwidrigkeit, Lohnwucher).

> Besteht ein verbindlicher Tarifvertrag, dürfen die tariflich festgelegten Entgelte nicht unterschritten werden.

Entgeltarten/Entgeltformen

Es gibt folgende Formen des Arbeitsentgelts:
- Lohn bei Arbeitern
- Gehalt bei Angestellten
- Vergütung bei Lehrlingen.

Beim Lohn wird unterschieden zwischen Zeitlohn und Leistungslohn. Der Lohn wird in der Regel als Geldlohn geschuldet. Sachbezüge – beispielsweise in Form „freier Kost und Logis" – können Teil des Arbeitsentgelts sein.

Zeitlohn

Der Zeitlohn wird nach der Dauer der Arbeitszeit berechnet (z. B. Stunden-, Wochen-, Monatslohn).

Leistungslohn

Der Leistungslohn berechnet sich nach dem Ergebnis der Arbeitsleistung (z. B. Akkord- und Prämienlohn, Stücklohn, Provision, Gewinn- und Umsatzbeteiligung).

Garantierter Mindestlohn

Eine Mischform ist der garantierte Mindestlohn.

Zuschläge – Zulagen, Sondervergütungen

> Zuschläge (z. B. für Mehr-, Nacht-, Sonn- und Feiertagsarbeit) sind zusätzliche Zahlungen des Arbeitgebers. Ihre Höhe richten sich nach Tarifvertrag, Betriebsvereinbarung oder Einzelarbeitsvertrag.

Nach dem Arbeitszeitgesetz besteht für Nachtarbeit ein Anspruch auf eine angemessene Zahl bezahlter freier Tage oder angemessene Zuschläge, soweit keine tariflichen Ausgleichsregelungen bestehen.

Zulagen

Zulagen werden gewährt in Form von
- Leistungszulagen,
- Gefahren-, Schmutz- und Hitzezulagen (Erschwerniszulagen),
- Funktionszulagen für Übernahme zusätzlicher Verantwortung,
- persönliche oder Sozialzulagen (z. B. Kinderzulagen).

Fallen beim Arbeitnehmer im Rahmen seiner Arbeit Aufwendungen wie Reisespesen an, muss ihm diese der Arbeitgeber ersetzen. Bei auswärtiger Beschäftigung kann z. B. ein Anspruch auf Erstattung von Fahrt- oder Übernachtungskosten bestehen. Einzelheiten regeln häufig Tarifverträge.

Sonder-vergütungen

Sondervergütungen (wie Gratifikationen, 13. Monatsentgelt, vermögenswirksame Leistungen) sind zusätzliche Entgeltleistungen.
Ein Rechtsanspruch auf Weihnachtsgratifikation besteht nur, wenn eine solche tarif- oder einzelvertraglich vereinbart oder mindestens drei Jahre hintereinander in gleicher Höhe ohne den ausdrücklichen Vorbehalt der Freiwilligkeit geleistet worden ist.

Ein Anspruch auf vermögenswirksame Leistungen kann sich aus dem Tarifvertrag, Einzelarbeitsvertrag oder einer Betriebsvereinbarung ergeben. Die vermögenswirksamen Leistungen sind dem Bruttoarbeitsentgelt hinzuzurechnen und unterliegen der Steuer- sowie Sozialversicherungspflicht.

Arbeitnehmer-sparzulage

Für die angelegten vermögenswirksamen Leistungen erhält der Arbeitnehmer (auf Antrag vom Finanzamt) eine Arbeitnehmersparzulage, sofern sein Arbeitsentgelt bestimmte Einkommensgrenzen nicht übersteigt.

Zeitpunkt und Form der Entgeltzahlung

Das Arbeitsentgelt ist nach Ablauf des Zeitabschnitts, für den es bemessen ist, zur Zahlung fällig; in der Regel am Monatsende.

Die Entgeltzahlung erfolgt in Euro, entweder bar oder – was heute die Regel ist – aufgrund entsprechender Vereinbarungen unbar durch Überweisung auf das Bankkonto des Arbeitnehmers.

Entgeltabrechnung

Der Arbeitgeber ist zur Aushändigung einer schriftlichen Entgeltabrechnung verpflichtet, um dem Arbeitnehmer eine Übersicht über seinen Entgeltanspruch zu ermöglichen.

Inhalt

Die Abrechnung muss mindestens Angaben enthalten über:
- Abrechnungszeitraum
- Zusammensetzung des Arbeitsentgelts; hier insbesondere
  - Art und Höhe der Zuschläge
  - Zulagen
  - sonstige Vergütungen
  - Art und Höhe der Abzüge
  - Abschlagszahlungen
  - Vorschüsse.

3.3.3.2 Entgeltzahlung ohne Arbeitsleistung

Anspruch auf Arbeitsentgelt besteht grundsätzlich nur für geleistete Arbeit.

Fälle

In bestimmten Fällen wird aufgrund von Gesetzen oder Tarifverträgen von diesem Grundsatz abgewichen:

- bei Arbeitsausfall, für den der Arbeitgeber das Risiko trägt (Arbeitsmangel, Betriebsstörungen und dergleichen)
- bei Arbeitsausfall durch gesetzliche Feiertage
- bei Arbeitsunfähigkeit infolge Krankheit
- während der Dauer des Urlaubs
- bei Arbeitsausfall wegen Vorladung zur Wehrerfassungsbehörde
- bei Besuch der Berufsschule
- bei unverschuldeter Arbeitsverhinderung für eine verhältnismäßig nicht erhebliche Zeit aus einem in der Person des Arbeitnehmers liegenden Grund (Teilnahme an der Bestattung von Familienangehörigen und dgl.).

3.3.3.3 Entgeltzahlung an Feiertagen

An gesetzlichen Feiertagen ruht die Arbeit; für die Arbeitszeit, die hierdurch ausfällt, ist dem Arbeitnehmer das Arbeitsentgelt zu zahlen, das er ohne den Arbeitsausfall erhalten hätte. *Entgeltausfallprinzip*

Arbeitnehmer, die am letzten Arbeitstag vor oder am ersten Arbeitstag nach Feiertagen unentschuldigt (ohne Rechtfertigungsgrund) der Arbeit fernbleiben, haben keinen Anspruch auf Bezahlung des Feiertages.

3.3.3.4 Entgeltzahlung im Krankheitsfall

Anspruchsvoraussetzungen

> Der Anspruch auf Entgeltfortzahlung entsteht erstmals nach einer vierwöchigen ununterbrochenen Dauer des Arbeitsverhältnisses.

Während dieser Wartezeit erhält der in der gesetzlichen Krankenversicherung versicherte Arbeitnehmer bei Arbeitsunfähigkeit Krankengeld. *Wartezeit*

Der Entgeltfortzahlungsanspruch setzt voraus, dass der Arbeitnehmer durch Arbeitsunfähigkeit infolge Krankheit an seiner Arbeitsleistung verhindert ist, ohne dass ihn ein Verschulden trifft. Bei verschuldeter Arbeitsunfähigkeit entfällt der Anspruch. *Unverschuldete Arbeitsunfähigkeit*

Das Arbeitsentgelt ist für jeden Fall der arbeitsunfähigen Erkrankung bis zur Dauer von sechs Wochen zu zahlen, jedoch nicht über die Beendigung des Arbeitsverhältnisses hinaus; es sei denn, dass *Anspruchsdauer*

- der Arbeitgeber aus Anlass der Arbeitsunfähigkeit kündigt oder
- der Arbeitnehmer von sich aus fristlos kündigt, weil ihm aus Gründen, die der Arbeitgeber zu vertreten hat, die Fortsetzung des Arbeitsverhältnisses nicht mehr zumutbar ist.

Bei Arbeitsunfähigkeit infolge derselben Krankheit besteht nur dann ein erneuter Anspruch, wenn der Arbeitnehmer mindestens ein halbes Jahr nicht wegen derselben Krankheit arbeitsunfähig war oder der Beginn der ersten Erkrankung mindestens zwölf Monate zurückliegt. *Fortsetzungskrankheit*

Höhe der Entgeltzahlung

> Während der Arbeitsunfähigkeit ist dem Arbeitnehmer das ihm bei der für ihn maßgebenden regelmäßigen Arbeitszeit zustehende Arbeitsentgelt fortzuzahlen.

Nicht zum Arbeitsentgelt gehören das zusätzlich für Überstunden gezahlte Arbeitsentgelt und Aufwendungen des Arbeitnehmers, die während der Arbeitsunfähigkeit nicht entstehen.

Tarifliche Regelungen

Durch Tarifverträge kann für die Bemessung des fortzuzahlenden Arbeitsentgelts eine andere Bemessungsgrundlage festgelegt werden.

Anzeige- und Nachweispflicht des Arbeitnehmers

Im Falle der Arbeitsunfähigkeit hat der Arbeitnehmer gegenüber dem Arbeitgeber zwei Pflichten, die Anzeige- und die Nachweispflicht.

Anzeigepflicht

↓

Der Arbeitnehmer ist verpflichtet, dem Arbeitgeber die Arbeitsunfähigkeit und deren voraussichtliche Dauer

unverzüglich

mitzuteilen.

Nachweispflicht

↓

Dauert die Arbeitsunfähigkeit länger als

drei Kalendertage

ist eine ärztliche Bescheinigung über das Bestehen der Arbeitsunfähigkeit sowie deren voraussichtliche Dauer spätestens an dem

darauf folgenden Arbeitstag

vorzulegen.

Der Arbeitgeber ist berechtigt, die Vorlage früher zu verlangen.

Abbildung 54

Leistungsverweigerungsrecht

Kommt der Arbeitnehmer schuldhaft seiner Pflicht zur Vorlage der ärztlichen Bescheinigung nicht nach, so ist der Arbeitgeber berechtigt, die Entgeltfortzahlung so lange zu verweigern, bis die Bescheinigung vorgelegt wird.

Ist die Arbeitsunfähigkeit auf das Verschulden eines Dritten zurückzuführen, so gehen mögliche Schadenersatzansprüche des Arbeitnehmers in Höhe des Entgeltfortzahlungsanspruchs einschließlich der Arbeitgeberanteile zur Sozialversicherung auf den Arbeitgeber über (Erstattung bei Dritthaftung).

Ausgleichsverfahren

Ausgleichskassen

Für die Betriebe gibt es zwei Arten von Ausgleichsverfahren:
- den Aufwendungsausgleich für Entgeltfortzahlung im Krankheitsfall (U1-Verfahren)
- den Aufwendungsausgleich für Mutterschaftsleistungen (U2-Verfahren)

In den Aufwendungsausgleich für Entgeltfortzahlung im Krankheitsfall sind alle gewerblichen Unternehmen einbezogen, die bis zu 30 Arbeitnehmer beschäftigen.

Betriebsgröße

Bei der Ermittlung der Betriebsgröße werden unter anderem
- Auszubildende
- Schwerbehinderte
- Wehr- und Zivildienstleistende
- Personen in der Elternzeit

nicht, Teilzeitbeschäftigte nur anteilig mitgerechnet.

In den Aufwendunsausgleich bei Mutterschaftsleistungen sind alle Arbeitgeber – unabhängig von der Arbeitnehmerzahl – einbezogen.

Im Rahmen des Ausgleichsverfahrens erhalten die Betriebe auf Antrag erstattet:

Bei Krankheit

↓

Je nach Satzung der Kasse bis zu 80 v. H. der Aufwendungen für Entgeltfortzahlung (einschließlich Arbeitgeberanteil zum Gesamtsozialversicherungsbeitrag) an alle Arbeitnehmer

Bei Mutterschaft

↓

Die Aufwendungen bei Schwangerschaft und Mutterschaft (Arbeitsentgelt bei Beschäftigungsverboten, Zuschuss zum Mutterschaftsgeld) – einschließlich Arbeitgeberanteil zum Gesamtsozialversicherungsbeitrag

Abbildung 55

Umlage

Für das Ausgleichsverfahren zahlen die Betriebe Umlagebeträge an die zuständige Krankenkasse (Einzugsstelle). Bemessungsgrundlage ist das Bruttoarbeitsentgelt bis zur Beitragsbemessungsgrenze in der gesetzlichen Rentenversicherung.

3.3.3.5 Urlaubsrecht

Anspruchsgrundlage

Bundesurlaubsgesetz

Das Urlaubsrecht ist durch das Bundesurlaubsgesetz geregelt; es findet auf alle Arbeits- und Ausbildungsverhältnisse Anwendung. Daneben bestehen Sonderregelungen für Jugendliche, Schwerbehinderte und Heimarbeiter.

Das Bundesurlaubsgesetz regelt Mindestbedingungen; darüber hinaus können durch Tarif- oder Einzelarbeitsvertrag günstigere Regelungen bestehen.

Urlaubsdauer

Unabdingbarkeit

Der gesetzliche Urlaubsanspruch ist unabdingbar; abweichende Vereinbarungen zu Ungunsten des Arbeitnehmers sind unwirksam.

Urlaubsjahr ist das Kalenderjahr (1.1. bis 31.12.).

Mindesturlaubsanspruch

Der gesetzliche Mindesturlaub beträgt, je nach Alter (Stichtag 1.1. des Kalenderjahres) des Beschäftigten:
- noch nicht 16 Jahre alt: 30 Werktage
- noch nicht 17 Jahre alt: 27 Werktage
- noch nicht 18 Jahre alt: 25 Werktage
- bereits 18 Jahre alt: 24 Werktage (vier Wochen).

Werktage sind alle Kalendertage mit Ausnahme der Sonn- und Feiertage.

Schwerbehinderte

- Urlaubsanspruch Schwerbehinderter: Schwerbehinderte erhalten einen Zusatzurlaub von fünf Arbeitstagen im Jahr. Arbeitet der Schwerbehinderte regelmäßig an mehr oder weniger als fünf Tagen in der Woche, erhöht oder vermindert sich der Zusatzurlaub entsprechend.
- Urlaubsanspruch Teilzeitbeschäftigter: Teilzeitbeschäftigte haben den gleichen Urlaubsanspruch (z. B. vier Wochen nach dem Bundesurlaubsgesetz) wie Vollzeitbeschäftigte; die Urlaubsvergütung berechnet sich jedoch anteilig nach dem verminderten Durchschnittsentgelt.

Arbeitnehmer- und Arbeitgeberpflichten aus dem Urlaubsrecht

Wartezeit

Der volle Urlaubsanspruch wird erstmalig nach sechsmonatigem Bestehen des Arbeitsverhältnisses erworben. Erfüllt der Arbeitnehmer diese Wartezeit während des Kalenderjahres nicht, so erhält er für jeden vollen Beschäftigungsmonat $^1/_{12}$ des Jahresurlaubsanspruchs. Das Gleiche gilt auch, wenn er in der ersten Hälfte des Kalenderjahres ausscheidet.

Ist die Wartezeit von sechs Monaten erfüllt und scheidet der Arbeitnehmer in der zweiten Hälfte des Jahres aus, so erhält er den vollen Jahresurlaub.

Urlaubsbescheinigung

Eine doppelte Gewährung ist jedoch ausgeschlossen. Die Betriebe sind zur Ausstellung einer Urlaubsbescheinigung verpflichtet.

> Der Arbeitgeber ist gehalten, die Urlaubswünsche der Arbeitnehmer unter Abwägung der betrieblichen Belange und der Urlaubswünsche anderer Arbeitnehmer angemessen zu berücksichtigen.

Der Urlaub muss innerhalb des laufenden Kalenderjahres gewährt und eingebracht werden. Eine Übertragung auf das nächste Kalenderjahr ist nur in Ausnahmefällen wie betriebsbedingten Gründen oder Krankheit bis spätestens 31.3. möglich.

Abgeltungsverbot

Eine Barabgeltung des Urlaubs ist unwirksam, es sei denn, dass die Einbringung in Form von Freizeit wegen Beendigung des Arbeitsverhältnisses nicht mehr möglich ist.

Urlaubsentgelt

> Das Urlaubsentgelt errechnet sich aus dem Durchschnittsarbeitsverdienst der letzten 13 abgerechneten Wochen vor Beginn des Urlaubs, mit Ausnahme des zusätzlichen für Überstunden gezahlten Arbeitsverdienstes.

Einmalige Zuwendungen bleiben außer Ansatz. Bei Verdiensterhöhungen, die während des Berechnungszeitraums oder Urlaubs eintreten (zum Beispiel Lohnerhöhungen durch Tarifabschluss), ist von dem erhöhten Verdienst auszugehen.

Zusätzliches Urlaubsgeld

Ein Anspruch auf zusätzliches Urlaubsgeld kann sich aufgrund tariflicher oder einzelvertraglicher Regelungen ergeben.

Urlaubskassen

Für einige Branchen bestehen aufgrund allgemein verbindlich erklärter Tarifverträge Urlaubskassen, denen die Durchführung des Urlaubsverfahrens übertragen ist (z. B. Bauhauptgewerbe).

3.3.3.6 Entgeltsicherung

Das Entgelt dient der Existenzsicherung des Arbeitnehmers. Er ist deshalb weitgehend dem Zugriff von Gläubigern, des Arbeitgebers und der Vorausverfügung durch den Arbeitnehmer selbst entzogen. Darüber hinaus sichert das Gesetz über Insolvenzgeld dem Arbeitnehmer im Insolvenzfalle seine ihm noch zustehenden Entgeltansprüche für drei Monate.

Existenzsicherung

Entgeltpfändungsschutz

Nur die Teile des Arbeitsentgelts, die die gesetzlich festgelegten Pfändungsgrenzen überschreiten, sind aufgrund vollstreckbaren Gerichtsurteils sowie Pfändungs- und Überweisungsbeschlusses pfändbar.

Die Höhe des pfändbaren Entgeltteils richtet sich nach der
- Höhe des Nettoarbeitsentgelts und
- Zahl der unterhaltsberechtigten Personen

des Arbeitnehmers.

Entgeltaufrechnungsverbot

Der Arbeitgeber kann berechtigte Ansprüche gegenüber dem Arbeitnehmer (wie Schadenersatzansprüche wegen Schlechtleistung) nur im Rahmen des pfändbaren Teils des Entgelts aufrechnen.

Der Arbeitnehmer kann sich auf das Aufrechnungsverbot nicht berufen, wenn der geschuldete Betrag auf eine vorsätzliche unerlaubte Handlung oder auf eine vorsätzliche Schadenzufügung zurückzuführen ist.

Entgeltabtretungsverbot

Entgeltansprüche können nicht abgetreten werden, soweit sie der Pfändung entzogen sind. In Arbeits- und Tarifverträgen kann auch die Abtretung des pfändbaren Entgelts ausgeschlossen werden.

Insolvenzgeld (Konkursausfallgeld)

Siehe hierzu Abschnitt 3.4.4.6 „Leistungen der Arbeitslosenversicherung (Arbeitsförderung)“.

3.3.3.7 Verjährung – Verwirkung von Entgeltansprüchen

Entgeltansprüche unterliegen der gesetzlichen dreijährigen Verjährungsfrist. In Tarifverträgen sind vielfach kürzere Ausschlussfristen für die Geltendmachung von Ansprüchen aus dem Arbeitsverhältnis geregelt; sie gehen bei Geltung des Tarifvertrages der gesetzlichen Verjährung vor.

Verjährungsfrist
Tarifliche Ausschlussfristen

3.3.3.8 Beschäftigungspflicht

Neben der Zahlung des Arbeitsentgelts ist der Arbeitgeber zur Beschäftigung des Arbeitnehmers verpflichtet.

Art der Beschäftigung

Der Anspruch auf Beschäftigung ist einklagbar; die Nichtbeschäftigung kann zur Schadenersatzpflicht führen. Die Beschäftigungspflicht schließt die Verpflichtung ein, den Arbeitnehmer vertragsgemäß zu beschäftigen.

3.3.3.9 Fürsorgepflicht

Der Arbeitgeber ist verpflichtet, bei allen Maßnahmen das Wohl und die Interessen des Arbeitnehmers gebührend zu berücksichtigen.

Grundlagen

Die Fürsorgepflichten ergeben sich
- aus Gesetzen, Tarifverträgen und Einzelarbeitsverträgen
- aus der gegenseitigen Treuepflicht zwischen Arbeitgeber und Arbeitnehmer
- nach den jeweiligen Umständen des Einzelfalles
- nach der jeweiligen Verkehrsauffassung.

Wichtige derartige Pflichten des Arbeitgebers sind:
- Pflicht zum Schutz von Leben und Gesundheit des Arbeitnehmers
- Pflicht zum Schutz von Persönlichkeitsrechten des Arbeitnehmers
  - Schutz vor ungerechter Behandlung durch Vorgesetzte und vor rechtswidrigen Handlungen von Arbeitskollegen
  - Einschränkungen beim Speichern personenbezogener Daten
  - sorgfältige Aufbewahrung der Personalakten
  - Verschwiegenheitspflicht bei Angelegenheiten, an deren Geheimhaltung der Arbeitnehmer ein berechtigtes Interesse hat
- Pflicht zum Schutz des Eigentums der Arbeitnehmer
- Beachtung des Gleichbehandlungsgrundsatzes.

3.3.4 Beendigung des Arbeitsverhältnisses

3.3.4.1 Rechtliche Mittel zur Beendigung von Arbeitsverhältnissen

Das Arbeitsverhältnis kann auf folgende Weise rechtswirksam beendet werden:

Einvernehmliche Beendigung	→ Beendigung durch Aufhebungsvereinbarung
Ordentliche Kündigung	→ Beendigung mit Kündigungsfrist
Änderungskündigung	→ Kündigung und gleichzeitiges Angebot zur Weiterbeschäftigung zu geänderten Arbeitsbedingungen
Außerordentliche Kündigung	→ Fristlose Beendigung bei wichtigem Grund
Anfechtung	→ Einseitige Beendigung durch Anfechtungserklärung, z. B. wegen arglistiger Täuschung bei Vertragsabschluss
Befristung	→ Beendigung durch Fristablauf

Abbildung 56

3.3.4.2 Einvernehmliche Beendigung

Im beiderseitigen Einvernehmen zwischen Arbeitgeber und Arbeitnehmer kann das Arbeitsverhältnis jederzeit sofort oder zu einem später vereinbarten Zeitpunkt aufgelöst werden. Schriftform ist dafür zwingende Voraussetzung.

Aufhebungsvereinbarung

3.3.4.3 Ordentliche Kündigung

In der Regel wird das Arbeitsverhältnis durch ordentliche Kündigung unter Einhaltung der Kündigungsfrist von einem der beiden Vertragspartner beendet.

Änderungskündigung

Verfolgt die ordentliche Kündigung den Zweck, die Arbeitsbedingungen zu Ungunsten des Arbeitnehmers einseitig zu ändern, so handelt es sich um eine Änderungskündigung. Nimmt der Arbeitnehmer das Angebot zur Fortsetzung des Arbeitsverhältnisses zu den geänderten Arbeitsbedingungen nicht an, endet das Arbeitsverhältnis mit Ablauf der Kündigungsfrist.

3.3.4.4 Wirksamkeit der ordentlichen Kündigung

Die Kündigung bedarf zu ihrer Wirksamkeit der Schriftform.

Die Kündigungserklärung muss deutlich und zweifelsfrei sein. Sie wird nur wirksam mit Zugang an den anderen Vertragspartner.

Kündigungserklärung

Besteht im Betrieb ein Betriebsrat, muss der Arbeitgeber vor Ausspruch der Kündigung den Betriebsrat unterrichten und ihm die Gründe hierfür mitteilen, andernfalls ist die Kündigung unwirksam.
Erhebt der Betriebsrat gegen die Kündigung Bedenken, muss er diese dem Arbeitgeber innerhalb einer Woche schriftlich mitteilen. Widerspricht der Betriebsrat der Kündigung innerhalb der Anhörungsfrist und kündigt der Arbeitgeber dennoch, so muss er dem betreffenden Arbeitnehmer eine Abschrift der Stellungnahme des Betriebsrats zuleiten.

Anhörung des Betriebsrats

Kündigungsfristen

Die gesetzliche Kündigungsfrist für Arbeitnehmer beträgt vier Wochen zum 15. oder zum Ende eines Kalendermonats.

Während einer vereinbarten Probezeit, längstens für die Dauer von sechs Monaten (hier sind allerdings Änderungen durch den Gesetzgeber zu erwarten), kann das Arbeitsverhältnis mit einer Frist von zwei Wochen gekündigt werden.

Verlängerte Fristen

Für die Kündigung durch den Arbeitgeber gelten in Abhängigkeit von der Betriebszugehörigkeit folgende verlängerte Fristen:
- nach 2 Jahren: 1 Monat
- nach 5 Jahren: 2 Monate
- nach 8 Jahren: 3 Monate
- nach 10 Jahren: 4 Monate
- nach 12 Jahren: 5 Monate
- nach 15 Jahren: 6 Monate
- nach 20 Jahren: 7 Monate

jeweils zum Ende eines Kalendermonats.

Bei der Berechnung der Beschäftigungsdauer werden Zeiten, die vor der Vollendung des 25. Lebensjahres des Arbeitnehmers liegen, nicht berücksichtigt.

Die gesetzlichen Kündigungsfristen können durch Tarifvertrag verlängert oder verkürzt werden; soweit tarifliche Kündigungsfristen zur Anwendung kommen, haben sie Vorrang vor den gesetzlichen Kündigungsfristen.

Einzelvertrag

Kleinbetriebsregelung

Einzelvertraglich können grundsätzlich nur längere Kündigungsfristen vereinbart werden. Die Unterschreitung der gesetzlichen Mindestkündigungsfrist ist in Betrieben mit in der Regel nicht mehr als 20 Arbeitnehmern – ausschließlich der zu ihrer Berufsausbildung Beschäftigten – zulässig. Hier kann die Grundfrist von vier Wochen ohne Endtermin (das heißt nicht nur zum 15. bzw. Ende des Kalendermonats) vereinbart werden.

Bei der Feststellung der Zahl der beschäftigten Arbeitnehmer werden Teilzeitbeschäftigte mit einer regelmäßigen wöchentlichen Arbeitszeit von nicht mehr als 20 Stunden mit 0,5 und nicht mehr als 30 Stunden mit 0,75 berücksichtigt.

Aushilfsbeschäftigungen

Wird ein Arbeitnehmer zur vorübergehenden Aushilfe eingestellt und wird diese Aushilfe nicht über die Zeit von drei Monaten hinaus fortgesetzt, kann auch einzelvertraglich jede beliebige kürzere Kündigungsfrist vereinbart werden.

Für die Kündigung des Arbeitsverhältnisses durch den Arbeitnehmer darf keine längere Frist vereinbart werden als für die Kündigung durch den Arbeitgeber.

Kündigungsfrist für Schwerbehinderte

Für Schwerbehinderte und Gleichgestellte gelten die regulären Kündigungsfristen mit der Maßgabe, dass die Frist mindestens vier Wochen beträgt, wenn der Arbeitgeber kündigt.
Die Kündigung durch den Arbeitgeber bedarf außerdem der vorherigen Zustimmung des Integrationsamtes.

Innerhalb der ersten sechs Monate des Arbeitsverhältnisses ist die Kündigung ohne Zustimmung des Integrationsamtes zulässig; ebenso entfällt die Mindestkündigungsfrist von vier Wochen.

3.3.4.5 Außerordentliche Kündigung

Das Arbeitsverhältnis kann von jedem Vertragspartner aus wichtigem Grund ohne Einhaltung einer Kündigungsfrist gekündigt werden, wenn Tatsachen vorliegen, aufgrund derer dem Kündigenden unter Berücksichtigung des Einzelfalles und unter Abwägung der Interessen beider Vertragspartner die Fortsetzung des Arbeitsverhältnisses bis zum Ablauf der Kündigungsfrist nicht zugemutet werden kann.

Wichtiger Grund

Die fristlose Kündigung muss innerhalb von zwei Wochen erfolgen; die Frist beginnt mit dem Zeitpunkt, in dem der Kündigungsberechtigte von den für die Kündigung maßgebenden Tatsachen Kenntnis erlangt.

Besteht im Betrieb ein Betriebsrat, muss der Arbeitgeber vor Ausspruch der fristlosen Kündigung den Betriebsrat unterrichten, andernfalls ist die Kündigung unwirksam. Hat der Betriebsrat hiergegen Bedenken, muss er diese dem Arbeitgeber unverzüglich, spätestens innerhalb von drei Tagen, schriftlich mitteilen.

Betriebsrat

Innerhalb von drei Wochen nach Zugang einer fristlosen Kündigung kann der Arbeitnehmer Klage beim Arbeitsgericht erheben.

3.3.4.6 Rechtswidrige Beendigung

Wird das Arbeitsverhältnis von einem der beiden Vertragspartner unberechtigterweise ohne Einhaltung der Kündigungsfrist beendet, ist er dem anderen Vertragspartner zum Ersatz des hieraus entstehenden Schadens verpflichtet.

Der Schaden muss dem Grunde und der Höhe nach nachgewiesen werden.

Schadenersatz

In Tarifverträgen und unter engen Voraussetzungen in Formulararbeitsverträgen können für den Fall des Vertragsbruchs Vertragsstrafen bzw. Entschädigungen vereinbart werden, die an den Nachweis eines Schadens nicht gebunden sind.

3.3.4.7 Arbeitspapiere – Arbeitszeugnis – Ausgleichsquittung

Arbeitspapiere

Arbeitspapiere sind:

- Lohnsteuerkarte
- Urlaubsbescheinigung
- Unterlagen über vermögenswirksame Leistungen
- Arbeitsbescheinigung
- Zeugnis
- Sozialversicherungsausweis
- Mitgliedsbescheinigung der gewählten Krankenkasse.

In bestimmten Berufen können noch weitere Arbeitspapiere hinzukommen.

Beispiel:

Bauhauptgewerbe: Arbeitnehmerkontoauszug, unter anderem mit folgenden Daten: Beschäftigungszeit; Beschäftigungstage; beitragspflichtiger Bruttolohn; Anspruch auf Urlaubsvergütung; gewährte Urlaubstage und gewährte Urlaubsvergütung; gewährter Lohnausgleich.

Außer Zeugnis, Sozialversicherungsausweis und Arbeitsbescheinigung hat der Arbeitnehmer diese Papiere bei Beginn der Beschäftigung dem Arbeitgeber zu übergeben.

Herausgabe

Die Arbeitspapiere sind dem Arbeitnehmer dann mit Beendigung des Arbeitsverhältnisses auszuhändigen, gegebenenfalls auch zuzusenden. Ist dies nicht möglich – z. B. aus Gründen der Datenverarbeitung – ist eine Zwischenbescheinigung zu erteilen, aus der alle wesentlichen Angaben hervorgehen.

Arbeitszeugnis

Im Zeugnisrecht unterscheidet man zwischen dem einfachen und dem qualifizierten Zeugnis.

Zeugnisarten

Das einfache Zeugnis muss enthalten:
- Vorname, Familienname, Geburtsdatum und Wohnadresse sowie
- Art und Dauer der Tätigkeit/Beschäftigung.

Auf Verlangen des Arbeitnehmers muss das Zeugnis ausgedehnt werden auf
- Leistung und Verhalten im Arbeitsverhältnis.

Inhalt

Das Zeugnis muss klar und verständlich formuliert sein. Es muss alle wesentlichen Tatsachen und Bewertungen enthalten, die für die Gesamtbeurteilung des Arbeitnehmers von Bedeutung und für künftige Arbeitgeber von Interesse sind. Einmalige Vorfälle oder Umstände, die für den Arbeitnehmer, sein Verhalten und seine Leistung nicht charakteristisch sind, gehören nicht in das Zeugnis. Andererseits muss das Zeugnis wahr sein. Bedeutsame Vorkommnisse, auch wenn sie für den Arbeitnehmer nachteilig sind, müssen in die Beurteilung aufgenommen werden, wenn sie für die Gesamtbeurteilung wesentlich sind.

Zeugnisanspruch

Der Zeugnisanspruch entsteht mit Beendigung des Arbeitsverhältnisses. Auf Verlangen des Arbeitnehmers ist das Arbeitszeugnis bereits nach Kündigung des Arbeitsverhältnisses auszustellen. Vor diesem Zeitpunkt kann in begründeten Fällen ein Zwischenzeugnis verlangt werden.

Ausgleichsquittung (Abgeltungsklausel)

Als Ausgleichsquittung (Abgeltungsklausel) bezeichnet man die schriftliche Erklärung von Arbeitnehmer und Arbeitgeber, keinerlei Ansprüche mehr aus dem Arbeitsverhältnis und dessen Beendigung zu haben.

Verzichtserklärung

Damit verzichtet der Arbeitnehmer auf alle möglicherweise noch bestehenden Ansprüche mit Ausnahme solcher, die unverzichtbar sind. Zu empfehlen ist die beiderseitige Verzichtserklärung.

3.3.5 Kündigungsschutz

Das Kündigungsrecht des Arbeitgebers ist durch gesetzliche Kündigungsschutzbestimmungen eingeschränkt.

3.3.5.1 Allgemeiner Kündigungsschutz

Personenkreis

Die Kündigung eines Arbeitnehmers,
- der bereits länger als sechs Monate
- in einem Betrieb mit in der Regel mehr als zehn Arbeitnehmern

beschäftigt ist, ist rechtsunwirksam, wenn sie sozial ungerechtfertigt ist.

Betriebsgröße

Bei der Feststellung der Zahl der beschäftigten Arbeitnehmer werden Auszubildende nicht mitgerechnet. Teilzeitbeschäftigte werden anteilig berücksichtigt; und zwar
- bei einer regelmäßigen wöchentlichen Arbeitszeit bis einschließlich 20 Stunden mit 0,5,
- bis einschließlich 30 Stunden mit 0,75.

Bestandsschutz

Bis zum 31.12.2003 lag der Schwellenwert (jetzt zehn) bei fünf Arbeitnehmern. Für Arbeitnehmer, die nach altem Recht Kündigungsschutz hatten, bleibt dieser bestehen.

Nach einem Urteil des Bundesarbeitsgerichts hat allerdings auch der Arbeitgeber im Kleinbetrieb, auf den das Kündigungsschutzgesetz keine Anwendung findet, im Fall der Kündigung, insbesondere bei langjähriger Beschäftigungsdauer des Arbeitnehmers, ein gebotenes Mindestmaß an sozialer Rücksichtnahme zu wahren.

Sozial ungerechtfertigte Kündigung

Sozial ungerechtfertigt ist die Kündigung dann, wenn nicht einer der nachfolgend genannten Gründe vorliegt:

- Gründe in der Person des Arbeitnehmers (z. B. unverhältnismäßiges Nachlassen der Leistungsfähigkeit oder lang andauernde oder häufige Krankheit) — Personenbedingt
- Gründe im Verhalten des Arbeitnehmers (z. B. fortgesetztes vertragswidriges Verhalten wie unentschuldigtes Fehlen) — Verhaltensbedingt
- dringende betriebliche Erfordernisse (z. B. anhaltender Arbeitsmangel, Betriebsstilllegung, Rationalisierung). — Betriebsbedingt

Abmahnung vor Kündigung bei verhaltensbedingten Gründen

Vor Ausspruch einer Kündigung aus verhaltensbedingten Gründen ist in der Regel eine vorherige Abmahnung des Arbeitnehmers erforderlich, um ihm zunächst Gelegenheit zu geben, sein Fehlverhalten zu korrigieren.

Ihre Warnfunktion erfüllt die Abmahnung nur dann, wenn sie
- konkrete Angaben über die beanstandeten Mängel enthält und
- für den Fall der Wiederholung auf die zu erwartende Kündigung hinweist.

Soziale Auswahl bei betriebsbedingter Kündigung

Kündigt der Arbeitgeber aus dringenden betrieblichen Erfordernissen, so muss er bei der Auswahl der Arbeitnehmer die Dauer der Betriebszugehörigkeit, das Lebensalter, die Unterhaltspflichten und die Schwerbehinderung ausreichend berücksichtigen.

Betriebliche Belange

Das gilt jedoch nicht für Arbeitnehmer, deren Weiterbeschäftigung, insbesondere wegen ihrer Kenntnisse, Fähigkeiten und Leistungen oder zur Sicherung einer ausgewogenen Personalstruktur des Betriebes, im berechtigten betrieblichen Interesse liegt.

Arbeitgeber und Betriebsrat können bei wesentlichen Betriebsänderungen einen Interessenausgleich vereinbaren, in dem die zu kündigenden Arbeitnehmer namentlich bezeichnet sind. Die gerichtliche Überprüfung der Sozialauswahl ist dann auf grobe Fehlerhaftigkeit beschränkt.

Änderungskündigung vor Beendigungskündigung

Weiterbeschäftigungsangebot

Eine ordentliche Beendigungskündigung ist nach dem Grundsatz der Verhältnismäßigkeit ausgeschlossen, wenn die Möglichkeit besteht, den Arbeitnehmer auf einem anderen freien Arbeitsplatz auch zu geänderten Arbeitsbedingungen weiterzubeschäftigen. Eine solche Weiterbeschäftigungsmöglichkeit hat der Arbeitgeber dem Arbeitnehmer anzubieten. Das Angebot kann lediglich in Extremfällen (zum Beispiel offensichtlich völlig unterwertige Beschäftigung) unterbleiben. Der Arbeitgeber kann Angebot und Kündigung miteinander verbinden, indem er ohne vorherige Verhandlungen mit dem Arbeitnehmer sofort eine Änderungskündigung ausspricht.

Änderungskündigung

Kündigt der Arbeitgeber und bietet er gleichzeitig die Fortsetzung des Arbeitsverhältnisses zu geänderten Arbeitsbedingungen an, kann der Arbeitnehmer dieses Angebot unter dem Vorbehalt annehmen, dass die Änderung der Arbeitsbedingungen sozial gerechtfertigt ist. Dieser Vorbehalt muss innerhalb der Kündigungsfrist, spätestens innerhalb von drei Wochen nach Zugang der Kündigung gegenüber dem Arbeitgeber erklärt werden.

Kündigungsschutzklage

Klagefrist

Gegen eine Kündigung kann der Arbeitnehmer nur innerhalb von drei Wochen nach Zugang der schriftlichen Kündigung Klage beim Arbeitsgericht erheben (Ausnahme: Klage allein wegen falscher Kündigungsfrist).

Im Kündigungsschutzverfahren muss der Arbeitgeber die Kündigungsgründe beweisen. Stellt das Gericht fest, dass die Gründe nicht ausreichen, besteht das Arbeitsverhältnis fort. Das entgangene Arbeitsentgelt ist nachzuzahlen, der Arbeitnehmer weiterzubeschäftigen. In der Praxis kommt es häufig zu einem (einverständlichen) Vergleich auf Anregung des Gerichts mit Beendigung des Arbeitsverhältnisses gegen Zahlung einer Abfindung.

Abfindung

Ist dem Arbeitnehmer oder dem Arbeitgeber die Fortsetzung des Arbeitsverhältnisses nicht mehr zumutbar, kann das Arbeitsgericht auf Antrag des Arbeitnehmers oder des Arbeitgebers das Arbeitsverhältnis auflösen und den Arbeitgeber zur Zahlung einer Abfindung verurteilen:		
Alter des Arbeitnehmers	und	bis zu
vor dem 50. Lebensjahr	–	12 Monatsverdienste
ab dem 50. Lebensjahr	15 Beschäftigungsjahre	15 Monatsverdienste
ab dem 55. Lebensjahr	20 Beschäftigungsjahre	18 Monatsverdienste

Für Arbeitnehmer, die das 65. Lebensjahr vollendet haben, ist der Höchstbetrag auf zwölf Bruttomonatsentgelte beschränkt.

Abfindungsanspruch bei betriebsbedingter Kündigung

Klagt der Arbeitnehmer bei betriebsbedingter Kündigung nicht innerhalb von drei Wochen vor dem Arbeitsgericht auf Feststellung, dass das Arbeitsverhältnis durch die Kündigung nicht aufgelöst ist, so hat er mit Ablauf der Kündigungsfrist Anspruch auf eine Abfindung; und zwar 0,5 Monatsverdienste für jedes Jahr, das das Arbeitsverhältnis bestanden hat. Voraussetzung dafür ist, dass der Arbeitgeber den Arbeitnehmer im Kündigungsschreiben auf den Anspruch hinweist.

3.3.5.2 Besonderer Kündigungsschutz

Bestimmte Arbeitnehmer sind gegen eine Kündigung durch den Arbeitgeber in besonderer Weise geschützt.

Kündigungsschutz von Betriebsräten und Jugendvertretern

Während der Amtszeit und innerhalb eines Jahres nach Beendigung der Amtszeit ist die ordentliche Kündigung eines Mitglieds des Betriebsrats oder einer Jugend- und Auszubildendenvertretung unzulässig.

Das Arbeits- bzw. Ausbildungsverhältnis kann nur gelöst werden

- fristlos aus wichtigem Grund
- mit Zustimmung des Betriebsrats oder
- Ersatz-Zustimmung durch das Arbeitsgericht.

Kündigung nur bei wichtigem Grund

Einen ähnlichen Kündigungsschutz besitzen auch die Mitglieder des Wahlvorstandes und Bewerber für das Betriebsratsamt bis zum Ablauf von sechs Monaten nach Bekanntgabe des Wahlergebnisses.

Beendigungsschutz bei Ausbildungsverhältnissen

Beabsichtigt der Arbeitgeber, einen Auszubildenden, der Mitglied der Jugend- und Auszubildendenvertretung oder des Betriebsrats ist, im Anschluss an das Berufsausbildungsverhältnis nicht in ein Arbeitsverhältnis zu übernehmen, muss er dies dem Auszubildenden drei Monate vor Ausbildungsende schriftlich mitteilen.
Verlangt der Auszubildende innerhalb der letzten drei Monate vor Ausbildungsende schriftlich die Weiterbeschäftigung, gilt ein Arbeitsverhältnis als abgeschlossen. Bis zum Ablauf von zwei Wochen nach Ausbildungs-

ende kann der Arbeitgeber beim Arbeitsgericht feststellen lassen, dass die Weiterbeschäftigung nicht zumutbar ist, wenn Gründe hierfür vorliegen.

Wehrdienstleistende

Ab Zustellung des Einberufungsbescheides bis zur Beendigung des Grundwehrdienstes sowie während einer Wehrdienstübung ist eine ordentliche Kündigung durch den Arbeitgeber nicht zulässig. Dies gilt auch für Soldaten auf Zeit mit einer Dienstzeit bis zu zwei Jahren und Zivildienstleistende.

Fristlose Kündigung

Vor und nach dem Wehrdienst darf der Arbeitgeber das Arbeitsverhältnis aus Anlass des Wehrdienstes nicht kündigen. Zulässig ist die fristlose Kündigung aus wichtigem Grund.

Kleinbetriebsregelung

Ausnahme

In Betrieben bis zu fünf Beschäftigten (ausschließlich der Auszubildenden) kann unter Einhaltung einer Frist von

- zwei Monaten zum Ende des Wehrdienstes
  gekündigt werden
- bei einem Grundwehrdienst von mehr als sechs Monaten, wenn
  - der Arbeitnehmer unverheiratet ist und
  - dem Arbeitgeber die Weiterbeschäftigung infolge Einstellung einer Ersatzkraft nach Ende des Wehrdienstes nicht zugemutet werden kann.

Kündigungsvoraussetzungen

Beendigungsschutz bei Ausbildungsverhältnissen

Nach Beendigung eines Berufsausbildungsverhältnisses darf die Übernahme eines Auszubildenden in ein Arbeitsverhältnis nicht aus Anlass des Wehrdienstes abgelehnt werden.

Schwerbehinderte

Integrationsamt

Die ordentliche Kündigung eines Schwerbehinderten oder Gleichgestellten durch den Arbeitgeber bedarf der vorherigen Zustimmung des Integrationsamtes.

Auch für die außerordentliche Kündigung ist die vorherige Zustimmung erforderlich. Sie muss innerhalb von zwei Wochen nach Kenntnis des wichtigen Grundes beantragt werden. Trifft das Integrationsamt innerhalb von zwei Wochen nach Eingang des Antrages keine Entscheidung, gilt die Zustimmung als erteilt.

Mindestkündigungsfrist

Die Zustimmung zur ordentlichen und außerordentlichen Kündigung ist nicht erforderlich, wenn das Arbeitsverhältnis noch nicht länger als sechs Monate besteht. In dieser Zeit entfällt auch die Mindestkündigungsfrist von vier Wochen.

Erweiterter Beendigungsschutz

Die Beendigung des Arbeitsverhältnisses eines Schwerbehinderten bzw. Gleichgestellten bedarf auch dann der vorherigen Zustimmung des Integrationsamtes, wenn sie im Falle des Eintritts einer teilweisen Erwerbsminderung, der Erwerbsminderung auf Zeit, der Berufsunfähigkeit oder der Erwerbsunfähigkeit auf Zeit ohne Kündigung erfolgt.

Anzeigepflichten des Arbeitgebers

Einstellungen auf Probe und die Beendigung von Arbeitsverhältnissen Schwerbehinderter, die dem Betrieb noch nicht länger als sechs Monate angehören, müssen dem Integrationsamt innerhalb von vier Tagen angezeigt werden. Einstellung zur Probe

Werdende Mütter

Vom Beginn der Schwangerschaft an bis zum Ablauf von vier Monaten nach der Entbindung ist jede ordentliche und außerordentliche Kündigung gegenüber einer Arbeitnehmerin unzulässig, wenn dem Arbeitgeber zum Zeitpunkt der Kündigung die Schwangerschaft oder Entbindung bekannt ist oder spätestens innerhalb von zwei Wochen nach Zugang der Kündigung noch mitgeteilt wird. (Eine Überschreitung dieser Frist ist möglich, wenn die Frau die Gründe hierfür nicht zu vertreten hat.)

Auf Antrag des Arbeitgebers kann die für den Arbeitsschutz zuständige Behörde oder die von ihr bestimmte Stelle in besonderen Fällen ausnahmsweise die Kündigung zulassen. Die Kündigung kann erst nach Vorliegen des Zulassungsbescheides erklärt werden; sie bedarf der Schriftform und muss den zulässigen Grund (z. B. Betriebsstilllegung) angeben. Ausnahme

Die Arbeitnehmerin selbst kann während der Schwangerschaft und der Schutzfrist nach der Entbindung (in der Regel acht Wochen) von sich aus ohne Frist zum Ende der Schutzfrist kündigen. Das allgemeine Kündigungsrecht, z. B. zu einem anderen Termin, bleibt davon unberührt.

Elternzeitberechtigte

Der Arbeitgeber darf das Arbeits- bzw. Berufsausbildungsverhältnis ab dem Zeitpunkt, von dem an Elternzeit verlangt wird, höchstens jedoch acht Wochen vor deren Beginn und während der Elternzeit nicht kündigen.

Die für den Arbeitsschutz zuständige Behörde oder die von ihr bestimmte Stelle kann auf Antrag des Arbeitgebers in besonderen Fällen ausnahmsweise die Kündigung für zulässig erklären (z. B. bei besonderen Verstößen des Arbeitnehmers gegen arbeitsvertragliche Pflichten, Betriebsstilllegung, Gefährdung der Existenz des Betriebes oder der wirtschaftlichen Existenz des Arbeitgebers). Kündigungsgenehmigung

In Betrieben bis zu fünf Beschäftigten (ausschließlich der Auszubildenden) kann die Genehmigung zur Kündigung auch dann erteilt werden, wenn der Arbeitgeber dringend auf eine Ersatzkraft angewiesen ist und hierfür einen unbefristeten Arbeitsvertrag abschließen muss. Kleinbetriebsregelung

Der Elternzeitberechtigte selbst kann mit einer Frist von drei Monaten zum Ende der Elternzeit kündigen. Das allgemeine Kündigungsrecht, z. B. zu einem anderen Termin, bleibt davon unberührt.

Hinsichtlich Anspruchsvoraussetzungen und Dauer der Elternzeit siehe Abschnitt 3.3.8.2 „Sozialer Arbeitsschutz – Mutterschutz".

3.3.5.3 Kündigungsschutz bei Massenentlassungen

Anzeigepflicht

Betriebsgröße

Der Arbeitgeber ist verpflichtet, der Agentur für Arbeit unter Beifügung der Stellungnahme des Betriebsrats Massenentlassungen schriftlich anzuzeigen, bevor er in Betrieben	
mit 21– 59 Arbeitnehmern	ab 6 Arbeitnehmer
mit 60–499 Arbeitnehmern	ab 26 Arbeitnehmer oder 10 v. H. der Arbeitnehmer
ab 500 Arbeitnehmern	ab 30 Arbeitnehmer
innerhalb von 30 Kalendertagen entlässt (maßgeblich ist der Zugang der Kündigung).	

Aufhebungsvereinbarungen und Eigenkündigungen der Arbeitnehmer rechnen bei der Anzahl der Entlassungen mit, wenn sie vom Arbeitgeber veranlasst werden.

Sperrfrist

Anzeigepflichtige Entlassungen werden vor Ablauf eines Monats nach Eingang der Anzeige bei der Agentur für Arbeit nur mit deren Zustimmung wirksam. Die Agentur für Arbeit kann die Sperrfrist verkürzen oder bis zu zwei Monate verlängern.

3.3.6 Tarifvertrag

3.3.6.1 Koalitionsfreiheit

Artikel 9/III des Grundgesetzes garantiert das Recht zur Bildung von Vereinigungen zur Wahrung und Förderung der Arbeits- und Wirtschaftsbedingungen. Zusammenschlüsse dieser Art, auch Koalitionen genannt, sind die Gewerkschaften und die Arbeitgeberverbände.

Freiwillige Mitgliedschaft

Jeder Arbeitnehmer und Unternehmer ist berechtigt, einem Berufsverband als Mitglied beizutreten oder diesem fernzubleiben. Maßnahmen, die die Koalitionsfreiheit einschränken oder behindern, sind unzulässig.

Arbeitskampf

Zur Durchsetzung ihrer Ziele steht den Arbeitnehmer- und Arbeitgeberverbänden unter Wahrung des Grundsatzes der Verhältnismäßigkeit als letztes Mittel der Arbeitskampf zur Verfügung.
Als Streik bezeichnet man die kollektive Arbeitsniederlegung mehrerer Arbeitnehmer zur Erzwingung einer bestimmten Forderung.
Die Arbeitgeber können zur Aussperrung greifen. Durch Nichtzulassung mehrerer Arbeitnehmer zur Arbeit soll den Erfordernissen der Arbeitgeberseite Nachdruck verliehen werden.

3.3.6.2 Tarifvertragsparteien

Die Tarifverträge werden von den Tarifvertragsparteien – auf Arbeitnehmerseite von den Gewerkschaften, auf Arbeitgeberseite von den Arbeitgeberverbänden (gelegentlich auch einzelnen Unternehmen) – abgeschlossen. Im Handwerk werden die Tarifverträge zwischen den Gewerkschaften und den Bundes- oder Landesinnungsverbänden abgeschlossen.

Funktionen

Tarifverträge haben drei wichtige Funktionen:

- Schutzfunktion: Im Arbeitsvertrag dürfen die Mindestarbeitsbedingungen des Tarifvertrages nicht unterschritten werden.
- Ordnungsfunktion: Nach dem Tarifvertrag bestimmen sich die Inhalte des Arbeitsvertrages.
- Friedensfunktion: Bei Gültigkeit eines Tarifvertrages herrscht Streikverbot hinsichtlich der tariflich festgelegten Punkte.

3.3.6.3 Tarifgebundenheit

Tarifbindung

Der Tarifvertrag ist verbindlich, wenn

- beide Arbeitsvertragspartner Mitglied bei der für sie zuständigen Tarifvertragspartei sind, der Arbeitgeber bei dem tarifabschließenden Arbeitgeberverband und gleichzeitig der Arbeitnehmer bei der tarifabschließenden Gewerkschaft,
  oder
- der Tarifvertrag durch das Bundes- oder Landesarbeitsministerium für allgemein verbindlich erklärt worden ist.

Allgemeinverbindlichkeit

Ist der Tarifvertrag für das Arbeitsverhältnis verbindlich, sind abweichende Vereinbarungen zwischen Arbeitnehmer und Arbeitgeber nur zulässig, soweit sie für den Arbeitnehmer günstiger sind. Tarifansprüche sind unabdingbar und unverzichtbar.

Tarifanwendung

Besteht keine Tarifbindung, kann die Anwendung des Tarifvertrages zwischen Arbeitnehmer und Arbeitgeber vereinbart werden.

3.3.6.4 Inhalt und Form des Tarifvertrages

Die Tarifverträge regeln die beiderseitigen Rechte und Pflichten der Arbeitgeber und Arbeitnehmer im Arbeitsverhältnis.

Der Entgelttarifvertrag regelt die Lohn-/Gehaltsbedingungen, der Rahmen- oder Manteltarifvertrag die sonstigen arbeitsrechtlichen Bedingungen.

Schriftform

Auslegungspflicht

Tarifverträge bedürfen der Schriftform.
Der Arbeitgeber ist verpflichtet, die für seinen Betrieb maßgebenden Tarifverträge an geeigneter Stelle im Betrieb auszulegen.

3.3.7 Betriebsverfassung

3.3.7.1 Errichtung von Betriebsräten und Jugendvertretungen

In Betrieben mit mindestens fünf ständigen wahlberechtigten Arbeitnehmern, einschließlich der zu ihrer Ausbildung Beschäftigten, von denen mindestens drei wählbar sein müssen, kann ein Betriebsrat gewählt werden. Dies gilt auch für gemeinsame Betriebe mehrerer Unternehmen.

Wahlberechtigung

Wahlberechtigt sind alle Arbeitnehmer, die 18 Jahre alt sind. Dazu zählen auch Leiharbeitnehmer, wenn sie länger als drei Monate im Betrieb eingesetzt werden.
Wählbar sind alle Arbeitnehmer, die 18 Jahre alt sind und dem Betrieb bereits sechs Monate angehören. Leiharbeitnehmer können nicht gewählt werden.
Die Zahl der Betriebsratsmitglieder richtet sich nach der Zahl der wahlberechtigten Arbeitnehmer.

Betriebsratswahl

Die Betriebsratswahlen finden regelmäßig alle vier Jahre in der Zeit vom 1.3. bis 31.5. statt. Die Durchführung obliegt dem Wahlvorstand. Er wird vom Betriebsrat bestellt; besteht kein Betriebsrat, wählt die Betriebsversammlung den Wahlvorstand. Findet eine solche nicht statt bzw. endet sie ohne Wahl, so wird der Wahlvorstand auf Antrag vom Arbeitsgericht bestellt.
Die Betriebsratswahl ist geheim und unmittelbar; die Kosten trägt der Arbeitgeber. Für Kleinbetriebe (in der Regel fünf bis 50 wahlberechtigte Arbeitnehmer) gilt ein vereinfachtes Wahlverfahren; für Betriebe mit in der Regel 51 bis 100 wahlberechtigten Arbeitnehmern kann es zwischen Wahlvorstand und Arbeitgeber vereinbart werden.

In Betrieben, in denen mindestens fünf Jugendliche oder Auszubildende unter 25 Jahren beschäftigt werden, kann neben dem Betriebsrat eine Jugend- und Auszubildendenvertretung gewählt werden, die die Belange der Jugendlichen und Auszubildenden wahrnimmt.

Wahltermin

Wahlberechtigt sind alle Arbeitnehmer unter 18 Jahren und die zu ihrer Berufsausbildung Beschäftigten, soweit sie das 25. Lebensjahr noch nicht vollendet haben, wählbar alle Arbeitnehmer des Betriebes unter 25 Jahren. Die Wahlen finden alle zwei Jahre in der Zeit vom 1.10. bis 30.11. statt. Auch bezüglich der Jugend- und Auszubildendenvertretung gibt es das vereinfachte Wahlverfahren.

Die Arbeitnehmervertretungen im Betrieb

Betriebsrat	
Zahl der Wahlberechtigten	Zahl der Betriebsratsmitglieder
5 bis 20	1
21 bis 50	3
51 bis 100	5
101 bis 200	7
201 bis 400	9
usw.	usw.

Schwerbehindertenvertretung (ab wenigstens 5 Schwerbehinderten 1 Vertrauensmann/Vertrauensfrau und wenigstens 1 Stellvertreter)

Jugend- und Auszubildendenvertretung	
Zahl der Jugendlichen und Auszubildenden	Zahl der Jugendvertreter
5 bis 20	1
21 bis 50	3
51 bis 150	5
151 bis 300	7
usw.	usw.

Abbildung 57

Hat der Betriebsrat mindestens drei Mitglieder, so muss das Geschlecht, das in der Belegschaft in der Minderheit ist, mindestens entsprechend seinem zahlenmäßigen Verhältnis vertreten sein. Im Übrigen soll sich der Betriebsrat entsprechend der einzelnen Organisationsbereiche und der verschiedenen Beschäftigungsarten zusammensetzen.

Zur Wahrnehmung der Aufgaben nach dem Betriebsverfassungsgesetz hat die im Betrieb vertretene Gewerkschaft nach Unterrichtung des Arbeitgebers ein erzwingbares Zugangsrecht zum Betrieb. Sie kann im Rahmen ihrer Initiativrechte die Einleitung und Durchführung der Betriebsratswahl veranlassen. Im Betrieb vertreten ist eine Gewerkschaft, wenn ihr mindestens ein Arbeitnehmer im Betrieb als Mitglied zugehört.

Zugangsrecht

3.3.7.2 Rechte und Pflichten des Betriebsrats

Die Amtszeit des Betriebsrats beträgt vier Jahre.

Während dieser Zeit ist der Betriebsrat unter Fortzahlung seines Lohnes von der Arbeit freizustellen,

- wenn und soweit dies zur ordnungsgemäßen Erledigung der Betriebsratstätigkeit erforderlich ist
- für notwendige Schulungs- und Bildungsveranstaltungen
- zur Teilnahme an anerkannten Schulungs- und Bildungsveranstaltungen für die Dauer von drei Wochen während der Amtszeit.

Freistellungsanspruch

Ab einer Betriebsgröße von mindestens 200 Arbeitnehmern ist mindestens ein Betriebsratsmitglied von der beruflichen Tätigkeit freizustellen.

Betriebsrat sowie Jugend- und Auszubildendenvertretung dürfen in der Ausübung ihrer Tätigkeit nicht behindert, weder benachteiligt noch begünstigt werden. Betriebs- und Geschäftsgeheimnisse müssen gewahrt bleiben.

Bezüglich des Kündigungsschutzes für Betriebsratsmitglieder siehe Abschnitt 3.3.5.2 „Besonderer Kündigungsschutz".

Betriebsratssitzung

Die Sitzungen des Betriebsrats finden in der Regel während der Arbeitszeit statt. Teilnahmeberechtigt sind:
- die Jugend- und Auszubildendenvertretung
- die Schwerbehindertenvertretung.

Unter bestimmten Voraussetzungen können auch der Arbeitgeber und eine im Betrieb vertretene Gewerkschaft daran teilnehmen.

Sprechstunden

Der Betriebsrat kann während der Arbeitszeit Sprechstunden einrichten. Zeit und Ort müssen mit dem Arbeitgeber vereinbart werden. Versäumnis von Arbeitszeit, die durch den Besuch der Sprechstunde eintritt, darf nicht zur Minderung des Arbeitsentgelts führen.

Betriebsversammlungen

Betriebsversammlungen finden vierteljährlich in der Regel während der Arbeitszeit statt. Die Zeit der Teilnahme sowie zusätzliche Wegezeiten sind wie Arbeitszeit zu vergüten; Fahrtkosten sind ebenfalls zu erstatten. Der Arbeitgeber ist zu den Betriebsversammlungen einzuladen.

Kosten

Kosten und Sachaufwand, die durch die Tätigkeit des Betriebsrats entstehen (z. B. Kosten für Räume, Büropersonal, Schreibmaterial), trägt der Arbeitgeber.

3.3.7.3 Zusammenarbeit zwischen Arbeitgeber und Betriebsrat

Arbeitgeber und Betriebsrat sollen unter Beachtung der geltenden Tarifverträge vertrauensvoll und im Zusammenwirken mit den im Betrieb vertretenen Gewerkschaften und Arbeitgeberverbänden zum Wohl der Arbeitnehmer und des Betriebes zusammenarbeiten.

Friedenspflicht

Arbeitskämpfe zwischen Arbeitgeber und Betriebsrat sind unzulässig. Arbeitsablauf und Betriebsfrieden dürfen nicht gestört werden.

3.3.7.4 Betriebsvereinbarungen

Arbeitgeber und Betriebsrat können Betriebsvereinbarungen treffen.

Beispiel:

Regelungen über gleitende Arbeitszeit, Betriebsurlaub oder Fahrtkostenerstattung zwischen Wohnung und Betrieb.

Arbeitsentgelte und sonstige Arbeitsbedingungen, die durch Tarifvertrag geregelt sind oder üblicherweise geregelt werden, können in der Regel nicht Gegenstand einer Betriebsvereinbarung sein.

Betriebsvereinbarungen
- bedürfen der Schriftform,
- müssen von beiden Seiten unterzeichnet sein und
- im Betrieb ausgelegt werden.

3.3.7.5 Einigungsstellen

Zur Beilegung von Meinungsverschiedenheiten zwischen Arbeitgeber und Betriebsrat ist die Bildung von Einigungsstellen vorgesehen. Sie setzen sich aus der gleichen Anzahl von Beisitzern des Arbeitgebers und des Betriebsrats und einem unparteiischen Vorsitzenden zusammen. Kommt eine Einigung über die Person eines unparteiischen Vorsitzenden nicht zustande, wird dieser vom Arbeitsgericht bestellt. Die Einigungsstelle fasst ihre Beschlüsse mit Stimmenmehrheit unter angemessener Berücksichtigung der Belange des Betriebes und der betroffenen Arbeitnehmer nach billigem Ermessen. Die Kosten des Verfahrens trägt der Arbeitgeber.

3.3.7.6 Mitwirkungs- und Mitbestimmungsrechte des Betriebsrats

Allgemeine Aufgaben

Aufgabe des Betriebsrats ist es, darüber zu wachen, dass die Gesetze, Verordnungen, Unfallverhütungsvorschriften, Tarifverträge und Betriebsvereinbarungen eingehalten werden.

Zu diesem Zweck hat er Anspruch auf rechtzeitige und umfassende Unterrichtung durch den Arbeitgeber. Auf Verlangen müssen ihm die hierfür erforderlichen Unterlagen zur Verfügung gestellt werden.

Mitbestimmung in sozialen Angelegenheiten

Soziale Angelegenheiten

Die Mitbestimmung in sozialen Angelegenheiten erstreckt sich auf Bereiche wie:

- Ordnung des Betriebes und Verhalten der Arbeitnehmer im Betrieb
- Beginn und Ende der täglichen Arbeitszeit einschließlich Pausen sowie Verteilung der Arbeitszeit auf die einzelnen Wochentage
- vorübergehende Verkürzung oder Verlängerung der betriebsüblichen Arbeitszeit
- Zeit, Ort und Art der Auszahlung der Arbeitsentgelte
- Aufstellung allgemeiner Urlaubsgrundsätze und des Urlaubsplans
- Einführung und Anwendung von technischen Einrichtungen zur Überwachung von Verhalten oder Leistung der Arbeitnehmer
- Maßnahmen des Gesundheitsschutzes und der Unfallverhütung
- Fragen der betrieblichen Lohngestaltung; Festsetzung der Akkord- und Prämiensätze
- Grundsätze über das betriebliche Vorschlagswesen
- Grundsätze über die Durchführung von Gruppenarbeit.

Der Betriebsrat hat sich ferner dafür einzusetzen, dass die Vorschriften über den Arbeitsschutz und die Unfallverhütung im Betrieb sowie über den betrieblichen Umweltschutz durchgeführt werden. Dazu sind auch freiwillige Betriebsvereinbarungen möglich.

Mitwirkung in personellen Angelegenheiten

Allgemeine personelle Angelegenheiten sind Personalplanung (darunter auch Maßnahmen zur Gleichstellungsförderung und zur Förderung der Vereinbarkeit von Familie und Erwerbstätigkeit), Beschäftigungssicherung (hier hat der Betriebsrat ein Vorschlags- und Beratungsrecht), Ausschreibung von Arbeitsplätzen, Personalfragebogen und allgemeine Beurteilungsgrundsätze und Auswahlrichtlinien bei Einstellungen. Bei der Durchführung betrieblicher Berufsbildung hat der Betriebsrat mitzubestimmen.

Mitbestimmung bei personellen Einzelmaßnahmen

In Unternehmen mit mindestens 21 Wahlberechtigten ist der Betriebsrat vor jeder Einstellung, Eingruppierung, Umgruppierung und Versetzung zu unterrichten.

Bewerbungsunterlagen müssen vorgelegt werden. Der Betriebsrat kann in begründeten Fällen (z. B. bei unbefristeter Einstellung von Arbeitnehmern, obwohl es gleich geeignete befristet beschäftigte Arbeitnehmer im Betrieb gibt) die Zustimmung verweigern. Teilt er dem Arbeitgeber innerhalb einer Woche die Gründe hierfür nicht schriftlich mit, gilt die Zustimmung als erteilt. Bevor der Betriebsrat sich geäußert hat, kann eine personelle Maßnahme nur dann vorläufig durchgeführt werden, wenn dies aus sachlichen Gründen dringend erforderlich ist.

Mitbestimmung bei Kündigungen

Bei Ausspruch von Kündigungen durch den Arbeitgeber hat der Betriebsrat ein Anhörungs- und Widerspruchsrecht (siehe hierzu Abschnitt 3.3.4.3 „Ordentliche Kündigung" und 3.3.4.5 „Außerordentliche Kündigung".).

Mitwirkung in wirtschaftlichen Angelegenheiten

In Unternehmen mit mindestens 21 wahlberechtigten Arbeitnehmern muss der Arbeitgeber den Betriebsrat über geplante Betriebsänderungen, die wesentliche Nachteile für die Belegschaft zur Folge haben können, unterrichten und die geplanten Änderungen mit ihm beraten.

Betriebsänderungen

Als Betriebsänderungen gelten:
- die Einschränkung, Stilllegung oder Verlegung des Betriebes bzw. von wesentlichen Betriebsteilen
- der Zusammenschluss mit anderen Betrieben
- grundlegende Änderungen der Betriebsorganisation
- die Einführung grundlegend neuer Arbeitsmethoden und Fertigungsweisen.

Sozialplan

Arbeitgeber und Betriebsrat sollen einen Interessenausgleich herbeiführen und zum Ausgleich der wirtschaftlichen Nachteile, die den Arbeitnehmern entstehen, einen Sozialplan erstellen. Kommt eine Einigung nicht zustande, ist zunächst der Vorstand der Bundesagentur für Arbeit und dann die Einigungsstelle einzuschalten.

3.3.7.7 Rechte des einzelnen Arbeitnehmers

Jeder Arbeitnehmer hat nach dem Betriebsverfassungsgesetz folgende Rechte:

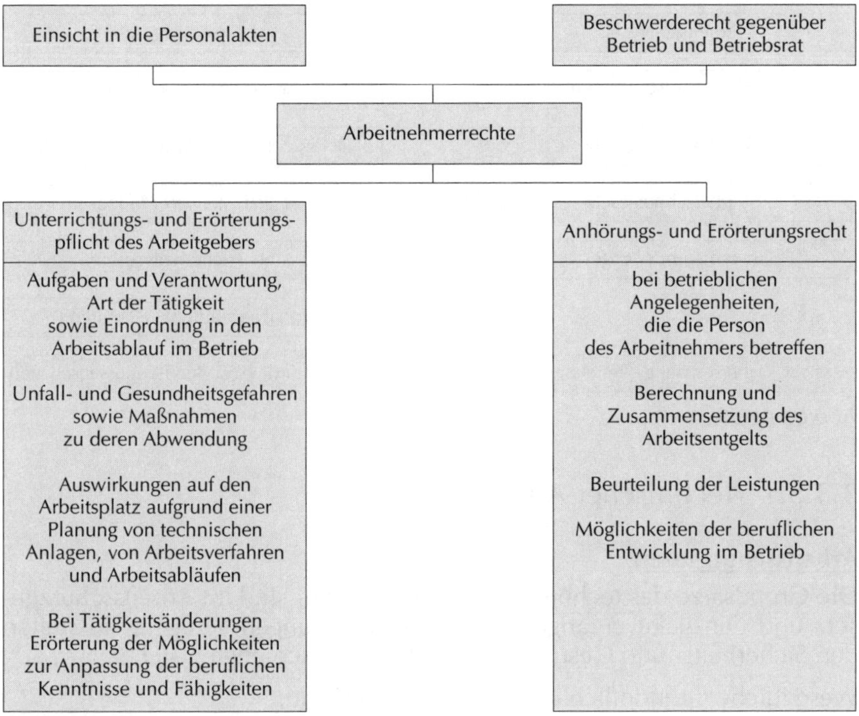

Abbildung 58

3.3.8 Arbeitsschutz

Allgemeines zum Arbeitsschutz

Zielsetzung

Der Arbeitsschutz dient der Sicherheit und der Gesundheit der Beschäftigten bei der Arbeit. Die Arbeitsschutzvorschriften sind zwingend und müssen von Arbeitgebern und Arbeitnehmern beachtet werden; ihre Einhaltung ist mit Bußgeld und Strafandrohungen bewehrt.
Der soziale Arbeitsschutz regelt vorrangig den Arbeitszeitschutz, der technische Arbeitsschutz den Gefahrenschutz im Umgang mit den Betriebsanlagen, Produktionsweisen und Arbeitsmitteln des Betriebes sowie den Arbeitsstoffen.

Abbildung 59

3.3.8.1 Technischer Arbeitsschutz

Arbeitsschutzgesetz

Die Grundsätze des technischen Arbeitsschutzes sind im Arbeitsschutzgesetz und den dazu ergangenen Rechtsverordnungen geregelt, sie stellen den Sicherheits- und Gesundheitsschutz der Beschäftigten sicher.

Arbeitgeberpflichten

Wesentliche Grundpflichten der **Arbeitgeber** sind:

- erforderliche Maßnahmen des Arbeitsschutzes zu treffen und laufend auf ihre Wirksamkeit hin zu überprüfen
- unter Berücksichtigung von Technik, Arbeitsmedizin und Hygiene die Arbeit so zu gestalten, dass Gefährdungen vermieden werden
- die mit der Arbeit verbundenen Gefährdungen zu ermitteln und in Betrieben mit mehr als zehn Beschäftigten das Ergebnis der Gefährdungsbeurteilung sowie die getroffenen Arbeitsschutzmaßnahmen durch Unterlagen zu dokumentieren
- die Beschäftigten über Sicherheit und Gesundheitsschutz am Arbeitsplatz ausreichend und angemessen zu unterweisen
- auf Wunsch des Arbeitnehmers diesen arbeitsmedizinisch untersuchen zu lassen, sofern dies durch die besondere Gefährdung begründet ist.

Arbeitnehmerpflichten

Pflichten der **Arbeitnehmer** sind:

- für ihre Sicherheit und Gesundheit bei der Arbeit Sorge zu tragen
- Maschinen, Geräte und ihnen zur Verfügung gestellte persönliche Schutzausrüstungen bestimmungsgemäß zu verwenden
- jede festgestellte unmittelbare erhebliche Gefahr sowie Defekte an Schutzsystemen dem Arbeitgeber unverzüglich zu melden
- gemeinsam mit dem Betriebsarzt und der Fachkraft für Arbeitssicherheit den Arbeitgeber bei der Gewährleistung des Arbeitsschutzes zu unterstützen.

Rechte der Arbeitnehmer sind:
- Vorschlagsrecht von Maßnahmen zu allen Fragen des Arbeitsschutzes im Betrieb
- Entfernungsrecht vom Arbeitsplatz bei unmittelbaren und erheblichen Gefahren
- Beschwerderecht (unter bestimmten Voraussetzungen) bei den Aufsichtsbehörden über unzureichenden Arbeitsschutz im Betrieb.

Sonstige Regelungen des betrieblichen Arbeits-/Gefahrenschutzes

Spezielle Regelungen

Neben dem Arbeitsschutzgesetz gibt es spezielle Arbeits- bzw. Gefahrenschutzregelungen wie z. B.
- die persönliche Schutzausrüstungs-Benutzungsverordnung
- die Lastenhandhabungsverordnung
- die Baustellenverordnung
- die Bildschirmarbeitsverordnung
- die Betriebssicherheitsverordnung
- die Arbeitsstättenverordnung
- das Geräte- und Produktsicherheitsgesetz
- die Gefahrstoffverordnung
- die Biostoffverordnung.

Arbeitsstättenverordnung

Die Arbeitsstättenverordnung legt für alle Arbeitsstätten die als notwendig anerkannten Anforderungen in sicherheitstechnischer, hygienischer und arbeitswissenschaftlicher Hinsicht fest.

Beispiel:

Größe der Arbeitsräume, Beleuchtung, Lüftung, Raumtemperaturen, Verkehrswege, Flucht- und Rettungswege, Lärm und Vibrationen, Sozialräume, Sanitätsräume und Erste-Hilfe-Einrichtungen; Einrichtungen, die geeignet sind, die Aufrechterhaltung der guten Sitten und des Anstandes zu sichern, wie ausreichende, nach Geschlechtern getrennte Umkleideräume, Waschräume und Toiletten (zum Teil Soll-Vorschriften).

Arbeitssicherheitsgesetz

Das Arbeitssicherheitsgesetz verpflichtet die Betriebe
- Fachkräfte für Arbeitssicherheit sowie
- Betriebsärzte

zu bestellen.

Siehe hierzu – und hinsichtlich der Unfallverhütungsvorschriften – Abschnitt 3.4.7.7 „Unfallverhütung“.

Gerätesicherheitsgesetz

Das Geräte- und Produktsicherheitsgesetz verbietet das In-Verkehr-Bringen von Maschinen und Werkzeugen, die nicht den Arbeitsschutz- und Unfallverhütungsvorschriften entsprechen.

Die Überwachung des Arbeitsschutzes ist staatliche Aufgabe und erfolgt durch die zuständige Arbeitsschutzbehörde in Zusammenarbeit mit den Berufsgenossenschaften; sie beraten die Arbeitgeber bei der Erfüllung ihrer Pflichten. Die zuständige Arbeitsschutzbehörde kann in Einzelfällen notwendige Anordnungen zum Schutz der Beschäftigten erlassen. Verstöße gegen bestimmte Arbeitsschutzvorschriften sind mit einer Geldbuße bis zu 25.000,00 EUR oder mit Freiheitsstrafe bis zu einem Jahr bzw. Geldstrafen bedroht.

Strafvorschriften

3.3.8.2 Sozialer Arbeitsschutz

Arbeitszeitgesetz

Das Arbeitszeitgesetz regelt den gesetzlich zulässigen Rahmen für die Beschäftigung von Arbeitnehmern und Auszubildenden über 18 Jahre.

Abweichungen hiervon können sich durch tarifliche Regelungen ergeben.

Werktägliche Arbeitszeit
Die werktägliche Arbeitszeit darf acht Stunden – wöchentlich 48 Stunden – nicht überschreiten.

Höchstarbeitszeit

Ausgleichs-zeitraum

Die werktägliche Arbeitszeit kann auf bis zu zehn Stunden verlängert werden, wenn innerhalb von sechs Kalendermonaten oder innerhalb von 24 Wochen im Durchschnitt acht Stunden werktäglich nicht überschritten werden (Ausgleichszeitraum).

Der Arbeitgeber ist verpflichtet, die über die werktägliche Arbeitszeit von acht Stunden hinausgehende Arbeitszeit der Arbeitnehmer aufzuzeichnen und die Aufzeichnungen mindestens zwei Jahre aufzubewahren.
Nur in außergewöhnlichen Fällen darf die Höchstarbeitszeit überschritten werden. Besondere Regelungen gelten für Bereitschaftsdienst und Arbeitsbereitschaft als Teil der Arbeitszeit.

Ruhepausen

Mindest-ruhepausen

Während der Arbeitszeit müssen Ruhepausen eingehalten werden, die nicht auf die Arbeitszeit angerechnet werden.

Ruhepausen für Arbeitnehmer

	bei täglicher Arbeitszeit von	Ruhepause in Minuten
Alle Arbeitnehmer ab dem 18. Lebensjahr	mehr als 6 Stunden bis 9 Stunden mehr als 9 Stunden	30 45

Abbildung 60

Die Ruhepausen können zusammenhängen oder aufgeteilt werden; sie müssen aber jeweils mindestens 15 Minuten betragen.

Ruhezeit
Nach Beendigung der täglichen Arbeitszeit muss eine ununterbrochene Ruhezeit von mindestens elf Stunden liegen.

Nachtarbeitszeit

Nachtzeit ist die Zeit von 23.00 bis 6.00 Uhr; in Bäckereien und Konditoreien die Zeit von 22.00 bis 5.00 Uhr.

Nachtarbeit

Nachtarbeit ist jede Arbeit, die mehr als zwei Stunden der Nachtzeit umfasst. Für die Beschäftigten mit Nachtarbeit gelten besondere Regelungen hinsichtlich der Überschreitung der werktäglichen Arbeitszeit von acht Stunden, der Berechtigung zu arbeitsmedizinischen Untersuchungen innerhalb bestimmter Zeiträume und des Anspruchs auf Umsetzung auf einen geeigneten Tagesarbeitsplatz in den im Gesetz genannten Fällen.

Sonn- und Feiertagsarbeit

An Sonn- und Feiertagen dürfen Arbeitnehmer nicht beschäftigt werden.

Ausnahmen

Abweichend von diesem Grundsatz ist die Beschäftigung von Arbeitnehmern in Bäckereien und Konditoreien für bis zu drei Stunden mit der Herstellung und dem Austragen oder Ausfahren von Konditorwaren und an diesem Tag zum Verkauf kommenden Bäckerwaren zulässig.
In bestimmten Fällen sieht das Gesetz weitere Ausnahmen vor (so im Gaststätten- und Verkehrsgewerbe, Haushalt, bei Messen und Ausstellungen sowie in bestimmten Notfällen).

Jugendarbeitsschutzgesetz

Siehe hierzu Abschnitt 1.3.4.5 „Arbeitsschutzrecht – Jugendarbeitsschutzrecht“ im Band 3.

Mutterschutz

Im Zusammenhang mit der Mutterschaft bestehen besondere Vorschriften zum Schutze der Arbeitnehmerin und des Kindes.

Wird eine werdende oder stillende Mutter beschäftigt, muss der Arbeitgeber hinsichtlich Arbeitsplatz und Arbeitsgeräten die erforderlichen Maßnahmen zum Schutze von Leben und Gesundheit der Arbeitnehmerin treffen.

Beschäftigungsverbote

Verboten ist insbesondere die Beschäftigung:

Gesundheitsschutz

- wenn nach ärztlichem Zeugnis Leben oder Gesundheit von Mutter oder Kind gefährdet ist (individuelles Beschäftigungsverbot)
- mit schweren körperlichen Arbeiten
- mit Arbeiten, bei denen die werdende Mutter schädlichen Einwirkungen von gesundheitsgefährdenden Stoffen oder sonstigen Belastungen wie Staub, Dämpfen, Erschütterungen, Lärm und dergleichen ausgesetzt ist
- mit Akkord- und Fließbandarbeit

- ab dem 6. Monat der Schwangerschaft mit Arbeiten, bei denen die werdende Mutter ständig stehen muss, soweit diese vier Stunden täglich überschreiten
- mit Mehr-, Nacht-, Sonn- und Feiertagsarbeit.

Höchstarbeitszeit
Höchstarbeitszeit für werdende Mütter:

	Stunden	
Alter	täglich	in der Doppelwoche
unter 18 Jahre	8	80 (einschließlich der Unterrichtszeiten in der Berufsschule)
über 18 Jahre	8,5	90

Abbildung 61

Mutterschutzlohn
Eine Einbuße an Arbeitsentgelt darf durch die Beschäftigungsverbote nicht entstehen. Bei schwankenden Bezügen ist das Durchschnittsarbeitsentgelt der letzten 13 Wochen bzw. drei Monate vor Beginn des Monats, in dem die Schwangerschaft eingetreten ist, maßgebend. Tariferhöhungen müssen mitberücksichtigt werden.

Schutzfristen vor und nach der Entbindung
Sechs Wochen vor der Entbindung darf die werdende Mutter nicht beschäftigt werden; es sei denn, sie erklärt sich ausdrücklich dazu bereit.

Beschäftigungsverbot

Acht Wochen nach der Entbindung darf die Mutter nicht beschäftigt werden. Bei Früh- und Mehrlingsgeburten verlängert sich diese Frist auf zwölf Wochen; bei Frühgeburten zusätzlich um den Zeitraum, der vor der Entbindung (sechs Wochen) nicht in Anspruch genommen werden konnte.

Mutterschaftsgeld
Während der Schutzfristen vor und nach der Entbindung sowie für den Entbindungstag erhält die Arbeitnehmerin von der Krankenkasse das Mutterschaftsgeld, berechnet nach dem Durchschnittsnettoarbeitsentgelt der letzten drei abgerechneten Kalendermonate, höchstens jedoch **13,00 EUR je Kalendertag.** Die Differenz zwischen dem Mutterschaftsgeld und dem tatsächlichen Nettoarbeitsentgelt hat der Arbeitgeber als **Arbeitgeberzuschuss** aufzuzahlen.

Ausgleichsverfahren

Mutterschaftsversicherung

Für alle Arbeitgeber besteht ein Ausgleichsverfahren hinsichtlich der Arbeitgeberaufwendungen bei Schwangerschaft und Mutterschaft (siehe Abschnitt 3.3.3.4 „Entgeltzahlung im Krankheitsfall").

Ärztliche Betreuung

Gesetzlich und privat krankenversicherte Arbeitnehmerinnen haben während der Schwangerschaft, bei und nach der Entbindung Anspruch auf ärztliche Betreuung einschließlich der Untersuchungen zur Feststellung der Schwangerschaft und der Schwangerenvorsorge. Der Arbeitgeber hat die hierfür erforderliche Freizeit zu gewähren; ein Arbeitsentgeltausfall darf hierdurch nicht eintreten.

Schwangerenvorsorge

Kündigungsschutz

Siehe hierzu Abschnitt 3.3.5.2 „Besonderer Kündigungsschutz".

Anzeigepflicht

Die Arbeitnehmerin soll dem Arbeitgeber ihre Schwangerschaft und den mutmaßlichen Tag der Entbindung mitteilen, sobald ihr dieser Zustand bekannt ist.
Der Arbeitgeber muss die Aufsichtsbehörde (zuständige Arbeitsschutzbehörde) hiervon unverzüglich benachrichtigen.

Auf Verlangen des Arbeitgebers soll die Arbeitnehmerin ein ärztliches Zeugnis vorlegen, dessen Kosten der Arbeitgeber trägt.

Elternzeit

Für den Anspruch auf Elternzeit gelten folgende Grundsätze:

- Die Eltern können, sofern sie dies wollen, die Elternzeit bis zum 3. Geburtstag des Kindes gemeinsam nutzen. Dabei wird die Elternzeit für jeden Elternteil separat betrachtet.
- Mit Zustimmung des Arbeitgebers ist eine Übertragung von einem Jahr Elternzeit über das 3. Lebensjahr des Kindes hinaus möglich.
- Die Anmeldefrist der Elternzeit beträgt mindestens sechs Wochen, wenn die Elternzeit unmittelbar nach der Geburt oder nach der Mutterschutzfrist beginnen soll, sonst mindestens acht Wochen.
- Während der Elternzeit ist eine Teilzeitbeschäftigung bis zu 30 Stunden, bei gemeinsamer Elternzeit von zusammen bis zu 60 Stunden, wöchentlich zulässig. In Betrieben mit mehr als 15 Beschäftigten haben Arbeitnehmer einen Rechtsanspruch auf Verringerung der arbeitsvertraglichen Arbeitszeit im Rahmen von 15 bis 30 Wochenstunden, es sei denn, dass dem dringende betriebliche Gründe entgegenstehen. Dem Arbeitgeber sind Beginn und Umfang der gewünschten Arbeitszeit zu nennen. Im Antrag soll auch die gewünschte Verteilung der Arbeitszeit enthalten sein.

  Teilzeitbeschäftigung
- Für jeden vollen Kalendermonat der Elternzeit kann der Jahresurlaubsanspruch um $^1/_{12}$ gekürzt werden.
- Der Versicherungsschutz in der gesetzlichen Krankenversicherung und der gesetzlichen Pflegeversicherung bleibt beitragsfrei aufrechterhalten; in der gesetzlichen Rentenversicherung besteht die Möglichkeit der Anrechnung von Kindererziehungszeiten (siehe Abschnitt 3.4.6.6 „Leistungen der Rentenversicherung"). Der Versicherungsschutz der Arbeitslosenversicherung besteht ebenfalls weiter.

  Versicherungsschutz

Bei Auszubildenden wird die Elternzeit nicht auf die Dauer der Ausbildungszeit angerechnet.

Auszubildende

Erziehungsgeld

Grundsätze für den Anspruch auf Erziehungsgeld:

- Anspruchsberechtigte erhalten Erziehungsgeld, sofern bestimmte Einkommensgrenzen nicht überschritten werden – auf Antrag – für jedes Kind.

Anspruchsdauer

- Es beginnt mit der Geburt und endet mit der Vollendung des 24. Lebensmonats. Es kann als Regelbetrag über 24 Monate oder als Budget über zwölf Monate bezogen werden. Im Anschluss an den Bezug des Bundes-Erziehungsgeldes kann noch ein Anspruch auf Landes-Erziehungsgeld bestehen.

Elterngeld

Ab 2007 ist ein so genanntes Elterngeld angekündigt. Es wird das Erziehungsgeld ersetzen. Bei Drucklegung dieser Auflage zeichneten sich folgende Eckdaten ab:

- Das Elterngeld ersetzt 67 Prozent des bisherigen Einkommens des erziehenden Elternteiles bis zu einem Höchstsatz von 1.800,00 Euro netto.
- Es gibt einen einkommensunabhängigen Sockelbetrag von 300,00 Euro.
- Der Sockelbetrag wird nicht mit anderen sozialstaatlichen Transferleistungen verrechnet werden, wie zum Beispiel mit dem Arbeitslosengeld II.
- Wer mehr als 30 Stunden pro Woche arbeitet, hat keinen Anspruch auf Elterngeld.
- Die Bezugszeit beträgt 12 Monate bzw. 14 Monate, wenn Vater und Mutter jeweils Zeiten der Kindererziehung übernehmen.

Schwerbehindertenschutz

Schwerbehinderte und ihnen Gleichgestellte werden im Arbeitsleben einem besonderen Schutz unterstellt. Die Feststellung der Behinderung und des Grades der Behinderung trifft das Versorgungsamt auf Antrag des Behinderten. Über den Antrag auf Gleichstellung entscheidet die Agentur für Arbeit.

Begriff der Schwerbehinderung und Gleichstellung:

Schwerbehinderte	Gleichgestellte
↓	↓
Personen mit einem Grad der Behinderung ab 50 v. H.	Personen mit einem Grad der Behinderung unter 50 v. H., aber mindestens 30 v. H., wenn sie ohne Gleichstellung einen Arbeitsplatz nicht erlangen oder behalten können.

Abbildung 62

Beschäftigungspflicht

Schwerbehindertenpflichtplätze

Mindestens 5 v. H. der Arbeitsplätze im Betrieb müssen mit Schwerbehinderten besetzt werden. Die Pflicht zur Beschäftigung wenigstens eines Schwerbehinderten beginnt **ab 20 Arbeitsplätzen.**

Bei der Berechnung der Zahl der Arbeitsplätze werden alle Stellen, auf denen Arbeitnehmer beschäftigt werden, gerechnet. Auszubildende werden nicht berücksichtigt. Dies gilt auch für Teilzeitkräfte mit weniger als 18 Wochenstunden. Ein Schwerbehinderter, der zur Ausbildung beschäftigt wird, wird auf zwei Pflichtplätze angerechnet.

Ausgleichsabgabe

Die Höhe der Ausgleichsabgabe wird danach bemessen, in welchem Umfang ein Arbeitgeber der Beschäftigungspflicht von Schwerbehinderten nachkommt. Im Einzelnen beträgt die Ausgleichsabgabe monatlich pro nicht besetztem Pflichtplatz: Ausgleichsabgabe

- 105,00 EUR bei einer Beschäftigungsquote von 3 % bis unter 5 %
- 180,00 EUR bei einer Beschäftigungsquote von 2 % bis unter 3 %
- 260,00 EUR bei einer Beschäftigungsquote von unter 2 %.

Für Kleinbetriebe gelten folgende Sonderregelungen: Kleinbetriebsregelungen

- 105,00 EUR monatlich pro unbesetztem Pflichtplatz bei Arbeitgebern mit bis zu 39 Arbeitsplätzen, die weniger als einen Schwerbehinderten im Jahresdurchschnitt beschäftigen
- 105,00 EUR monatlich pro unbesetztem Pflichtplatz bei Arbeitgebern mit bis zu 59 Arbeitsplatzen, wenn sie weniger als zwei Schwerbehinderte beschäftigen, bzw. 180,00 EUR, wenn weniger als ein Schwerbehinderter beschäftigt wird.

Arbeitgeberpflichten

Für den Arbeitgeber ergeben sich insbesondere folgende Pflichten:

- Schwerbehinderte entsprechend ihrer Fähigkeiten und Kenntnisse zu beschäftigen Fürsorgepflicht des Arbeitgebers
- bei innerbetrieblichen Maßnahmen die berufliche Bildung Schwerbehinderter bevorzugt zu berücksichtigen
- Arbeitsräume und Arbeitsgeräte so einzurichten, dass eine dauernde Beschäftigung von Schwerbehinderten stattfinden kann
- wenn notwendig, erforderliche technische Arbeitshilfen bereitzustellen
- ein Verzeichnis der beschäftigten Schwerbehinderten und Gleichgestellten zu führen und der Agentur für Arbeit und dem Integrationsamt auf Verlangen vorzuzeigen
- einmal jährlich – spätestens bis 31.3. d. J. – der Agentur für Arbeit für das vorangegangene Kalenderjahr, aufgegliedert nach Monaten, die Zahl der Arbeitsplätze und der beschäftigten Schwerbehinderten und Gleichgestellten sowie den Gesamtbetrag der geschuldeten Ausgleichsabgabe anzuzeigen. Jährliche Anzeigepflicht

Insgesamt darf der Arbeitgeber schwer behinderte Beschäftigte bei Einstellungen, Fortbildungen, Kündigungen oder Beförderungen nicht wegen ihrer Behinderung benachteiligen.

Schwerbehindertenvertretung

Als Interessenvertretung der Schwerbehinderten wird in Betrieben, in denen regelmäßig mindestens fünf Schwerbehinderte beschäftigt werden, ein Vertrauensmann oder eine Vertrauensfrau und wenigstens ein Stellvertreter gewählt. Vertrauensmann

Kündigungsschutz

Hierzu siehe Abschnitt 3.3.5.2 „Besonderer Kündigungsschutz".

Zusatzurlaub

Zu diesem Punkt siehe Abschnitt 3.3.3.5 „Urlaubsrecht".

Überwachung des Schwerbehindertengesetzes
Vollzug und Überwachung des Schwerbehindertengesetzes erfolgen durch das Versorgungsamt, die Agentur für Arbeit und das Integrationsamt.

3.3.8.3 Betriebsaushänge

Aushänge am schwarzen Brett

Zur Unterrichtung der Arbeitnehmer und zur Beachtung der Arbeitsschutzvorschriften müssen verschiedene Aushänge im Betrieb an sichtbarer und zugänglicher Stelle angebracht bzw. ausgelegt werden:

Wesentliche für einen Handwerksbetrieb vorgeschriebene Aushänge im Betrieb:

Arbeitszeitgesetz	wenn mindestens ein Arbeitnehmer oder Auszubildender über 18 Jahre beschäftigt wird
Jugendarbeitsschutzgesetz und Anschrift der zuständigen Arbeitsschutzbehörde	wenn regelmäßig mindestens ein Jugendlicher beschäftigt wird
Beginn und Ende der Arbeitszeit und Ruhepausen für Jugendliche	wenn regelmäßig mindestens drei Jugendliche im Betrieb beschäftigt werden
Mutterschutzgesetz	wenn mindestens vier Frauen beschäftigt werden
Ladenschlussgesetz	in Verkaufsstellen, wenn mindestens ein Arbeitnehmer oder Auszubildender beschäftigt wird
Gesetz zum Schutz der Beschäftigten vor sexueller Belästigung am Arbeitsplatz	wenn mindestens ein Arbeitnehmer oder Auszubildender beschäftigt wird
Abdruck der §§ 611a, 611b, 612 Abs. 3 und 612a BGB sowie § 61b ArbGG	wenn mehr als fünf Arbeitnehmer beschäftigt werden
Unfallverhütungsvorschriften	wenn mindestens ein Arbeitnehmer oder Auszubildender beschäftigt wird
Adresse der zuständigen Berufsgenossenschaft	wenn mindestens ein Arbeitnehmer oder Auszubildender beschäftigt wird
Entgelt- und Rahmentarifvertrag	wenn der Betrieb tarifgebunden ist
Entgeltverzeichnis bzw. bindende Festsetzung	wenn Heimarbeit ausgegeben wird
Betriebsvereinbarungen zwischen Betriebsrat und Betrieb	in allen Betrieben

Abbildung 63

3.3.9 Arbeitsgerichtsbarkeit

3.3.9.1 Gerichte für Arbeitssachen

Arbeits-gerichtsbarkeit

Die Arbeitsgerichtsbarkeit gliedert sich in drei Instanzen:
I. Instanz – Arbeitsgericht
II. Instanz – Landesarbeitsgericht (Berufungsinstanz)
III. Instanz – Bundesarbeitsgericht (Revisionsinstanz)

Grundsätze der Arbeitsgerichtsbarkeit

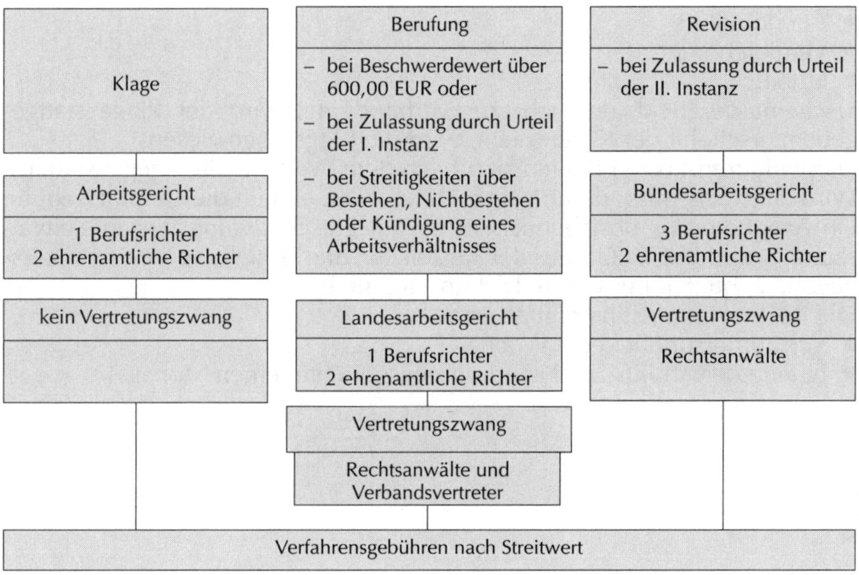

Abbildung 64

3.3.9.2 Zuständigkeit der Arbeitsgerichte

Sachliche Zuständigkeit

Die Gerichte für Arbeitssachen sind zuständig bei den Streitigkeiten zwischen
- den Tarifvertragsparteien in Fragen des Tarifvertrages oder eines Arbeitskampfes
- Arbeitnehmern und Arbeitgebern aus dem Arbeits- und Berufsausbildungsverhältnis
- Betriebsräten und Arbeitgebern aus dem Betriebsverfassungsgesetz
- Arbeitnehmern aus gemeinsamer Arbeit.

Örtliche Zuständigkeit

Örtlich zuständig ist das Arbeitsgericht, in dessen Bezirk
- die streitigen Verpflichtungen zu erfüllen sind oder
- sich der Betrieb des Arbeitgebers befindet oder
- beide Parteien oder die beklagte Partei ihren Wohnsitz haben.

Unter mehreren zuständigen Arbeitsgerichten hat der Kläger die Wahl.

3.3.9.3 Verfahren vor dem Arbeitsgericht

Klage

Die Klageerhebung erfolgt mündlich oder schriftlich; sie muss enthalten:

- Bezeichnung der Parteien und des Gerichts
- Angabe des Streitgegenstandes und des Streitgrundes
- Stellung eines Antrages.

Güteverhandlung

Die Verhandlung beginnt mit dem Zweck einer gütlichen Einigung der Parteien, die nach Möglichkeit angestrebt werden sollte. Ist die Verhandlung ergebnislos, kann der Vorsitzende die Güteverhandlung mit Zustimmung der Parteien in einem weiteren Termin, der alsbald stattfindet, fortsetzen. Kommt keine gütliche Einigung zustande, folgt die streitige Verhandlung. Das Verfahren endet durch

- Klagerücknahme
- Anerkenntnis
- Vergleich oder
- Urteil.

Versäumnisurteil

Erscheint der Beklagte nicht zur Verhandlung, wird der Klage stattgegeben; erscheint der Kläger nicht, wird die Klage abgewiesen.

Kosten

Die Verfahrenskosten richten sich nach dem Wert des Streitgegenstandes. Wird der Rechtsstreit durch Vergleich beendet, entfällt die Gerichtsgebühr. Ein Anspruch der obsiegenden Partei auf Entschädigung wegen Zeitversäumnis und auf Erstattung der Kosten für die Zuziehung eines Prozessbevollmächtigten besteht in der I. Instanz nicht.

Rechtsmittelfristen

Die Rechtsmittelfrist beträgt gegen:

- Versäumnisurteile: eine Woche
- Urteile der Arbeits- und Landesarbeitsgerichte: einen Monat.

Übungs- und Prüfungsaufgaben

1. Nennen Sie Rechtsgrundlagen des Arbeitsrechts!

„Siehe Seite 147 des Textteils!"

2. Das Arbeitsrecht regelt die Rechtsverhältnisse zwischen

☐ a) Auftraggeber und Auftragnehmer.
☐ b) Arbeitnehmer und Arbeitgeber.
☐ c) Versicherungsnehmer und Versicherer.
☐ d) den Tarifparteien.
☐ e) Gewerkschaften und Arbeitgebern.

„Siehe Seite 147 des Textteils!"

3. Als Arbeitgeber suchen Sie über ein Zeitungsinserat eine neue Arbeitskraft.

Aufgabe: Was müssen Sie aufgrund einer gesetzlichen Vorschrift bei der Ausschreibung des Arbeitsplatzes beachten?

☐ a) Das Inserat darf nicht nur in einer Zeitung erscheinen.
☐ b) Das Inserat muss ein Angebot über die Höhe des Arbeitsentgelts enthalten.
☐ c) Die Ausschreibung muss geschlechtsneutral erfolgen.
☐ d) Die Ausschreibung muss vorher der Agentur für Arbeit angezeigt werden.
☐ e) Die Kosten der Ausschreibung dürfen nicht als Betriebsausgabe verbucht werden.

„Siehe Seite 147 des Textteils!"

4. Bei Verhandlungen über den Abschluss eines Arbeitsvertrages hat der Arbeitgeber den Arbeitnehmer

☐ a) über seine privaten Vermögensverhältnisse eingehend zu informieren.
☐ b) über überdurchschnittliche Anforderungen des Arbeitsplatzes aufzuklären.
☐ c) darüber zu informieren, seit wann der Betrieb bereits besteht.
☐ d) davon zu unterrichten, welchen Organisationen er mit seinem Betrieb angehört.
☐ e) über den durchschnittlichen Jahresumsatz des Betriebes zu informieren.

„Siehe Seite 147 des Textteils!"

5. Nennen Sie einige Fragen, die der Arbeitgeber bei Einstellungsgesprächen im Rahmen seines Fragerechts zulässigerweise an den Arbeitnehmer stellen darf!

„Siehe Seite 147 des Textteils!"

6. Was versteht man unter einem Arbeitsvertrag auf unbestimmte Zeit?

☐ a) Ein Arbeitsverhältnis, das mit Ablauf der vereinbarten Zeit endet.
☐ b) Ein Arbeitsverhältnis, das beiderseits nicht gelöst werden kann.
☐ c) Ein Arbeitsverhältnis, das nur durch eine fristlose Kündigung gelöst werden kann.
☐ d) Ein Arbeitsverhältnis, das mit der Beendigung eines bestimmten Zweckes endet.
☐ e) Ein Arbeitsverhältnis, das so lange fortbesteht, bis es in der Regel durch Kündigung, Aufhebung oder Tod endet.

„Siehe Seite 150 des Textteils!"

7. Um welche Art von Arbeitsvertrag handelt es sich, wenn ein Arbeitnehmer nur für drei Monate zur Vertretung eines erkrankten Mitarbeiters im Betrieb angestellt wird?

☐ a) Teilzeitarbeitsvertrag
☐ b) Arbeitsvertrag auf unbestimmte Zeit
☐ c) Arbeitsvertrag für geringfügig Beschäftigte
☐ d) Arbeitsvertrag auf bestimmte Zeit
☐ e) Arbeitsvertrag für Leiharbeitnehmer.

„Siehe Seite 150 des Textteils!"

8. Gibt es für Arbeitsverträge eine Probezeit?

☐ a) Ja, die gesetzliche Probezeit beträgt für alle Arbeitnehmer einen Monat zum Monatsschluss.
☐ b) Nein, weil eine Probezeit für Arbeitsverträge grundsätzlich unzulässig ist.
☐ c) Ja, es gibt eine gesetzliche Probezeit von einem Monat, aber nur für Angestellte.
☐ d) Ja, aber nur, wenn die Probezeit im Arbeitsvertrag oder im Tarifvertrag vereinbart ist.
☐ e) Nein, weil es einer Probezeit für Arbeitsverhältnisse nicht bedarf.

„Siehe Seite 151 des Textteils!"

9. Teilzeitbeschäftigte sind Arbeitnehmer,

☐ a) deren regelmäßige Wochenarbeitszeit kürzer ist als die der vollzeitbeschäftigten Arbeitnehmer im Betrieb.
☐ b) deren Arbeitsverhältnis mit Ablauf der vereinbarten Dauer endet.
☐ c) die nur vorübergehend zur Aushilfe eingestellt worden sind.
☐ d) die ihre Arbeitszeit regelmäßig in zeitlich wechselndem Schichtdienst erbringen.
☐ e) die ständig sich abwechselnde Tätigkeiten verrichten.

„Siehe Seite 151 des Textteils!"

10. Einer Ihrer Mitarbeiter hat im Rahmen seiner Arbeiten beim Kunden einen Schaden verursacht.

Aufgabe: Haftet der Arbeitnehmer gegenüber seinem Arbeitgeber für Sachschäden, die er bei der Verrichtung seiner Arbeit durch leichte Fahrlässigkeit verschuldet?

☐ a) Ja, da es auf den Grad des Verschuldens nicht ankommt.
☐ b) Ja, weil der Arbeitnehmer für jeden Schaden, den er anrichtet, haftet.
☐ c) Nein, weil ein Arbeitnehmer für Schäden, die er bei der Arbeit verursacht, nie haftet.
☐ d) Nein, weil die Haftung des Arbeitnehmers bei leichter Fahrlässigkeit entfällt.
☐ e) Ja, aber nur, wenn der Arbeitnehmer ein höheres Arbeitsentgelt bezieht.

„Siehe Seite 152 des Textteils!"

11. Sie schließen mit einem neuen Mitarbeiter einen Arbeitsvertrag.

Aufgabe: Welche Pflichten ergeben sich für den Arbeitgeber aus dem Arbeitsvertrag?

„Siehe Seite 152 des Textteils!"

12. Für die Entlohnung Ihrer Mitarbeiter stehen Ihnen verschiedene Formen und Möglichkeiten zur Verfügung.

Aufgabe:

a) **In welchen Fällen wählen Sie den Zeitlohn?**
b) **In welchen Fällen wählen Sie den Leistungslohn?**

„Siehe Seite 153 des Textteils!"

13. Welche Angaben muss eine schriftliche Entgeltabrechnung enthalten?

„Siehe Seite 154 des Textteils!"

14. Ihr Arbeitnehmer hat gegenüber Ihnen als Arbeitgeber Anspruch auf Fortzahlung des Entgelts.

Aufgabe:

a) **Nennen Sie Fälle, in denen der Arbeitgeber das Arbeitsentgelt fortzuzahlen hat, ohne dass der Arbeitnehmer hierfür eine Arbeitsleistung zu erbringen hat!**
b) **In welcher Höhe ist dem Arbeitnehmer Entgelt zu zahlen und wonach wird dieses Entgelt bemessen?**
c) **Welche Pflichten hat der Arbeitnehmer, um seinen Anspruch auf Entgeltzahlung nicht zu verlieren?**

„Siehe Seiten 154 ff. des Textteils!"

15. Der gesetzliche Mindesturlaubsanspruch für Arbeitnehmer über 18 Jahre beträgt:
☐ a) 15 Werktage.
☐ b) 18 Werktage.
☐ c) 21 Werktage.
☐ d) 24 Werktage.
☐ e) 27 Werktage.

„Siehe Seite 157 des Textteils!"

16. Die Arbeitnehmer in Ihrem Betrieb haben Anspruch auf Urlaub.

Aufgabe:

a) **Welche Pflichten ergeben sich für den Arbeitgeber aus dem Urlaubsrecht?**
b) **Was gilt für den Zeitpunkt der Urlaubseinbringung?**
c) **Ist anstelle der Freizeitgewährung die Barabgeltung des Urlaubsanspruchs zulässig?**
d) **Wie wird nach dem Bundesurlaubsgesetz das Urlaubsentgelt errechnet?**

„Siehe Seite 158 des Textteils!"

17. Im Rahmen des Arbeitsverhältnisses muss auch der Arbeitgeber die Regelungen kennen, die als Entgeltsicherung die Existenz des Arbeitnehmers sicherstellen!

Aufgabe:

a) **Was versteht man unter Entgeltpfändungsschutz?**
b) **Was versteht man unter Entgeltaufrechnungsverbot?**
c) **Was besagt das Entgeltabtretungsverbot?**

„Siehe Seite 159 des Textteils!"

18. Nennen Sie einige Beispiele zur Fürsorgepflicht des Arbeitgebers!

„Siehe Seite 160 des Textteils!"

19. In der Regel wird ein Arbeitsverhältnis durch Kündigung beendet.

Aufgabe:

a) **Welche Arten der Kündigung gibt es?**
b) **Zu welchem Zeitpunkt wird die Kündigung eines Arbeitsverhältnisses wirksam?**
c) **In welcher Form und in welchen Fällen muss bei Kündigungen der Betriebsrat beteiligt werden?**
d) **Welche Vorschriften zu Kündigungsfristen müssen beachtet werden?**

„Siehe Seiten 160 ff. des Textteils!"

20. Welche Anforderungen gelten für die Kündigung eines Arbeitsverhältnisses, damit diese wirksam wird?

„Siehe Seite 161 des Textteils!"

21. In welchem Fall sind die verlängerten gesetzlichen Kündigungsfristen, die im Arbeitsrecht nach mehrjähriger Betriebszugehörigkeit gelten, zu beachten?

☐ a) Sie gelten sowohl für den Arbeitnehmer als auch für den Arbeitgeber.
☐ b) Sie gelten nur, wenn der Arbeitgeber kündigt.
☐ c) Sie gelten nur, wenn der Arbeitnehmer kündigt.
☐ d) Sie gelten beiderseits, aber nur in Betrieben ab 20 Beschäftigten.
☐ e) Sie gelten beiderseits, aber nur im Handwerk.

„Siehe Seite 162 des Textteils!"

22. Einer Ihrer Mitarbeiter hat sich so schwere Verfehlungen zuschulden kommen lassen, dass Sie ihn fristlos kündigen wollen.

Aufgabe: Innerhalb welcher Frist nach Bekanntwerden des wichtigen Grundes muss eine fristlose Kündigung erklärt werden, damit sie rechtswirksam ist?

☐ a) Innerhalb von drei Tagen
☐ b) Innerhalb einer Woche
☐ c) Innerhalb zwei Wochen
☐ d) Innerhalb drei Wochen
☐ e) Innerhalb vier Wochen.

„Siehe Seite 163 des Textteils!"

23. Muss der Betriebsrat vor Ausspruch einer fristlosen Kündigung durch den Arbeitgeber gehört werden?

☐ a) Nein, weil ein wichtiger Grund vorliegt.
☐ b) Ja, aber nur, wenn der betreffende Arbeitnehmer darauf besteht.
☐ c) Ja, wenn der Betriebsrat es verlangt.
☐ d) Ja, wenn der Arbeitnehmer den Kündigungsgrund bestreitet.
☐ e) Ja, da andernfalls die Kündigung unwirksam ist.

„Siehe Seite 163 des Textteils!"

24. Welches Rechtsmittel hat der Arbeitnehmer, um gegen eine unbegründete fristlose Kündigung vorzugehen?

„Siehe Seite 163 des Textteils!"

25. Welche Unterlagen gehören zu den Arbeitspapieren, die der Arbeitgeber bei Beendigung des Arbeitsverhältnisses an den Arbeitnehmer herausgeben muss?

„Siehe Seite 163 des Textteils!"

26. Nach Beendigung des Arbeitsverhältnisses hat der Arbeitnehmer Anspruch auf ein Arbeitszeugnis.

Aufgabe: Welche Angaben muss ein qualifiziertes Zeugnis enthalten?

„Siehe Seite 164 des Textteils!"

27. Ein Arbeitszeugnis, das Angaben zu den Leistungen und zum Verhalten des Arbeitnehmers enthält, ist auszustellen,

- ☐ a) wenn der Arbeitnehmer ein solches ausdrücklich verlangt.
- ☐ b) auch wenn der Arbeitnehmer ein solches nicht verlangt.
- ☐ c) wenn das Arbeitsverhältnis mindestens fünf Jahre bestanden hat.
- ☐ d) wenn der Arbeitnehmer seine Vertragspflichten erfüllt hat.
- ☐ e) wenn das Arbeitsverhältnis durch eine ordentliche Kündigung endet.

„Siehe Seite 164 des Textteils!"

28. Ab wie viel beschäftigten Arbeitnehmern fällt der Betrieb unter das Kündigungsschutzgesetz (allgemeiner Kündigungsschutz)? Wie werden dabei Lehrlinge und Teilzeitkräfte berücksichtigt?

„Siehe Seite 165 des Textteils!"

29. Gegen welche Kündigung ist der Arbeitnehmer im Rahmen des allgemeinen Kündigungsschutzgesetzes insbesondere geschützt?

- ☐ a) Gegen jede Kündigung
- ☐ b) Gegen eine sozial ungerechtfertigte Kündigung
- ☐ c) Gegen eine ordentliche Kündigung
- ☐ d) Gegen eine fristgerechte Kündigung
- ☐ e) Gegen eine beiderseitige Kündigung.

„Siehe Seite 165 des Textteils!"

30. Wegen schlechter Auftragslage stehen Sie vor der Entscheidung, in Ihrem Betrieb mehrere Arbeitnehmer entlassen zu müssen.

Aufgabe: Welche sozialen Gesichtspunkte müssen Sie als Arbeitgeber bei Geltung des Kündigungsschutzgesetzes bei der Auswahl der zu kündigenden Arbeitnehmer beachten, wenn Sie aus dringenden betrieblichen Gründen kündigen wollen?

„Siehe Seite 166 des Textteils!"

31. Kann einem Arbeitnehmer während der Ableistung des Grundwehrdienstes in Betrieben mit mehr als fünf Beschäftigten gekündigt werden?

- ☐ a) Ja, unter Einhaltung der regulären Frist kann gekündigt werden.
- ☐ b) Nein, während des Grundwehrdienstes ist jegliche Kündigung unzulässig.
- ☐ c) Ja, die Kündigung ist aber nur mit Zustimmung der zuständigen Arbeitsschutzbehörde zulässig.
- ☐ d) Ja, aber nur fristlos bei Vorliegen eines wichtigen Grundes.
- ☐ e) Ja, in Betrieben mit Saisonbeschäftigung.

„Siehe Seite 168 des Textteils!"

32. Welche Behörde ist zuständig für die Erteilung der Zustimmung zur Kündigung eines Schwerbehinderten?

☐ a) Agentur für Arbeit
☐ b) Zuständige Arbeitsschutzbehörde
☐ c) Gemeinde
☐ d) Arbeitsministerium
☐ e) Integrationsamt.

„Siehe Seite 168 des Textteils!"

33. Bei weiblichen Beschäftigten müssen Sie als Arbeitgeber die Vorschriften zum Mutterschutz kennen.

Aufgabe: Welche Regelungen gelten bezüglich der Kündigung werdender Mütter?

„Siehe Seite 169 des Textteils!"

34. Die behördliche Genehmigung zur Kündigung einer werdenden Mutter

☐ a) muss vor Ausspruch der ordentlichen oder fristlosen Kündigung in Händen des Arbeitgebers sein.
☐ b) muss gleichzeitig mit Ausspruch der Kündigung vom Arbeitgeber beantragt werden.
☐ c) muss innerhalb zwei Wochen nach Ausspruch der Kündigung vom Arbeitgeber beantragt werden.
☐ d) muss innerhalb zwei Wochen nach Ausspruch der Kündigung in Händen des Arbeitgebers sein.
☐ e) kann bis zum Ablauf der ordentlichen Kündigungsfrist vom Arbeitgeber beantragt werden.

„Siehe Seite 169 des Textteils!"

35. Ab wie viel Beschäftigten müssen die Vorschriften zum Kündigungsschutz bei Massenentlassungen beachtet werden?

☐ a) Bei mehr als 20 Arbeitnehmern
☐ b) Bei mehr als 30 Arbeitnehmern
☐ c) Bei mehr als 50 Arbeitnehmern
☐ d) Bei mehr als 75 Arbeitnehmern
☐ e) Bei mehr als 100 Arbeitnehmern.

„Siehe Seite 170 des Textteils!"

36. Auch wenn Sie als Arbeitgeber keinem Arbeitgeberverband angehören, kann dennoch ein Tarifvertrag für Sie verbindlich sein.

Aufgabe: Unter welcher Voraussetzung ist ein Tarifvertrag für die Arbeitsvertragspartner verbindlich?

☐ a) Wenn beide Arbeitsvertragspartner Mitglied der tarifabschließenden Arbeitnehmer- bzw. Arbeitgeberorganisation sind oder der Tarifvertrag für allgemein verbindlich erklärt wurde.
☐ b) Es genügt, wenn nur der Arbeitnehmer Mitglied der tarifabschließenden Gewerkschaft ist.
☐ c) Es genügt, wenn nur der Arbeitgeber Mitglied der zuständigen Innung ist.
☐ d) Wenn der Betrieb Mitglied der zuständigen Berufsgenossenschaft ist.
☐ e) Wenn der Betriebsinhaber im Geltungsbereich des Tarifvertrages seinen Wohnsitz hat.

„Siehe Seite 171 des Textteils!"

37. Kann bei Tarifbindung von den Normen des Tarifvertrages durch Vereinbarung abgewichen werden?

☐ a) Nein, eine Abweichung ist grundsätzlich unzulässig.
☐ b) Ja, aber die Abweichung muss schriftlich vereinbart werden.
☐ c) Ja, auch wenn die Abweichung zuungunsten des Arbeitnehmers erfolgt.
☐ d) Ja, insbesondere dann, wenn die Abweichung zugunsten des Arbeitgebers erfolgt.
☐ e) Ja, aber nur, wenn die Abweichung den Arbeitnehmer begünstigt.

„Siehe Seite 171 des Textteils!"

38. Tarifverträge spielen zur Regelung des Arbeitsverhältnisses eine wichtige Rolle.

Aufgabe: Was regeln die Tarifverträge inhaltlich?

„Siehe Seiten 171 f. des Textteils!"

39. Ab welcher Betriebsgröße kann ein Betriebsrat gewählt werden?

☐ a) Ab drei Arbeitnehmern, die auch wählbar sein müssen.
☐ b) Ab fünf wahlberechtigten Arbeitnehmern, von denen mindestens drei wählbar sein müssen.
☐ c) Ab zehn wahlberechtigten Arbeitnehmern, von denen mindestens fünf wählbar sein müssen.
☐ d) Ab 20 Beschäftigten, von denen mindestens zehn wählbar sein müssen.
☐ e) Ab 30 Beschäftigten, von denen mindestens 20 wählbar sein müssen.

„Siehe Seite 172 des Textteils!"

40. Ab welchem Alter kann der Arbeitnehmer an der Betriebsratswahl mit Stimmrecht teilnehmen?

☐ a) Ohne Rücksicht auf das Alter
☐ b) Nach Vollendung des 16. Lebensjahres
☐ c) Nach Vollendung des 18. Lebensjahres
☐ d) Nach Vollendung des 21. Lebensjahres
☐ e) Nach Vollendung des 24. Lebensjahres.

„Siehe Seite 172 des Textteils!"

41. Die Amtszeit des gewählten Betriebsrats dauert

☐ a) zwei Jahre.
☐ b) drei Jahre.
☐ c) vier Jahre.
☐ d) fünf Jahre.
☐ e) sechs Jahre.

„Siehe Seite 172 des Textteils!"

42. Ab wie viel beschäftigten Jugendlichen oder Auszubildenden unter 25 Jahren im Betrieb kann eine Jugend- und Auszubildendenvertretung gewählt werden?

„Siehe Seite 172 des Textteils!"

43. Bei der Regelung der Beziehungen zwischen Arbeitgeber und Arbeitnehmer spielt das Betriebsverfassungsgesetz eine wichtige Rolle.

Aufgabe:

a) Nennen Sie die wichtigsten Grundsätze der Zusammenarbeit zwischen Arbeitgeber und Betriebsrat!
b) Welche Mitwirkungs- bzw. Mitbestimmungsrechte hat der Betriebsrat?

„Siehe Seite 174 des Textteils!"

44. Nennen Sie die Rechte des einzelnen Arbeitnehmers nach dem Betriebsverfassungsgesetz!

„Siehe Seite 177 des Textteils!"

45. Als Arbeitgeber müssen Sie die Vorschriften des Arbeitsschutzes kennen und die betrieblichen Prozesse darauf abstimmen.

Aufgabe:

a) Nennen Sie einige Rechtsvorschriften des betrieblichen Arbeitsschutzes!
b) Nennen Sie die wichtigsten Gesetze, die den sozialen Arbeitsschutz regeln, und beschreiben Sie deren wesentliche Inhalte!

„Siehe Seiten 178 ff. des Textteils!"

46. Für die Überwachung der Arbeitsschutzvorschriften ist zuständig

☐ a) die Agentur für Arbeit.
☐ b) die Innung.
☐ c) die Handwerkskammer.
☐ d) die zuständige Arbeitsschutzbehörde.
☐ e) das Gewerbeamt.

„Siehe Seite 179 des Textteils!"

47. Die gesetzlich höchstzulässige wöchentliche Arbeitszeit beträgt für Arbeitnehmer über 18 Jahre

☐ a) 40 Stunden.
☐ b) 41 Stunden.
☐ c) 42 Stunden.
☐ d) 45 Stunden.
☐ e) 60 Stunden.

„Siehe Seite 180 des Textteils!"

48. Wie lange muss bei erwachsenen Arbeitnehmern die Ruhezeit nach Beendigung der täglichen Arbeitszeit sein?

„Siehe Seite 180 des Textteils!"

49. Ruhepausen während der Arbeitszeit sind

☐ a) gesetzlich vorgeschrieben.
☐ b) in das Belieben der Arbeitsvertragspartner gestellt.
☐ c) nur auf Wunsch des Arbeitnehmers zu gewähren.
☐ d) nur auf Verlangen des Betriebsrats zu gewähren.
☐ e) in das Ermessen des Arbeitgebers gestellt.

„Siehe Seite 180 des Textteils!"

50. Innerhalb welchen Mindestzeitraums nach der Entbindung ist die Beschäftigung der Arbeitnehmerin unzulässig?

☐ a) Zwei Wochen
☐ b) Drei Wochen
☐ c) Vier Wochen
☐ d) Sechs Wochen
☐ e) Acht Wochen.

„Siehe Seite 182 des Textteils!"

51. Ab welcher Betriebsgröße beginnt die Pflicht zur Beschäftigung von Schwerbehinderten?

☐ a) Ab 7 Arbeitsplätzen
☐ b) Ab 20 Arbeitsplätzen
☐ c) Ab 22 Arbeitsplätzen
☐ d) Ab 25 Arbeitsplätzen
☐ e) Ab 30 Arbeitsplätzen.

„Siehe Seite 184 des Textteils!"

52. Zur Unterrichtung der Arbeitnehmer und zur Beachtung der Arbeitsschutzvorschriften müssen im Betrieb eine Reihe von Gesetzen und sonstigen Vorschriften ausgehängt bzw. ausgelegt werden.

Aufgabe: Nennen Sie einige davon!

„Siehe Seite 186 des Textteils!"

53. Zuständig für arbeitsrechtliche Streitigkeiten zwischen Arbeitnehmer und Arbeitgeber ist das

☐ a) Amtsgericht.
☐ b) Landgericht.
☐ c) Sozialgericht.
☐ d) Arbeitsgericht.
☐ e) Verwaltungsgericht.

„Siehe Seite 186 des Textteils!"

3.4 Sozial- und Privatversicherungen

3.4.1 Übersicht zum Sozialversicherungsrecht

3.4.1.1 Aufgabe der Sozialversicherung

Aufgabe der Sozialversicherung ist die Sicherung der Arbeitnehmer gegen die vielfältigen Risiken des Lebens wie zum Beispiel Alter, Invalidität, Krankheit, Unfall, Arbeitslosigkeit, Schwerpflegebedürftigkeit auf der Grundlage einer Pflichtversicherung.

In einigen Zweigen der Sozialversicherung erstreckt sich dieser Solidargedanke auch auf selbstständig Erwerbstätige, wie die Versicherungspflicht der selbstständigen Handwerker und Handwerkerinnen in der gesetzlichen Rentenversicherung.

3.4.1.2 Gliederung der Sozialversicherung

Versicherungszweige

Das System der Sozialversicherung gliedert sich im Wesentlichen in die folgenden Versicherungszweige:
- Krankenversicherung
- Unfallversicherung
- Rentenversicherung
- Arbeitslosenversicherung
- Grundsicherung für Arbeitsuchende
- Pflegeversicherung.

3.4.1.3 Selbstverwaltungsorgane der Sozialversicherung

Die Durchführung der Sozialversicherung obliegt den Versicherungsträgern, die als Körperschaften des öffentlichen Rechts mit dem Recht der Selbstverwaltung ausgestattet sind. Versicherungsträger sind u. a.:
- Allgemeine Orts-, Betriebs- und Innungskrankenkassen, Ersatzkassen
- Deutsche Rentenversicherung
- Berufsgenossenschaften.

Paritätische Selbstverwaltungsorgane

Bei jedem Versicherungsträger sind Organe der Selbstverwaltung gebildet, die sich paritätisch aus Arbeitnehmern und Arbeitgebern zusammensetzen.

Eine Ausnahme gilt für die Ersatzkrankenkassen; hier gehören nur Versicherte den Selbstverwaltungsorganen an.

In der Arbeitsverwaltung setzen sich die Selbstverwaltungsorgane je zu einem Drittel aus Vertretern der Arbeitnehmer, Arbeitgeber und öffentlichen Körperschaften zusammen.

3.4.1.4 Beiträge

Einzugsstelle

Einzugsstelle für die Gesamtsozialversicherungsbeiträge zur Kranken-, Renten-, Arbeitslosen- und sozialen Pflegeversicherung ist die Krankenkasse, bei der der Arbeitnehmer krankenversichert ist.

Gesamtbeiträge

Für Arbeitnehmer, die nicht Mitglied einer gesetzlichen Krankenkasse sind, ist Einzugsstelle für die Pflichtbeiträge zur Renten- und Arbeitslosenversicherung die Krankenkasse, die vom Arbeitgeber gewählt wird.
Für die Pauschalabgabe bei geringfügig Beschäftigten ist die Deutsche Rentenversicherung Knappschaft-Bahn-See zuständig.

Beitragstragung

Die Pflichtbeiträge zur Arbeitslosen- und Rentenversicherung werden

- je zur Hälfte vom Arbeitnehmer und Arbeitgeber

getragen.
Die hälftige Beitragstragung gilt grundsätzlich auch in der Pflege- und der Krankenversicherung. Jedoch zahlen kinderlose Versicherte ab dem 23. Lebensjahr in der Pflegeversicherung einen Zuschlag von 0,25 Beitragssatzpunkten. In der Krankenversicherung zahlen Versicherte seit 1.7.2005 einen zusätzlichen Beitrag von 0,9 Prozentpunkten.

Auszubildende

Für Auszubildende, deren monatliches Bruttoarbeitsentgelt 325,00 EUR nicht übersteigt, hat der

- Arbeitgeber allein

die Gesamtsozialversicherungsbeiträge zu tragen.

Beitragszahlung

Fälligkeit

Der Gesamtsozialversicherungsbeitrag ist

- vom Arbeitgeber monatlich zu zahlen;
- in voraussichtlicher Höhe der Beitragsschuld spätestens am drittletzten Bankarbeitstag des Monats, in dem das Arbeitsentgelt erzielt wird
- ein eventuell verbleibender Rest zum drittletzten Bankarbeitstag des Folgemonats.

Die voraussichtliche Beitragsschuld ist dabei möglichst genau zu bestimmen: Ausgehend vom Beitragssoll des letzten Beitragsmonats sind zusätzlich Änderungen bei der Beschäftigtenzahl, die voraussichtlich in diesem Monat anfallenden Arbeitsstunden, Änderungen der Beitragssätze, Erhöhungen der Beitragsbemessungsgrenzen und eventuelle Lohnanpassungen zu berücksichtigen. Bei Zahlungsverzug werden Säumniszuschläge erhoben.

Beitragsabzug

Lohnabzugsverfahren

Die auf den Arbeitnehmer entfallenden Beitragsanteile sind vom Bruttoarbeitsentgelt abzuziehen. Ein unterbliebener Abzug darf nur bei den drei nächsten Lohn- oder Gehaltszahlungen nachgeholt werden; danach nur dann, wenn der Abzug ohne Verschulden des Arbeitgebers unterblieben ist.

Haftung des Arbeitgebers

Der Arbeitgeber haftet für die Zahlung des Gesamtsozialversicherungsbeitrages.

Bei Leiharbeitnehmern haftet neben dem Verleiher auch der Entleiher wie ein selbstschuldnerischer Bürge für den Beitragszeitraum, für den ihm der Arbeitnehmer überlassen worden ist.

Verjährung

Ansprüche auf Beiträge zur Sozialversicherung verjähren

Verjährungsfristen

- in vier Jahren
- bei vorsätzlicher Beitragsvorenthaltung in 30 Jahren

nach Ablauf des Kalenderjahres, in dem sie fällig geworden sind.

Beitragsberechnung

Berechnungsgrundlage

Maßgebend für die Berechnung der Gesamtsozialversicherungsbeiträge ist das Bruttoarbeitsentgelt bis zur Beitragsbemessungsgrenze.

Arbeitsentgelt

Arbeitsentgelt sind alle laufenden und einmaligen Einnahmen aus einer Beschäftigung. Zum beitragspflichtigen Arbeitsentgelt gehören auch übertarifliche Leistungen, Mehrarbeitszuschläge und Zulagen.

Geringfügige Beschäftigungen

Sozialversicherungsrechtlich unterscheidet man folgende Arten von geringfügigen Beschäftigungen:

- geringfügig entlohnte Beschäftigung mit einem Entgelt bis zu regelmäßig 400,00 EUR im Monat.
  Sie ist sozialversicherungsfrei. Eine Zusammenrechnung mit einer versicherungspflichtigen Hauptbeschäftigung entfällt, so lange nur eine geringfügige Beschäftigung ausgeübt wird. Versicherungspflicht tritt ein, wenn mehrere geringfügige Beschäftigungen ausgeübt werden und diese insgesamt 400,00 EUR pro Monat übersteigen. Diese Versicherungspflicht gilt in der Regel erst ab dem Tag der Bekanntgabe der Feststellung durch die Einzugsstelle oder den Rentenversicherungsträger. Der Arbeitgeber zahlt, soweit sich für den Arbeitnehmer keine Versicherungspflicht ergibt, Pauschalabgaben in Höhe von 30 % (bzw. 12 %); und zwar
  - 15 % für die Rentenversicherung (mit Aufstockungsoption für den Arbeitnehmer; d. h., dass der Arbeitnehmer durch schriftliche Erklärung gegenüber dem Arbeitgeber auf die Versicherungsfreiheit verzichten kann)
  - 13 % für die Krankenversicherung (bei Mitgliedern der gesetzlichen Krankenversicherung)
  - 2 % Pauschalsteuer.

  Bei geringfügiger Beschäftigung in Privathaushalten hat der Arbeitgeber nur Pauschalabgaben in Höhe von 12 % (7 %, falls keine Mitgliedschaft bei der gesetzlichen Krankenversicherung vorliegt) zu entrichten. Sie sind an eine gemeinsame Einzugsstelle bei der Deutschen Rentenversicherung Knappschaft-Bahn-See zu entrichten.

- kurzfristige Beschäftigungen, die nicht länger als zwei Monate oder 50 Arbeitstage pro Kalenderjahr andauern.
  Für diese Beschäftigung sind weder Sozialversicherungsabgaben noch Pauschalabgaben zu zahlen. Der Arbeitslohn für die kurzfristige Beschäftigung unterliegt jedoch der Lohnsteuer. Der Lohnsteuerabzug kann individuell nach der Lohnsteuerkarte oder pauschal vorgenommen werden.

Gleitzone

Für Einkünfte oberhalb von 400,00 EUR bis 800,00 EUR pro Monat wurde eine Gleitzone eingerichtet. Es gelten folgende Regelungen:

- Der Arbeitnehmerbeitrag zur Sozialversicherung steigt in diesem Bereich von rund 4 % auf den vollen Beitrag (derzeit rund 21 %) an. Es ergeben sich bei vermindertem Beitragsanteil bezüglich Krankengeld und Arbeitslosengeld keine Leistungseinschränkungen. Bei der Rentenversicherung hat der Arbeitnehmer eine Aufstockungsoption.
- Der Arbeitgeberbeitrag ist in voller Höhe zu entrichten (derzeit rd. 21 %)
- Die Besteuerung des Arbeitnehmers erfolgt entsprechend seiner persönlichen Gegebenheiten.

Für alle geringfügigen Beschäftigungen besteht Beitragspflicht zur Unfallversicherung.

3.4.1.5 Meldevorschriften

Meldeverfahren

Systemgeprüfte Programme Ausfüllhilfen

Das Meldeverfahren erfolgt elektronisch

- über systemgeprüfte Lohn- und Gehaltsabrechnungsprogramme
- oder mittels zugelassener Ausfüllhilfen; deren Erfassungsmasken entsprechen dem Aufbau der bisherigen Formulare.

Wichtige Meldungen durch den Betrieb sind: Anmeldungen, Abmeldungen, Jahresmeldungen, Unterbrechungsmeldungen und sonstige Entgeltmeldungen.

Information des Arbeitnehmers

Den Beschäftigten ist über die Meldungen eine maschinell erstellte Bescheinigung zu erteilen. Dies kann auch auf den üblichen Engeltabrechnungen erfolgen. Die Bescheinigung ist mindestens einmal jährlich bis zum 30. April eines jeden Jahres für alle im Vorjahr gemeldeten Daten auszustellen. Bei Beendigung eines Arbeitsverhältnisses ist sie unverzüglich nach der Abgabe der letzten Meldung für den Beschäftigten zu erstellen.

Betriebsnummer

Für die Erstattung der Meldungen benötigt der Arbeitgeber eine Betriebsnummer, die von der örtlichen Agentur für Arbeit zugeteilt wird.

Sozialversicherungsausweis

Versicherungsnummer

Die Versicherungsnummer des Arbeitnehmers, die bei den Meldungen zu übernehmen ist, enthält der vom Rentenversicherungsträger ausgestellte Sozialversicherungsausweis. Die Versicherungsnummer bleibt während des Versicherungslebens unverändert.

Der Sozialversicherungsausweis dient der Verhinderung von illegalen Beschäftigungsverhältnissen und von Leistungsmissbrauch. Er enthält die Unterschrift des Ausweisinhabers und bei Beschäftigten, die zur Mitführung des Sozialversicherungsausweises verpflichtet sind, ein Passbild.
Der Sozialversicherungsausweis ist bei Beginn der Beschäftigung dem Arbeitgeber vorzulegen.

Meldepflichten

Die Meldepflichten gegenüber der zuständigen Krankenkasse für den Einzug der Beiträge zur Kranken-, Pflege-, Renten- und Arbeitslosenversicherung (Gesamtsozialversicherungsbeitrag) hat der Arbeitgeber.

Zuständige Einzugsstelle für den Gesamtsozialversicherungsbeitrag ist die Krankenkasse, von der die Krankenversicherung durchgeführt wird. Für Beschäftigte, die bei keiner Krankenkasse versichert sind, werden die Beiträge zur Rentenversicherung und zur Arbeitsförderung an die Einzugsstelle gezahlt, die der Arbeitgeber gewählt hat. Bei geringfügigen Beschäftigungen ist zuständige Einzugsstelle die Deutsche Rentenversicherung Knappschaft-Bahn-See.

Meldefristen

An- und Abmeldefristen

Anmeldefrist

Bei Beginn einer versicherungspflichtigen Beschäftigung ist mit der ersten folgenden Lohn- und Gehaltsabrechnung, spätestens innerhalb von 6 Wochen nach ihrem Beginn eine Anmeldung zu erstatten.

Abmeldefrist

Bei Beendigung der Beschäftigung ist mit der nächsten folgenden Lohn- und Gehaltsabrechnung, spätestens innerhalb von sechs Wochen die Abmeldung zu tätigen.

Jahresmeldung

Für alle am 31.12. des Vorjahres Beschäftigten hat der Arbeitgeber mit der ersten folgenden Lohn- und Gehaltsabrechnung, spätestens bis zum 15.4. des folgenden Jahres eine Jahresmeldung zu erstatten.

Meldungen für geringfügig entlohnte Beschäftigte

Für geringfügig entlohnte Beschäftigte sind grundsätzlich die gleichen Meldungen zu erstatten wie für versicherungspflichtig Beschäftigte.

Meldung zur Ausgleichskasse

Für das Ausgleichsverfahren für Mutterschaftsleistungen haben alle Arbeitgeber, für das Ausgleichsverfahren für die Entgeltfortzahlung im Krankheitsfall Arbeitgeber mit bis zu 30 Arbeitnehmern der Krankenkasse, bei der der Arbeitnehmer versichert ist, die für die Durchführung des Ausgleichs erforderlichen Angaben zu machen. Bei privat Versicherten ist es die Krankenkasse, zu der die Beiträge für die Renten- und die Arbeitslosenversicherung abgeführt werden. Für geringfügig Beschäftigte ist die Deutsche Rentenversicherung Knappschaft-Bahn-See zuständig.

Auskunftspflicht gegenüber Sozialversicherungsträgern

Die Arbeitgeber haben den Krankenkassen und Rentenversicherungsträgern auf Verlangen über alle Tatsachen Auskunft zu geben und die Unterlagen vorzulegen, die für die Erhebung der Beiträge notwendig sind.

Die Arbeitnehmer sind verpflichtet, ihren Arbeitgebern die zur Durchführung des Meldeverfahrens und für die Beitragsabführung erforderlichen Angaben zu machen und die hierfür nötigen Unterlagen vorzulegen. Gleiches gilt auch auf Verlangen gegenüber den Sozialversicherungsträgern.

Geld- und Freiheitsstrafen

Geldbuße

Eine Geldbuße bis zu 50.000,00 EUR kann verfügt werden, wenn der Arbeitgeber vorsätzlich oder fahrlässig der
- Meldepflicht
- Auskunftspflicht
  oder
- Pflicht zur Vorlage der erforderlichen Unterlagen nicht, nicht richtig oder nicht vollständig nachkommt.

Mit Freiheitsstrafe bis zu fünf Jahren oder mit Geldstrafe wird bestraft, wer als Arbeitgeber

Beitragsvorenthaltung

- Beiträge zur Sozialversicherung der Einzugsstelle vorenthält.

3.4.2 Krankenversicherung

3.4.2.1 Versicherungsträger

Träger der Krankenversicherung sind die Krankenkassen.

Kassenarten

Sie gliedern sich in folgende Kassenarten:
- Allgemeine Ortskrankenkassen
- Innungskrankenkassen
- Betriebskrankenkassen
- Landwirtschaftliche Krankenkassen
- Ersatzkrankenkassen
- Seekrankenkasse
- Deutsche Rentenversicherung Knappschaft-Bahn-See als Träger der knappschaftlichen Krankenversicherung.

3.4.2.2 Kassenwahlrecht

Die in der gesetzlichen Krankenversicherung Pflichtversicherten und freiwillig Versicherten sind Mitglied der von ihnen gewählten Krankenkasse.

Sie können wählen:

Kassenwahl

- die Ortskrankenkasse des Beschäftigungs- oder Wohnorts,
- jede Ersatzkasse, deren Zuständigkeit sich auf den Beschäftigungs- oder Wohnort erstreckt,
- die Betriebs- oder Innungskrankenkasse, wenn sie in einem Betrieb beschäftigt sind, für den die Betriebs- oder Innungskrankenkasse besteht,
- die Betriebs- oder Innungskrankenkasse, wenn deren Satzung dies vorsieht,
- die Krankenkasse, bei der vor Beginn der Versicherungspflicht oder Versicherungsberechtigung zuletzt eine Mitgliedschaft oder eine Familienversicherung bestanden hat,
- die Krankenkasse, bei der der Ehegatte versichert ist.

Annahmezwang

Die Ausübung des Wahlrechts ist vom Versicherten gegenüber der gewählten Krankenkasse zu erklären. Diese darf die Mitgliedschaft nicht ablehnen.

Mitglieds-bescheinigung

Die gewählte Krankenkasse stellt eine Mitgliedsbescheinigung aus, die dem Arbeitgeber unverzüglich vorzulegen ist.

Sowohl Versicherungspflichtige wie auch freiwillig Versicherte sind an die Wahl der Krankenkasse mindestens 18 Monate gebunden.

Kündigungsrecht

Während der 18-monatigen Bindungsfrist gibt es kein neues Wahlrecht bei Arbeitgeberwechsel. Eine Kündigung ist zum Ablauf des übernächsten Kalendermonats möglich, gerechnet von dem Monat, in dem das Mitglied die Kündigung erklärt. Die Kündigungsbestätigung muss spätestens innerhalb von zwei Wochen ausgestellt werden. Ohne vorgelegte Kündigungsbestätigung darf die neu gewählte Krankenkasse keine Mitgliedsbescheinigung ausstellen.
Wird das Wahlrecht vom Versicherten nicht selbst wahrgenommen oder eine Mitgliedsbescheinigung nicht rechtzeitig vorgelegt, so ist der Arbeitgeber zur Anmeldung bei einer Krankenkasse verpflichtet; und zwar bei derjenigen, bei der der Arbeitnehmer zuletzt versichert war. Liegt eine solche Vorversicherung nicht vor, erfolgt die Anmeldung durch den Arbeitgeber bei einer wählbaren Krankenkasse.

Außer-ordentliche Kündigung

Erhöht eine Krankenkasse ihren Beitragssatz, kann die Mitgliedschaft bis zum Ablauf des Kalendermonats gekündigt werden, der auf das In-Kraft-Treten der Beitragserhöhung folgt.

3.4.2.3 Versicherungspflicht

Versicherungspflichtig sind insbesondere:

Personenkreis

- Arbeiter und Angestellte
- bei ihrem Ehegatten oder im elterlichen Betrieb beschäftigte Personen, sofern sie wie eine fremde Arbeitskraft in den Betrieb eingegliedert sind und ein angemessenes Entgelt erhalten
- Auszubildende
- Studierende (längstens bis zum 30. Lebensjahr)

- Rentnerinnen und Rentner, wenn sie bereits vorher längere Zeit (seit der erstmaligen Aufnahme der Erwerbstätigkeit bis zur Rentenantragstellung mindestens $^9/_{10}$ der zweiten Hälfte des Zeitraums) pflicht- oder freiwillig versichert waren
- Personen, die Leistungen der Bundesagentur für Arbeit erhalten.

3.4.2.4 Familienversicherung

Familienangehörige von Krankenkassenmitgliedern sind mitversichert, wenn sie
- ihren Wohnsitz in der Bundesrepublik Deutschland haben
- der gesetzlichen Krankenversicherung nicht selbst als Mitglied angehören
- nicht hauptberuflich selbstständig erwerbstätig sind
  und
- kein Gesamteinkommen von mehr als 350,00 EUR monatlich haben (bei geringfügiger Beschäftigung 400,00 EUR monatlich).

Als Familienangehörige gelten der Ehegatte und Kinder bis zum 18. Lebensjahr; bis zum 23. Lebensjahr, wenn sie nicht erwerbstätig sind; in bestimmten Fällen auch darüber hinaus.

3.4.2.5 Versicherungsfreiheit

Versicherungsfrei sind:
- Arbeiter und Angestellte, deren Jahresbruttoarbeitsentgelt die Versicherungspflichtgrenze (Jahresarbeitsentgeltgrenze) übersteigt — *Versicherungspflichtgrenze*
- Arbeitnehmer oder Rentner, die hauptberuflich selbstständig erwerbstätig sind
- geringfügig Beschäftigte (siehe Abschnitt 3.4.1.4 „Beiträge – Geringfügige Beschäftigungen"). — *Geringfügig Beschäftigte*
- Personen, die nach Vollendung des 55. Lebensjahres versicherungspflichtig werden, wenn sie in den letzten fünf Jahren nicht mindestens zur Hälfte dieses Zeitraumes gesetzlich versichert waren.

3.4.2.6 Freiwillige Versicherung

Berechtigung

Zur freiwilligen Versicherung berechtigt sind:
- bislang pflichtversicherte Arbeitnehmer, wenn ihre Mitgliedschaft aufgrund der Höhe des Einkommens endet und sie gewisse Vorversicherungszeiten erfüllen (in den letzten fünf Jahren mindestens 24 Monate oder unmittelbar davor ununterbrochen zwölf Monate)
- Arbeitnehmer, deren Jahresverdienst bereits bei der ersten Stelle die Versicherungspflichtgrenze übersteigt
- Familienangehörige, die aus der Familienversicherung ausscheiden und die oben genannte Vorversicherungszeit erfüllen
- Personen, die einen Existenzgründungszuschuss beziehen (künftig: Gründungszuschuss); (siehe Abschnitt 3.4.4.6 „Leistungen der Arbeitslosenversicherung – Förderung der Aufnahme einer selbstständigen Tätigkeit")

- Personen, die die Voraussetzungen für die Versicherungspflicht in der Krankenversicherung der Rentner nicht erfüllen, zuletzt aber Mitglied einer gesetzlichen Krankenkasse waren.

Anzeigefrist

Der Beitritt muss der Krankenkasse innerhalb von drei Monaten angezeigt werden; nach Ablauf der Frist ist ein freiwilliger Beitritt ausgeschlossen.

3.4.2.7 Beiträge

Beitragssatz

Satzungsrecht

Der Beitragssatz zur gesetzlichen Krankenversicherung richtet sich nach der Satzung der Krankenkasse; er ist bei den einzelnen Kassen in unterschiedlicher Höhe festgesetzt.

Arbeitnehmer, die der Versicherungspflicht in der Krankenversicherung wegen Überschreitens der Versicherungspflichtgrenze nicht mehr unterliegen, erhalten vom Arbeitgeber einen Beitragszuschuss, wenn sie sich freiwillig in der gesetzlichen oder privaten Krankenversicherung versichern. Außerdem erhalten sie einen Beitragszuschuss zur Pflegeversicherung.
Bei freiwillig Versicherten werden der Beitragsbemessung die gesamte wirtschaftliche Leistungsfähigkeit, bei hauptberuflich selbstständig Erwerbstätigen Einkünfte in Höhe der Beitragsbemessungsgrenze, bei Nachweis eines geringeren Einkommens dieses, mindestens jedoch 75 % der Bezugsgröße (siehe Abschnitt 3.4.9 „Sozialversicherungsdaten 2006"), zugrunde gelegt.
Seit 1.7.2005 gilt ein zusätzlicher, allein von den Versicherten zu tragender, Beitragssatz in Höhe von 0,9 %. Daran beteiligen sich die Arbeitgeber nicht. Der bisher geltende allgemeine Beitragssatz wird dann in Höhe des zusätzlichen Beitragssatzes abgesenkt. Dies kommt auch den Arbeitgebern zugute.

3.4.2.8 Leistungen der Krankenversicherung

Die wesentlichsten Leistungen der gesetzlichen Krankenversicherung sind:

- Leistungen zur Förderung der Gesundheit, zur Verhütung und zur Früherkennung von Krankheiten, wie
  - Gesundheitsuntersuchungen
  - Kinderuntersuchungen
- bei Krankheit Krankenbehandlung, insbesondere
  - ärztliche und zahnärztliche Behandlung
  - Versorgung mit Arznei, Verband-, Heil- und Hilfsmitteln
  - häusliche Krankenpflege und Haushaltshilfe
  - Krankenhausbehandlung
  - medizinische und ergänzende Leistungen zur Rehabilitation
  - Krankengeld
- bei Schwangerschaft und Mutterschaft ärztliche Betreuung, Hebammenhilfe, stationäre Entbindung, häusliche Pflege, Haushaltshilfe, Mutterschaftsgeld

- Hilfe zur Familienplanung und Leistungen bei durch Krankheit erforderlicher Sterilisation und bei nicht rechtswidrigem Schwangerschaftsabbruch.

Diese Leistungen werden als
- Sach- und Dienstleistungen (z. B. ärztliche, zahnärztliche Behandlung, Arznei-, Heil- und Hilfsmittel, Krankenhausbehandlung) oder
- Barleistungen (z. B. Kranken- und Mutterschaftsgeld)

gewährt.

Sachleistungsprinzip

Barleistungen

Anstelle der Sach- oder Dienstleistung können Versicherte unter bestimmten Voraussetzungen auch Kostenerstattung für Leistungen wählen, die sie von einem bei der Kasse zugelassenen Leistungserbringer in Anspruch nehmen. Der Erstattungsanspruch besteht jedoch höchstens in Höhe der Vergütung, die die Kasse bei Erbringung als Sachleistung zu tragen hätte. Näheres regelt die Satzung der Krankenkasse.

Kostenerstattung

Zu den Leistungen haben Versicherte über 18 Jahre in der Regel Zuzahlungen zu leisten, sofern nicht eine unzumutbare Belastung vorliegt (Härtefallregelung). Für Zahnersatz gibt es so genannte befundorientierte Festzuschüsse. Einzelne Leistungen werden nur Kindern und Jugendlichen gewährt.

Zuzahlungen

Für die Inanspruchnahme von Leistungen braucht der Versicherte eine Krankenversichertenkarte. Ab 2006 soll die elektronische Gesundheitskarte erprobt werden.

Krankenversichertenkarte

Versicherungsfremde Leistungen wie Mutterschaftsgeld, Leistungen während der Schwangerschaft und Krankengeld bei der Betreuung eines Kindes werden nicht mehr aus dem Beitragsaufkommen, sondern aus Steuermitteln finanziert.

Für die betriebliche Praxis sind insbesondere weitere Einzelheiten zu folgenden Leistungen von Bedeutung:
- Krankengeld: Das Krankengeld wird ohne zeitliche Begrenzung für den Fall der Arbeitsunfähigkeit wegen derselben Krankheit, jedoch nur für längstens 78 Wochen innerhalb von drei Jahren, gewährt. Es ruht, wenn und so lange Entgeltzahlung durch den Betrieb erfolgt. Das Krankengeld beträgt 70 v. H. des Regelentgelts (höchstens aus der Beitragsbemessungsgrenze) und darf 90 v. H. des Nettoarbeitsentgelts nicht überschreiten.
- Krankengeld bei Pflege eines Kindes unter zwölf Jahren; der Gesamtanspruch ist auf 25, für Alleinerziehende auf 50 Arbeitstage im Kalenderjahr begrenzt.

3.4.3 Soziale Pflegeversicherung

3.4.3.1 Versicherungsträger

Träger der sozialen Pflegeversicherung sind die Pflegekassen, die bei jeder gesetzlichen Krankenkasse errichtet sind. Daneben steht als gleichberechtigtes System die private Pflegeversicherung.

Pflegekassen

3.4.3.2 Versicherungspflicht

Mitglieder der gesetzlichen Krankenversicherung gehören automatisch der sozialen Pflegeversicherung an.

Freiwillig Krankenversicherte können zwischen der sozialen Pflegeversicherung und einer privaten Pflegeversicherung mit gleichwertigen Leistungen wählen.
Personen, die bei einem privaten Krankenversicherungsunternehmen gegen Krankheit versichert sind, sind in der privaten Pflegeversicherung versicherungspflichtig (siehe Abschnitt 3.4.11.4 „Versicherungszweige").

3.4.3.3 Beiträge

Der Beitragssatz zur sozialen Pflegeversicherung beträgt
- 1,7 v. H. des Bruttoarbeitsentgelts bzw. der beitragspflichtigen Einnahmen bis zur Beitragsbemessungsgrenze.

Beitragstragung

Die Beiträge werden zur Hälfte vom Arbeitnehmer und Arbeitgeber getragen (Ausnahme im Gebiet des Freistaates Sachsen: Beitragssatz des Arbeitnehmers 1,35 v. H., des Arbeitgebers 0,35 v. H.) und mit dem Gesamtsozialversicherungsbeitrag an die zuständige Krankenkasse abgeführt. Kinderlose Arbeitnehmer müssen einen um 0,25 Prozentpunkte höheren Beitragssatz zahlen, wenn sie über 23 Jahre alt sind.

Familienangehörige

Familienangehörige von Krankenkassenmitgliedern, die in der gesetzlichen Krankenversicherung mitversichert sind, sind auch in der sozialen Pflegeversicherung beitragsfrei mitversichert (siehe Abschnitt 3.4.2.4 „Familienversicherung").

Privatversicherte

Die Prämien zur privaten Pflegeversicherung richten sich nicht nach dem Einkommen, sondern nach dem Alter des Versicherten. Der Höchstbeitrag darf allerdings den der sozialen Pflegeversicherung nicht übersteigen. Der Arbeitgeberzuschuss für die private Pflegeversicherung ist maximal so hoch wie bei der sozialen Pflegeversicherung.

Selbstständig Erwerbstätige

Selbstständig Erwerbstätige tragen ihre Beiträge in voller Höhe selbst.

3.4.3.4 Leistungen der sozialen Pflegeversicherung

Die Leistungen der sozialen Pflegeversicherung richten sich nach dem Grad der Pflegebedürftigkeit.
Wichtige Leistungen sind:
- Leistungen bei häuslicher Pflege
  - Pflegesachleistung
  - Pflegegeld für selbst beschaffte Pflegehilfen
  - häusliche Pflege bei Verhinderung der Pflegeperson
  - Pflegehilfsmittel und technische Hilfen
- teilstationäre Pflege und Kurzzeitpflege
- Leistungen für Pflegepersonen, insbesondere
  - soziale Sicherung
  - Pflegekurse
- vollstationäre Pflege.

3.4.4 Arbeitslosenversicherung (Arbeitsförderung)

3.4.4.1 Versicherungsträger

Träger der Arbeitslosenversicherung (Arbeitsförderung) ist die Bundesagentur für Arbeit.

Bundesagentur für Arbeit

Sie gliedert sich in Agenturen für Arbeit, Regionaldirektionen und die Zentrale mit Sitz in Nürnberg.

Ziele der Arbeitsförderung sind:
- Unterstützung des Ausgleichs von Angebot und Nachfrage auf dem Ausbildungs- und Arbeitsmarkt
- Ermöglichung der zügigen Besetzung offener Stellen
- Förderung der Beschäftigungsfähigkeit des Einzelnen durch Erhalt und Ausbau von Kenntnissen, Fähigkeiten, Fertigkeiten
- Entgegenwirken einer unterwertigen Beschäftigung
- Beitrag zu einer Weiterentwicklung der regionalen Beschäftigungs- und Infrastruktur.

3.4.4.2 Versicherungspflicht

Versicherungspflichtig sind insbesondere:
- Personen, die gegen Arbeitsentgelt beschäftigt sind (Arbeiter und Angestellte)
- Personen, die zur Berufsausbildung beschäftigt sind (Auszubildende)
- Personen, die Krankengeld oder Verletztengeld beziehen
- Personen, die eine Rente wegen voller Erwerbsminderung beziehen, wenn sie unmittelbar vorher versicherungspflichtig waren
- Personen, die Mutterschaftsgeld beziehen und solche, die ein Kind erziehen, das das dritte Lebensjahr noch nicht vollendet hat, wenn diese Personen vor der Kindererziehung versicherungspflichtig waren
- Wehr- und Zivildienstleistende.

3.4.4.3 Versicherungsfreiheit

Versicherungsfrei sind unter anderem:
- Arbeitnehmer, die das 65. Lebensjahr vollendet haben
- Personen, die dauernd nicht mehr verfügbar sind und eine volle Erwerbsminderungsrente beziehen
- geringfügige Beschäftigungen (siehe Abschnitt 3.4.1.4 „Beiträge – Geringfügige Beschäftigungen“).

3.4.4.4 Freiwillige Versicherung

Seit 1.2.2006 gibt es für bestimmte Personengruppen, die nicht kraft Gesetzes der Versichertengemeinschaft angehören, die Möglichkeit, sich freiwillig weiterzuversichern und damit ihren Versicherungsschutz aufrechtzuerhalten. Versicherungsberechtigt sind:

Versicherungsberechtigte

- Selbstständig Tätige
- Personen, die Angehörige pflegen
- Arbeitnehmer, die eine Beschäftigung im Ausland außerhalb der Europäischen Union ausüben.

3.4.4.5 Beiträge

Beitragssatz

Der Beitragssatz zur Arbeitslosenversicherung (Arbeitsförderung) beträgt derzeit 6,5 v. H. des Bruttoarbeitsentgelts.

Er wird zur Hälfte von Arbeitgeber und Arbeitnehmer getragen. Arbeitgeber, die über 55-jährige zuvor Arbeitslose neu einstellen, sind bei diesen Personen von ihrem Beitrag befreit.

3.4.4.6 Leistungen der Arbeitslosenversicherung (Arbeitsförderung)

Wichtige Leistungen der Arbeitslosenversicherung (Arbeitsförderung) sind:

- Berufsberatung und Arbeitsmarktberatung
- Ausbildungsvermittlung und Arbeitsvermittlung
- Leistungen zur
  - Unterstützung der Beratung und Vermittlung
  - Verbesserung der Eingliederungsaussichten
  - Förderung der Aufnahme einer Beschäftigung und einer selbstständigen Tätigkeit
  - Förderung der Berufsausbildung und der beruflichen Weiterbildung
  - Förderung der Teilhabe behinderter Menschen am Arbeitsleben
  - Eingliederung von Arbeitnehmern
  - Förderung der Teilnahme an Transfermaßnahmen und Arbeitsbeschaffungsmaßnahmen
- weitere Leistungen der freien Förderung
- Wintergeld und Winterausfallgeld in der Bauwirtschaft
- als Entgeltersatzleistungen: Arbeitslosengeld bei Arbeitslosigkeit und bei beruflicher Weiterbildung, Teilarbeitslosengeld, Übergangsgeld, Kurzarbeitergeld und Insolvenzgeld.

Auf einzelne dieser Leistungen wird nachfolgend noch näher eingegangen.

Berufsberatung

Berufsberatung

Die Berufsberatung umfasst unter Berücksichtigung von Eignung, Neigung und Fähigkeiten die Erteilung von Auskunft und Rat

- zur Berufswahl, beruflichen Entwicklung und zum Berufswechsel
- zur Lage und Entwicklung des Arbeitsmarktes und der Berufe
- zu den Möglichkeiten der beruflichen Bildung
- zur Ausbildungs- und Arbeitsplatzsuche
- zu Leistungen der Arbeitsförderung.

Vermittlung

Die Vermittlung ist darauf gerichtet, Ausbildungsuchende mit Arbeitgebern zur Begründung eines Ausbildungsverhältnisses und Arbeitsuchende mit Arbeitgebern zur Begründung eines Beschäftigungsverhältnisses zusammenzuführen. Zu Beginn der Vermittlung wird das Bewerberprofil ermittelt und eine Chancenprognose erstellt. Dabei können auch Maßnahmen der Eignungsfeststellung vorgesehen werden. In einer Eingliederungsvereinbarung zwischen der Agentur für Arbeit und Arbeitslosen oder Arbeitsplatzsuchenden werden für einen bestimmten Zeitraum die Vermittlungsbemühungen der Agentur für Arbeit, die Eigenbemühungen des Arbeitslosen bzw. Ausbildungsplatzsuchenden sowie künftige Leistungen der Arbeitsförderung festgelegt. Damit können von der Agentur für Arbeit auch Dritte beauftragt werden.

Ausbildungs- und Arbeitsvermittlung

Eingliederungsvereinbarung

Arbeitslose, die Anspruch auf Arbeitslosengeld haben, erhalten auf Wunsch nach sechs Wochen Arbeitslosigkeit von der Agentur für Arbeit einen Vermittlungsgutschein, mit dem ein privater Arbeitsvermittler eingeschaltet werden kann.

Die Agenturen für Arbeit können eine Personal-Service-Agentur einrichten. Aufgabe der Personal-Service-Agentur ist insbesondere, eine Arbeitnehmerüberlassung zur Vermittlung von Arbeitslosen in Arbeit durchzuführen sowie ihre Beschäftigten in verleihfreien Zeiten zu qualifizieren und weiterzubilden. Außerdem gibt es bei den Agenturen für Arbeit Job-Center als einheitliche Anlaufstellen für alle, die einen Arbeitsplatz oder einen Ausbildungsplatz suchen.

Job-Center

Förderung der Aufnahme einer Beschäftigung

Arbeitslose und von Arbeitslosigkeit bedrohte Arbeitsuchende erhalten Mobilitätshilfen in Form von Übergangs- (zur Bestreitung ihres Unterhalts bis zur ersten Arbeitsentgeltzahlung), Ausrüstungs-, Fahr-, Reise-, Trennungs- und Umzugskostenbeihilfen. Arbeitslose, die das 50. Lebensjahr vollendet haben und eine versicherungspflichtige Beschäftigung aufnehmen, haben unter bestimmte Voraussetzungen Anspruch auf Leistungen der Entgeltsicherung.

Mobilitätshilfen

Entgeltsicherung

Förderung der Aufnahme einer selbstständigen Tätigkeit

Existenzgründer, die Anspruch auf Arbeitslosengeld haben, erhalten Überbrückungsgeld in Höhe des Arbeitslosengeldes, einschließlich pauschalierter Sozialversicherungsbeiträge, für die Dauer von sechs Monaten.

Überbrückungsgeld

Befristet bis zum 30.6.2006 gibt es alternativ die Möglichkeit, dass Arbeitslose, die durch Aufnahme einer selbstständigen Tätigkeit (so genannte Ich-AG) die Arbeitslosigkeit beenden, einen Existenzgründungszuschuss beziehen. Der Zuschuss wird in abnehmender Höhe für maximal drei Jahre gewährt, so lange das Einkommen 25.000,00 EUR im Jahr nicht überschreitet.

Existenzgründungszuschuss

Er beträgt pro Monat 600,00 EUR im ersten, 360,00 EUR im zweiten und 240,00 EUR im dritten Jahr.

Die Bundesregierung plant, Überbrückungsgeld und Existenzgründungszuschuss zu einem einheitlichen Förderinstrument in Form eines Gründungszuschusses zusammenzuführen.

Eckpunkte der Neuregelung, die bereits ab 1.8.2006 gelten soll, sind (nach Stand bei Drucklegung dieser Auflage):

- Arbeitslose sollen künftig zur Sicherung ihres Lebensunterhaltes in der ersten Phase nach der Existenzgründung Anspruch auf einen Zuschuss in Höhe ihres individuellen Arbeitslosengeldes für neun Monate erhalten (Pflichtleistung).
- Zur sozialen Absicherung wird in dieser Zeit zusätzlich eine Pauschale von 300,00 Euro gezahlt, die es den Gründern ermöglicht, sich freiwillig in den gesetzlichen Sozialversicherungen abzusichern.
- In der zweiten Förderphase kann für weitere 6 Monate die Pauschale für Sozialversicherung bezahlt werden (Ermessensleistung).

Fördermaßnahmen

- Insgesamt beträgt die Förderung damit 15 Monate; spätestens dann muss der Gründer auf eigenen Füßen stehen.
- Gefördert wird nur, wer auch tatsächlich arbeitslos ist. Ein direkter Übergang aus einem bestehenden Beschäftigungsverhältnis in die selbstständige Erwerbstätigkeit unter Mitnahme des Zuschusses wird damit vermieden.
- Grundlage für die Förderung soll weiterhin die Stellungnahme einer fachkundigen Stelle über die Tragfähigkeit eines Gründungsvorhabens sein. Zusätzlich müssen die Gründer den Arbeitsagenturen ihre persönliche und fachliche Eignung darlegen, um eine Förderung zu erhalten. Hat die Agentur für Arbeit Zweifel an der Eignung, kann sie die Teilnahme an Maßnahmen zur Vorbereitung der Existenzgründung verlangen.
- Um Kosten zu reduzieren und Anreize für eine frühzeitige Gründung zu setzen, soll nur gefördert werden, wer noch über einen Restanspruch auf Arbeitslosengeld von mindestens 3 Monaten verfügt.
- Um Mitnahmeeffekte zu vermeiden, soll künftig ein noch bestehender Anspruch auf Arbeislosengeld während der Förderung vollständig verbraucht werden. Zudem sollen Arbeitnehmer, die ohne wichtigen Grund ihr bestehendes Arbeitsverhältnis selbst kündigen, für eine Karenzzeit von 3 Monaten keine Förderung erhalten. Die Förderzeit wird zudem um die Karenzzeit gekürzt. Diese Karenzzeit entspricht der Sperrzeit für Arbeitnehmer, die kündigen und damit arbeitslos sind.

Arbeitslosengeld – Teilarbeitslosengeld

Anspruchsvoraussetzungen

Arbeitslosengeld bei Arbeitslosigkeit erhalten Arbeitnehmer auf Antrag, die

- arbeitslos sind,
- sich bei der Agentur für Arbeit arbeitslos gemeldet

und

- die Anwartschaftszeit erfüllt haben.

Der Arbeitgeber soll den Arbeitnehmer vor der Beendigung des Arbeitsverhältnisses unter anderem auf seine Pflicht zur frühzeitigen Arbeitssuche sowie seine Meldepflichten bei der Agentur für Arbeit hinweisen.

Arbeitslosigkeit

Arbeitslos ist ein Arbeitnehmer, der
- nicht in einem Beschäftigungsverhältnis steht (Beschäftigungslosigkeit),
- sich bemüht, seine Beschäftigungslosigkeit zu beenden (Eigenbemühungen),
- den Vermittlungsbemühungen der Agentur für Arbeit zur Verfügung steht (Verfügbarkeit).

Beschäftigungslosigkeit

Den Vermittlungsbemühungen der Agentur für Arbeit steht zur Verfügung, wer insbesondere eine versicherungspflichtige Beschäftigung von wöchentlich mindestens 15 Stunden sucht. Grundsätzlich sind einem Arbeitslosen dabei alle seiner Arbeitsfähigkeit entsprechenden Beschäftigungen zumutbar, soweit allgemeine oder personenbezogene Gründe dem nicht entgegenstehen. Zur Aufnahme einer Beschäftigung kann auch ein Umzug gefordert werden, soweit der Arbeitslose keine familiären Bindungen hat. Ab dem 58. Lebensjahr gelten Arbeitslose (bis Ende 2007) auch dann als arbeitslos, wenn sie nicht mehr arbeitsbereit sind.

Verfügbarkeit

Zumutbarkeit

Anwartschaftszeit

Die Anwartschaftszeit ist erfüllt, wenn der Arbeitslose in den letzten zwei Jahren mindestens zwölf Monate in einem Versicherungspflichtverhältnis gestanden hat.

Anspruchsdauer

Die Dauer des Anspruchs auf Arbeitslosengeld richtet sich nach
- der Dauer der versicherungspflichtigen Beschäftigung und
- dem Lebensalter des Arbeitslosen.

Die Bezugsdauer beträgt nach einem Versicherungspflichtverhältnis von

12 Monaten (Anwartschaftszeit)	6 Monate
16 Monaten	8 Monate
20 Monaten	10 Monate
24 Monaten	12 Monate

Regelbezugsdauer

Höchstbezugsdauer

Nach Vollendung des 55. Lebensjahres beträgt die Bezugsdauer bei mindestens 30 Monaten Anwartschaftszeit 15 Monate, nach 36 Monaten Anwartschaftszeit dann 18 Monate.

Höhe des Arbeitslosengeldes

Das Arbeitslosengeld beträgt für
- Arbeitslose mit mindestens einem Kind 67 v. H.
- die übrigen Arbeitslosen 60 v. H.

in der Regel des Nettoarbeitsentgelts der abgerechneten Entgeltzeiträume der letzten 52 Wochen.

Sperrzeit

Gründe

Wegen
- Arbeitsaufgabe,
- Arbeitsablehnung,
- Ablehnung einer beruflichen Eingliederungsmaßnahme,
- Abbruchs einer beruflichen Eingliederungsmaßnahme oder
- verspäteter Meldung bei der Agentur für Arbeit nach Kündigung des Arbeitsverhältnisses (die Meldung als Arbeitsuchender hat in der Regel spätestens drei Monate vor Beendigung eines Arbeitsverhältnisses zu erfolgen; eine Ausnahme gilt nur bei betrieblichen Ausbildungsverhältnissen)

können gegen den Arbeitslosen Sperrzeiten unterschiedlicher Dauer, im letztgenannten Fall von einer Woche verhängt werden.

Teilarbeitslosigkeit

Unter den gleichen Voraussetzungen, wie sie für das Arbeitslosengeld gelten, wird Teilarbeitslosengeld gewährt, wenn eine versicherungspflichtige Beschäftigung, die neben einer weiteren versicherungspflichtigen Beschäftigung ausgeübt wird, endet. Die Anspruchsdauer beträgt sechs Monate. Allerdings müssen in den letzten zwei Jahren zwölf Monate lang mindestens zwei versicherungspflichtige Beschäftigungen ausgeübt worden sein und eine weiterhin ausgeübt werden.

Arbeitsbescheinigung

Bei Beendigung eines Beschäftigungsverhältnisses hat der Arbeitgeber dem Arbeitnehmer eine Arbeitsbescheinigung unter Verwendung des vorgeschriebenen Vordrucks auszuhändigen, in der insbesondere

Inhalt

- Art der Tätigkeit
- Beginn, Ende und Unterbrechungen des Beschäftigungsverhältnisses
- Grund der Beendigung des Beschäftigungsverhältnisses

und

- Arbeitsentgelt und sonstige Geldleistungen

anzugeben sind.

Kurzarbeitergeld

Bei vorübergehendem und unvermeidbarem erheblichem Arbeitsausfall aus wirtschaftlichen Gründen oder infolge eines unabwendbaren Ereignisses wird Kurzarbeitergeld gezahlt, wenn der Arbeitsausfall der Agentur für Arbeit rechtzeitig angezeigt wird. Es beträgt 67 (Arbeitnehmer mit mindestens einem Kind) bzw. 60 v. H. des ausgefallenen Nettoarbeitsentgelts.

Insolvenzgeld

Lohnsicherung

Arbeitnehmer, die bei Eröffnung des Insolvenzverfahrens über das Vermögen ihres Arbeitgebers noch Anspruch auf Arbeitsentgelt haben, erhalten Insolvenzgeld in Höhe des noch zustehenden Nettoarbeitsentgelts der vorausgehenden drei Monate.

Der Antrag muss innerhalb einer Ausschlussfrist von zwei Monaten nach dem Insolvenzereignis bei der Agentur für Arbeit gestellt werden.

Auf Antrag der Krankenkasse erstattet die Bundesagentur für Arbeit auch die für die vorausgehenden drei Monate noch ausstehenden Gesamtsozialversicherungsbeiträge.

Die Kosten für die Insolvenzgeldleistungen tragen die Betriebe durch Zahlung einer Umlage an die Berufsgenossenschaft (siehe Abschnitt 3.4.7.4 „Beiträge").

Insolvenzumlage

Förderung der ganzjährigen Beschäftigung in der Bauwirtschaft

Das Bauhauptgewerbe ist gegenüber anderen Branchen durch eine große Witterungsabhängigkeit und damit zusammenhängend durch eine hohes Risiko bei entsprechendem Arbeitsausfall gekennzeichnet. Arbeitnehmer, Arbeitgeber und Bundesagentur für Arbeit tragen dieses Schlechtwetterrisiko (Schlechtwetterzeit 1.11. bis 31.3.) in den Wintermonaten (vom 15.12. bis 28. bzw. 29. 2.) gemeinsam:

Schlechtwetter

Dabei haben die Arbeitnehmer folgende Ansprüche:
- auf Wintergeld in Form von
  - Mehraufwands-Wintergeld
  - Zuschuss-Wintergeld
- Winterausfallgeld.

Zur Finanzierung der Förderleistungen zahlen die Betriebe aus der Bruttolohnsumme der Arbeiter eine Winterbauumlage, die für das Baugewerbe und für die übrigen Bereiche der Bauwirtschaft 1,0 v. H. beträgt und über die gemeinsame Einrichtung der Tarifpartner an die Bundesagentur für Arbeit abgeführt wird.

Winterbauumlage

Zum Winter 2006/2007 wird ein Saison-Kurzarbeitergeld eingeführt, das zunächst auf das Baugewerbe beschränkt ist. Es wird bei saisonbedingtem Arbeitsausfall in der Schlechtwetterzeit (Dezember bis März) gewährt, d. h. bei Arbeitsausfall wegen Witterungsgründen oder Auftragsmangel. Arbeitnehmer haben dadurch in den Wintermonaten Anspruch auf Entgeltersatz. Die Bundesagentur für Arbeit zahlt ihnen aus Beitragsmitteln 60 oder, bei mindestens einem Kind, 67 Prozent der pauschalierten Netto-Entgelteinbußen. Weitere Anreize zur Vermeidung von Arbeitslosigkeit werden durch ergänzende Leistungen gesetzt. Diese werden aus einer Umlage erbracht, an deren Finanzierung sich künftig auch Arbeitnehmer beteiligen können. Nach einer Tarifeinigung im Bauhauptgewerbe leisten die Arbeitgeber einen Beitrag in Höhe von 1,2 %, die Arbeitnehmer in Höhe von 0,8 % der Bruttolohnsumme als monatlichen Umlagebeitrag.

Saison-Kurzarbeitergeld

Daraus werden folgende Leistungen ermöglicht:
- Die Erstattung der Sozialversicherungsbeiträge an die Arbeitgeber.
- Das Zuschuss-Wintergeld, d. h. ein Zuschlag in Höhe von bis zu 2,50 EUR für jede aus Arbeitszeitguthaben eingesetzte Arbeitsstunde zur Vermeidung von Arbeitsausfällen.
- Das Mehraufwands-Wintergeld, d. h. ein Zuschlag von 1,00 EUR für jede zwischen Mitte Dezember und Ende Februar geleistete Arbeitsstunde, in der Summe jedoch nicht mehr als für 450 Stunden.

Kranken-, Pflege-, Rentenversicherung

Während des Bezugs von Leistungen wie insbesondere Arbeitslosengeld ist der Anspruchsberechtigte in der Kranken-, Pflege- und Rentenversicherung versichert.

Förderung von Teilzeitarbeit durch Zuschüsse bei Altersteilzeit

Vereinbart der Arbeitgeber mit einem Arbeitnehmer, der das 55. Lebensjahr vollendet hat und in den letzten fünf Jahren 1080 Kalendertage in einer versicherungspflichtigen Beschäftigung stand, spätestens ab 31.12.2009 die Verkürzung der Arbeitszeit auf die Hälfte der regelmäßigen wöchentlichen Arbeitszeit, so kann er hierfür unter bestimmten Voraussetzungen Leistungen der Bundesagentur für Arbeit hinsichtlich Arbeitsentgelt und Rentenversicherungsbeitrag erhalten.
Dies gilt auch, wenn die Altersteilzeit auf Tarifvertrag oder Betriebsvereinbarung beruht.
Man unterscheidet bei der Altersteilzeit das

- Blockmodell (zunächst volle Dienstleistung und danach vollständige Freistellung)
  und
- das Teilzeitmodell (Arbeitszeit durchgehend hälftig).

Auch Teilzeitbeschäftigte können in Altersteilzeit gehen, wenn sie trotz verminderter Stundenzahl in der Arbeitslosenversicherung versicherungspflichtig bleiben.

Wiederbesetzung

Bei der Wiederbesetzung als wichtigster Voraussetzung für die Zahlung der Altersteilzeitförderung an den Arbeitgeber gelten folgende Erleichterungen:

- Arbeitgeber mit bis zu 50 Arbeitnehmern erhalten die Förderung, wenn sie aus Anlass der Altersteilzeit eines älteren Mitarbeiters entweder
  - einen arbeitslos gemeldeten Arbeitnehmer oder einen Arbeitnehmer nach Abschluss der Ausbildung an beliebiger Stelle des Unternehmens beschäftigen

  oder
  - einen Auszubildenden einstellen.
- Bei den übrigen Arbeitgebern ist der Nachweis einer Umsetzungskette zwischen Altersteilzeitlern und Wiederbesetzern nicht mehr zwingend erforderlich. Stattdessen gilt eine funktionsbereichsbezogene Betrachtungsweise.

Eingliederungszuschüsse

Leistungen dieser Art können Arbeitgeber als Ausgleich für die Minderleistung eines Arbeitnehmers erhalten in Form von Eingliederungszuschuss

- bei Vermittlungshemmnissen
- für besonders betroffene schwer behinderte Menschen.

3.4.5 Grundsicherung für Arbeitsuchende

Hilfebedürftigkeit

Für Arbeitsuchende gibt es besondere Regelungen zur Grundsicherung. Damit soll die Eigenverantwortung von erwerbsfähigen Hilfsbedürftigen und Personen, die mit ihnen in einer Bedarfsgemeinschaft leben, gestärkt und dazu beitgetragen werden, dass sie ihren Lebensunterhalt unabhängig von der Grundsicherung aus eigenen Mitteln und Kräften bestreiten können. Die Grundsicherung für Arbeitsuchende umfasst Leistungen zur Beendigung oder Verringerung der Hilfebedürftigkeit insbesondere durch Eingliederung in Arbeit und durch Sicherung des Lebensunterhalts.

3.4.5.1 Anspruchsvoraussetzungen

Anspruchsberechtigt sind alle erwerbsfähigen Hilfebedürftigen zwischen 15 und unter 65 Jahren sowie die mit ihnen in einer Bedarfsgemeinschaft lebenden Angehörigen.

Erwerbsfähigkeit

Erwerbsfähig ist, wer nicht wegen Krankheit oder Behinderung gegenwärtig oder auf absehbare Zeit außerstande ist, unter den üblichen Bedingungen des allgemeinen Arbeitsmarktes mindestens drei Stunden täglich erwerbstätig zu sein.

Zumutbarkeit

Dabei ist jede Arbeit zumutbar, zu der der Betroffene geistig, seelisch und körperlich in der Lage ist. Ausgenommen sind Sonderfälle wie die Erziehung eines Kindes unter drei Jahren oder die Pflege eines Angehörigen. Auch Mini-Jobs müssen angenommen werden. Bei Ablehnung einer zumutbaren Erwerbstätigkeit oder Eingliederungsmaßnahme werden die Leistungen gekürzt oder für einen bestimmten Zeitraum gestrichen (bei Jugendlichen unter 25 Jahren).

Erwerbsfähige Hilfebedürftige werden von einem Fallmanager der Agentur für Arbeit betreut, der mit ihnen für jeweils sechs Monate (bis Ende des Jahres 2006 für die Dauer von zwölf Monaten) eine Eingliederungsvereinbarung abschließt.

Hilfebedürftigkeit

Hilfebedürftig ist, wer seinen Lebensunterhalt, seine Eingliederung in Arbeit und den Lebensunterhalt der mit ihm in einer Bedarfsgemeinschaft lebenden Personen nicht oder nicht ausreichend aus eigenen Kräften und Mitteln sichern kann.

Bedarfsgemeinschaft

Bedarfsgemeinschaft

Zur Bedarfsgemeinschaft gehören:

- die erwerbsfähigen Hilfebedürftigen,
- die im Haushalt lebenden Eltern oder der im Haushalt lebende Elternteil eines minderjährigen, unverheirateten erwerbsfähigen Kindes,
- der nicht dauernd getrennt lebende Ehegatte,
- die Person, die mit dem erwerbsfähigen Hilfebedürftigen in eheähnlicher Gemeinschaft lebt,
- der nicht dauernd getrennt lebende Lebenspartner,
- die dem Haushalt angehörenden minderjährigen unverheirateten Kinder des erwerbsfähigen Hilfebedürftigen oder seines Partners, soweit sie nicht aus eigenem Einkommen oder Vermögen die Leistungen zur Sicherung des Lebensunterhalts beschaffen können.

3.4.5.2 Leistungen zur Sicherung des Lebensunterhalts

Arbeitslosengeld II und Sozialgeld

Erwerbsfähige Hilfebedürftige erhalten Arbeitslosengeld II. Personen, die nicht erwerbsfähig sind und in einer Bedarfsgemeinschaft mit einem Erwerbsfähigen leben, können Sozialgeld erhalten. Die Leistungen entsprechen vom Grundsatz her denen des Arbeitslosengeldes II. Nichterwerbsfähige, die keiner Bedarfsgemeinschaft mit einem Erwerbsfähigen angehören, können Sozialhilfe beantragen.

Leistungshöhe

Hilfebedürftige erhalten eine Regelleistung, die den Lebensunterhalt sichert. Darüber hinaus werden die angemessenen Kosten für Miete und Heizung übernommen. Beim Übergang von Arbeitslosengeld in die Grundsicherung für Arbeitsuchende innerhalb von zwei Jahren wird ferner ein auf diese zwei Jahre befristeter Zuschlag gezahlt.

Bedürftigkeitsprüfung

Freibeträge

Der Leistungsgewährung geht eine Bedürftigkeitsprüfung voraus. Vermögen und Einkommen werden dabei unter Berücksichtigung bestimmter Freibeträge angerechnet. Um finanzielle Anreize für die Aufnahme oder Aufrechterhaltung einer Erwerbstätigkeit zu schaffen, werden die Hinzuverdienstmöglichkeiten gegenüber der bisherigen Sozialhilfepraxis deutlich verbessert.

Soziale Sicherung

Erwerbsfähige Hilfebedürftige werden in der gesetzlichen Krankenversicherung und in der sozialen Pflegeversicherung pflichtversichert (es sei denn, dass im Rahmen einer Familienversicherung Versicherungsschutz besteht); in der gesetzlichen Rentenversicherung werden sie auf der Basis pauschalisierter Beiträge pflichtversichert.

3.4.5.3 Zuständigkeit

Meistens arbeiten Arbeitsagenturen und Kommunen in sogenannten Arbeitsgemeinschaften zusammen. Sie teilen sich die Aufgaben folgendermaßen:

- Bundesagentur für Arbeit mit der Zuständigkeit u. a. für
  - alle arbeitsmarktlichen Eingliederungsleistungen
  - Arbeitslosengeld II, Sozialgeld
  - die Sozialversicherung

Kommunen

- kommunale Träger mit der Zuständigkeit u. a. für
  - Leistungen für Unterkunft und Heizung
  - Kinderbetreuungsleistungen.

Eine festgelegte Zahl von Kommunen kann, wenn sie dies wollen, auch die Aufgaben der Bundesagentur für Arbeit übenehmen (derzeit 69 sogenannte Optionskommunen).

3.4.6 Rentenversicherung

3.4.6.1 Versicherungsträger

Bei der gesetzlichen Rentenversicherung sind im Jahr 2005 einschneidende organisatorische Änderungen in Kraft getreten. Bis dahin waren für die Arbeiter und Angestellten zwei getrennte Versicherungszweige zuständig.

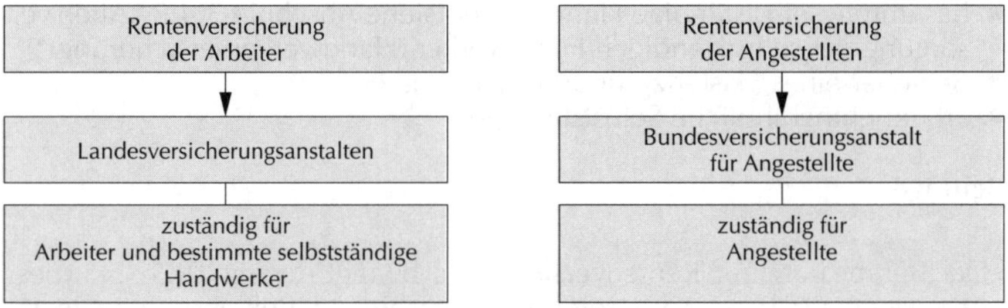

Abbildung 65

Daneben gab es als weitere Versicherungsträger, die allerdings für das Handwerk nur selten von Bedeutung waren: Bundesknappschaft, Seekasse und Bahnversicherungs-Anstalt.
Nunmehr wird im Rentenrecht nicht mehr nach Arbeitern und Angestellten unterschieden und dementsprechend auch nicht mehr nach Arbeiterrentenversicherung und Angestelltenrentenversicherung unterteilt. Seit 1.10.2005 werden beide zur Deutschen Rentenversicherung zusammengefasst. Diese Deutsche Rentenversicherung hat folgende Struktur:

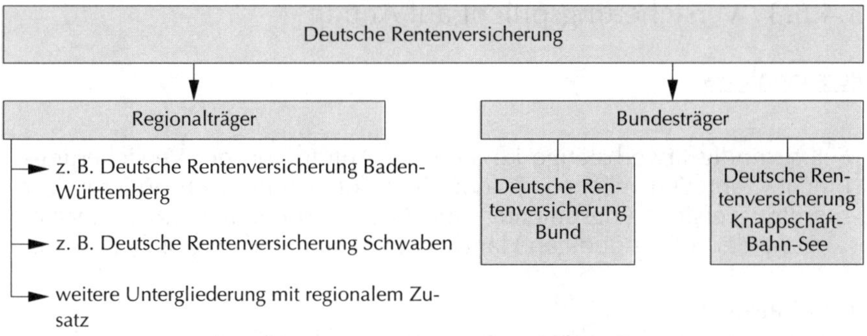

Abbildung 66

für die Versicherten hat dies zur Folge:

- Versicherte, die vor dem 1. Januar 2005 eine Versicherungsnummer erhalten haben, bleiben grundsätzlich bei ihrem bis dahin zuständigen Träger versichert.
- Für Versicherte, die ab 1. Januar 2005 ihre Versicherungsnummer erhalten, erfolgt die Zuordnung nach dieser Versicherungsnummer.
- 45 % dieser Versicherten sollen den Bundesträgern und 55 % den Regionalträgern zugeordnet werden. Bei der Zuweisung auf die Regionalträger kommt es vor allem auf den Wohnort des Versicherten an.

3.4.6.2 Gesetzliche Versicherungspflicht

Personenkreis

Versicherungspflichtig kraft Gesetzes sind:

Versicherungspflichtige

- gegen Entgelt Beschäftigte
- zu ihrer Berufsausbildung Beschäftigte
- Wehr- und Zivildienstleistende
- Bezieher von Lohnersatzleistungen
- bestimmte selbstständige Handwerker (siehe Abschnitt 3.4.8 „Altersversorgung der selbstständigen Handwerker (Handwerkerversicherung)")
- Bezieher eines Existenzgründungszuschusses
- arbeitnehmerähnliche Selbstständige.

Beiträge

Der Beitragssatz zur Rentenversicherung beträgt derzeit 19,5 v. H. des Arbeitsentgelts bzw. Arbeitseinkommens (bis zur Beitragsbemessungsgrenze). Ab 2007 ist eine Anhebung auf 19,9 v. H. vorgesehen. Der Beitrag wird zur Hälfte von Arbeitgeber und Arbeitnehmer getragen.

Versicherungsfreiheit

Versicherungsfrei sind Personen, die

- nur eine geringfügige Beschäftigung oder Tätigkeit ausüben und die Voraussetzungen für die Versicherungsfreiheit erfüllen (siehe Abschnitt 3.4.1.4 „Beiträge – Geringfügige Beschäftigungen")
- eine Vollrente wegen Alters beziehen.

3.4.6.3 Versicherungspflicht auf Antrag

Personenkreis

Selbstständig Erwerbstätige

Selbstständig Erwerbstätige können auf Antrag von der Versicherungspflicht Gebrauch machen, sofern sie nicht bereits nach anderen Vorschriften versicherungspflichtig sind (siehe Abschnitt 3.4.8 „Altersversorgung der selbstständigen Handwerker (Handwerkerversicherung)").

- **Antragsfrist:**
  innerhalb von fünf Jahren nach Aufnahme der selbstständigen Tätigkeit oder am Ende einer Versicherungspflicht.
- **Zuständigkeit:**
  der Rentenversicherungsträger, zu dem zuletzt Beiträge geleistet worden sind, bzw. der mit der Versicherungsnummer zugewiesene Träger.
- **Beginn der Versicherungspflicht:**
  ab Antragstellung (Tag, der dem Eingang des Antrages folgt).
- **Ende der Versicherungspflicht:**
  mit Ablauf des Tages, an dem die selbstständige Tätigkeit aufgegeben wird, spätestens jedoch mit dem Bezug der Vollrente wegen Alters.

Beiträge

Selbstständig Erwerbstätige tragen ihre Pflichtbeiträge selbst.

Hinsichtlich Höhe und Zahlung der Beiträge gelten die gleichen Grundsätze wie für die Pflichtbeiträge zur Handwerkerversicherung (siehe Abschnitt 3.4.8 „Altersversorgung der selbstständigen Handwerker (Handwerkerversicherung)").
Die Versicherungspflicht auf Antrag kann Vorteile bieten, wie z. B. Sicherung des Anspruchs auf Rente wegen Erwerbsminderung.

3.4.6.4 Freiwillige Versicherung

Personenkreis

Zur freiwilligen Versicherung berechtigt sind Personen,

- die das 16. Lebensjahr vollendet haben

und

- nicht oder nicht mehr der Rentenversicherungspflicht unterliegen.

Versicherungsberechtigte

Zuständiger Versicherungsträger ist der Rentenversicherungsträger, zu dem zuletzt Beiträge geleistet worden sind, bzw. der mit der Versicherungsnummer zugewiesene Träger.

Versicherungszweig

Der Beginn der Entrichtung von freiwilligen Beiträgen ist beim zuständigen Rentenversicherungsträger anzumelden.

Meldepflicht

Beiträge

Freiwillig Versicherte tragen ihre Beiträge selbst.

Freiwillige Beiträge sind wirksam geleistet, wenn sie bis zum 31.3. des Jahres, das dem Jahr folgt, für das sie gelten sollen, gezahlt werden.

Wirksame Beitragsentrichtung

Jährlich können bis zu zwölf Monatsbeiträge entrichtet werden, und zwar ohne Rücksicht auf das Einkommen. Möglich ist dabei jeder beliebige EUR-Betrag zwischen dem jeweils geltenden Mindest- und Höchstbeitrag.
Freiwillig Versicherte erhalten vom Rentenversicherungsträger spätestens bis zum 28.2. eines Jahres eine Beitragsbescheinigung.

3.4.6.5 Versicherungsnachweis, Renteninformation und Rentenauskunft

Der Versicherungsträger führt für jeden Versicherten unter dessen Versicherungsnummer ein Versicherungskonto, auf dem sämtliche Daten gespeichert werden, die für die Durchführung der Versicherung erforderlich sind.

Versicherungskonto

Spätestens Anfang April bekommt jeder Arbeitnehmer von seinem Arbeitgeber die sogenannte Jahresmeldung. Sie ist der Versicherungsnachweis (siehe Abschnitt 3.4.1.5 „Meldevorschriften").

Versicherungsnachweis

Versicherte, die das 27. Lebensjahr vollendet haben, erhalten jährlich eine schriftliche Renteninformation (insbesondere über die aktuellen Rentenansprüche und eine Hochrechnung der künftigen Altersrente). Nach Vollendung des 54. Lebensjahres wird diese alle drei Jahre durch eine Rentenauskunft (mit zusätzlicher Angabe der gespeicherten rentenrechtlichen Zeiten und Darstellung der Ermittlung der persönlichen Entgeltpunkte mit der Angabe ihres derzeitigen Wertes) ersetzt.

3.4.6.6 Leistungen der Rentenversicherung

Rehabilitation

Maßnahmen zur Erhaltung der Erwerbsfähigkeit und Wiedereingliederung in das Erwerbsleben (Grundsatz: Reha geht vor Rente):

- medizinische und berufsfördernde Leistungen
- berufliche Ausbildung und Umschulung
- Zuschüsse an Arbeitgeber
- Übergangsgeld während der Rehabilitationsmaßnahmen, sofern ein Anspruch auf Entgeltfortzahlung nicht besteht.

Rente wegen Alters

- **Regelaltersrente**
  - ab Vollendung des 65. Lebensjahres
  - Mindestversicherungszeit (Wartezeit) 5 Jahre
  - ohne Beschränkung von Erwerbstätigkeit und Einkommen.

65. Lebensjahr

- **Altersrente für langjährig Versicherte**
  - ab Vollendung des 63. Lebensjahres
  - Mindestversicherungszeit (allgemeine Wartezeit) 35 Jahre.

  Seit 2002 gilt auch hier die Altersgrenze von 65 Lebensjahren. Mit entsprechenden Abschlägen ist es allerdings weiterhin möglich, diese Altersrente bereits nach Vollendung des 63. Lebensjahres in Anspruch zu nehmen. Ab dem Geburtsjahr 1948 wird die Altersgrenze der Altersrente für langjährig Versicherte stufenweise auf die Vollendung des 62. Lebensjahres zurückverlegt.

63. Lebensjahr

- **Altersrente für Schwerbehinderte**
  - ab Vollendung des 60. Lebensjahres
  - Grad der Behinderung von mindestens 50 %
  - Mindestversicherungszeit (allgemeine Wartezeit) 35 Jahre.

  Die Altersgrenze für Schwerbehinderte wurde seit dem Jahr 2001 stufenweise für die Geburtsjahrgänge ab 1941 in 36 Monatsschritten von 60 Jahren auf das 63. Lebensjahr angehoben. Mit entsprechenden Abschlägen kann die Rente jedoch auch weiterhin ab Vollendung des 60. Lebensjahres in Anspruch genommen werden. Nicht betroffen sind Versicherte, die bis zum 16.11.1950 geboren worden sind und am 16.11.2000 schwer behindert bzw. berufs- oder erwerbsunfähig waren.

60. Lebensjahr

- **Altersrente wegen Arbeitslosigkeit oder nach Altersteilzeitarbeit**
  - für vor 1952 geborene Versicherte
  - ab Vollendung des 60. Lebensjahres, wenn
  - entweder in den letzten 1½ Jahren für 52 Wochen Arbeitslosigkeit bestand oder 24 Monate Altersteilzeitarbeit im Sinne des Altersteilzeitgesetzes geleistet wurde

Arbeitslosigkeit

und

- in den letzten zehn Jahren acht Jahre Pflichtbeitragszeiten bei mindestens 15 Jahren Mindestversicherungszeit (Wartezeit) nachgewiesen sind.

Seit 2002 ist die Altersgrenze auf 65 Jahre angehoben. Die vorzeitige Inanspruchnahme bleibt mit entsprechenden Abschlägen jedoch weiterhin ab Vollendung des 60. Lebensjahres möglich. Von 2006 bis 2008 wird die Altersgrenze für die vorzeitige Inanspruchnahme in Monatsschritten vom 60. auf das 63. Lebensjahr angehoben. Vertrauensschutzregelungen gibt es für Versicherte, die vor dem 1.1.2004 die Beendigung ihres Arbeitsverhältnisses vereinbart haben oder an diesem Tag arbeitslos waren.

- **Altersrente für Frauen**
  - für vor 1952 geborene Versicherte
  - ab Vollendung des 60. Lebensjahres,
  - Mindestversicherungszeit (Wartezeit) 15 Jahre
  - nach dem 40. Lebensjahr mehr als zehn Pflichtbeitragsjahre.

  Bis Ende 2004 wurde diese Altersrente in Monatsschritten auf 65 Jahre angehoben. Die vorzeitige Inanspruchnahme bleibt mit Abschlägen möglich.

Frauen

- **Vollrente – Teilrente**
  - Eine Rente wegen Alters kann in voller Höhe (Vollrente) oder als Teilrente in Anspruch genommen werden. Neben dem Bezug der Vollrente ist bis zum 65. Lebensjahr ein Hinzuverdienst nur bis zu einem Siebtel der Bezugsgröße (siehe Abschnitt 3.4.9 „Sozialversicherungsdaten 2006") zulässig.
  - Beschäftigte mit Anspruch auf eine Altersrente können mit Zustimmung des Arbeitgebers ihre Tätigkeit stufenweise zurückführen und das verringerte Einkommen durch eine Teilrente von einem Drittel, der Hälfte oder zwei Dritteln der Vollrente ausgleichen.

Vollrente

<u>Rente wegen verminderter Erwerbsfähigkeit</u>

Neben der Erfüllung der allgemeinen Wartezeit müssen in den letzten fünf Kalenderjahren vor Eintritt des Versicherungsfalles mindestens für 36 Monate Pflichtbeiträge entrichtet sein. In bestimmten Fällen genügt eine seit 1.1.1984 ununterbrochene Versicherung. Bei einem Arbeitsunfall gilt diese Wartezeit als erfüllt, wenn bereits ein Pflichtbeitrag gezahlt ist.

Wartezeit

- Volle Erwerbsminderungsrente

  Diese erhält derjenige, der weniger als drei Stunden pro Tag auf dem allgemeinen Arbeitsmarkt tätig sein kann.
- Halbe Erwerbsminderungsrente

  Sie erhält, wer zwischen drei und weniger als sechs Stunden pro Tag auf dem allgemeinen Arbeitsmarkt tätig sein kann.

Versicherte, die noch mindestens drei, aber nicht mehr sechs Stunden täglich arbeiten können, aber keinen Arbeitsplatz finden, erhalten ebenfalls eine volle Erwerbsminderungsrente (arbeitsmarktbedingte Erwerbsminderungsrente). Renten wegen verminderter Erwerbsfähigkeit werden in der Regel als Zeitrenten, also befristet, gewährt.

Abhängig vom erzielten Hinzuverdienst wird die Rente wegen verminderter Erwerbsfähigkeit in unterschiedlicher Höhe gewährt; und zwar die halbe Erwerbsminderungsrente voll oder zur Hälfte und die volle Erwerbsminderungsrente voll, zu drei Vierteln, zur Hälfte oder zu einem Viertel.

Voll- oder Teilrente

Versicherte, die vor dem 2.1.1961 geboren sind, haben weiterhin einen Anspruch auf Teilrente wegen Berufsunfähigkeit nach den bis Jahresende 2000 geltenden Regelungen. Sie erhalten eine halbe Erwerbsminderungsrente auch dann, wenn sie in ihrem bisherigen oder in einem zumutbaren anderen Beruf nicht mehr sechs Stunden täglich arbeiten können.
Für Versicherte, die am 31.12.2000 bereits eine Rente wegen verminderter Erwerbsfähigkeit bezogen, wird das alte Recht beibehalten.

Rente wegen Todes

- **Witwen- und Witwerrente**

Hinterbliebenenrente

  - Nach dem Tode des Ehegatten erhält der Hinterbliebene eine Witwen-/Witwerrente.
  - Die allgemeine Wartezeit von fünf Jahren (unter Anrechnung von Beitrags- und Ersatzzeiten) muss erfüllt sein. Unter bestimmten Voraussetzungen – zum Beispiel bei einem Arbeitsunfall – kann die Wartezeit auch vorzeitig erfüllt sein.
  - In den ersten drei Monaten wird unabhängig vom Einkommen des Hinterbliebenen die volle Rente des Verstorbenen ausgezahlt.

Große Witwen-/Witwerrente

  - Sie beträgt 60 % der vollen Rente des/der Verstorbenen als große Witwen-/Witwerrente, wenn der/die Anspruchsberechtigte
    mindestens 45 Jahre alt oder
    berufs- bzw. erwerbsunfähig/nach dem 1.1.2001: erwerbsgemindert ist oder
    ein eigenes Kind bzw. ein Kind des verstorbenen Versicherten unter 18 Jahren erzieht oder
    für ein eigenes oder ein Kind des verstorbenen Versicherten in häuslicher Gemeinschaft sorgt, das wegen körperlicher, geistiger oder seelischer Behinderung sich nicht selbst unterhalten kann.

    Für Ehepaare, die nach dem 31.12.2001 geheiratet haben oder bei denen beide Partner nach dem 1.1.1962 geboren sind, beträgt die große Witwen-/Witwerrente nur noch 55 % der Rente des verstorbenen Ehepartners. Hinterbliebene, die Kinder erzogen haben, erhalten zusätzlich einen dynamisierten Zuschlag an Entgeltpunkten.

Kleine Witwen-/Witwerrente

  - Sind die Voraussetzungen für die große Witwen-/Witwerrente nicht gegeben, besteht Anspruch auf die kleine Rente in Höhe von 25 % der vollen Rente des/der Verstorbenen. Für Ehepaare, die nach dem 31.12.2001 geheiratet haben oder bei denen beide Partner nach dem 1.1.1962 geboren sind, ist diese auf zwei Jahre befristet.

Einkommensanrechnung

  - Eigenes Erwerbseinkommen, das einen festgelegten, dynamisierten Freibetrag übersteigt, wird zu 40 Prozent angerechnet.
  - Bei Ehepaaren, die nach dem 31.12.2001 geheiratet haben oder bei denen beide Partner nach dem 1.1.1962 geboren sind, werden grundsätzlich alle Einkünfte zu 40 % angerechnet, soweit sie einen dynamisch steigenden Freibetrag übersteigen. Ausgenommen von der Anrechnung sind die meisten steuerfreien Einnahmen und Leistungen aus der ab 2002 geförderten privaten oder betrieblichen Altersvorsorge.

Abfindung

  - Bei Wiederverheiratung erfolgt eine Abfindung.
  - Ein Anspruch auf Witwen-/Witwerrente ist für Ehepaare, die nach dem 31.12.2001 geheiratet haben oder bei denen beide Partner nach dem 1.1.1962 geboren sind, ausgeschlossen, wenn die Ehe nicht mindestens ein Jahr angedauert hat, es sei denn, der alleinige oder

überwiegende Zweck der Heirat war es nicht, eine Hinterbliebenenrente zu erhalten.

- **Witwen- und Witwerrente an geschiedene Ehegatten – Versorgungsausgleich**
  - An geschiedene Ehegatten wird eine Witwen-/Witwerrente gezahlt, wenn die Ehe vor dem 1. 7. 1977 geschieden worden ist, nicht wieder geheiratet wurde und Unterhaltsanspruch besteht.
  - Bei Ehescheidungen nach dem 30. 6. 1977 tritt an die Stelle der Geschiedenen-Witwen- und -Witwerrente ein Versorgungsausgleich.

Versorgungsausgleich

- **Erziehungsrente**
  - Eine Erziehungsrente, die allerdings eine Rente aus eigener Versicherung ist und nicht mit den rentenrechtlichen Zeiten des verstorbenen Ehegatten zusammenhängt, erhalten Hinterbliebene längstens bis zur Vollendung des 65. Lebensjahres, wenn
    - die Ehe nach dem 30. 6. 1977 geschieden wurde,
    - der geschiedene Ehegatte gestorben ist,
    - ein eigenes oder ein Kind des Verstorbenen unter 18 Jahren erzogen wird,
    - nicht wieder geheiratet wurde,
    - die allgemeine Wartezeit von fünf Jahren bis zum Tode des geschiedenen Ehegatten erfüllt wurde.
- **Rentensplitting unter Ehegatten**
  - Ehepartner, deren Ehe nach dem 31.12.2001 geschlossen wurde, und Ehepartner, deren Ehe am 31.12.2001 schon bestand, die aber beide nach dem 1.1.1962 geboren sind, können künftig unter bestimmten Voraussetzungen zwischen Hinterbliebenenrente und Rentensplitting wählen.
- **Waisenrente**

  Sie wird gewährt
  - nach dem Tod eines Versicherten
  - bei Vorliegen der versicherungsrechtlichen Voraussetzungen (Wartezeit)
  - an Kinder grundsätzlich bis zum 18., längstens bis zum 27. Lebensjahr, wenn sich die Waise noch in der Schul- oder Berufsausbildung befindet; ab dem vollendeten 18. Lebensjahr wird auf die Waisenrente eigenes Erwerbseinkommen, das einen festgelegten dynamischen Betrag übersteigt, zu 40 % angerechnet.

Rente an Waisen

<u>**Krankenversicherung der Rentner**</u>

- Bezieher von Renten aus der gesetzlichen Rentenversicherung sind unter bestimmten Voraussetzungen in der gesetzlichen Krankenversicherung pflichtversichert oder zur freiwilligen Versicherung berechtigt (siehe Abschnitt 3.4.2.3 „Versicherungspflicht" und 3.4.2.6 „Freiwillige Versicherung").

Versicherungspflicht

- Eine Befreiung von der Versicherungspflicht in der Rentnerkrankenversicherung ist unter bestimmten Voraussetzungen auf Antrag möglich.

Befreiung

- Rentner, die in der gesetzlichen Krankenversicherung freiwillig oder in der privaten Krankenversicherung versichert sind, erhalten auf Antrag vom Rentenversicherungsträger einen Beitragszuschuss zur Krankenversicherung.

Beitragszuschuss

Wartezeit und Leistungsantrag für Anspruch auf Rente

Wartezeit

Rentenleistungen werden nur gewährt, wenn die Wartezeit erfüllt ist.

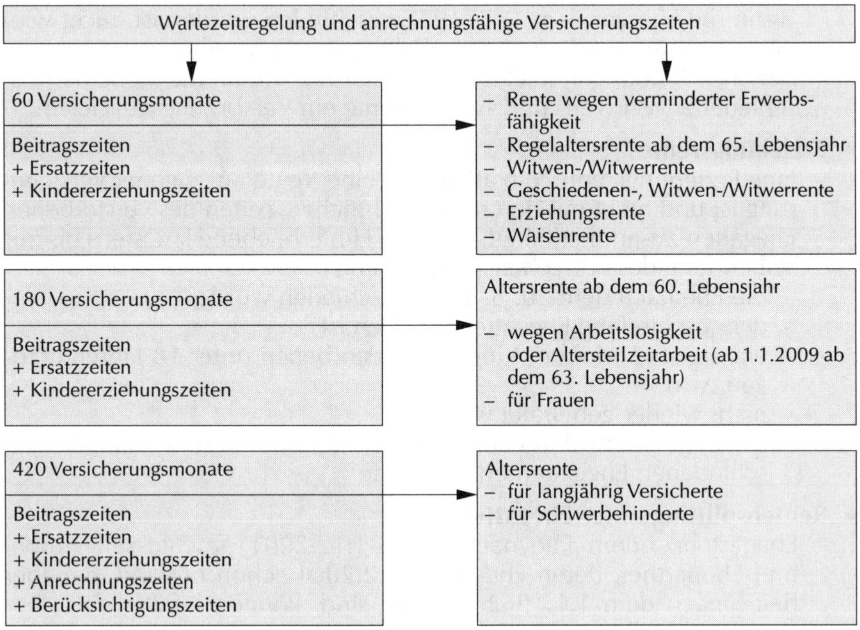

Abbildung 67

Bei Arbeitsunfall oder Wehr- bzw. Zivildienstbeschädigung genügt bei Pflichtversicherten der Nachweis eines einzigen Beitrages.

Leistungsantrag

Antrag

Rentenleistungen werden nur auf Antrag gewährt.
Wird der Antrag später als drei Monate – bei Renten wegen Todes später als zwölf Monate – nach Ablauf des Monats gestellt, in dem die Antragsvoraussetzungen erfüllt sind, beginnt die Rente erst ab Antragsmonat.

Rentenberechnung

Unterhaltsfunktion

Die Rente dient der Sicherung des Lebensunterhalts des Versicherten und seiner Hinterbliebenen bei Eintritt des Versicherungsfalles.

Höhe der Rente

Die Höhe der Rente bestimmt sich nach dem individuellen Versicherungsverlauf.

Maßgebend sind hierfür insbesondere

Beitragsleistung

- die Höhe der während des Erwerbslebens versicherten Arbeitsentgelte oder Arbeitseinkommen

bzw.

- die Höhe und Anzahl der geleisteten Beiträge.

Rentendynamik

Die Rente ist dynamisch; sie wird zum 1.7. eines jeden Jahres angepasst entsprechend der Veränderung der Bruttolohn- und Gehaltssumme je durchschnittlich beschäftigtem Arbeitnehmer, korrigiert um die Belastungsveränderungen bei den Rentenversicherungsbeiträgen sowie beim Aufwand für die staatlich geförderte zusätzliche Altersvorsorge. Man nennt dies modifizierte Bruttoanpassung. Mit dem Jahr 2005 wurde zudem ein so genannter Nachhaltigkeitsfaktor eingefügt, der die zahlenmäßige Entwicklung des Verhältnisses von Beitragszahlern zu Rentnern berücksichtigt. Rentenkürzungen sollen allerdings derzeit nicht vorgenommen werden.

<u>Rentenformel</u>

Rentenfaktoren

Maßgebende Faktoren für die Rentenberechnung sind:

- die Entgeltpunkte; sie werden durch die Höhe des versicherten Arbeitsentgelts (bzw. Arbeitseinkommens) eines Kalenderjahres bestimmt. Dabei werden neben den Beitragszeiten auch Kindererziehungszeiten, Anrechnungszeiten, Zurechnungszeiten und Berücksichtigungszeiten erfasst.
- der Zugangsfaktor, der in der Regel 1,0 beträgt und sich nur bei vorzeitiger Inanspruchnahme verringert bzw. bei Inanspruchnahme der Rente nach dem 65. Lebensjahr erhöht.
- der Rentenartfaktor; er beträgt z. B. für die Alters- und die volle Erwerbsminderungsrente 1,0 und für die Rente wegen teilweiser Erwerbsminderung 0,5.
- der aktuelle Rentenwert; dies ist ein monatlicher EUR-Betrag, der jährlich durch Verordnung festgelegt und für jeden erreichten persönlichen Entgeltpunkt gewährt wird (vgl. Abschnitt 3.4.9 „Sozialversicherungsdaten 2006“).

Rentenformel

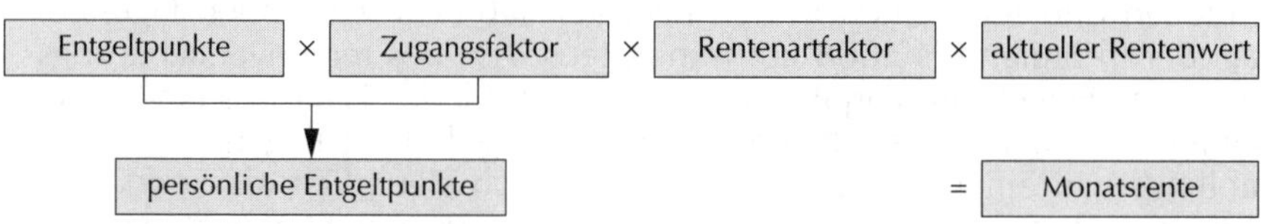

Abbildung 68

Berechnungsbeispiel für Altersrente

Hat der Versicherte 45 Jahre lang durchschnittlich verdient bzw. Beiträge entrichtet, die dem Durchschnittsentgelt aller Versicherten entsprechen, errechnet sich eine monatliche Altersrente von

45 persönliche Entgeltpunkte
×
26,13 EUR aktueller Rentenwert (West) ab 1.7.2006
= 1.175,85 EUR
×
22,97 EUR aktueller Rentenwert (Ost) ab 1.7.2006
= 1.033,65 EUR

Bedarfsorientierte Grundsicherung

Steuerfinanzierte Grundsicherung

Seit 2002 gibt es eine steuerfinanzierte Grundsicherung für über 65-Jährige und dauerhaft voll Erwerbsgeminderte ab 18 Jahren. Die Leistung ist abhängig von der Bedürftigkeit. Neu ist, dass gegenüber Kindern und Eltern kein Unterhaltsrückgriff stattfindet, wenn ihre Angehörigen die Grundsicherung in Anspruch nehmen. Dabei wird zugunsten der Betroffenen widerlegbar vermutet, dass das Jahreseinkommen der Eltern bzw. Kinder unter 100.000,00 EUR liegt. Ist das Einkommen höher, besteht kein Anspruch auf Grundsicherung.

Zusätzliche kapitalgedeckte Altersvorsorge

Seit 2002 wird der Aufbau einer privaten oder betrieblichen Altersvorsorge staatlich gefördert. Gefördert werden in der Regel alle Personen, die Pflichtbeiträge zur gesetzlichen Rentenversicherung zahlen.
Nicht erfasst sind u. a. Selbstständige mit eigener privater Altersvorsorge, freiwillig Versicherte und die in einer berufsständischen Versorgungseinrichtung Pflichtversicherten. Damit werden selbstständige Handwerksmeister/-innen, die von der gesetzlichen Rentenversicherung befreit sind, nicht gefördert, selbst wenn sie freiwillige Beiträge einzahlen. Begünstigt werden jedoch auch die nicht pflichtversicherten Ehepartner von geförderten Personen.
Förderfähige Anlageformen sind:

Anlageformen

- die betriebliche Altersversorgung in Form von Direktzusagen, Unterstützungskassen, Direktversicherungen, Pensionskassen und Pensionsfonds
- die private kapitalgedeckte Altersvorsorge in Form von Rentenversicherungen, Fonds- und Banksparplänen.

Zertifikat

Produkte im Rahmen der privaten Altersvorsorge müssen für die Förderung bestimmte Voraussetzungen in der Anspar- und Auszahlungsphase sowie bezüglich der Information erfüllen. Sie erhalten dann ein Zertifikat des Bundesaufsichtsamtes für das Versicherungswesen.

Staatliche Zulage

Der Altersvorsorgeaufwand setzt sich aus Eigenbeiträgen und Zulagen – Grund- und Kinderzulage – zusammen. Die staatliche Zulage wird auf Antrag von der zentralen Zulagenstelle auf den begünstigten Vertrag gutgeschrieben und setzt einen in den nächsten Jahren wachsenden Eigenbeitrag, der in Stufen bis 2008 auf mindestens 4 % des rentenversicherungspflichtigen Entgelts im Vorjahr steigt, voraus. Auf jeden Fall muss ein Sockelbeitrag entrichtet werden. Neben der Förderung durch Zulagen können die Zahlungen in einen Altersvorsorgevertrag auch steuerlich als Sonderausgaben geltend gemacht werden. Sollte sich daraus eine Steuerersparnis ergeben, die den Umfang der gewährten Zulagen übersteigt, wird dieser Differenzbetrag erstattet. Die Zulagen sind im Übrigen zurückzuzahlen, wenn sie nicht entsprechend der gesetzlichen Regelungen verwendet und ausbezahlt werden. Sie sind auch nicht vererbbar.

Entgeltumwandlung

Arbeitnehmer haben seit 2002 einen individuellen Anspruch auf betriebliche Altersversorgung aus ihrem Entgelt, indem sie auf bestimmte Teile davon – bis zu 4 % der Beitragsbemessungsgrenze in der gesetzlichen Rentenversicherung (vgl. Abschnitt 3.4.9 „Sozialversicherungsdaten 2006“) – verzichten (z. B. auf Teile des Weihnachts- oder Urlaubsgeldes oder Überstundenvergütungen) und diese für eine betriebliche Altersversorgung durch den Arbeitgeber einzahlen lassen (Entgeltumwandlung). Die Vereinbarung zwischen Arbeitnehmer und Arbeitgeber kann auf individueller, betrieblicher oder auf tariflicher Grundlage erfolgen. Besteht eine Pensionskasse oder wird ein Pensionsfonds eingerichtet, kann der Arbeitgeber den Anspruch hierauf beschränken. Im Übrigen kann der Arbeitnehmer den Abschluss einer Direktversicherung durch den Arbeitgeber verlangen. Ein einmal erworbener Anspruch auf eine derartige Betriebsrente kann nicht mehr erlöschen, auch dann nicht, wenn das Beschäftigungsverhältnis mit dem jeweiligen Arbeitgeber vor Beginn der Zahlung einer Betriebsrente endet. Für die erworbenen Anwartschaften gilt die sofortige gesetzliche Unverfallbarkeit und die Übertragbarkeit auf einen neuen Arbeitgeber.

Unverfallbarkeit

Arbeitgeberfinanzierte betriebliche Altersversorgung

Zur Ergänzung der gesetzlichen Altersversorgung gewähren die Betriebe vielfach zusätzliche Versorgungsleistungen.

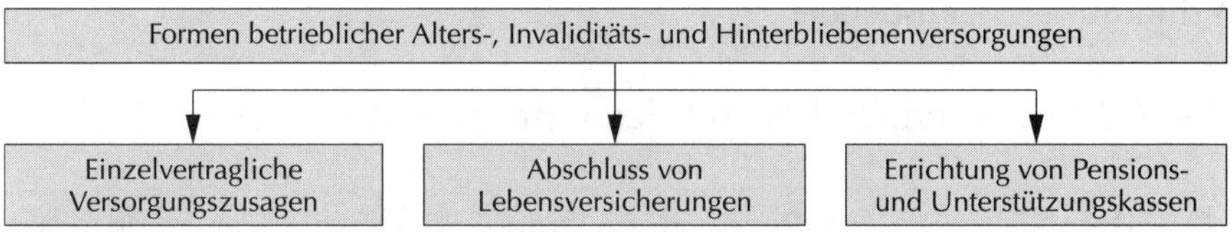

Abbildung 69

Nach dem Gesetz zur Verbesserung der betrieblichen Altersversorgung verliert der Arbeitnehmer auch bei Ausscheiden aus dem Betrieb vor Eintritt des Versorgungsfalles den bereits erworbenen Teil seiner Versorgungsanwartschaft nicht, wenn
- er mindestens 30 Jahre (bei Zusagen vor dem 1.1.2001: 35 Jahre) alt ist
- die Versorgungszusage schon mindestens fünf Jahre (bei Zusagen vor dem 1.1.2001: zehn Jahre) bestand

oder bei Zusagen vor dem 1.1.2001
- er zwölf Jahre betriebszugehörig war und die Versorgungszusage seit mindestens drei Jahren bestand.

Auskunftspflicht

Bei Ausscheiden aus dem Betrieb ist dem Arbeitnehmer Auskunft über die Höhe der Versorgungsleistungen bei Erreichen der in der Versorgungsregelung vorgesehenen Altersgrenze zu erteilen.

Umlagepflicht

Zur Absicherung der betrieblichen Versorgungsleistungen haben die Betriebe eine Pflichtumlage an den auf Bundesebene errichteten Pensionsversicherungsverein abzuführen (ausgenommen sind Lebensversicherungen und Ansprüche gegenüber Pensionskassen).

Tarifliche Versorgungseinrichtungen

Für einige Berufe bestehen tarifliche Zusatzversorgungskassen, zu denen die Betriebe einen bestimmten Beitragssatz entsprechend der Entgeltsumme des Arbeitnehmers abführen.

3.4.7 Unfallversicherung

3.4.7.1 Versicherungsträger

Berufsgenossenschaften

Träger der gesetzlichen Unfallversicherung sind die Berufsgenossenschaften sowie die Unfallversicherungsträger der öffentlichen Hand. Sie umfassen die Unternehmen gleicher Art zur gemeinsamen Tragung der Unfallrisiken. Ihr Bereich erstreckt sich auf größere Gebiete, teilweise auf das ganze Bundesgebiet.

3.4.7.2 Versicherungspflicht

Versichert sind

Personenkreis

- alle Arbeitnehmer, auch geringfügig Beschäftigte
- zu ihrer Berufsausbildung Beschäftigte (Auszubildende)
- die bei ihrem Ehegatten oder im elterlichen Betrieb gegen Entgelt Beschäftigten
- Teilnehmer an Schulungskursen (z. B. Meistervorbereitungskurs)
- Berufsschüler und Schüler allgemein bildender Schulen
- Studenten an Fach- und Hochschulen
- Ehrenamtlich Tätige (bspw. bei Handwerkskammern und Innungen)
- Kinder in Kindertagesstätten
- Katastrophenschutzhelfer
- Blut- und Organspender.

3.4.7.3 Unfallversicherung des Unternehmers

Die Berufsgenossenschaften können kraft Satzung die Versicherungspflicht auch auf Unternehmer und ihre im Unternehmen mitarbeitenden Ehegatten ausdehnen.

Besteht keine Versicherungspflicht, kann auf Antrag von der freiwilligen Versicherung Gebrauch gemacht werden.

3.4.7.4 Beiträge

Die Unfallversicherungsbeiträge werden allein vom Arbeitgeber getragen.

Umlage

Die Höhe der Beiträge bemisst sich nach den Arbeitsentgelten der Versicherten und den Gefahrenklassen. Die Beiträge werden nach Ablauf des Kalenderjahres im Umlageverfahren erhoben.

Je nach Zahl und Schwere der im Betrieb aufgetretenen Arbeitsunfälle werden Zuschläge auferlegt oder Nachlässe gewährt.

Selbstständige

Berechnungsgrundlage für die kraft Satzung pflichtversicherten Selbstständigen und mitarbeitenden Ehegatten sowie die freiwillig Versicherten ist die nach Satzung bestimmte Versicherungssumme.

Die Kosten des Unfallversicherungsschutzes für Schüler, Studenten, Teilnehmer an Schulungskursen und Kinder in Kindertagesstätten tragen die Träger dieser Einrichtungen; für ehrenamtlich Tätige die Stellen, für die die Aufgaben erfüllt werden.

Insolvenzgeldumlage

Eine weitere Umlage erheben die Berufsgenossenschaften zur Finanzierung des Insolvenzgeldes.

3.4.7.5 Versicherungsschutz

Aufgabe der gesetzlichen Unfallversicherung ist es
- mit allen geeigneten Mitteln Arbeitsunfälle und Berufskrankheiten sowie arbeitsbedingte Gesundheitsgefahren zu verhüten

und
- nach Eintritt von Arbeitsunfällen oder Berufskrankheiten Leistungen zu gewähren.

Arbeitsunfall

Arbeitsunfälle sind Unfälle, die der Versicherte bei seiner Tätigkeit für den Betrieb erleidet. Hierzu gehören auch Unfälle auf Dienstwegen, bei Betriebsveranstaltungen und bei der Verwahrung, Beförderung und Instandhaltung von Arbeitsgeräten und Schutzausrüstungen.

Schulbesuch

Auch Unfälle im Zusammenhang mit dem Besuch von Kindertagesstätten, allgemein oder berufsbildenden Schulen, Fach- oder Hochschulen sowie von Schulungskursen einschließlich des Weges nach und von solchen Einrichtungen sowie der Ausübung eines Ehrenamtes sind Arbeitsunfälle im Sinne der gesetzlichen Unfallversicherung.

Nicht versichert sind Unfälle, die dem persönlichen Bereich des Versicherten zuzurechnen sind.

Wegeunfall zwischen Wohnung und Arbeitsstätte

Der Versicherungsschutz erstreckt sich auch auf das Zurücklegen des mit der versicherten Tätigkeit zusammenhängenden unmittelbaren Weges nach und von dem Ort der Tätigkeit.

Fahrgemeinschaften

Abweichungen von diesem Weg sind versichert, wenn sie im Zusammenhang mit der Unterbringung eines im Haushalt des Versicherten lebenden Kindes stehen oder wenn der Versicherte mit anderen Berufstätigen gemeinsam ein Fahrzeug für den Weg nach und von dem Ort der Tätigkeit benutzt (Fahrgemeinschaft).

Berufskrankheit

Berufskrankheiten sind Krankheiten, die durch Rechtsverordnung als Berufskrankheiten bezeichnet sind und die Beschäftigte durch ihre versicherte Tätigkeit erleiden.

3.4.7.6 Leistungen der Unfallversicherung

Die wichtigsten Leistungen der Unfallversicherung:

- **Heilbehandlung**
  ärztliche Behandlung, Arznei-, Heil- und Hilfsmittel, häusliche Krankenpflege, stationäre Behandlung sowie Fahr- und Transportkosten zur möglichst schnellen und sachgemäßen Behandlung nach einem Versicherungsfall.
- **Rehabilitation**
  berufliche Wiedereingliederung; sonstige Hilfen, wie Kraftfahrzeug-, Wohnungs- und Haushaltshilfen.

- **Pflege**
  Pflegegeld bei Pflegebedürftigkeit, Pflegekraft und Heimpflege.
- **Verletztengeld**
  bei Arbeitsunfähigkeit, wenn unmittelbar davor Anspruch auf Arbeitsentgelt, Arbeitseinkommen, Krankengeld, Arbeitslosengeld und Ähnlichem bestand.
- **Verletztenrente**
  Vollrente
  Wenn die Erwerbsminderung auf Grund des Versicherungsfalles über die 26. Woche nach dem Versicherungsfall hinaus andauert, erhalten Versicherte:
  - Vollrente bei völligem Verlust der Erwerbsfähigkeit (100 v. H.) in Höhe von $^2/_3$ des zuletzt erzielten Jahresarbeitsverdienstes.

  Teilrente
  - Teilrente bei teilweiser Minderung der Erwerbsfähigkeit ab 20 v. H.
- **Sterbegeld**
  ein Siebtel der jeweils aktuellen Bezugsgröße (vgl. Abschnitt 3.4.9 „Sozialversicherungsdaten 2006") sowie Erstattung von Überführungskosten.
- **Witwen- und Witwerrente**
  - Rente in Höhe von $^2/_3$ des letzten Jahresarbeitsverdienstes bis zum Ablauf des dritten Kalendermonats, in dem der Ehegatte verstorben ist;
  - anschließend Rente in Höhe von 30 v. H. des Jahresarbeitsverdienstes für die Dauer von zwei Jahren; 40 v. H., wenn der Hinterbliebene mindestens 45 Jahre alt ist oder ein waisenrentenberechtigtes Kind erzieht;
  - sonstiges Erwerbs- und Erwerbsersatzeinkommen wird angerechnet, wenn es eine bestimmte Höhe übersteigt (ähnlich der Regelungen bei der Witwen-/Witwerrente innerhalb der gesetzlichen Rentenversicherung);
  - Abfindung in Höhe des 24fachen monatlichen Rentenbetrages bei Wiederverheiratung.
- **Waisenrente**
  - Halbwaisenrente in Höhe von 20 v. H. des letzten Jahresarbeitsverdienstes des durch Arbeitsunfall Verstorbenen.
  - Vollwaisenrente in Höhe von 30 v. H. des Jahresarbeitsverdienstes.
  - Rentenleistungen bis zum 18. Lebensjahr, bei Berufs- oder Schulausbildung längstens bis zum 27. Lebensjahr.

3.4.7.7 Unfallverhütung

Unfallverhütungsvorschriften

> Die Berufsgenossenschaften erlassen Vorschriften über die Einrichtungen, Anordnungen und Maßnahmen, welche die Unternehmer zur Verhütung von Arbeitsunfällen, Berufskrankheiten und arbeitsbedingten Gesundheitsgefahren zu treffen und die im Betrieb Beschäftigen zu beachten haben.

Überwachung
Beratung

Zu ihrer Überwachung sind bei den Berufsgenossenschaften technische Aufsichtspersonen tätig, die durch Betriebsbegehungen Kontrollen ausüben und bei Bedarf Unternehmer sowie Versicherte beraten.

Sicherheitsbeauftragte

In Betrieben mit mehr als 20 Beschäftigten muss ein Sicherheitsbeauftragter bestellt werden, der den Unternehmer bei der Durchführung des Unfallschutzes zu unterstützen hat.

Fachkräfte für Arbeitssicherheit und Betriebsärzte

Die Berufsgenossenschaften regeln durch Unfallverhütungsvorschriften, in welchem Umfang Fachkräfte für Arbeitssicherheit (Sicherheitsingenieure, -techniker, -meister) sowie betriebsärztliche Dienste zu bestellen sind. Sicherheitsfachkräfte

Die Fachkräfte für Arbeitssicherheit sind für die Arbeitssicherheit, die Betriebsärzte für den Gesundheitsschutz im Betrieb zuständig. Betriebsärzte

3.4.7.8 Meldevorschriften

Betriebseröffnungsanzeige

> Der Beginn eines Unternehmens ist dem zuständigen Unfallversicherungsträger binnen einer Woche anzuzeigen.

Wesentliche Änderungen in Art und Gegenstand des Unternehmens sind innerhalb von vier Wochen mitzuteilen. Änderungen

Entgeltnachweis

Innerhalb von sechs Wochen nach Ablauf eines Kalenderjahres hat der Arbeitgeber der Berufsgenossenschaft die Arbeitsentgelte der Beschäftigten und die geleisteten Arbeitsstunden zu melden.

Unfallanzeige

Der Arbeitgeber hat jeden Unfall in seinem Betrieb der Berufsgenossenschaft anzuzeigen, wenn ein Beschäftigter einen Unfalltod erleidet oder so verletzt wird, dass er für mehr als drei Tage arbeitsunfähig wird. Die Unfallanzeige ist binnen drei Tagen nach Kenntnis des Unfalls zu erstatten. Eine Durchschrift ist an die zuständige Arbeitsschutzbehörde zu geben. Die Anzeige kann auch auf dem Wege der elektronischen Datenverarbeitung erstattet werden.

3.4.7.9 Ablösung der Unternehmerhaftung durch Versicherungsschutz

Im Hinblick auf die allein beitragspflichtigen Arbeitgeber ist in der gesetzlichen Unfallversicherung geregelt, dass dieser für Personenschäden auf Grund eines Arbeitsunfalls oder einer Berufskrankheit dem Beschäftigten oder seinen Hinterbliebenen gegenüber grundsätzlich nicht haftet. Leistungspflichtig ist allein die zuständige Berufsgenossenschaft (sog. Ablösung der Unternehmerhaftung).

Dieser Haftungsausschluss für Personenschäden gilt nicht nur für den Arbeitgeber, sondern auch zugunsten der Arbeitnehmer, die durch eine betriebliche Tätigkeit Personenschäden bei Arbeitskollegen verursachen. Bei vorsätzlicher oder grob fahrlässiger Herbeiführung des Versicherungsfalls sowie Schwarzarbeit haben die Unfallversicherungsträger jedoch einen Regressanspruch.

Der Haftungsausschluss zugunsten des Arbeitgebers und der Beschäftigten entfällt bei vorsätzlicher Herbeiführung des Unfalls oder wenn es sich um einen Wegeunfall handelt.

3.4.8 Altersversorgung der selbstständigen Handwerker (Handwerkerversicherung)

Die Handwerkerversicherung ist Bestandteil der gesetzlichen Rentenversicherung.

3.4.8.1 Versicherungspflicht

Der Versicherungspflicht in der gesetzlichen Rentenversicherung unterliegen:
- selbstständig tätige Handwerker, die in die Handwerksrolle (Anlage A der Handwerksordnung) eingetragen sind und die erforderlichen handwerksrechtlichen Voraussetzungen erfüllen (in der Regel die Meisterprüfung)
- die Gesellschafter einer in die Handwerksrolle eingetragenen Personengesellschaft, die die für die Eintragung in die Handwerksrolle erforderlichen Voraussetzungen erfüllen (in der Regel die Meisterprüfung).

Für Berufe, die im Zuge der Novelle der Handwerksordnung zum 1.1.2004 von der Anlage A (zulassungspflichtige Handwerke) in die Anlage B1 (zulassungsfreie Handwerke) überführt wurden, gilt Folgendes: Wer bereits im Rahmen der Anlage A zum 31.12.2003 der Rentenversicherungspflicht unterlag, bleibt auch in der Anlage B1 versicherungspflichtig. Für ab dem 1.1.2004 neu in die Anlage B1 eingetragene Betriebsinhaber gilt keine Versicherungspflicht mehr.

Beginn und Ende der Versicherungspflicht

Beginn

Die Versicherungspflicht beginnt mit dem Tag der Eintragung in die Handwerksrolle, sofern die selbstständige Tätigkeit zu diesem Zeitpunkt bereits ausgeübt wird; bei späterer Aufnahme der Tätigkeit erst mit diesem Zeitpunkt.

Beispiel:

Eintragung in die Handwerksrolle: 6.6.2006
Aufnahme der selbstständigen Tätigkeit: 3.7.2006
Beginn der Versicherungspflicht: 3.7.2006.

Ende

Die Versicherungspflicht endet kraft Gesetzes mit
- Einstellung der selbstständigen Tätigkeit
- Löschung in der Handwerksrolle bzw. im Verzeichnis der zulassungsfreien Handwerke
- Bezug der Vollrente wegen Alters.

Mehrfachversicherung

Personen, die neben einer versicherungspflichtigen selbstständigen Tätigkeit (als Handwerker) eine versicherungspflichtige Beschäftigung als Arbeitnehmer ausüben, sind in beiden Tätigkeiten rentenversicherungspflichtig.

3.4.8.2 Freiwillige Versicherung

Selbstständig Erwerbstätige, die der Handwerkerversicherungspflicht nicht unterliegen, können sich entweder

- freiwillig in der gesetzlichen Rentenversicherung versichern (siehe Abschnitt 3.4.6.4 „Freiwillige Versicherung") Versicherungsberechtigung

oder

- von der Versicherungspflicht auf Antrag Gebrauch machen (siehe Abschnitt 3.4.6.3 „Versicherungspflicht auf Antrag"). Antragspflichtversicherung

Die Höhe des künftigen Rentenanspruchs wird durch die Höhe und Anzahl der geleisteten Beiträge bestimmt. Deshalb ist die Fortsetzung der Beitragsentrichtung sinnvoll.

3.4.8.3 Versicherungsfreiheit

Von der Handwerkerversicherungspflicht ausgenommen sind:

- Inhaber von Betrieben der zulassungsfreien Handwerke, die ab dem 1.1.2004 neu eingetragen wurden
- Inhaber von Betrieben des handwerksähnlichen Gewerbes Ausnahmen von der Versicherungspflicht
- Inhaber, die mit einem handwerklichen Nebenbetrieb in die Handwerksrolle eingetragen sind
- Witwen, Witwer und Erben, die nach dem Tode des Handwerkers den Handwerksbetrieb fortführen.
- Personen, die die selbstständige Tätigkeit nur geringfügig ausüben (siehe Abschnitt 3.4.1.4 „Beiträge – Geringfügige Beschäftigungen")
- Bezieher eines Existenzgründungszuschusses (künftig Gründungszuschusses) (siehe Abschnitt 3.4.4.6 „Leistungen der Arbeitslosenversicherung (Arbeitsförderung)")
- Kleinunternehmer, die unwesentliche Teiltätigkeiten eines zulassungspflichtigen Handwerks ausüben
- geschäftsführende Betriebsleiter und Gesellschafter einer GmbH
- Bezieher einer Vollrente wegen Alters.

> Auf Antrag von der Versicherungspflicht befreit werden Handwerker und Handwerkerinnen (ausgenommen: Schornsteinfegermeister), wenn sie für mindestens 18 Jahre = 216 Kalendermonate Pflichtbeiträge zur gesetzlichen Rentenversicherung nachweisen können.

Mindestpflichtversicherung

Angerechnet werden auch die vor der Selbstständigmachung entrichteten Pflichtbeiträge während den Ausbildungs- und Beschäftigungszeiten sowie die Wehr- oder Zivildienstzeiten und Kindererziehungszeiten.

Die Befreiung tritt mit Ablauf des Monats, für den der 216. Pflichtbeitrag gezahlt wurde, ein, sofern der Antrag innerhalb von drei Monaten danach beim Rentenversicherungsträger gestellt wird; andernfalls erst mit Antragseingang. Beginn der Befreiung

Zur Vermeidung von Rechtsnachteilen ist vor Antragstellung eine eingehende Beratung zu empfehlen.

Rechtsnachteile

Die Befreiung kann beispielsweise den Wegfall des Anspruchs auf Rente wegen Erwerbsminderung wie auch des Anspruchs auf Förderung bei „Riester-Renten" zur Folge haben.

3.4.8.4 Beitrag, Beitragsentrichtung, Beitragsnachweis

Pflichtbeitrag

Pflichtversicherte Handwerker und Handwerkerinnen entrichten ohne Rücksicht auf die Höhe ihres Einkommens einen Regelbeitrag (siehe Abschnitt 3.4.9 „Sozialversicherungsdaten 2006"), der dem Durchschnittsentgelt aller Versicherten in der gesetzlichen Rentenversicherung entspricht.

Anstelle des Regelbeitrags kann ein niedrigerer oder höherer Beitrag gezahlt werden, wenn das im letzten Einkommensteuerbescheid ausgewiesene Arbeitseinkommen unter oder über dem Durchschnittsentgelt liegt.

Mindestbeitrag

Dabei kann ein bestimmter Mindestbeitrag (siehe Abschnitt 3.4.9 „Sozialversicherungsdaten 2006") nicht unterschritten werden.

Existenzgründer

Bis zum Ablauf von drei Kalenderjahren nach dem Jahr der Selbstständigmachung ist nur der halbe Regelbeitrag zu entrichten. Liegt das (gegebenenfalls auch geschätzte) Arbeitseinkommen unter der Hälfte des Durchschnittsentgelts, ist eine weitere Beitragsanpassung möglich. Auf Antrag kann der volle Regelbeitrag bezahlt werden.

Als Einkommen gilt der ermittelte Gewinn aus der versicherungspflichtigen selbstständigen Tätigkeit.

Die Zahlung von niedrigeren oder höheren Beiträgen muss bei der Rentenversicherung beantragt werden. Eine einkommensgerechte Beitragszahlung ist nur für die Zukunft möglich.

Schornsteinfegermeister müssen aufgrund gesetzlicher Regelungen stets den Regelbeitrag bezahlen.

Beitragsentrichtung

Monatsbeiträge

Die Pflichtbeiträge sind für jeden Kalendermonat zu entrichten.

Sie sind unmittelbar durch

- Abbuchung oder Überweisung an die Rentenversicherung zu zahlen.

Die Beiträge werden

- spätestens am drittletzten Bankarbeitstag für den jeweiligen Monat fällig.

Bei nicht rechtzeitiger Entrichtung werden Säumniszuschläge erhoben.

Beitragsnachweis

Als Beitragsnachweis erhält der Versicherte von der Rentenversicherung spätestens bis zum 28.2. eines Jahres eine Beitragsbescheinigung über die im vergangenen Jahr gezahlten Beiträge.

3.4.8.5 Leistungen der Rentenversicherung/ Handwerkerversicherung

Bezüglich Art und Umfang der Leistungen siehe Abschnitt 3.4.6.6 „Leistungen der Rentenversicherung“.

3.4.9 Sozialversicherungsdaten 2006

Im Beitrags- und Leistungsrecht der Sozialversicherung gelten im Bundesgebiet in West und Ost zum Teil unterschiedliche Werte bzw. Entgeltgrenzen (Angaben jeweils in EUR):

Beitragsbemessungsgrenzen	**West**		**Ost**	
	Jahr	Monat	Jahr	Monat
Kranken-/Pflegeversicherung	42.750,00	3.562,50	42.750,00	3.562,50
Renten-/Arbeitslosenversicherung	63.000,00	5.250,00	52.800,00	4.400,00
Versicherungs-Pflichtgrenze in der Krankenversicherung	47.250,00[1)] 42.750,00[2)]	3.937,50[1)] 3.562,50[2)]	47.250,00[1)] 42.750,00[2)]	3.937,50[1)] 3.562,50[2)]
Geringfügigkeitsgrenze in der Kranken-, Pflege-, Renten- und Arbeitslosenversicherung		400,00		400,00
Gleitzone in der Kranken-, Pflege-, Renten- und Arbeitslosenversicherung		400,01 bis 800,00		400,01 bis 800,00
Einkommensgrenze für Wegfall der Familienversicherung in der Krankenversicherung		350,00 400,00[3)]		350,00 400,00[3)]
Entgeltgrenze für die vom Arbeitgeber allein zu tragenden Pflichtbeiträge für Auszubildende zur Kranken-, Pflege-, Renten- und Arbeitslosenversicherung		325,00		325,00
Handwerkerversicherung				
Regel-Pflichtbeitrag		477,75		402,68
Beitrag bis Ablauf von drei Jahren nach Existenzgründung		238,88		201,34
Mindestbeitrag		78,00		78,00
Höchstmöglicher Beitrag		1.023,75		858,00
Bezugsgröße	29.400,00	2.450,00	24.780,00	2.065,00
Regelsatz des Arbeitslosengeldes II	ab 1.7.2006	345,00	ab 1.7.2006	345,00
Aktueller Rentenwert	ab 1.7.2006	26,13		22,97

Abbildung 70

1) für Mitglieder von Krankenkassen
2) für am 31.12.2002 privat Krankenversicherte
3) bei Vorliegen einer geringfügig entlohnten Beschäftigung

3.4.10 Sozialgerichtsbarkeit

3.4.10.1 Zuständigkeit

Aufbau

Für Rechtsstreitigkeiten in Angelegenheiten der Sozialversicherung, der Arbeitsförderung, des sozialen Entschädigungsrechts und des Schwerbehindertenrechts sind die Sozialgerichte zuständig.

I. Instanz: Sozialgericht
II. Instanz: Landessozialgericht (Berufungsinstanz)
III. Instanz: Bundessozialgericht (Revisionsinstanz)

3.4.10.2 Verfahren

Rechtsmittel

Gegen jeden Bescheid (Verwaltungsakt) der Sozialversicherungsträger, Träger der Grundsicherung für Arbeitsuchende bzw. Versorgungsbehörden kann Widerspruch eingelegt werden. Wird dem Widerspruch nicht abgeholfen, so ist Klage zum Sozialgericht zulässig.
Gegen Urteile der Sozialgerichte findet die Berufung zum Landessozialgericht statt. Gegen Urteile der Landessozialgerichte kann Revision zum Bundessozialgericht eingelegt werden, wenn diese zugelassen wird.
Das Verfahren ist in allen drei Instanzen für den Versicherten kostenfrei.

Grundsätze der Sozialgerichtsbarkeit

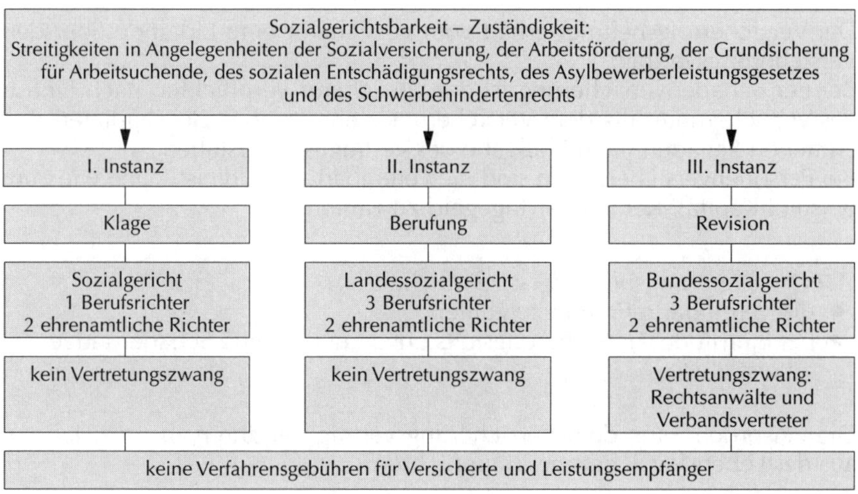

Abbildung 71

Bis Ende 2008 ist es möglich, die Sozialgerichtsbarkeit durch besondere Spruchkörper der Verwaltungs- und Oberverwaltungsgerichte ausüben zu lassen.

3.4.11 Private Personen-, Sach- und Schadenversicherung

3.4.11.1 Zweck einer privaten Versicherung

Die Privatversicherung bietet jedem Gelegenheit, sich auf freiwilliger Grundlage gegen die vielfältigen Risiken des täglichen Lebens sowohl im privaten als auch im betrieblichen Bereich zu sichern.
Gerade der selbstständige Handwerker bedarf dieses Schutzes in besonderer Weise.

3.4.11.2 Versicherungsvertrag

Vertrags-grundlage

Eine Privatversicherung kommt zustande durch Abschluss eines Vertrages zwischen Versicherer und Versicherungsnehmer.

Dem Abschluss geht in der Regel erst eine genaue Prüfung des Sachverhalts voraus.

Beispiel:

Untersuchung des Gesundheitszustandes des Versicherungsnehmers oder Prüfung der Gefahrenquellen für das Versicherungsobjekt.

3.4.11.3 Rechte und Pflichten der Vertragspartner

Versicherungs-schein

Der Versicherungsnehmer erhält vom Versicherer eine Urkunde über den Versicherungsvertrag.

Versicherungs-anspruch

Bei der Schadenversicherung ist der Versicherer verpflichtet, nach Eintritt des Versicherungsfalls dem Versicherungsnehmer oder Geschädigten den erlittenen Schaden nach Maßgabe des Vertrages zu erstatten.
Bei Personenversicherungen sind die vereinbarten Geldleistungen wie zum Beispiel Kapital, Rente oder Tagegeld zu zahlen.

Der Versicherungsnehmer ist verpflichtet
- die vereinbarte Prämie zu zahlen
- bei Eintritt des Versicherungsfalls unverzüglich eine Schadensanzeige zu erstatten.

Die Ansprüche aus dem Versicherungsvertrag verjähren in zwei Jahren, aus der Lebensversicherung in fünf Jahren.

3.4.11.4 Versicherungszweige

Personenversicherung

Zur Personenversicherung gehören vor allem die private Lebens- und Rentenversicherung, die private Kranken- und die Pflegeversicherung sowie die private Unfallversicherung.

Private Lebens- und Rentenversicherung

Fälligkeit

> Die Lebensversicherung garantiert eine Kapitalleistung, die
> - beim Ableben des Versicherten sofort
>
> oder
> - nach Ablauf der vereinbarten Versicherungsdauer
>
> fällig wird.
> Rentenwahlrecht kann vereinbart werden.

Bezugsberechtigung

Beim Tode des Versicherten wird die Versicherungssumme an die Erbberechtigten oder an den Bezugsberechtigten, den der Versicherte benannt hat, gezahlt.

Darlehen

Auf Lebensversicherungen räumen Versicherungsunternehmen erststellige Hypothekendarlehen zu günstigen Bedingungen ein.

Versicherungsarten

Die wichtigsten Versicherungsarten sind:
- Risiko-Lebensversicherung: Sie bietet Absicherung für die Hinterbliebenen.
- Kapitalbildende Lebensversicherung: Sie bietet Hinterbliebenenschutz und Vorsorge für das eigene Alter.
- Private Rentenversicherung: Sie ermöglicht dem Versicherten eine lebenslange Leibrente. Hinterbliebenenrenten für Witwen und Waisen können mitversichert werden.
- Berufsunfähigkeitsversicherung: Sie wird oft mit einer kapitalbildenden Lebensversicherung kombiniert, ist jedoch auch als eigenständige Versicherung möglich.
- Vermögensbildende Lebensversicherung: Sie ist eine besondere Form für Arbeitnehmer und wird aus vermögenswirksamen Leistungen finanziert. Sie bietet den gleichen Schutz wie eine kapitalbildende Lebensversicherung.
- Gruppen- und Kollektivversicherung: Sie dient in der Regel der betrieblichen Altersversorgung.

Private Krankenversicherung

Versicherungsarten

Die private Krankenversicherung gibt materielle Sicherheit bei Krankheit.
Wichtigste Versicherungsarten sind:
- Krankheitskostenvollversicherung für ambulante und stationäre Heilbehandlung sowie zahnärztliche und zahntechnische Leistungen
- Krankentagegeldversicherung zum Ausgleich eines Verdienstausfalles bei Arbeitsunfähigkeit
- Krankenhaustagegeldversicherung
- Krankheitskosten-Zusatzversicherung für in der gesetzlichen Krankenversicherung versicherte Personen zur Ergänzung des Versicherungsschutzes.

Private Pflegeversicherung

> Die in der privaten Krankenversicherung mit vollem Krankenversicherungsschutz versicherten Personen unterliegen der Pflichtversicherung in der privaten Pflegeversicherung.

Sie haben bei einem Versicherungsunternehmen einen Pflegeversicherungsvertrag abzuschließen.
Die Leistungen entsprechen denen der sozialen Pflegeversicherung (siehe Abschnitt 3.4.3.4 „Leistungen der sozialen Pflegeversicherung"). Der Beitrag ist abhängig vom Alter des Versicherten. Für Pflegeversicherungsverträge, die seit In-Kraft-Treten der Pflichtversicherung (1.1.1995) bestehen, darf der Beitrag den Höchstbeitrag der sozialen Pflegeversicherung – zuzüglich 50 v. H. für den mitversicherten Ehegatten – nicht übersteigen.
Daneben werden auch noch Pflegezusatzversicherungen und Pflegerentenversicherungen angeboten.

Private Unfallversicherung

Die private Unfallversicherung ermöglicht Vorsorge gegen die wirtschaftlichen Folgen eines Unfalls. Im Gegensatz zur gesetzlichen Unfallversicherung (Berufsgenossenschaft) beschränkt sie sich nicht nur auf den Schutz bei Arbeitsunfällen.

Versicherungsarten

Wichtigste Versicherungsarten sind:
- Invaliditäts-Unfallversicherung mit Kapital- oder Rentenzahlung
- Kapitalversicherung bei Unfalltod
- Unfalltagegeld- bzw. Unfall-Krankenhaustagegeldversicherung.

Gruppenversicherung

Personenversicherungen können auch im Rahmen von Gruppen- und Kollektivversicherungsverträgen abgeschlossen werden. Die Vorteile liegen in ermäßigten Prämien, vielfach auch im Entfallen oder in der Erleichterung einer Gesundheitsprüfung.

Beispiel:

Versorgungswerke

Betriebe schließen zugunsten ihrer Arbeitnehmer (einschließlich der Betriebsinhaber und ihrer Familienangehörigen) über die im Handwerk errichteten Versorgungswerke Gruppen- und Kollektivverträge ab.

Verschiedene Formen der betrieblichen Altersversorgung

Dies sind insbesondere Direktversicherung, Pensionszusage mit Rückdeckungsversicherung, Pensionskasse, Pensionsfonds.

Sachversicherungen

Sachversicherungen sind:
- Feuerversicherung
- Einbruchdiebstahlversicherung
- Leitungswasserschäden- und Sturmversicherung
- Glasbruchversicherung
- Hausratversicherung
- Wohngebäudeversicherung.

Schadenversicherungen

Schadenversicherungen sind:

- Kraftfahrzeugversicherung (Haftpflicht, Kasko, Insassenunfall)
- Haftpflichtversicherung (Privat-, Haus- und Grundbesitz-, Tierhalter-, Berufs- und Betriebs-, Gewässer-, Umwelt- und Produkthaftungsschädenversicherung)
- Maschinen-, Schwachstrom-, Transport- und Betriebsunterbrechungsversicherung.

Weiter zu erwähnen ist die

- Rechtsschutzversicherung
- Kreditversicherung, Versicherung gegen Forderungsausfälle.

Übungs- und Prüfungsaufgaben

1. Als Betriebsinhaber müssen Sie insbesondere dann, wenn Sie Arbeitnehmer beschäftigen, aber auch für sich selbst über die Sozialversicherung näher Bescheid wissen.

Aufgabe: Beschreiben Sie die wichtigsten Versicherungszweige im System der Sozialversicherung!

„Siehe Seite 198 des Textteils!"

2. **Einzugsstellen für die Gesamtsozialversicherungsbeiträge zur Kranken-, Pflege-, Arbeitslosen- und Rentenversicherung sind**

☐ a) die Berufsgenossenschaften.
☐ b) die Bundesagentur für Arbeit.
☐ c) die Bundesversicherungsanstalt für Angestellte.
☐ d) die Krankenkassen.
☐ e) die Landesversicherungsanstalten.

„Siehe Seite 199 des Textteils!"

3. **Von wem werden die Pflichtbeiträge zur gesetzlichen Rentenversicherung aufgebracht?**

☐ a) Zu $1/3$ vom Arbeitgeber und $2/3$ vom Arbeitnehmer
☐ b) Zu $2/3$ vom Arbeitgeber und $1/3$ vom Arbeitnehmer
☐ c) Allein vom Arbeitnehmer
☐ d) Allein vom Arbeitgeber
☐ e) Vom Arbeitgeber und Arbeitnehmer je zur Hälfte.

„Siehe Seite 199 des Textteils!"

4. **Wer haftet bei pflichtversicherten Arbeitnehmern für die richtige und rechtzeitige Abführung der Gesamtsozialversicherungsbeiträge zur Kranken-, Pflege-, Arbeitslosen- und Rentenversicherung?**

☐ a) Der Arbeitnehmer selbst
☐ b) Der Lohnbuchhalter des Betriebes
☐ c) Der Arbeitgeber
☐ d) Arbeitnehmer und Arbeitgeber zusammen
☐ e) Weder Arbeitgeber noch Arbeitnehmer.

„Siehe Seite 200 des Textteils!"

5. **Zu welchem Zeitpunkt hat der Arbeitnehmer dem Arbeitgeber den Sozialversicherungsausweis vorzulegen?**

„Siehe Seite 202 des Textteils!"

6. Als Betriebsinhaber und Arbeitgeber haben Sie im Zusammenhang mit der Sozialversicherung Ihrer Arbeitnehmer bestimmte Verpflichtungen.

Aufgabe:

a) Welche Meldepflichten sind zu erfüllen?
b) Wie hat das Meldeverfahren zu erfolgen?

„Siehe Seiten 202 f. des Textteils!"

7. Welcher gesetzlichen Krankenkasse gehört der pflichtversicherte Arbeitnehmer als Mitglied an?

☐ a) Der Krankenkasse, der die Mehrheit der im Betrieb Beschäftigten angehört.
☐ b) Der Krankenkasse, die der Arbeitgeber allein bestimmt.
☐ c) Der Krankenkasse, die vom Gesetzgeber zwingend vorgeschrieben ist.
☐ d) Der gesetzlich möglichen Krankenkasse, die vom Arbeitnehmer selbst gewählt wird.
☐ e) Der Krankenkasse, die für die Berufssparte des Arbeitnehmers zuständig ist.

„Siehe Seite 203 des Textteils!"

8. Sind Personen, die bei ihrem Ehegatten in einem Beschäftigungsverhältnis gegen Entgelt stehen (Ehegattenarbeitnehmer) krankenversicherungspflichtig?

☐ a) Ja, aber nur, wenn ein schriftlicher Arbeitsvertrag besteht.
☐ b) Ja, wenn das Entgelt die Geringfügigkeitsgrenze überschreitet.
☐ c) Ja, aber nur auf eigenen Antrag.
☐ d) Nein, ohne Rücksicht auf die Höhe des Entgelts.
☐ e) Nur, wenn im Betrieb noch sonstige versicherungspflichtige Arbeitnehmer tätig sind.

„Siehe Seite 204 des Textteils!"

9. Innerhalb welcher gesetzlichen Frist nach Ausscheiden aus einer versicherungspflichtigen Beschäftigung muss der freiwillige Beitritt zur gesetzlichen Krankenversicherung der zuständigen Krankenkasse angezeigt werden?

☐ a) Zwei Wochen
☐ b) Drei Wochen
☐ c) Ein Monat
☐ d) Zwei Monate
☐ e) Drei Monate.

„Siehe Seite 206 des Textteils!"

10. Der allgemeine Beitragssatz zur Krankenversicherung wird festgelegt

☐ a) durch Bundesgesetz.
☐ b) durch Ländergesetze.
☐ c) durch das Arbeitsministerium.
☐ d) durch das Oberversicherungsamt.
☐ e) durch die Satzung der Krankenkasse.

„Siehe Seite 206 des Textteils!"

11. Die gesetzliche Krankenversicherung ist ein bedeutender Zweig des Systems der sozialen Sicherung.

Aufgabe: Beschreiben Sie die wichtigsten Leistungen der gesetzlichen Krankenversicherung!

„Siehe Seiten 206 f. des Textteils!"

12. Für welche Dauer der fortgesetzten Arbeitsunfähigkeit wegen derselben Krankheit wird das Krankengeld innerhalb von je drei Jahren längstens gewährt?

☐ a) Für 13 Wochen
☐ b) Für 26 Wochen
☐ c) Für 52 Wochen
☐ d) Für 78 Wochen
☐ e) Für 104 Wochen.

„Siehe Seite 207 des Textteils!"

13. An welche Stelle ist der Pflichtbeitrag zur sozialen Pflegeversicherung abzuführen?

☐ a) Pflegekasse
☐ b) Krankenkasse
☐ c) Finanzamt
☐ d) Bundesagentur für Arbeit
☐ e) Landesversicherungsanstalt.

„Siehe Seite 208 des Textteils!"

14. Wer trägt die Beiträge zur sozialen Pflegeversicherung bei selbstständigen Handwerkern und Handwerkerinnen?

☐ a) Die selbstständigen Handwerker und Handwerkerinnen haben den Beitrag in voller Höhe selbst zu tragen.
☐ b) Die selbstständigen Handwerker und Handwerkerinnen haben nur den halben Beitrag zu zahlen.
☐ c) Die Beiträge werden je zur Hälfte von den selbstständigen Handwerkern und Handwerkerinnen und von den Pflegekassen getragen.
☐ d) Die selbstständigen Handwerker und Handwerkerinnen sind beitragsfrei bei den Pflegekassen versichert.
☐ e) Die Beiträge der selbstständigen Handwerker und Handwerkerinnen zur sozialen Pflegeversicherung sind bereits im Beitrag zur Handwerkerversicherung (Rentenversicherung) enthalten.

„Siehe Seite 208 des Textteils!"

15. Die soziale Pflegeversicherung ist der jüngste Zweig des Systems der sozialen Sicherung.

Aufgabe: Beschreiben Sie die wichtigsten Leistungen der sozialen Pflegeversicherung!

„Siehe Seiten 208 f. des Textteils!"

16. Wie heißt der Versicherungsträger der Arbeitslosenversicherung (Arbeitsförderung)?

☐ a) Bundesagentur für Arbeit
☐ b) Arbeitsvermittlungsstelle
☐ c) Berufsgenossenschaft
☐ d) Landesversorgungsamt
☐ e) Landesversicherungsanstalt.

„Siehe Seite 209 des Textteils!"

17. Welche Personen sind in der Arbeitslosenversicherung versicherungspflichtig?

„Siehe Seite 209 des Textteils!"

18. Die Bundesagentur für Arbeit hat ein breites Leistungsspektrum auch für die Betriebsinhaber.

Aufgabe: Beschreiben Sie diese Leistungen!

„Siehe Seiten 210 ff. des Textteils!"

19. Bei welcher Stelle ist der Antrag auf Gewährung von Arbeitslosengeld zu stellen?

☐ a) Bei der Krankenkasse
☐ b) Bei der Agentur für Arbeit
☐ c) Beim Gemeindeamt
☐ d) Bei der Landesversicherungsanstalt
☐ e) Bei der Berufsgenossenschaft.

„Siehe Seite 212 des Textteils!"

20. Nennen Sie die für die Rentenversicherung zuständigen Rentenversicherungsträger!

„Siehe Seite 218 des Textteils!"

21. Zu welchem Träger der Rentenversicherung ein Beschäftigter gehört, entscheidet sich künftig bei Berufsanfängern in der Regel

☐ a) nach der Betriebsnummer, die durch die Agentur für Arbeit vergeben wird.
☐ b) nach der Gefahrenklasse bei der Berufsgenossenschaft.
☐ c) danach, ob es sich um einen Angestellten oder einen Arbeiter handelt.
☐ d) nach der Versicherungsnummer des Versicherten.
☐ e) nach der Lohnsteuerklasse.

„Siehe Seite 219 des Textteils!"

22. Der Versicherungspflicht in der gesetzlichen Rentenversicherung unterliegen

☐ a) nur solche Arbeitnehmer, die eine bestimmte Jahresarbeitsverdienstgrenze nicht überschreiten.
☐ b) alle gegen Entgelt und zur Ausbildung Beschäftigten, wobei Sonderregelungen für geringfügig Beschäftigte zu beachten sind.
☐ c) nur Arbeiter, nicht aber Angestellte und Auszubildende.
☐ d) nur Angestellte, nicht aber Arbeiter und Auszubildende.
☐ e) nur Auszubildende, nicht aber Arbeiter und Angestellte.

„Siehe Seite 220 des Textteils!"

23. Auch als Betriebsinhaber müssen Sie sich eingehend damit auseinander setzen, welche Rolle die gesetzliche Rentenversicherung für Sie spielt.

Aufgabe: Können selbstständig Erwerbstätige, die nicht kraft Gesetzes der Versicherungspflicht unterliegen, Pflichtbeiträge zur gesetzlichen Rentenversicherung entrichten?

☐ a) Nein, da Pflichtbeiträge nur von Personen entrichtet werden können, die kraft Gesetzes pflichtversichert sind.
☐ b) Ja, wenn sie innerhalb von fünf Jahren nach Aufnahme der selbstständigen Tätigkeit die Versicherungspflicht beantragen.
☐ c) Nein, sie können nur von dem Recht zur Entrichtung von freiwilligen Beiträgen Gebrauch machen.
☐ d) Ja, aber nur, wenn sie mindestens 180 Pflichtmonatsbeiträge als Arbeitnehmer nachweisen können.
☐ e) Nein, weil sich selbstständig Erwerbstätige grundsätzlich in der gesetzlichen Rentenversicherung nicht versichern können.

„Siehe Seite 220 des Textteils!"

24. Die gesetzliche Rentenversicherung ist ein bedeutender Zweig des Systems der sozialen Sicherung.

Aufgabe: Beschreiben Sie die wichtigsten Leistungen, die die gesetzliche Rentenversicherung gewährt!

„Siehe Seiten 222 ff. des Textteils!"

25. Für den Bezug der Altersrente gelten bestimmte Voraussetzungen.

Aufgabe:

a) Welche Voraussetzungen gelten bei der Regelaltersrente mit Vollendung des 65. Lebensjahres?
b) Welche Voraussetzungen gelten für den Anspruch auf die Altersrente für langjährig Versicherte mit Vollendung des 63. Lebensjahres?

„Siehe Seite 222 des Textteils!"

26. Wann erhält der Versicherte wegen verminderter Erwerbsfähigkeit eine volle Erwerbsminderungsrente?

☐ a) Wenn er zwischen sechs und weniger als acht Stunden pro Tag auf dem allgemeinen Arbeitsmarkt tätig sein kann.
☐ b) Mit Vollendung des 63. Lebensjahres.
☐ c) Mit Vollendung des 65. Lebensjahres.
☐ d) Ab einer Erwerbsminderung von mindestens 20 %.
☐ e) Wenn er weniger als drei Stunden pro Tag auf dem allgemeinen Arbeitsmarkt tätig sein kann.

„Siehe Seite 223 des Textteils!"

27. Wonach bemisst sich die Höhe der Altersrente aus der gesetzlichen Rentenversicherung?

☐ a) Nach dem letzten Jahresbruttoarbeitsverdienst des Versicherten vor Stellung des Rentenantrages.
☐ b) Nach dem letzten Monatsbruttoarbeitsverdienst des Versicherten vor Stellung des Rentenantrages.
☐ c) Nach den sonstigen Einkünften des Rentenantragstellers.
☐ d) Nach der Höhe der Beitragsleistungen bzw. der Versichertenbruttoentgelte und der Zahl der anzurechnenden Versicherungsjahre des Versicherten.
☐ e) Nach der Art der Tätigkeit, die der Versicherte zeitlebens ausgeübt hat.

„Siehe Seite 227 des Textteils!"

28. Wie heißen die Träger der gesetzlichen Unfallversicherung?

☐ a) Innungen
☐ b) Berufsgenossenschaften
☐ c) Gewerkschaften
☐ d) Landesversicherungsanstalten
☐ e) Agenturen für Arbeit.

„Siehe Seite 229 des Textteils!"

29. Der gesetzlichen Unfallversicherungspflicht unterliegen

☐ a) alle Arbeitnehmer und Auszubildenden.
☐ b) nur Auszubildende und Arbeiter.
☐ c) nur Arbeiter.
☐ d) nur Auszubildende.
☐ e) nur Angestellte bis zu einem bestimmten Jahresbruttolohn.

„Siehe Seite 230 des Textteils!"

30. Ist der selbstständige Unternehmer (Handwerker) für seine eigene Person unfallversicherungspflichtig bei der Berufsgenossenschaft?

☐ a) Ja, aufgrund der gesetzlichen Unternehmerversicherungspflicht.
☐ b) Wenn die Satzung der Berufsgenossenschaft die Unternehmerpflichtversicherung vorschreibt.
☐ c) Wenn er mündlich einen Antrag stellt.
☐ d) Wenn er Mitglied einer Arbeitgeberorganisation ist.
☐ e) Wenn er keine Arbeitskräfte im Betrieb beschäftigt.

„Siehe Seite 230 des Textteils!"

31. Die Beiträge zur gesetzlichen Unfallversicherung für die im Betrieb beschäftigten Arbeitnehmer werden aufgebracht

☐ a) aus Bundesmitteln.
☐ b) aus Landesmitteln.
☐ c) vom Arbeitnehmer allein.
☐ d) vom Arbeitgeber allein.
☐ e) von Arbeitnehmer und Arbeitgeber je zur Hälfte.

„Siehe Seite 230 des Textteils!"

32. Als Betriebsinhaber/Arbeitgeber haben Sie die alleinige Beitragspflicht zur gesetzlichen Unfallversicherung.

Aufgabe:

a) Zeigen Sie die Versicherungsfälle auf, die in der gesetzlichen Unfallversicherung Versicherungsschutz genießen und für die die Berufsgenossenschaften Leistungen gewähren!
b) Beschreiben Sie die wichtigsten Leistungen, die die gesetzliche Unfallversicherung gewährt!

„Siehe Seite 231 des Textteils!"

33. Welcher Unfall gilt nicht als Arbeitsunfall im Sinne der gesetzlichen Unfallversicherung?

☐ a) Unfall bei einer Tätigkeit für den Betrieb
☐ b) Unfall bei einer privaten Besorgung während der Arbeitszeit
☐ c) Wegunfall zwischen Wohnung und Arbeitsstätte
☐ d) Unfall auf einem Weg zur Erledigung von dienstlichen Tätigkeiten
☐ e) Unfall bei einer Betriebsveranstaltung.

„Siehe Seite 231 des Textteils!"

34. Die Berufsgenossenschaften erlassen Vorschriften über Einrichtungen, Anordnungen und Maßnahmen, welche der Betriebsinhaber und seine Arbeitnehmer zu beachten haben.

Aufgabe:

a) Welche Aufgabe hat der vom Arbeitgeber bestellte Sicherheitsbeauftragte im Betrieb?
b) Für welchen Bereich der Unfallverhütung ist der betriebsärztliche Dienst zuständig?

„Siehe Seite 233 des Textteils!"

35. Innerhalb welcher Frist ist der Berufsgenossenschaft die Eröffnung eines Betriebes anzuzeigen?

☐ a) Innerhalb von drei Tagen nach Betriebseröffnung
☐ b) Innerhalb einer Woche nach Betriebseröffnung
☐ c) Innerhalb von zwei Wochen nach Betriebseröffnung
☐ d) Innerhalb von drei Wochen nach Betriebseröffnung
☐ e) Innerhalb von einem Monat nach Betriebseröffnung.

„Siehe Seite 233 des Textteils!"

36. Eine Unfallanzeige an die Berufsgenossenschaft muss erstattet werden, wenn durch den Arbeitsunfall eine Arbeitsunfähigkeit eintritt

☐ a) von mindestens einem Tag.
☐ b) von mehr als drei Tagen.
☐ c) von mehr als einer Woche.
☐ d) von mehr als zwei Wochen.
☐ e) von mehr als drei Wochen.

„Siehe Seite 233 des Textteils!"

37. Haftet der Arbeitgeber gegenüber der Berufsgenossenschaft für Aufwendungen, die dadurch entstehen, dass er den Arbeitsunfall eines Arbeitnehmers verschuldet hat?

☐ a) Ja, wenn er vorsätzlich oder grob fahrlässig den Unfall verschuldet hat.
☐ b) Nein, weil eine Haftung des Arbeitgebers grundsätzlich ausgeschlossen ist.
☐ c) Ja, wenn der Unfall auf eine Fahrlässigkeit des Arbeitgebers zurückzuführen ist.
☐ d) Ja, aber erst ab einer bestimmten Betriebsgröße.
☐ e) Ja, er haftet immer, weil es auf ein Verschulden nicht ankommt.

„Siehe Seite 233 f. des Textteils!"

38. Nach Ihrer Selbstständigmachung befassen Sie sich eingehend damit, wie Sie für sich eine ausreichende Altersvorsorge sicherstellen können.

Aufgabe:

a) Unterliegen selbstständige Handwerker der Versicherungspflicht in der gesetzlichen Rentenversicherung?
b) Wenn ja: Gibt es hier Unterschiede zwischen Gewerbetreibenden, die in die Handwerksrolle, solchen, die im Verzeichnis der zulassungsfreien Handwerke, und solchen, die im Verzeichnis der handwerksähnlichen Gewerbe eingetragen sind?

„Siehe Seite 234 des Textteils!"

39. Selbstständige Handwerker erhalten nach Erfüllung der Wartezeit von 60 Versicherungsmonaten mit Vollendung des 65. Lebensjahres die Regelaltersrente

☐ a) erst nach Aufgabe der selbstständigen Tätigkeit.
☐ b) nur dann, wenn das Einkommen eine bestimmte Höhe nicht erreicht.
☐ c) wenn keine fremden Hilfskräfte mehr beschäftigt werden.
☐ d) nur wenn Erwerbsunfähigkeit besteht.
☐ e) auch wenn der Betrieb in vollem Umfange weitergeführt wird.

„Siehe Seiten 234 bzw. 222 des Textteils!"

40. Als selbstständig tätiger Handwerker, der ein zulassungspflichtiges Handwerk ausübt und die erforderlichen handwerksrechtlichen Voraussetzungen erfüllt, unterliegen Sie der Versicherungspflicht in der Rentenversicherung.

Aufgabe: Welche Einzelbestimmungen gelten hierbei für die Beitragsentrichtung?

„Siehe Seite 236 des Textteils!"

41. Welches der nachfolgend genannten Gerichte ist zuständig für Streitigkeiten zwischen Versicherten und Sozialversicherungsträgern?

☐ a) Arbeitsgericht
☐ b) Amtsgericht
☐ c) Landgericht
☐ d) Sozialgericht
☐ e) Versicherungsgericht.

„Siehe Seite 239 des Textteils!"

42. Welche Gerichtsgebühren entstehen dem Versicherten bei Inanspruchnahme der Sozialgerichtsbarkeit?

☐ a) Keine, da Gebührenfreiheit besteht
☐ b) Geringere Gebühren als bei sonstigen Gerichten
☐ c) Die üblichen Gerichtsgebühren
☐ d) Höhere Gebühren als bei sonstigen Gerichten
☐ e) Gebühren, die nach dem Einkommen gestaffelt sind.

„Siehe Seite 239 des Textteils!"

43. Welchem Zweck dient der Abschluss von privaten Versicherungen?

„Siehe Seite 240 des Textteils!"

44. Für Sie als Betriebsinhaber bieten Privatversicherungen zahlreiche Möglichkeiten, sich auf freiwilliger Basis gegen die vielfältigen Risiken im privaten und betrieblichen Bereich abzusichern.

Aufgabe: Der Versicherungsschutz in der Privatversicherung kommt zustande durch

☐ a) einseitige Verpflichtung des Versicherungsnehmers.
☐ b) einseitige Verpflichtung des Versicherers.
☐ c) Erhebung des Anspruchs seitens des Versicherungsnehmers.
☐ d) Abschluss eines Versicherungsvertrages zwischen Versicherer und Versicherungsnehmer.
☐ e) Verfügung einer Behörde.

„Siehe Seite 240 des Textteils!"

45. Mit Abschluss des privaten Versicherungsvertrages und bei Vorliegen der Anspruchsvoraussetzungen ergibt sich für den Versicherungsnehmer

☐ a) ein Anspruch in einer von ihm zu bestimmenden Höhe.
☐ b) ein Rechtsanspruch auf Leistungen entsprechend der vertraglichen Regelung.
☐ c) ein Leistungsanspruch nach freiem Ermessen des Versicherers.
☐ d) ein Anspruch nach billigem Ermessen des Versicherers.
☐ e) ein Anspruch nach dem Grad der Bedürftigkeit.

„Siehe Seite 240 des Textteils!"

46. Für Sie als Betriebsinhaber bieten Privatversicherungen zahlreiche Möglichkeiten, sich auf freiwilliger Basis gegen die vielfältigen Risiken im privaten und betrieblichen Bereich abzusichern.

Aufgabe:

a) Beschreiben Sie die wichtigsten Arten von Personenversicherungen in der Privatversicherung!
b) Beschreiben Sie die wichtigsten Arten von Sachversicherungen, die die Privatversicherung anbietet!

„Siehe Seite 241 f. des Textteils!"

47. Wer ist in der privaten Pflegeversicherung pflichtversichert?

☐ a) Jeder, der in einem Arbeitsverhältnis steht.
☐ b) Jeder selbstständige Handwerker.
☐ c) Nur selbstständige Handwerker, die nicht mehr als fünf Arbeitnehmer beschäftigen.
☐ d) Jeder in der privaten Krankenversicherung Versicherte mit vollem Krankenversicherungsschutz.
☐ e) Alle Personen ab dem 60. Lebensjahr.

„Siehe Seite 241 des Textteils!"

48. Nennen Sie einige Risiken, die im Rahmen privater Schadenversicherungen versichert werden können!

„Siehe Seite 243 des Textteils!"

49. Durch welche Versicherung deckt der selbstständige Handwerker Schäden ab, die er in Ausübung seines Berufes Dritten zufügt?

☐ a) Lebensversicherung
☐ b) Sachversicherung
☐ c) Unfallversicherung
☐ d) Invaliditätsversicherung
☐ e) Haftpflichtversicherung.

„Siehe Seite 243 des Textteils!"

3.5 Steuern

3.5.1 Steuerarten und Steuergrundlagen

3.5.1.1 Grundlagen der Steuererhebung

Das deutsche Steuerrecht nimmt in der Finanzverfassung Art. 104a ff. Grundgesetz seinen Ursprung. Die Befugnis der öffentlichen Hand, Steuern zu erheben, leitet sich aus Art. 105 ab. Zu den öffentlich-rechtlichen Gemeinwesen, die zur Steuererhebung berechtigt sind, zählen der Bund, die Länder, die Gemeinden, aber auch die öffentlich-rechtlichen Religionsgemeinschaften.

3.5.1.2 Definition von Steuern

Steuern

Die Steuern sind nach der Abgabenordnung Geldleistungen, die nicht eine Gegenleistung für eine besondere Leistung darstellen und von einem öffentlich-rechtlichen Gemeinwesen zur Erzielung von Einnahmen allen auferlegt werden, bei denen der Tatbestand zutrifft, an den das Gesetz die Leistungspflicht knüpft; die Erzielung von Einnahmen kann Nebenzweck sein.

Die Steuern stellen somit kein Entgelt dar und unterscheiden sich dadurch

Gebühren

- von den Gebühren. Gebühren sind Entgelte für die Inanspruchnahme der Verwaltung eines öffentlich-rechtlichen Gemeinwesens (zum Beispiel Gerichts-, Polizeigebühren).

Beiträge

- von den Beiträgen. Beiträge sind Entgelte, die für angebotene öffentliche Leistungen geleistet werden (zum Beispiel Anlieger-, Kanalisations-, Handwerkskammerbeiträge), ohne Rücksicht auf die tatsächliche Inanspruchnahme.

Steuereinteilungen

Je nach Steuerart stehen die Steuern verschiedenen Gemeinwesen zu. So spricht man von Bundes-, Länder- und Gemeindesteuern, wobei innerhalb der Gemeinwesen bestimmte Steueraufkommen noch aufgeteilt werden. Das sind die so genannten Gemeinschaftsteuern im horizontalen und vertikalen Steuerverbund, z. B. Einkommen-, Lohn-, Umsatzsteuer.
Nach ihrer Erhebungsart werden die Steuern eingeteilt in direkte Steuern, bei denen die Person, die die Steuer zu entrichten hat, sie auch selbst wirtschaftlich zu tragen hat (z. B. Einkommen-, Erbschaftsteuer), und indirekte Steuern, bei denen Steuerschuldner und Steuerträger nicht identisch sind und die Steuer vom Schuldner auf eine andere Person überwälzt werden kann (z. B. Tabak-, Mineralölsteuer).
Eine andere Steuereinteilung richtet sich nach dem Steuergegenstand. Man unterscheidet die

- Besitzsteuern, z. B. Einkommensteuer, Grundsteuer,
- Verkehrsteuern, z. B. Umsatzsteuer,
- Verbrauchsteuern, z. B. Mineralölsteuer.

3.5.2 Umsatzsteuer (Mehrwertsteuer)

3.5.2.1 Allgemeines zur Umsatzsteuer

In der Bundesrepublik Deutschland wird die Umsatzsteuer auf der Grundlage der Mehrwertbesteuerung mit Vorsteuerabzug erhoben.

Steuersystem

Steuerschuld (Traglast) ist die jeweils auf den eigenen Gesamtumsatz (Entgelt) berechnete Steuer. Davon werden anderen Unternehmern zu leistende Vorsteuerbeträge abgezogen.

Wertschöpfung

Dadurch wird nur die jeweilige Wertschöpfung – der so genannte Mehrwert – der einzelnen Wirtschaftsstufe besteuert. Die Umsatzsteuer ist somit eine wettbewerbsneutrale Steuer, die letztlich nur den Endverbraucher belastet.

Umsatzsteuerzahllast

Der Unternehmer ist also berechtigt, die ihm von seinem Vorlieferanten in Rechnung gestellten Steuerbeträge (Vorsteuer) von der seinen Kunden berechneten Umsatzsteuer in Abzug zu bringen. Die Differenz ist seine an das Finanzamt abzuführende Umsatzsteuer (Umsatzsteuerzahllast). Die Umsatzsteuer ist für den Unternehmer kein Aufwand, sondern durchlaufender Posten.

Um das Steueraufkommen zu sichern, wurden in den letzten Jahren verschiedene grundlegende Änderungen des Umsatzsteuergesetzes vorgenommen, vor allem im Bereich der Haftung, der Steuerschuldnerschaft, der Rechnungsstellung und Rechnungsaufbewahrung sowie der Vorsteuerberichtigung.

3.5.2.2 Steuerpflichtige Umsätze

Der Umsatzsteuer unterliegen u. a. folgende Umsätze:

1. Die unternehmerischen Leistungen im Inland gegen Entgelt, die sich aufgliedern in:
   a) Lieferungen,
   b) sonstige Leistungen.
2. Die Einfuhr von Gegenständen aus dem Drittlandgebiet in das Inland.
3. Der innergemeinschaftliche Erwerb im Inland gegen Entgelt.

Im handwerklichen Bereich sind es vor allem die Leistungen im Inland, die den Umsatz bestimmen. Folgende Voraussetzungen müssen für das Vorliegen einer steuerbaren Leistung gegeben sein:

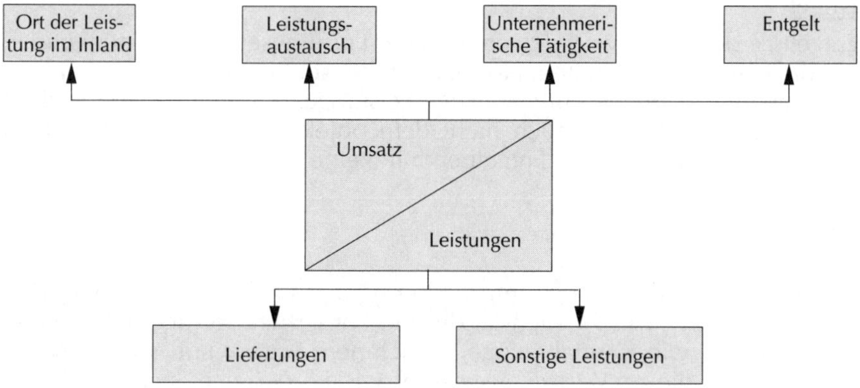

Umsatzkriterien

Abbildung 72

Erläuterungen:

Inland

Das Inland umfasst das Hoheitsgebiet der Bundesrepublik Deutschland mit Ausnahme der Freihäfen wie Hamburg, Bremerhaven, Deggendorf, Emden etc.

Ort der Leistung, Verschaffung der Verfügungsgewalt

Bei Lieferungen ist normalerweise Erfüllungsort der Ort, an dem sich der Gegenstand zur Zeit der Verschaffung der Verfügungsgewalt befindet.
Bei sonstiger Leistung ist normalerweise Erfüllungsort der Ort, an dem der Unternehmer seine Betriebsstätte unterhält.

Leistungsaustausch

Lieferungen und sonstige Leistungen sind nur dann umsatzsteuerbar, wenn der Leistung eine Gegenleistung gegenübersteht. Der Annahme eines Leistungsaustausches steht nicht entgegen, dass sich die Entgelterwartung nicht erfüllt, dass die Gegenleistung uneinbringlich wird oder dass sie sich nachträglich mindert.
Die Leistung muss zusätzlich außerhalb des leistenden Unternehmens erfolgen, Umsätze innerhalb des Unternehmens sind zumindest im Inland nicht steuerbar.

Unternehmerische Tätigkeit

Der Umsatz muss durch einen Unternehmer im Rahmen seines Unternehmens getätigt werden.
Unternehmer ist jeder, der

Einnahmeerzielung

- eine gewerbliche oder berufliche Tätigkeit
- nachhaltig und selbstständig
- mit Einnahme- (nicht Gewinn-)Erzielungsabsicht ausübt.

Steuerpflicht

Steuerpflichtig sind Umsätze, die steuerbar und nicht steuerbefreit sind.

Entgelt

Entgelt ist der Gegenwert dessen, was der Leistungsempfänger aufwendet, um die Leistung zu erhalten. Normalerweise ist nur das Entgelt zu versteuern, das für Lieferungen und sonstige Leistungen tatsächlich vereinnahmt wird. Das Entgelt muss auch nicht dem objektiven Wert der bewirkten Leistung entsprechen. Das Entgelt enthält keine Umsatzsteuer.

Lieferung

Eine Lieferung liegt vor, wenn die Verfügungsmacht an einem Gegenstand verschafft wird. Gegenstände sind körperliche, fertige und teilfertige Sachen, wie Kraftfahrzeuge, Maschinen, Waren und solche Wirtschaftsgüter, die im Wirtschaftsverkehr wie körperliche Sachen behandelt werden (Strom, Wärme, Wasser, Firmenwert, Kundenstamm etc.).

Gleichgestellte Lieferungen

Einer Lieferung werden gleichgestellt:

- Die Entnahme eines Gegenstandes durch einen Unternehmer aus seinem Unternehmen für Zwecke, die außerhalb des Unternehmens liegen.

  Beispiel:

  Ein Elektromeister entnimmt seinem Laden eine Waschmaschine für seinen Privathaushalt.
- Die unentgeltliche Zuwendung eines Gegenstandes durch einen Unternehmer an sein Personal für dessen privaten Bedarf, sofern keine Aufmerksamkeiten des Arbeitgebers an die Arbeitnehmer gegeben werden, die lohnsteuerfrei sind.

  Beispiel:

  Lohnsteuerfreie Sachzuwendungen (Blumen, Genussmittel, Bücher bis zu einem Wert von 40,00 EUR).
- Jede andere unentgeltliche Zuwendung eines Gegenstandes, ausgenommen Geschenke von geringem Wert und Warenmuster für Zwecke des Unternehmens.

Sonstige Leistung

Sonstige Leistungen sind Leistungen, die keine Lieferung sind. Sie können auch in einem Unterlassen oder Dulden einer Handlung oder eines Zustandes bestehen.

Leistungsgegenstand der sonstigen Leistung ist also meist der körperliche oder geistige Arbeitseinsatz. Die dabei zum Einsatz kommenden Materialien dürfen nicht das Wesentliche der Tätigkeit sein.

Beispiel:

Ein Malermeister, der den Auftrag zum Streichen eines Zimmers erhält, schuldet eine Arbeitsleistung; die von ihm verwendeten Materialien sind Zubehör.
Ein Frisör tätigt an seinen Kunden eine sonstige Leistung.

Einer solchen Leistung werden gleichgestellt:

- Die Verwendung eines dem Unternehmen zugeordneten Gegenstandes, der zum vollen oder teilweisen Vorsteuerabzug berechtigt hat, durch einen Unternehmer für Zwecke, die außerhalb des Unternehmens liegen, oder der für den privaten Bedarf seines Personals genutzt wird, sofern keine Aufmerksamkeiten vorliegen.

Gleichgestellte sonstige Leistungen

Beispiel:

Private Nutzung einer betrieblichen Telefonanlage ist eine Aufmerksamkeit.

3.5.2.3 Soll- und Ist-Besteuerung

Fälligkeit der Umsatzsteuerschuld

Soll-Besteuerung

Es gilt der Grundsatz, dass die Umsatzsteuerschuld mit Fertigstellung der Lieferung oder sonstigen Leistung fällig wird, gleichgültig, wann der Kunde die Rechnung bezahlt (Soll-Besteuerung).
Eine Lieferung ist ausgeführt, wenn der Leistungsempfänger die Verfügungsmacht über den zu liefernden Gegenstand erlangt hat.
Eine sonstige Leistung ist im Zeitpunkt ihrer Vollendung ausgeführt.
Auch bei Soll-Besteuerung sind Zahlungen durch den Kunden, die vor Ausführung der Leistung oder einer in sich abgeschlossenen Teilleistung getätigt werden (Abschlagszahlungen, Vorauszahlungen, Anzahlungen), bereits mit Ablauf des Voranmeldungszeitraums, in dem das Entgelt vereinnahmt worden ist, umsatzsteuerpflichtig.

Ist-Besteuerung

Wenn der vorjährige Gesamtumsatz eines Unternehmers ohne Umsatzsteuer 250.000,00 EUR (in den neuen Bundesländern bis 31.12.2009: 500.000,00 EUR) nicht übersteigt oder der Unternehmer von der Verpflichtung, Bücher zu führen und regelmäßige Abschlüsse zu erstellen, befreit ist, dann darf der Unternehmer Antrag auf Ist-Besteuerung stellen. Hier entsteht die Steuerschuld immer erst mit Bezahlung des Entgelts für die Leistung, also der Abschlagszahlung, der Anzahlung, der Vorauszahlung, der Schlusszahlung, der Ratenzahlung.

3.5.2.4 Steuersätze und Steuerbefreiungen

Umsatzsteuersätze

- Der allgemeine Umsatzsteuersatz beträgt 16 %;
- der ermäßigte Umsatzsteuersatz 7 %.

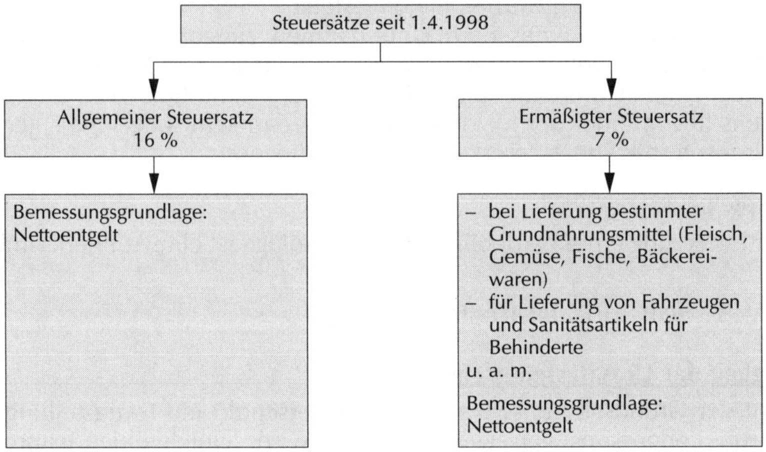

Abbildung 73

Bei Drucklegung dieser Auflage zeichnete sich ab, dass der allgemeine Umsatzsteuersatz zum 1.1.2007 von 16 % auf 19 % angehoben wird.

Umsatzsteuerbefreiungen

Es gibt eine Vielzahl von Leistungen, die umsatzsteuerbefreit und im Gesetz erschöpfend aufgeführt sind. Zudem gibt es auch nicht steuerbare Umsätze.

Beispiele für umsatzsteuerbefreite Tatbestände:

- innergemeinschaftliche Lieferungen (z. B. nach Österreich an einen Unternehmer)
- Lohnveredelungen an Gegenständen der Ausfuhr
- Umsätze aus der Tätigkeit als Arzt, Zahnarzt, Heilpraktiker, nicht jedoch Tierarzt
- ehrenamtliche Tätigkeit für juristische Personen des öffentlichen Rechts (z. B. Handwerkskammer, Kreishandwerkerschaft)

u. a. m.

Beispiel für einen nicht steuerbaren Tatbestand:

- Mitgliedsbeiträge an die Handwerkskammer oder Innung, soweit die Beiträge der Erfüllung der satzungsgemäßen Gemeinschaftszwecke dienen.
  Es fehlt hier – im Unterschied zu Gebühren – an einem Leistungsaustausch mit den einzelnen Mitgliedern.

Für umsatzsteuerbefreite Leistungen oder nicht steuerbare Leistungen kann meistens keine Vorsteuer geltend gemacht werden.

3.5.2.5 Vorsteuer

Der Unternehmer ist berechtigt

- die von einem anderen Unternehmer gesondert in Rechnung gestellte Umsatzsteuer (soweit die Leistungen für sein Unternehmen erbracht wurden)
- die entrichtete Einfuhrumsatzsteuer (soweit für sein Unternehmen eingeführt)
- die Umsatzsteuer für den innergemeinschaftlichen Erwerb von Gegenständen für sein Unternehmen (Erwerbsteuer)
- in den Fällen der Steuerschuldumkehrung („reverse-charge" genannt) als Leistungsempfänger

die geschuldete Umsatzsteuer als Vorsteuer von seiner Umsatzsteuerschuld abzuziehen.

Die häufigste Voraussetzung für den Vorsteuerabzug ist also, dass

- eine ordnungsgemäße (siehe nachfolgend) Rechnung vorliegt
- der Rechnung eine Leistung zugrunde liegt
- die Leistung von einem anderen Unternehmer für sein Unternehmen ausgeführt wurde.

Vorsteuer ist nicht nur in unmittelbaren Betriebskosten, z. B. Material, sondern auch in mittelbaren Kosten (Gemeinkosten) enthalten, wie z. B. im Honorar für Steuerberater, Licht, Strom, Heizung für den Betrieb, Reisekosten des Personals etc.

Vorsteuergrundsatz

Ein Vorsteuerabzug setzt grundsätzlich voraus, dass die Lieferung umsatzsteuerpflichtig ist und der Gegenstand zu mindestens 10 % unternehmerisch genutzt wird. Eine spätere Weiterlieferung ist steuerlich meist ohne Bedeutung. Unter bestimmten Voraussetzungen müssen die abgezogenen Vorsteuerbeträge später berichtigt werden. Dies kann beispielsweise beim Heizöleinkauf für ein zunächst steuerpflichtig vermietetes Gebäude der Fall sein. Auch bei einigen steuerfreien Umsätzen (z. B. Auslandslieferungen) ist der Vorsteuerabzug nicht ausgeschlossen.

Vorsteuerausweis

Für das Funktionieren des Aufrechnungssystems ist also grundsätzlich Voraussetzung, dass der Unternehmer vom Vorlieferanten eine Rechnung mit gesondertem Vorsteuerausweis erhalten hat.

Rechnungsausstellung

Auf einer den gesetzlichen Vorschriften entsprechenden Umsatzsteuerrechnung sind folgende Angaben zu machen:

- Name und Anschrift des leistenden Unternehmers
- Name und Anschrift des Leistungsempfängers
- Menge und handelsübliche Bezeichnung des gelieferten Gegenstandes oder Art und Umfang der sonstigen Leistung
- der Tag der Lieferung oder sonstigen Leistung
- das Entgelt ohne Steuer, getrennt nach Steuersätzen und -befreiungen
- der Steuersatz und der Steuerbetrag, gesondert ausgewiesen
- Jeder Unternehmer, der Rechnungen mit gesondertem Umsatzsteuerausweis ausstellt, ist verpflichtet, seine Steuernummer auf der Rechnung anzugeben. Das gilt auch für Unternehmer, die die Vorsteuerpauschalierung nach Durchschnittssätzen in Anspruch nehmen (siehe 3.5.2.6 „Vergünstigungen für Kleingewerbe"). Bei Rechnungen über Kleinbeträge – so genannte Kassenzettelregelung – und bei Unternehmern, die den Umsatzsteuerfreibetrag in Anspruch nehmen können, ist die Angabe der Steuernummer nicht erforderlich.
- Ausstellungsdatum
- Rechnungsnummer (fortlaufende Nummer)
- Steuernummer oder Umsatzsteueridentifikationsnummer des leistenden Landes (sobald zugewiesen, die Wirtschaftsidentifikationsnummer)
- Zeitpunkt oder Vereinnahmung des (Teil-)Entgeltes, soweit vor Ausführung der Leistung
- Im Voraus vereinbarte Entgeltminderung, sofern nicht im Entgelt berücksichtigt
- Hinweis auf Steuerbefreiung, soweit nicht bereits beim gesonderten Steuerausweis geschehen
- Hinweis auf Aufbewahrungspflicht bei Werklieferungen und sonstigen Leistungen in Verbindung mit Grundstücken an Nichtunternehmer.

Als Rechnungen gelten auch

- eine mit genehmigter, qualifizierter Signatur nach dem Signaturgesetz versehene Abrechnung
- eine elektronisch übermittelte Rechnung, sofern zusätzlich eine zusammenfassende Rechnung auf Papier oder mit Signatur erteilt wird.

Der Vorsteuerabzug ist nur noch bei Besitz einer den Vorschriften entsprechenden richtigen und vollständigen Rechnung möglich.

Ausnahmen vom gesonderten Umsatzsteuerausweis

Bei den im Gesetz erschöpfend aufgezählten Tatbeständen darf der Rechnungsbetrag brutto, also ohne gesonderten Vorsteuerausweis, ausgewiesen werden. Der Unternehmer hat trotzdem das Recht, die Vorsteuer aus dem Bruttobetrag selbst zu ermitteln. Dies kann durch Ansatz eines Umrechnungsmultiplikators erfolgen, der bei einem 16%igen Umsatzsteuersatz 13,79 %, bei einem 7%igen Umsatzsteuersatz 6,54 % beträgt.

Die im Handwerk wichtigste Ausnahmebestimmung ist die Sachbehandlung der Rechnungen über Kleinbeträge (auch Kassenzettelregelung genannt).

Kleinbetragsrechnungen

Wenn der Rechnungsbetrag 100,00 EUR brutto (zum Beispiel Tankquittung) nicht übersteigt, ist der Unternehmer berechtigt, aus der Bruttosumme die Vorsteuer selbst herauszurechnen, wenn folgende Angaben gewährleistet sind:

- Name und Anschrift des leistenden Unternehmers
- Menge und handelsübliche Bezeichnung des gelieferten Gegenstands oder Art und Umfang der sonstigen Leistung
- der Bruttorechnungsbetrag
- der Steuersatz
- Ausstellungsdatum
- Hinweis auf Aufbewahrungspflicht
- Hinweis auf Steuerbefreiung.

Bei Drucklegung dieser Auflage zeichnet sich ab, dass der Rechnungsbetrag auf 150,00 EUR brutto ab 1.1.2007 erhöht wird.
Führt der Unternehmer eine steuerpflichtige Werklieferung oder sonstige Leistung im Zusammenhang mit einem Grundstück aus, ist er verpflichtet, innerhalb von sechs Monaten nach Ausführung der Leistung eine Rechnung auszustellen; dies gilt auch für alle Leistungen an andere Unternehmer für deren Unternehmen oder an eine juristische Person.
Bei Umsätzen, die unter das Grunderwerbsteuergesetz fallen und bei Werklieferungen und sonstigen Leistungen, die der Herstellung, Instandsetzung, Instandhaltung, Änderung oder Beseitigung von Bauwerken dienen (ohne Überwachungs- und Planungsleistungen) tritt eine Umsatzsteuerschuldumkehr ein. Der Leistungsempfänger (der Unternehmer sein muss) schuldet statt des leistenden Unternehmers die Steuerschuld; und zwar auch dann, wenn die Leistung für den nichtunternehmerischen Bereich bezogen wurde. Der Leistungsempfänger zieht die geschuldete Umsatzsteuer als Vorsteuer ab. Es gilt Soll-Besteuerung. Die Steuer entsteht mit Rechnungsstellung, spätestens mit Ablauf des der Ausführung folgenden Kalendermonats. Die Aufzeichnungspflichten des Umsatzsteuergesetzes sind von beiden Seiten zu beachten. Der leistende Unternehmer stellt eine Rechnung ohne gesonderten Steuerausweis aus. Ansonsten muss er die ausgewiesene Steuer abführen. Auf der Rechnung ist der Hinweis auf die Steuerschuld des Leistungsempfängers erforderlich. Allerdings bleibt der Leistungsempfänger auch ohne Hinweis der Steuerschuldner. Die Rechnung (Doppel) ist zehn Jahre aufzubewahren. Auch eine Gutschrift ist als Rechnung zu behandeln. Eine separate Erfassung dieser Buchungsfälle auf einem eigenen Konto ist empfehlenswert. Die Umsätze erscheinen in den Umsatzsteuervoranmeldungen von beiden Unternehmen.

Umsatzsteuerschuldumkehr

Bei elektronischer Übermittlung muss die Echtheit gewährleistet sein. Der Unternehmer muss ein Doppel der gestellten Rechnungen sowie alle empfangenen Rechnungen für zehn Jahre aufbewahren. Die Rechnungen müssen für den gesamten Zeitraum lesbar sein.

3.5.2.6 Vergünstigung für Kleingewerbe

Kleingewerbetreibende können zwei Vergünstigungen – nämlich die Umsatzsteuerbefreiung oder die Vorsteuerpauschale – in Anspruch nehmen. Eine Verpflichtung hierzu besteht nicht. Sie können ihre Umsatzsteuer auch nach den allgemeinen Bestimmungen ermitteln und auf die Vergünstigung verzichten.

Inanspruchnahme der Umsatzsteuerbefreiung

- Unternehmer mit Vorjahresumsatz bis 17.500,00 EUR einschl. Umsatzsteuer bleiben umsatzsteuerfrei (Option für Besteuerung möglich).
- Voraussetzung: Im laufenden Kalenderjahr darf der Umsatz voraussichtlich 50.000,00 EUR nicht übersteigen.
- Folge: Der Unternehmer darf weder Vorsteuer aufrechnen noch Umsatzsteuer ausweisen.

Der maßgebende Umsatz ist stets nach vereinnahmten Entgelten zu ermitteln.

Inanspruchnahme von Vorsteuerpauschalen

- Unternehmer mit Vorjahresumsatz bis 61.356,00 EUR können auf Antrag die Vorsteuern mit Pauschalvorsteuersätzen geltend machen.
- Voraussetzung: Sie dürfen nicht verpflichtet sein, Bücher zu führen und Abschlüsse zu machen.
- Folge: Die Einzelerfassung der Vorsteuern entfällt; die Buchführung ist nicht aufwendig, alle Beträge werden brutto verbucht, die Vorsteuerpauschalen werden aus dem Nettoumsatz berechnet.

Beispiel:

Bei Bäckereien beträgt die Vorsteuerpauschale 5,4 % vom Nettoumsatz, bei Frisören 4,5 %.

3.5.2.7 Voranmeldung und Zahlungsmodus

Vorauszahlung

Die Umsatzsteuer ist eine Jahressteuer. Während des Jahres aber müssen Voranmeldungen getätigt und Vorauszahlungen geleistet werden. Die Voranmeldungen werden grundsätzlich elektronisch übermittelt.

Unternehmer mit einer Vorjahresumsatzsteuerschuld

- von mehr als 6.136,00 EUR müssen monatlich,
- mit einer Vorjahresumsatzsteuerschuld bis 6.136,00 EUR müssen vierteljährlich,
- mit einer Vorjahresumsatzsteuerschuld von nicht mehr als 512,00 EUR müssen jährlich

Voranmeldungen und Vorauszahlungen leisten.

Zahlungsschonfrist

Die Schonfrist für die Zahlung fälliger Steuern beträgt drei Tage. Bei Scheckzahlung gibt es keine Schonfrist.

Bei Neugründung eines Unternehmens ist für das laufende und folgende Kalenderjahr die monatliche Voranmeldung und Vorauszahlung zwingend vorgeschrieben.

3.5.3 Gewerbesteuer

3.5.3.1 Gewerbe – Gemeindesteuer

Zur Bestreitung der Aufgaben einer Gemeinde steht den Gemeinden das Aufkommen aus der Gewerbesteuer zu. Das Finanzamt setzt zwar die Besteuerungrundlage (Messbetrag) im Gewerbesteuermessbescheid fest, die Gemeinden legen jedoch den Hebesatz fest und erlassen den Gewerbesteuerbescheid.

Steuerpflicht

Steuerpflichtig ist jeder stehende Gewerbebetrieb und der Reisegewerbebetrieb im Inland. Besteuerungsgrundlage ist der Gewerbeertrag. Die Gewerbesteuer tritt bei den Gewerbesteuerpflichtigen sowohl neben die Einkommensteuer als auch neben die Körperschaftsteuer.

3.5.3.2 Übersicht über die Grundlagen der Gewerbesteuer

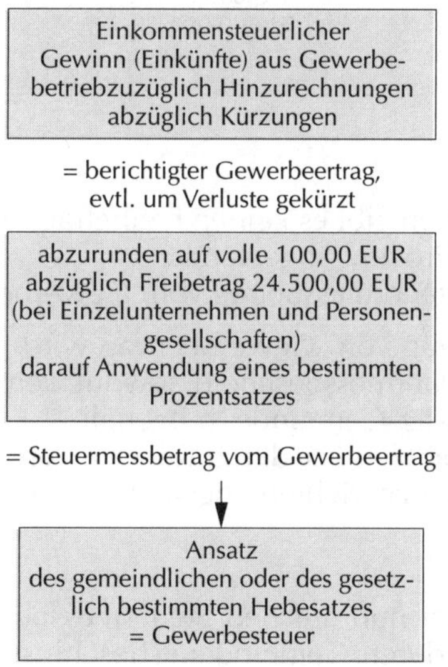

Abbildung 74

Auf den einkommensteuerlichen Gewinn (Einkünfte) sind Hinzurechnungen und Kürzungen vorzunehmen, weil bei der Gewerbesteuer die objektiven Betriebsverhältnisse besteuert werden sollen.

Beispiele für Hinzurechnungen

- 50 % der Entgelte für Dauerschulden, die mit dem Betrieb in Zusammenhang stehen. Die Vorschrift dient der Ermittlung des objektiven, von den Beziehungen des Inhabers zum Betrieb losgelösten Gewerbeertrages. Die steuerliche Ungleichbehandlung durch Fremdfinanzierung soll ausgeglichen werden.
- Die Hälfte der Miete oder Pacht für Maschinen und sonstige bewegliche Anlagegüter. Durch die Hinzurechnung soll derjenige, der fremde Vermögensgegenstände in seinem Betrieb nutzt, dem selbstnutzenden Eigentümer entsprechender Wirtschaftsgüter gleichgestellt werden.

Beispiel für Kürzung

- 1,2 % des Einheitswerts des zum Betriebsvermögen gehörenden Grundbesitzes. Zweck der Vorschrift ist die Vermeidung der Doppelbelastung des Grundbesitzes mit Grundsteuer und Gewerbesteuer. Darüber hinaus wird die Gewerbesteuerbelastung von Betrieben auf eigenem Grundbesitz mit Betrieben auf gemieteten, gepachteten Grundstücksanteilen angenähert.

Nach Abrundung des berichtigten Gewerbeertrags und Abzug des Freibetrags wird der Restbetrag in ein Staffelverfahren von vier Stufen mit jeweils 12.000,00 EUR eingebaut.

Das Staffelverfahren beim Gewerbeertrag

Gewerbeertrag	bis 24.500,00 EUR	steuerfrei
von 24.500,00	bis 36.500,00 EUR	mit 1 % zu versteuern
von 36.500,00	bis 48.500,00 EUR	mit 2 % zu versteuern
von 48.500,00	bis 60.500,00 EUR	mit 3 % zu versteuern
von 60.500,00	bis 72.500,00 EUR	mit 4 % zu versteuern
ab 72.500,00 EUR		mit 5 % zu versteuern

Abbildung 75

Bei Kapitalgesellschaften gibt es keinen Freibetrag; es wird ein Prozentsatz von ausschließlich 5 Prozent angewandt.
Das Ergebnis ist der Steuermessbetrag vom Gewerbeertrag.

Steuermessbetrag

Steuermessbescheid

Dieser Steuermessbetrag vom Gewerbeertrag wird vom Finanzamt ermittelt und in einem Steuermessbescheid sowohl dem Steuerpflichtigen als auch seiner Betriebssitz-Gemeinde mitgeteilt. Ist dieser Steuermessbescheid fehlerhaft, dann muss er durch Rechtsmittel bei der Finanzverwaltung oder bei den Finanzgerichten angefochten werden.

Hebesatz

Die Gemeinde wendet nun auf den Steuermessbetrag den Hebesatz an. Der Hebesatz ist ein durch Gemeinderatsbeschluss festgesetzter Prozentsatz. Der Mindesthebesatz beträgt 200 %. Das Ergebnis ist die an die Gemeinde zu zahlende Gewerbesteuer, die dem Steuerpflichtigen in einem Gewerbesteuerbescheid mitgeteilt wird. Liegt ein Fehler im Ansatz des Hebesatzes vor, dann muss der Bescheid durch Rechtsmitteleinlegung im Verwaltungsrechtsweg bei der Gemeinde durch Widerspruch angefochten werden.
Die Gewerbesteuer ist als Betriebsausgabe abzugsfähig. Dazu können Rückstellungen gebildet werden.

3.5.3.3 Vereinfachtes Berechnungsbeispiel zur Gewerbesteuer

Der Betrieb eines Handwerksmeisters hat einen einkommensteuerlichen Gewinn von 74.040,00 EUR. Er zahlt im Jahr 4.500,00 EUR Dauerschuldzinsen. Der Hebesatz der Gemeinde ist 400 %. Es wird keine Gewerbesteuer-Rückstellung berücksichtigt.

1. – Gewerbeertrag:

Gewinn nach Einkommensteuer (Einkünfte)			74.040,00 EUR
+ 50 % Dauerschuldzinsen (Hinzurechnung)			2.250,00 EUR
Gewerbeertrag			76.290,00 EUR
abrunden auf volle 100,00 EUR			76.200,00 EUR
./. Freibetrag (nur Einzelunternehmen und Personengesellschaften)			24.500,00 EUR
ergibt			51.700,00 EUR
– Messbetrag			===========
Staffel:	12.000,00 EUR	1 %	120,00 EUR
	12.000,00 EUR	2 %	240,00 EUR
	12.000,00 EUR	3 %	360,00 EUR
	12.000,00 EUR	4 %	480,00 EUR
Rest (51.700,00 EUR ./. 48.000,00 EUR)	= 3.750,00 EUR	5 %	185,00 EUR
Steuermessbetrag-Gewerbeertrag (vom Finanzamt ermittelt)			1.385,00 EUR
			===========

2. Hebesatz:

$$\frac{\text{Steuermessbetrag} \times \text{Hebesatz}}{100} = \frac{1.385{,}00\ \text{EUR} \times 400}{100}$$

zu zahlende Gewerbesteuer = 5.540,00 EUR
===========

3.5.4 Einkommensteuer

3.5.4.1 Wesen der Einkommensteuer – Steuerpflicht

Die Einkommensteuer ist eine Personensteuer und knüpft als solche an das innerhalb eines Veranlagungszeitraums von einer Person erzielte Einkommen an. Durch die im Einkommensteuerrecht verankerte Sozialkomponente richtet sich die Steuerhöhe nach Familienstand, persönlichen Belastungen, Höhe des Einkommens – wie die Berücksichtigung des Existenzminimums und die progressive Steuermehrbelastung bei Besserverdienenden.

Rechtsgrundlagen

Der Einkommensteuer unterliegen die natürlichen Personen, also
- Einzelpersonen, zum Beispiel Inhaber von Einzelfirmen, auch e. K.
- Gesellschafter von Personengesellschaften wie OHG, KG, GbR-Gesellschafter
- Gesellschafter einer Körperschaft wie AG, GmbH-Gesellschafter.

Die natürliche Person muss ihren Wohnsitz oder gewöhnlichen Aufenthalt in der Bundesrepublik Deutschland haben. Bei Erfüllung dieser Voraussetzungen sind diese Personen unbeschränkt einkommensteuerpflichtig.

3.5.4.2 Schema der Einkommensteuerermittlung

Die Einkommensteuer wird nach folgendem Schema (vereinfacht) ermittelt:

Einkünfte aus

- Land- und Forstwirtschaft
- Gewerbebetrieb
- Selbstständige Tätigkeit (z. B. Einkünfte der Freischaffenden wie Ärzte, Steuerberater)
- Nichtselbstständige Tätigkeit (Löhne und Gehälter)
- Kapitalvermögen (z. B. Zinsen, Dividenden)
- Vermietung und Verpachtung
- Sonstige Einkünfte (z. B. Renten, Spekulationsgewinne)

Summe der Einkünfte

– Altersentlastungsbetrag – Entlastungsbetrag für Alleinerziehende

Gesamtbetrag der Einkünfte

– Verlustabzug aus anderen Jahren – Sonderausgaben – außergewöhnliche Belastungen

Einkommen

– Kinderfreibeträge (ab 2007 im Regelfall nur bis zum 25. Lebensjahr)

zu versteuerndes Einkommen

hieraus tarifliche Einkommensteuer nach Splitting- oder Grundtabelle

– verschiedene Steuerermäßigungen (z. B. in Höhe bis zu 600,00 EUR für Arbeitskosten für Renovierungs-, Erhaltungs- und Modernisierungsmaßnahmen im Privathaushalt; in Höhe bis zu 600,00 EUR für haushaltsnahe Dienstleistungen und für die Inanspruchnahme von Pflege- und Betreuungsleistungen für pflegebedürftige Personen)
+ Kindergeld, soweit Freibeträge für Kinder das Einkommen mindern

festzusetzende Einkommensteuer

– einbehaltene Steuerbeträge (Vorauszahlungen, Lohnsteuer, einbehaltene Kapitalertragsteuern; einbehaltene und angemeldete „Bauabzugsteuer")

Einkommensteuerschuld

Abbildung 76

3.5.4.3 Einkünfte aus Gewerbebetrieb

Die Einkünfte aus Gewerbebetrieb sind der Gewinn.

Überschuss-rechnung

- Wenn der Gewinn 30.000,00 EUR oder der Nettoumsatz 350.000,00 EUR (Für Umsätze nach dem 31.12.2006 wird die Buchführungspflichtgrenze auf 500.000,00 EUR angehoben) nicht übersteigt, darf der Gewinn als Überschuss der Betriebseinnahmen über die Betriebsausgaben (inkl. Absetzung für Abnutzung) ermittelt werden (Überschussrechnung). Die Einnahmen-Überschuss-Rechnung hat auf einem amtlich vorgeschriebenen Vordruck (www.bundesfinanzministerium.de) zu erfolgen. Diese „Anlage EÜR" ist der Steuererklärung beizulegen. Dies gilt für nach dem 31.12.2004 beginnende Wirtschaftsjahre. Bei Betriebseinnahmen von weniger als 17.500,00 EUR wird nicht beanstandet, wenn die Gewinnermittlung formlos beigelegt wird. Für den Veranlagungszeitraum 2005 verzichtet die Finanzverwaltung auf die Abgabe des amtlichen Vordrucks, wenn ansonsten eine ordnungsgemäße Steuererklärung abgegeben wird.

- Überschreitet der Gewinn eine der obigen Grenzen oder besteht eine andere gesetzliche Verpflichtung, Bücher zu führen, dann ist der Gewinn nach dem Betriebsvermögen am Schluss das Wirtschaftsjahres abzüglich dem Betriebsvermögen am Schluss des vorangegangenen Wirtschaftsjahres – zuzüglich Privatentnahmen, abzüglich Privateinlagen – zu ermitteln (Betriebsvermögensvergleich).

Betriebsvermögensvergleich

Das Finanzamt muss den Steuerpflichtigen grundsätzlich auf seine Buchführungspflicht für die Zukunft hinweisen.

3.5.4.4 Betriebsausgaben

Alle durch den Betrieb veranlassten Aufwendungen sind abzugsfähig. Sie mindern den Gewinn bei den Einkünften aus Land- und Forstwirtschaft, Gewerbebetrieb und selbstständiger Arbeit. Betriebsausgaben können dabei abziehbar, nicht abziehbar und begrenzt abziehbar sein. Darunter fallen unter anderem die Aufwendungen für Geschäftsreisen, Repräsentation, Ehegattenbeschäftigung, auch die wertmäßige Abnutzung der Wirtschaftsgüter.

Reisekosten

Eine Geschäftsreise liegt vor, wenn der Unternehmer von seiner Wohnung **und** von seiner regelmäßigen Betriebsstätte (Werkstatt) entfernt vorübergehend tätig wird. Abzugsfähig sind die Fahrtkosten, Übernachtungskosten in nachgewiesener Höhe, die Verpflegungskosten in Form von Pauschalen und nach Abwesenheitsdauer gestaffelt sowie die Nebenkosten wie Messeeintrittskarten, Reiseversicherungen.

Betriebliche Fahrzeuge

Bei betrieblichen Fahrzeugen, die auch privat genutzt werden, dürfen die auf die private Nutzung entfallenden Aufwendungen nicht als Betriebsausgaben abgezogen werden. Der private Nutzungswert ist grundsätzlich mit monatlich 1 % des inländischen Listenpreises anzusetzen. Ein anderer Ansatz ist nur zulässig, wenn ein ordnungsgemäßer Nachweis (Fahrtenbuch) geführt wird. Die 1%-Regelung ist nunmehr auf Fahrzeuge beschränkt, die nachweislich zu mehr als 50 % betrieblich genutzt werden.

Repräsentationsaufwendungen

Aufwendungen für Geschäftsfreunde und Ausgaben zum Zwecke der Anknüpfung von Geschäftsverbindungen sind nur unter bestimmten Voraussetzungen als Betriebsausgabe abzugsfähig. Für die Beurteilung der Abzugsfähigkeit spielen die Betriebsart sowie die Betriebsgröße, die Höhe des Umsatzes und Gewinns und die Bedeutung des Aufwands für den Geschäftserfolg eine Rolle. Abzugsfähig ist nur der angemessene Teil der Aufwendungen.

Aufzeichnungspflicht

Die Repräsentationsaufwendungen müssen in der Buchführung je nach Art der Aufwendungen auf einem eigenen Konto getrennt von den sonstigen Betriebsausgaben und einzeln aufgeführt werden.

Geschenke

Zuwendungen an Personen, die nicht Arbeitnehmer des Steuerpflichtigen sind, können pro Jahr und Empfänger bis 35,00 EUR Anschaffungs- oder Herstellungskosten als Betriebsausgaben abgesetzt werden. Übersteigen die Anschaffungs- oder Herstellungskosten eines Geschenks oder mehrerer Geschenke die 35,00-EUR-Grenze, dann entfällt der Geschenkeabzug in vollem Umfang (Freigrenze). Sie sind einzeln und getrennt aufzuzeichnen.

Freigrenze

Bewirtungen

Aufwendungen für Bewirtungen dürfen nur zu 70 % gewinnmindernd angesetzt werden und müssen die betriebliche Veranlassung erkennen lassen. Es gelten strenge Formerfordernisse.
Dies muss durch besondere Erläuterungen auf der Spesenrechnung gewährleistet sein, wie z. B. durch maschinelle Erstellung und Registrierung der Rechnung, Aufführung der Namen der Bewirteten und u. U. der Bewirtenden. Auch hier gilt die Pflicht, die Aufwendungen einzeln und getrennt von den sonstigen Betriebsausgaben aufzuzeichnen.

Aufzeichnungspflicht

Erwerbsbedingte Kinderbetreuungskosten

Kinderbetreuung

Bei der Ermittlung der Einkünfte können Aufwendungen für Dienstleistungen zur Betreuung eines zum Haushalt des Steuerpflichtigen gehörenden Kindes, die wegen der Erwerbstätigkeit des Steuerpflichtigen anfallen, bei noch nicht 14-jährigen Kindern mit zwei Dritteln dieser Aufwendungen, höchstens 4.000,00 EUR je Kind als Betriebsausgaben abgezogen werden.

Ehegatten-Arbeitsverhältnisse

Es ist zulässig, den Ehegatten im Betrieb des anderen Ehegatten unter Inanspruchnahme aller steuerlichen Vorteile zu beschäftigen.

- Der an den Ehegatten gezahlte Lohn ist Betriebsausgabe und mindert damit den Gewinn.
- Die Arbeitgeberanteile zur gesetzlichen Sozialversicherung mindern ebenfalls den Gewinn.
- Auch lohnsteuerfreie Zuwendungen wie Zuschüsse für die Unterbringung von nicht schulpflichtigen Kindern in Kindergärten, Fehlgeldentschädigungen sind beim Unternehmer abzugsfähige Betriebsausgaben. Auch Tantiemenzusagen sind möglich.
- Da der Betriebsgewinn Basis für die Gewerbesteuer ist, tritt durch den Abzug der oben beispielhaft angeführten Betriebsausgaben eventuell auch eine entsprechende Gewerbesteuerersparnis ein.
- Das Gehalt (oder Teile davon) kann dem Betrieb auch als Darlehen überlassen werden.

Steuerliche Vorteile

Der Ehegatten-Arbeitsvertrag kann mündlich und schriftlich abgeschlossen werden. Es müssen folgende Kriterien erfüllt sein:

- Vorliegen eines ernsthaften Arbeitsverhältnisses, d. h. klar und eindeutig vereinbart.

- Vertragsgestaltung wie unter Fremden üblich.
- Tatsächliche Mitarbeit im Betrieb.
- Lohnzahlung zu einem festen Zeitpunkt.
- Führung eines Lohnkontos mit Festhalten von Arbeitszeit und Arbeitsstunden.
- Gesetzlicher Güterstand der Zugewinngemeinschaft oder vertraglicher Güterstand der Gütertrennung. Bei vertraglichem Güterstand der Gütergemeinschaft kann der Ehegatte nur Lohnempfänger sein, wenn der Betrieb zum Vorbehaltsgut des anderen Ehegatten gehört.

Anforderungen

In dieser Form sind auch Arbeitsverhältnisse mit anderen Angehörigen wie Kinder, Eltern oder Enkel möglich.

Abnutzbare Wirtschaftsgüter des Anlagevermögens

Wirtschaftsgüter des abnutzbaren Anlagevermögens, die selbstständig nutzungsfähig sind und deren Anschaffungs- oder Herstellungskosten 410,00 EUR ohne Umsatzsteuer nicht übersteigen, können im Jahre der Anschaffung eventuell sofort in voller Höhe als Aufwand abgebucht werden.

Anschaffungskosten sind alle Aufwendungen, die erforderlich sind, um ein Wirtschaftsgut betriebsbereit zu machen. Herstellungskosten liegen vor, wenn ein Wirtschaftsgut selbst hergestellt wird.

Das Wirtschaftsgut muss eine Sacheinheit darstellen. Es ist unstatthaft, ein zusammengehörendes Anlagegut so aufzuteilen, dass die Einzelteile wertmäßig die 410,00-EUR-Grenze nicht übersteigen.

Begriff der Sacheinheit

Wirtschaftsgüter des Anlagevermögens, deren Anschaffungs- oder Herstellungskosten 410,00 EUR übersteigen und die einer Nutzungsdauer von mehr als einem Jahr unterliegen, sind aktivierungspflichtig. Das heißt, es darf jeweils der Teil der Anschaffungs- oder Herstellungskosten als Betriebsausgabe abgesetzt werden, der bei gleichmäßiger Verteilung dieser Kosten auf die Gesamtdauer der Verwendung oder Nutzung auf ein Jahr entfällt, während der Restwert des Gegenstandes in der Bilanz ausgewiesen wird.

Aktivierungspflichtige Anlagegüter

Es gibt mehrere Methoden zur Verteilung der Anschaffungs- bzw. Herstellungskosten eines Wirtschaftsgutes. Nachfolgende Methoden sind die bekanntesten und im Steuerrecht zugelassen.

Absetzung

- **Die lineare AfA**

Die lineare AfA errechnet sich nach der Formel:
Anschaffungs- bzw. Herstellungskosten geteilt durch Nutzungsdauer = jährliche AfA-Quote.
Das Kennzeichen dieser Methode ist die gleich bleibende AfA-Quote während der Nutzungsdauer, die als Aufwand den jährlichen Gewinn mindert.

- **Die degressive AfA**

Die degressive AfA beträgt (im Zeitraum 2006 bis 2007) das Dreifache der linearen AfA, höchstens jedoch 30 % des jeweiligen Buchwerts.

Vorteil dieser Methode sind die hohen AfA-Quoten, die zu Beginn der Nutzungsdauer als Aufwand den Gewinn entsprechend mindern. Nachteilig ist, dass mit fortschreitender Nutzungsdauer die AfA-Quote immer unbedeutender wird.

- **Die degressiv-lineare AfA**

Bei der degressiv-linearen AfA muss zuerst degressiv abgesetzt werden. Dann wird nach einem vom Unternehmer festgesetzten Zeitpunkt auf die lineare AfA übergewechselt. Der Wechsel ist nur einmal zulässig.

Vorteile dieser Methode sind zunächst der Erhalt hoher AfA-Quoten nach der degressiven und dann noch ansprechende AfA-Quoten nach der linearen AfA.

- **Die „technische" AfA**

Bei beweglichen Wirtschaftsgütern des Anlagevermögens, bei denen es wirtschaftlich begründet ist, die Absetzung für Abnutzung nach Maßgabe der Leistung des Wirtschaftsgutes vorzunehmen, kann dieses Verfahren statt der linearen AfA angewendet werden, wenn der Umfang der Leistung, der auf das einzelne Jahr entfällt, nachgewiesen wird. Der Übergang zur degressiven AfA ist nicht zulässig.

Beginn

Die AfA bei beweglichen Wirtschaftsgütern beginnt grundsätzlich mit dem Monat der Anschaffung oder Herstellung.

Im Jahr der Anschaffung oder Herstellung kann also nur die zeitanteilige AfA berücksichtigt werden. Im letzten Jahr der Nutzungsdauer ist der noch nicht abgesetzte Teil der Anschaffungs- oder Herstellungskosten in voller Höhe abzusetzen.

Neben den angeführten Grundmodellen der AfA hat der Gesetzgeber aus konjunkturellen Gründen eine Sonder-AfA für kleine und mittlere Betriebe unter bestimmten Voraussetzungen zugelassen.

Sonder-AfA

Bei dieser AfA steht dem Unternehmer eine einmalige Sonder-AfA bis zu 20 % zur normalen AfA – wahlweise innerhalb der ersten fünf Nutzungsjahre – zu. Dazu muss bereits die Ansparrücklage für die Wirtschaftsgüter gebildet worden sein (nicht bei Existenzgründern im Jahr der Betriebseröffnung).
Der Gesetzgeber hat unter bestimmten Voraussetzungen eine Ansparabschreibung zugelassen, die die Wirkung einer bis zu 40 % der Anschaffungs- oder Herstellungskosten gewinnmindernden Rücklage hat.

3.5.4.5 Sonderausgaben und außergewöhnliche Belastungen

Vom Gesamtbetrag der Einkünfte werden die Sonderausgaben und außergewöhnlichen Belastungen abgezogen. Das sind private Aufwendungen, die keiner Einkunftsart zugeordnet werden können, aber aus sozialen, religiösen, politischen Gründen und zum Erhalt der steuerlichen Gleichmäßigkeit zum Abzug zugelassen sind.

Sonderausgaben bei selbstständigen Handwerkern

Die Sonderausgaben gliedern sich in:
- voll abzugsfähige Sonderausgaben
- beschränkt abzugsfähige Sonderausgaben.

Voll abzugsfähige Sonderausgaben

Folgende Sonderausgaben können voll abgezogen werden:
- die gezahlte Kirchensteuer
- bestimmte dauernde Lasten.

Als Sonderausgaben voll abzugsfähig, aber ihrer Höhe nach limitiert, können bei Vorliegen der Voraussetzungen unter anderem folgende Aufwendungen angesetzt werden:
- Spenden für kirchliche, religiöse, gemeinnützige sowie für wissenschaftliche, mildtätige, kulturelle Zwecke und Spenden an politische Parteien
- Aufwendungen für die eigene berufliche Erstausbildung
- Unterhaltsleistungen an den geschiedenen oder dauernd getrennt lebenden Ehegatten
- Verlustausgleich
- Entgelt für den Schulbesuch der Kinder
- Aufwendungen für Dienstleistungen zur Betreuung eines zum Haushalt des Steuerpflichtigen gehörenden Kindes.

Voll abzugsfähig

Beschränkt abzugsfähige Sonderausgaben

Nachfolgende Aufwendungen sind unter bestimmten Voraussetzungen als Vorsorgeaufwendungen beschränkt abzugsfähig:

Altersvorsorgeaufwendungen
- Beiträge zu den gesetzlichen Rentenversicherungen, eventuell mit Arbeitgeberanteil
- Beiträge zum Aufbau einer eigenen kapitalgedeckten Alterversorgung (unter bestimmten Voraussetzungen).
- Seit 2002 können Steuerpflichtige unter bestimmten Voraussetzungen eine kapitalgedeckte Altervorsorge mit Zulagenleistungen durch den Staat und Sonderausgabenberücksichtigungen in Anspruch nehmen (so genannte Riester-Rente). Seit 2005 wird die Rürup-Rente angeboten (auch Basis-Rente genannt).

Sonstige Vorsorgeaufwendungen

Beschränkt abzugsfähig

- Beiträge zu Versicherungen gegen Arbeitslosigkeit, zu Erwerbs- und Berufsunfähigkeitsversicherungen, die nicht unter die Altersvorsorgeaufwendungen fallen, zu Kranken-, Pflege-, Unfall- und Haftpflichtversicherungen sowie zu Risikoversicherungen, die nur für den Todesfall eine Leistung vorsehen
- Rentenversicherungen mit Kapitalwahlrecht und Kapitalversicherungen mit Sparanteil, wenn laufend Beiträge bezahlt werden, die Mindestlaufzeit zwölf Jahre beträgt, die Laufzeit vor dem 1.1.2005 begonnen hat und mindestens ein Versicherungsbeitrag bis zum 31.12.2004 entrichtet worden ist.

Berechnung der abzugsfähigen Altersvorsorgeaufwendungen (Grundsatz ab dem Veranlagungszeitraum 2005):

Altersvorsorgeaufwendungen

Die Summe der Altersvorsorgeaufwendungen zuzüglich des steuerfreien Arbeitgeberanteils bzw. -zuschusses zur Rentenversicherung ist bis maximal 20.000,00 EUR, bei Eheleuten, die zusammen veranlagt werden, bis maximal 40.000,00 EUR zu berücksichtigen. Der Höchstbetrag gilt dabei einheitlich für alle Steuerpflichtigen. Die ermittelten Altersvorsorgeaufwendungen (maximal 20.000,00 bzw. 40.000,00 EUR) sind im Jahre 2006 nur mit 62 % zu berücksichtigen. Dieser Prozentsatz erhöht sich bis zum Jahr 2025 jährlich um 2 %. Ein Arbeitgeberanteil zur Rentenversicherung ist davon wieder abzuziehen.

Auch die sonstigen Vorsorgeaufwendungen sind nicht unbeschränkt, sondern nach bestimmten Höchstbeträgen abzugsfähig, bei Selbstständigen 2.400,00 EUR, bei anderen 1.500,00 EUR. Bei Ehegatten verdoppeln sich diese Beträge.

Ist für den Steuerpflichtigen die Höchstbetragsrechnung nach altem Recht günstiger, wird die bisherige Berechnung bis zum Jahre 2019 zugrunde gelegt; die Beträge für den Vorwegabzug werden ab dem Jahre 2011 abgeschmolzen.
Die beschränkt abzugsfähigen Sonderausgaben können dann

- im Vorwegabzug berücksichtigt werden. Der Vorwegabzug beträgt 3.068,00 EUR für Ledige, 6.136,00 EUR für Verheiratete.
- Der den Vorwegabzug übersteigende Rest der Beiträge darf im Rahmen des Grundhöchstbetrags berücksichtigt werden.
  Der Grundhöchstbetrag beträgt 1.334,00 EUR für Ledige, 2.668,00 EUR für Verheiratete.
- Ein zusätzlicher Höchstbetrag in Höhe von 184,00 EUR wird Steuerpflichtigen gewährt, die nach dem 31.12.1957 geboren sind und Beiträge zu einer zusätzlichen, freiwilligen Pflegeversicherung entrichten.
- Überschreiten die beschränkt abzugsfähigen Sonderausgaben den Vorwegbetrag und den Grundhöchstbetrag, dann darf der Rest noch zur Hälfte, höchstens bis zur Hälfte des Grundhöchstbetrags, in Anspruch genommen werden.

Beispiel:

Ein selbstständiger Handwerksmeister (ledig) hat im Jahr folgende Altersvorsorgeaufwendungen:

Zahlung an das berufsständische Versorgungswerk	9.500,00	EUR	
Monatliche Beiträge zu einer begünstigten Lebensversicherung	je 900,00	EUR	
An Kirchensteuer hat er dieses Jahr	400,00	EUR	bezahlt.
Für die private Haftpflichtversicherung zahlt er	400,00	EUR	im Jahr.
Für die private Krankenversicherung zahlt er (ohne Anspruch auf Zuschuss oder Erstattung)	3.000,00	EUR	
Der Privatanteil der Kfz-Haftpflichtversicherung beläuft sich auf	200,00	EUR.	

Berücksichtigungsfähige Sonderausgaben ab 2005		
Zeile	***Voll abzugsfähige Sonderausgaben***	**EUR**
1	Kirchensteuer	400,00
2		
3	Summe der Zeilen 1 und 2	
4	**Ansatz für 2006 ff.**	**400,00**
Zeile	***Beschränkt abzugsfähige Sonderausgaben***	**EUR**
5	**Altersvorsorgeaufwendungen**	
6	Versorgungswerk	9.500,00
7	Sonstige Leibrentenversicherung	10.800,00
8	Summe der Zeilen 2 und 3	20.300,00
9	**Höchstbetrag**	**20.000,00**
10	Niedrigerer Betrag lt. Zeile 8 oder 9	20.000,00
11	**Ansatz für 2006 62 % von Zeile 10**	**12.400,00**
12	**Ansatz für 2017 84 % von Zeile 10**	**16.800,00**
13	**Ansatz für 2025 100 % von Zeile 10**	**20.000,00**
14	**Sonstige Vorsorgeaufwendungen**	
15	Krankenversicherung	3.000,00
16	Privatanteil Kfz-Haftpflichtversicherung	200,00
17	Private Haftpflichtversicherung	400,00
18	Summe der Zeilen 15 bis 17	3.600,00
19	**Höchstbetrag**	**2.400,00**
20	Niedrigerer Betrag lt. Zeile 18 oder 19	2.400,00
21	**Ansatz für 2006 ff.**	**2.400,00**
Zeile	**Gesamtbetrag Sonderausgaben**	**EUR**
22	**2006** Summe der Zeilen 4, 11 und 21	**15.200,00**
23	**2017** Summe der Zeilen 4, 12 und 21	**19.600,00**
24	**2025** Summe der Zeilen 4, 13 und 21	**22.800,00**

Berücksichtigungsfähige Sonderausgaben ab 2005, Günstigerrechnung					
Zeile		Stpfl.	Ehegatte		
Spalte	⟶	1	2	3	4
Zeile	**Voll abzugsfähige Sonderausgaben**	**EUR**	**EUR**	**EUR**	**EUR**
1	Kirchensteuer	400,00	0,00		
2					
3	Summe der Zeilen 1 und 2				
4	Ansatz für 2006 ff.	**400,00**	**0,00**		**400,00**
Zeile	***Beschränkt abzugsfähige Sonderausgaben***	**EUR**	**EUR**	**EUR**	**EUR**
5	**Beiträge zur zusätzlichen freiwilligen Pflegeversicherung**	0,00	0,00		
6	Höchstbetrag	–184,00	–184,00		
7	**Niedrigere Beträge als Summe in Spalte 3 eintragen**				**0,00**
8	Übersteigende Beträge (nicht negativ) als Summe in Spalte 3 eintragen		+	0,00	
9	**Versicherungsbeiträge**				
10	Versorgungswerk	9.500,00			
11	Sonstige Leibrentenversicherung	10.800,00			
12	Krankenversicherung	3.000,00			
13	Privatanteil Kfz-Haftpflichtversicherung	200,00			
14	Private Haftpflichtversicherung	400,00			
15	**Summe der Versicherungsbeiträge Zeilen 10 bis 14**	**23.900,00**	+	23.900,00	
16	Zwischensumme Zeile 8 Spalte 3 zuzüglich Zeile 15 Spalte 3			23.900,00	
17	**2006 Vorwegabzug (3.068,00 EUR, bei Ehegatten 6.136,00 EUR) bis 2010**	3.068,00			
18	**2017 Vorwegabzug (900,00 EUR, bei Ehegatten 1.800,00 EUR)**	900,00			
19	**Ab 2020 keine Günstigerprüfung**				
20	Davon abzuziehen: 16 % des Arbeitslohns höchstens 3.068,00/6.136,00		0,00	3.068,00	
21	Übersteigender Betrag (Zeile 16 Spalte 3 abzüglich Zeile 20 Spalte 3)	verbleiben (nicht negativ)		20.832,00	
22	Niedrigerer Betrag aus Zeile 16 oder 20 (Vorwegabzug)				**3.068,00**
23	**Höchstbetrag (1.334,00/2.668,00)**		–	1.334,00	
24	Niedrigerer Betrag aus Zeile 21 oder 23				**1.334,00**
25	Übersteigender Betrag (Zeile 21 abzüglich Zeile 23)	verbleiben (nicht negativ)		19.498,00	
26	Hälfte des Betrages aus Zeile 25			9.749,00	
27	**Höchstens 50 % des Betrages aus Zeile 23 (667,00/1.334,00)**			667,00	
28	**Niedrigerer Betrag der Zeile 26 oder 27**				**667,00**
29	**2006 Summe der Zeilen 7, 22, 24 und 28**				**5.069,00**
30	**2017 Summe der Zeilen 7, 22 (18), 24 und 28**				**2.901,00**
Zeile	***Insgesamt abzugsfähige Sonderausgaben***				
31	**2006 Summe der Zeilen 4 und 29**				**5.469,00**
32	**2017 Summe der Zeilen 4 und 30**				**3.301,00**

Der Abzug nach neuem Recht ist bei diesem Beispiel in jedem Fall günstiger als der Abzug nach altem Recht. Also kommt das neue Recht zum Zug.

Sonderausgabenpauschale

Macht der Steuerpflichtige keine voll abzugsfähigen Sonderausgaben geltend, erhalten allein stehende Steuerpflichtige eine Abzugspauschale von 36,00 EUR, Verheiratete von 72,00 EUR.

Außergewöhnliche Belastungen

Außergewöhnliche Belastungen sind private Aufwendungen, die dem Steuerpflichtigen zwangsläufig in größerem Umfang erwachsen als der Mehrzahl vergleichbarer Steuerpflichtiger.
Man unterscheidet

- **Außergewöhnliche Belastungen gegen Einzelnachweis** wie z. B. nicht ersetzte Arzt-, Krankheits-, Kur-, Medikamentenkosten, Scheidungskosten, das Erbe übersteigende Bestattungsaufwendungen.
  Bei den außergewöhnlichen Belastungen gegen Einzelnachweis muss sich der Steuerpflichtige einen Selbstbeteiligungsbetrag als zumutbare Belastung anrechnen lassen. Es gibt dazu Sonderregelungen.
- **Außergewöhnliche Belastungen in Form von Pauschalen**

Pauschalen

Die außergewöhnlichen Belastungstatbestände, die in Form von Pauschalen abgedeckt werden können, sind im Gesetz erschöpfend aufgezählt. Bei diesen außergewöhnlichen Belastungen besonderer Art wird die zumutbare Eigenbelastung nicht angerechnet.

Hierher zählen z. B.:
Der Pauschbetrag für Unterhalt und Berufsausbildung, der Pauschbetrag für eine Haushaltshilfe unter bestimmten Voraussetzungen, Pflegeaufwendungen, Kinderbetreuungskosten u. a. m.

3.5.4.6 Steuertarif

Die Höhe der Einkommensteuer bestimmt sich nach dem Einkommensteuertarif. Er hat folgenden Aufbau:

	Ab dem Jahr 2005
Bis zu einem Betrag von: bis: (Null-Zone Grundfreibetrag)	0 7.664,00 EUR
beträgt die Einkommensteuer	0
Bei einem Betrag von zu versteuerndem Einkommen von: bis: (untere Zone)	7.665,00 EUR 12.739,00 EUR
beträgt die Einkommensteuer von: bis:	15 % 24 %

	Ab dem Jahr 2005
Bei einem Betrag von zu versteuerndem Einkommen von: bis: (Progressionszone)	 12.740,00 EUR 52.151,00 EUR
beträgt die Einkommensteuer von: bis:	 24 % 42 %
Bei einem Betrag von zu versteuerndem Einkommen ab: (Proportionalzone)	 52.152,00 EUR
beträgt die Einkommensteuer	42 %

Ab 2007 ist für zu versteuernde Einkommen über 250.000,00/500.000,00 EUR, nicht für Gewinneinkünfte, ein Zuschlag von 3 % zu bezahlen. Zusätzlich ist der Solidaritätszuschlag zu entrichten.

Anrechnungsverfahren der Gewerbesteuer auf die Einkommensteuer

Die tarifliche Einkommensteuer ermäßigt sich – soweit sie auf die im zu versteuernden Einkommen enthaltenen gewerblichen Einkünfte entfällt – um das 1,8fache des Gewerbesteuermessbetrags.

Die Vergünstigung kommt somit nur gewerbesteuerpflichtigen Unternehmern zugute und auch nur dann, wenn der Unternehmer ein positives einkommensteuerpflichtiges Einkommen hat.
Die Entlastung erfolgt also nicht auf der Ebene des Unternehmens, sondern auf der des Unternehmers.

Besteuerung bei Bauleistungen (Quellensteuerabzug)

Mit Wirkung ab 1.1.2002 ist das „Gesetz zur Eindämmung illegaler Betätigung im Baugewerbe" in Kraft getreten. Dieses Gesetz sieht vor:

Bauleistungen

- dass ein Unternehmer im weitesten Sinn (z. B. Vermieter gewerblicher Räume) bei Vergabe von gewerblichen Bauleistungen 15 % des Rechnungsbetrags direkt an das Finanzamt des Bauleistenden abführt und nur 85 % des Rechnungsbetrags dem Bauleistenden überweist. Die Überweisung der 15 % wird auf die Einkommensteuer- oder Körperschaftsteuer-Vorauszahlungen des Bauleistenden oder auf seine abzuführende Lohnsteuer angerechnet. Soweit eine Aufrechnung nicht in Betracht kommt, erfolgt eine Erstattung.
- Der 15%ige Steuerabzug entfällt, wenn
  a) die Gegenleistung bei steuerfreien Umsätzen von Vermietung und Verpachtung von Grundstücken oder dinglichen Grundstücksnutzungsrechten 15.000,00 EUR im laufenden Kalenderjahr voraussichtlich nicht übersteigt;
  b) die bezahlte Bauleistung von jeweils einem Bauleistenden im Jahr voraussichtlich weniger als 5.000,00 EUR beträgt;
  c) der Bauleistende seinem Auftraggeber eine gültige Freistellungsbescheinigung vorlegt. Diese Bescheinigung wird vom zuständigen Finanzamt des Bauleistenden auf formlosen Antrag ausgestellt. Voraus-

setzung ist, dass der zu sichernde Steueranspruch nicht gefährdet erscheint und ein inländischer Empfangsbevollmächtigter bestellt ist. Jede Bescheinigung enthält eine Sicherheitsnummer. Der Bauleistende kann je nach Bedarf die Bescheinigung fotokopieren und dem Auftraggeber aushändigen. Wenn der Leistungsempfänger nicht mehr als zwei Wohnungen vermietet, ist der Steuerabzug unabhängig vom Vorliegen einer Freistellungsbescheinigung nicht vorzunehmen.

Es wird kein Solidaritätszuschlag erhoben. Die Steuer ist bis zum 10. Tag nach Ablauf der Erbringung der Gegenleistung abzuführen.

Eine Zuwiderhandlung stellt eine Ordnungswidrigkeit dar, die mit einer Geldbuße in beachtlicher Höhe geahndet werden kann.

Alterseinkünftegesetz

Der Gesetzgeber war durch ein Urteil des Bundesverfassungsgerichtes verpflichtet, ab 1.1.2005 eine Neuordnung der einkommensteuerlichen Behandlung von Altersvorsorgeaufwendungen und Altersbezügen vorzunehmen. Die wesentliche Änderung ist der schrittweise Übergang bis zum Jahr 2040 zur nachgelagerten Besteuerung, so die steuerliche Freistellung der Altersvorsorge und die reguläre Besteuerung von Alterseinkünften. Das Steuerprivileg für Kapitallebensversicherungen (Sonderausgabenabzug, Steuerfreiheit der Erträge bei langer Laufzeit) ist für ab dem 1.1.2005 abgeschlossene Verträge eingeschränkt worden. Die Erträge aus nach dem 31.12.2004 abgeschlossenen Lebensversicherungsverträgen sind Einkünfte aus Kapitalvermögen. Es wurde ein Kontrollmitteilungsverfahren eingeführt, das die verschiedensten Institutionen zur Rentenbezugsmitteilung der Leistungen an die Steuerpflichtigen gegenüber dem Finanzamt verpflichtet.

Nachgelagerte Besteuerung

Für alle Bestandsrentner (Jahr des Rentenbeginns bis 2005) gilt einheitlich ein Besteuerungsanteil von 50 %. Für alle neu hinzukommenden Rentner (Jahr 2006 ff.) ist der Besteuerungsanteil der gesetzlichen Tabelle zu entnehmen (2006: 52 %; 2007: 54 %; 2024: 84 %; 2040: 100 %).

Der einmal ermittelte Vom-Hundert-Satz bleibt grundsätzlich während der gesamten Laufzeit der Rente unverändert. Rentenerhöhungen in den Folgejahren werden stets zu 100 % versteuert.

3.5.4.7 Steuerveranlagung und Steuererhebung

Es gibt mehrere Einkommensteuer-Veranlagungsmöglichkeiten. Je nach Veranlagungsart wird die Steuer aus Tabellen (Grund- oder Splittingtabelle) abgelesen.

Einzelveranlagung und getrennte Veranlagung

Alleinstehende, aber auch Ehegatten, die einen entsprechenden Antrag stellen, werden einzeln veranlagt. Das heißt, das zu versteuernde Einkommen wird für jeden einzeln ermittelt und nach der Grundtabelle besteuert.

Grundtabelle

Zusammenveranlagung

Splittingtabelle

Bei der Zusammenveranlagung von Ehegatten werden die Einkünfte, die die Ehegatten erzielt haben, zusammengerechnet und den Ehegatten gemeinsam zugerechnet. Die Einkommensteuer wird nach der Splittingtabelle ermittelt. Die Zusammenveranlagung wird auch verwitweten Personen im Todesjahr und im darauf folgenden Jahr zugestanden, sofern die Ehegatten nicht dauernd getrennt lebten.

Besondere Veranlagung

Diese Veranlagung kann nur für das Jahr der Eheschließung von den Ehegatten gemeinsam gewählt werden. Die Ehegatten werden dann so veranlagt, als wären sie unverheiratet. Für das Jahr der Eheschließung führt nämlich die Zusammenveranlagung wie auch die getrennte Veranlagung regelmäßig zu einer Steuernachzahlung, wenn auch der Ehegatte steuerpflichtige Einkünfte hat. Im Rahmen der besonderen Veranlagung bleiben aber die jeweiligen Vergünstigungen erhalten.

Der Steuerpflichtige teilt durch entsprechenden Vermerk in seiner alljährlich einzureichenden Steuererklärung mit, welche Veranlagungsart er wünscht.

Einkommensteuerbescheid

Das Finanzamt erlässt nun einen Einkommensteuerbescheid, der das veranlagte Einkommen in Einzelheiten, die der Tabelle entnommene Jahressteuer, die bereits verrechneten Lohnsteuern, Kapitalertragsteuern und für das Veranlagungsjahr geleistete Vorauszahlungen ausweist. Das Finanzamt hat auch von Amts wegen bestimmte Sachverhalte zu berücksichtigen, wie z. B. den Verlustrücktrag und Verlustvortrag.

Vorauszahlungsbescheid

Im Einkommensteuerbescheid sind auch die zu entrichtenden Vorauszahlungen festgelegt. Die Vorauszahlungen sind selbstständig rechtsbehelfsfähig; insoweit handelt es sich um Bescheide, denen die Verhältnisse des Veranlagungsbescheids zugrunde liegen.

Vorauszahlungen

Die Vorauszahlungen sind in gleicher Höhe am 10.3., 10.6., 10.9. und 10.12. zu leisten.

3.5.5 Lohnsteuer

3.5.5.1 Wesen der Lohnsteuer

Die Lohnsteuer ist voll integrierter Bestandteil der Einkommensteuer; sie unterscheidet sich nur in ihrer besonderen Erhebungsform von der Einkommensteuer. Die Besonderheit der Lohnsteuer besteht darin, dass der Arbeitgeber verpflichtet ist, vom Bruttogehalt bzw. vom Bruttolohn seines Arbeitnehmers die Lohnsteuer, den Solidaritätszuschlag und die Kirchensteuer einzubehalten und für den Arbeitnehmer unmittelbar an das Finanzamt abzuführen.
Diese Verpflichtung besteht auch, wenn der Arbeitnehmer selbst eine Einkommensteuererklärung abgibt.

3.5.5.2 Ermittlung und Entrichtung

Arbeitnehmer

Arbeitnehmer ist, wer unselbstständig, weisungsgebunden Einnahmen aus einem bestehenden oder früheren Dienstverhältnis bezieht, gleichgültig ob es sich um laufende oder einmalige Einnahmen handelt, ob ein Rechtsanspruch auf sie besteht und unter welcher Bezeichnung oder Form sie gewährt werden. Auch der von Dritten in Form von Geld oder Sachbezügen einem Arbeitnehmer zugewendete Lohn unterliegt der Lohnsteuer. Der Arbeitnehmer ist verpflichtet, diese Bezüge dem Arbeitgeber für jeden Lohnzahlungszeitraum schriftlich mitzuteilen.
Die Gemeinde stellt dem Arbeitnehmer eine Lohnsteuerkarte aus. Der Arbeitnehmer kann beim Finanzamt die Eintragung bestimmter Freibeträge, wie z. B. den Pauschbetrag für seine Behinderung, beantragen. Der Arbeitnehmer hat die Lohnsteuerkarte seinem Arbeitgeber auszuhändigen. Die Höhe der vom Arbeitgeber einzubehaltenden Lohnsteuer richtet sich nach der auf der Lohnsteuerkarte ausgewiesenen Lohnsteuerklasse. Eingetragene Freibeträge sind zu berücksichtigen. Die Lohnsteuer wird aus der zutreffenden Lohnsteuertabelle abgelesen. Heute geschieht dies in der Regel per PC.

Pflichten des Arbeitgebers

Die Lohnsteuerabführung und Anmeldung der einbehaltenen Lohnsteuer beim Finanzamt hat bis zum 10. des Folgemonats

- bei nicht mehr als 800,00 EUR im Vorjahr jährlich,
- bei mehr als 800,00 EUR aber nicht mehr als 3.000,00 EUR im Vorjahr vierteljährlich,
- bei mehr als 3.000,00 EUR im Vorjahr monatlich

zu erfolgen.

Abgabeschonfrist

Bei verspäteter Abgabe der Lohnsteueranmeldung wird ein Verspätungszuschlag erhoben.

Zahlungsschonfrist

Die bisher gewährte Schonfrist für Zahlung fälliger Steuern ist von fünf Tagen auf drei Tage verkürzt worden. Bei Scheckzahlungen gibt es keine Schonfrist.

3.5.5.3 Lohnsteuerklassen

Lohnsteuerklassen

Steuerklasse I	Ledige, getrennt Lebende, Geschiedene, Verwitwete nach dem Jahr nach dem Todesjahr des Ehegatten, meistens ohne Kinder
Steuerklasse II	Wie Steuerklasse I, wenn dem Steuerpflichtigen der Haushaltsfreibetrag zusteht. Alleinerziehenden-Entlastungsbetrag (1.308,00 EUR jährlich, 109,00 EUR monatlich). Voraussetzungen: Mindestens ein Kind unter 18 Jahren in der gemeinsamen Wohnung und keine Zusammenveranlagung und keine Haushaltsgemeinschaft mit einer anderen Person, für die weder Kinderfreibetrag, noch Betreuungsfreibetrag, noch Kindergeld zusteht.
Steuerklasse III	Verheiratete, nicht dauernd getrennt Lebende, nur ein Ehepartner Lohnempfänger oder beide Ehepartner Lohnempfänger, davon einer in Steuerklasse V, Verwitwete, die nicht dauernd getrennt lebten, im Todesjahr und im 1. Jahr nach dem Tode des Ehegatten
Steuerklasse IV	Verheiratete, nicht dauernd getrennt Lebende und beide Arbeitnehmer
Steuerklasse V	Verheiratete, nicht dauernd getrennt Lebende und ein Ehepartner in Steuerklasse III
Steuerklasse VI	Arbeitnehmer in einem zweiten und weiteren Arbeitsverhältnis oder bei Nichtvorlage der Lohnsteuerkarte

Abbildung 77

3.5.5.4 Beschäftigung ohne Lohnsteuerkarte

Es gilt der Grundsatz, dass ein Arbeitnehmer nicht beschäftigt werden darf, wenn er keine Lohnsteuerkarte vorlegt. Ausnahmsweise dürfen unter bestimmten Voraussetzungen Arbeitnehmer ohne Vorlage einer Lohnsteuerkarte beschäftigt werden, und zwar in folgenden Fällen:

Kurzfristige Beschäftigung

- Bei kurzfristiger Beschäftigung. Eine solche ist gegeben:
  a) wenn der Arbeitnehmer gelegentlich, nicht regelmäßig, nicht berufsmäßig und nicht wiederkehrend beschäftigt wird. Voraussetzungen:
  – Die Dauer der Beschäftigung darf 18 zusammenhängende Arbeitstage nicht übersteigen.
  – Der Lohn darf durchschnittlich 62,00 EUR je Arbeitstag nicht übersteigen.
  – Die Lohnsteuer ist vom Arbeitgeber zu tragen, sie beträgt pauschal 25 % des Arbeitslohns.
  – Während der Beschäftigungsdauer darf der Lohn durchschnittlich 12,00 EUR je Arbeitsstunde nicht übersteigen.
  b) wenn eine Beschäftigung zu einem unvorhersehbaren Zeitpunkt sofort erforderlich ist (Katastropheneinsatz). Voraussetzungen:
  – wie unter a) bis auf die Voraussetzung der durchschnittlichen Lohnhöhe von 62,00 EUR je Arbeitstag.

Mini-Jobs

- Bei geringfügiger Beschäftigung (so genannte Mini-Jobs). Voraussetzungen:
  – Die Arbeitsentgeltgrenze beträgt: 400,00 EUR monatlich, ohne zeitliche Einschränkung.

- Der Arbeitgeber übernimmt eine Pauschalabgabe von 30 %, und zwar: Rentenversicherung 15 %, Krankenversicherung 13 %, Pauschalsteuer 2 %. Sonderregelung für Haushaltsdienstleistungen. Der Arbeitnehmer trägt keine Steuern und Sozialabgaben. Die Übernahme der Lohnsteuer durch den Arbeitnehmer kann vereinbart werden. Auch eine Lohnsteuerkarte kann für die Berechnung der Lohnsteuer vorgelegt werden. Für den Einzug der Abgaben ist die Deutsche Rentenversicherung Knappschaft-Bahn-See zuständig.
- Mehrere 400,00-EUR-Jobs werden zusammengerechnet und lösen bei Überschreitung der 400,00-EUR-Grenze auch beim Arbeitnehmer normale Besteuerung und in einer Gleitzone von 400,01 bis 800,00 EUR ansteigende Sozialversicherungsbeiträge, ab 800,00 EUR normale Arbeitnehmer-Sozialversicherungsbeiträge aus. Kurzfristige Beschäftigungen werden nicht berücksichtigt.
- Werden neben einer versicherungspflichtigen Hauptbeschäftigung noch 400,00-EUR-Jobs ausgeübt, bleibt der zuerst aufgenommene Mini-Job versicherungsfrei.

3.5.5.5 Werbungskosten

Was für den Arbeitgeber die Betriebsausgaben, das sind für den Arbeitnehmer die Werbungskosten. Darunter versteht man Aufwendungen zur Erwerbung, zur Sicherung und Erhaltung der Einnahmen, Aufwendungen, die die Ausübung des Dienstes mit sich bringt.

Keine Werbungskosten sind somit Aufwendungen für die Lebensführung, auch wenn diese zur Förderung der Tätigkeit des Arbeitnehmers gemacht werden (zum Beispiel bürgerliche Kleidung auch bei beruflicher Nutzung). Sind die Aufwendungen nur zum Teil beruflich veranlasst, dann kann dieser Teil gegebenenfalls geschätzt werden (zum Beispiel Aufteilung der Kosten eines privaten Telefonanschlusses in einen privaten und einen betrieblichen Teil).

In den Lohnsteuertabellen ist ein Werbungskostenpauschbetrag von jährlich 920,00 EUR bereits eingearbeitet.

- Erwerbsbedingte Kinderbetreuungskosten sind unter bestimmten Voraussetzungen neben der Pauschale absetzbar (siehe auch Kapitel 3.5.4.4 „Betriebsausgaben")
- Es gibt Werbungskosten, die der Arbeitnehmer allein geltend machen kann, z. B.
  - Beiträge zu Berufsständen und sonstigen Berufsverbänden (zum Beispiel Gewerkschaftsbeitrag).
  - Strafverteidigungskosten, wenn der Schuldvorwurf durch berufliches Verhalten veranlasst war.
  - Kontoführungsgebühren für das Gehaltskonto.
- Des Weiteren gibt es Werbungskosten, die der Arbeitnehmer geltend machen oder der Arbeitgeber eventuell lohnsteuerfrei ersetzen (pauschal-versteuern) und als Betriebsausgabe absetzen kann, z. B. Werkzeuggeld, Kosten für Fort- und Weiterbildung, Berufskleidung, Reisekosten und Aufwendungen für Einsatzwechseltätigkeit; diese liegt vor, wenn der Arbeitnehmer an ständig wechselnder Einsatzstelle tätig wird.

Auch die Entfernungspauschale ist hier einzureihen. Seit 2004 ist diese Pauschale auf einheitlich 0,30 EUR pro Kilometer für den Weg von der Wohnung zur Arbeitsstätte beschränkt worden, maximal 4.500,00 EUR jährlich ohne Nachweis. Steuerfreie Personalrabatte für solche Fahrten sind abzuziehen. Es spielt keine Rolle, wie jemand zur Arbeitsstätte gelangt, ob mit öffentlichen Verkehrsmitteln, Auto, Fahrrad oder zu Fuß. Dabei darf auch eine andere als die kürzeste Straßenverbindung zugrunde gelegt werden, wenn diese offensichtlich verkehrsgünstiger ist. Sind die Aufwendungen für die Benutzung öffentlicher Verkehrsmittel tatsächlich höher als 0,30 EUR, so gilt, dass die Mehrkosten bei Nachweis zum Abzug zugelassen werden. Hier gilt auch die Kostendeckelung von 4.500,00 EUR nicht. Die Pauschale gilt nur für volle Kilometer, notfalls muss abgerundet werden. Pro Arbeitstag kann nur eine Fahrt angerechnet werden. 2004 wurde die Steuerfreiheit der Zuschüsse für Fahrten zwischen Wohnung und Arbeitsstätte gestrichen. Sie können aber pauschal versteuert werden. Unfallaufwendungen, die nicht ersetzt werden, können daneben geltend gemacht werden. Ab 2007 wird die Entfernungspauschale (nach Stand bei Drucklegung dieser Auflage) nicht mehr gewährt.
Zur Vermeidung von Härten für Fernpendler wird die Pauschale von 0,30 EUR ab dem 21. Kilometer berücksichtigt, maximal 4.500,00 EUR. Ein höherer Betrag als 4.500,00 EUR ist anzusetzen, soweit der Arbeitnehmer einen eigenen oder ihm zur Nutzung überlassenen Kraftwagen benutzt. Durch die Entfernungspauschale sind sämtliche Aufwendungen abgegolten, die durch die Wege zwischen Wohnung und Arbeitsstätte veranlasst sind.

- Unabhängig von den Werbungskosten kann ein Arbeitnehmer eine Vielzahl von Zuwendungen vom Arbeitgeber lohnsteuerfrei erhalten, z. B. Aufmerksamkeiten, Jubiläumsaufwendungen in bestimmter Höhe, Sonntags-, Feiertags-, Nachtarbeitszuschläge unter bestimmten Voraussetzungen.

3.5.5.6 Antragsveranlagung – Pflichtveranlagung

Ein Arbeitnehmer, der ausschließlich Lohn bezogen hat, kann zum Erhalt von Steuervorteilen oder zur Berücksichtigung während des Jahres eingetretener Vergünstigungen für das abgelaufene Kalenderjahr eine Antragsveranlagung (Einkommensteuerveranlagung) anfordern, wenn sich z. B. die Steuerklasse, die Zahl der Kinder im Laufe des Jahres geändert haben. Nach wie vor kann der Arbeitgeber dem Arbeitnehmer eine Antragsveranlagung ersparen, wenn er für ihn den Lohnsteuerjahresausgleich – zu dem er unter bestimmten Voraussetzungen sogar verpflichtet ist – durchführt.

Antrags-veranlagung

Pflicht-veranlagung

Wie oben ausgeführt, können Arbeitnehmer zum Erhalt von Steuervorteilen eine Einkommensteuerveranlagung anfordern. In bestimmten Fällen aber sind die Arbeitnehmer verpflichtet, nach Ablauf des Kalenderjahres unaufgefordert eine Einkommensteuererklärung abzugeben.
Die Verpflichtung besteht u. a. dann, wenn

- die Summe der Einkünfte außer den Lohneinkünften mehr als 410,00 EUR beträgt;
- Lohnersatzleistungen (z. B. Arbeitslosengeld, Krankengeld, Insolvenzgeld), die dem Progressionsvorbehalt unterliegen, über 410,00 EUR bezogen werden;

- beide Ehegatten nach Steuerklasse IV besteuert werden;
- die Ehegatten die Steuerklassen-Kombination III/V gewählt haben;
- Arbeitslohn nach Steuerklasse VI besteuert wurde;
- auf der Lohnsteuerkarte ein Freibetrag eingetragen worden ist.

Für einfache Steuerfälle genügt bei bestimmten Voraussetzungen eine vereinfachte Steuererklärung. Das Steuerformular besteht nur aus 2 Seiten (Steuererklärung light).

3.5.5.7 Lohnsteuerhaftung

Steuerschuldner ist der Arbeitnehmer, Haftungsschuldner ist der Arbeitgeber. Er haftet für die Einbehaltung und Abführung der Lohnsteuer nach den Angaben auf der Lohnsteuerkarte. Das Finanzamt kann grundsätzlich beide nebeneinander in Anspruch nehmen. Das Finanzamt überprüft die lohnsteuerlichen Verhältnisse eines Betriebes durch spezielle Lohnsteuerprüfungen, unabhängig von Außenprüfungen und Umsatzsteuerprüfungen. Die Lohnsteueranmeldung ist elektronisch an das Finanzamt zu übermitteln. Die elektronische Erstellung ist auch für die Lohnsteuerbescheinigung vorgeschrieben. Auf Antrag kann darauf verzichtet werden.

3.5.6 Körperschaftsteuer

3.5.6.1 Juristische Personen

Natürliche Personen unterliegen der Einkommensteuer, juristische Personen der Körperschaftsteuer. Juristische Personen sind:
- Kapitalgesellschaften wie Aktiengesellschaften, Gesellschaften mit beschränkter Haftung (GmbH)
- Genossenschaften, Vereine u. a. m.

3.5.6.2 Unterschied zur Einkommensteuer

Im Wesentlichen finden in der Körperschaftsteuer die einkommensteuerrechtlichen Vorschriften Anwendung bzw. sind im Körperschaftsteuergesetz die Rechtsgrundlagen der Einkommensteuer übernommen. Dies gilt auch für die Verlustverrechnung.

Entscheidend ist, dass die Körperschaft selbstständiges Steuersubjekt ist. Während in der Einkommensteuer die natürliche Person – so der Gesellschafter einer Personengesellschaft wie der BGB-Gesellschaft, OHG, KG – selbst Unternehmer ist und als Unternehmer nicht gleichzeitig Lohnempfänger im eigenen Unternehmen sein kann, ist die juristische Person selbstständig Unternehmer und ihre Gesellschafter können bei dieser juristischen Person Lohnempfänger mit allen lohnsteuerrechtlichen Vergünstigungen sein. Alle Lohnaufwendungen der juristischen Person an den Gesellschafter sind Betriebsausgaben.

Beispiel:

Eine GmbH hat einen Gewinn von 120.000,00 EUR vor Lohnabzug. Sie zahlt an ihren Gesellschafter 70.000,00 EUR Lohn. Der Gewinn der GmbH von 50.000,00 EUR ist körperschaftsteuerpflichtig; auch die Basis für die Gewerbesteuerberechnung ist nicht 120.000,00 EUR, sondern nur 50.000,00 EUR. Der Gesellschafter muss 70.000,00 EUR Lohn versteuern, kann aber sämtliche Freibeträge und Vergünstigungen eines Lohnempfängers in Anspruch nehmen.

Die im Handwerk am häufigsten vorzufindende juristische Person ist die GmbH. Im Gegensatz zu den Personengesellschaften, zu deren Gründung und Betrieb mindestens zwei Gesellschafter erforderlich sind, kann die GmbH von einem einzigen gegründet und geführt werden (Ein-Mann-GmbH). Er kann zugleich Gesellschafter und Geschäftsführer und damit Lohnempfänger bei seiner GmbH sein.

3.5.6.3 Gewinnverwendung und Körperschaftsteuersatz

Es gibt zwei Möglichkeiten der Gewinnverwendung:

Thesaurierung

- Der Gewinn der GmbH wird im Unternehmen stehen gelassen. Der Gewinn stockt also das Kapital der GmbH auf. Dieses Verfahren nennt man Thesaurierung.
- Der Gewinn wird ganz oder teilweise auf die Anteilseigner übertragen und beim Anteilseigner nach seinem individuellen Steuersatz mit der Maßgabe besteuert, dass die Ausschüttungen nur zur Hälfte zur Besteuerung angesetzt werden, während die GmbH die Ausschüttungen voll zu versteuern hat.

  Halbeinkünfteverfahren

  Durch das Halbeinkünfteverfahren beim Anteilseigner können aber Werbungskosten und Betriebsausgaben, die im Zusammenhang mit den Ausschüttungserträgen stehen, auch nur noch zur Hälfte abgezogen werden.

Der Körperschaftsteuersatz beträgt sowohl für thesaurierte als auch für ausgeschüttete Gewinne einheitlich 25 %. Zusätzlich ist der Solidaritätszuschlag zu entrichten.

3.5.6.4 Verdeckte Gewinnausschüttung

Wendet die juristische Person ihrem Gesellschafter über die gesellschaftsrechtliche Gewinnverteilung hinaus einen geldwerten Vorteil zu, dann liegt verdeckte Gewinnausschüttung vor. Die Zuwendung dient also nicht betrieblichen Zwecken und würde unter Fremden so nicht vereinbart.

Beispiel:

Die Gesellschaft gibt dem Gesellschafter ein Darlehen, obwohl bereits bei Darlehenshingabe feststeht, dass das Darlehen nicht zurückgezahlt werden braucht.

Ein Gesellschafter-Geschäftsführer erhält ein unangemessen hohes Gehalt.

Ein Gesellschafter verkauft seinen Privat-Pkw zu einem überhöhten Kaufpreis an die Gesellschaft.

Liegt verdeckte Gewinnausschüttung vor, erhöhen sich um diesen Betrag sowohl das körperschaftsteuerpflichtige Einkommen der juristischen Person, als auch entsprechend die Einkünfte des Gesellschafters.

3.5.7 Erbschaft- und Schenkungsteuer

Der Erwerb von Todes wegen (Erbschaft) sowie Schenkungen unter Lebenden unterliegen der Besteuerung. Bemessungsgrundlage ist die Bereicherung des Empfängers, abzüglich der Nachlassverbindlichkeiten.

3.5.7.1 Wertermittlung

Der Wert der Bereicherung richtet sich, soweit diese nicht steuerfrei ist, nach den Bewertungsvorschriften des Erbschaft- und Schenkungsteuergesetzes und des Bewertungsgesetzes. Dies gilt auch für Nachlassverbindlichkeiten, also Erblasserschulden, Erbfallschulden und sonstige Nachlassverbindlichkeiten (nicht Erbschaftsteuer). Wertermittlung

Danach ist im Allgemeinen bei Bewertungen der gemeine Wert zugrunde zu legen. Der gemeine Wert wird durch den Preis bestimmt, der im gewöhnlichen Geschäftsverkehr nach der Beschaffenheit des Wirtschaftsgutes bei einer Veräußerung zu erzielen wäre. Gemeiner Wert

Wirtschaftsgüter, die einem Unternehmen dienen, sind mit dem Teilwert anzusetzen. Teilwert ist der Betrag, den ein Erwerber des ganzen Unternehmens im Rahmen des Gesamtkaufpreises für das einzelne Wirtschaftsgut ansetzen würde, unter der Voraussetzung, dass er den Betrieb weiterführt. Teilwert

Kapitalforderungen sind mit dem Nennwert anzusetzen. Unter Nennwert versteht man den tatsächlichen Bestand der Forderungen. Nennwert

Der steuerpflichtige Erwerb wird auf volle 100,00 EUR nach unten abgerundet.

Grundbesitzbewertung

Einen besonderen Stellenwert nimmt im neuen Erbschaft- und Schenkungsteuerrecht die Erfassung des Immobilienvermögens ein:

Das Immobilienvermögen wird nach dem zurzeit geltenden Bewertungsverfahren mit ca. 60 % des Marktwertes zur Besteuerung herangezogen, doch ist der Gesetzgeber vom Bundesverfassungsgericht angehalten, den niedrigen Wertansatz des Grundvermögens in naher Zukunft dem Wertansatz des anderen Vermögens anzugleichen.

Man unterteilt das Grundvermögen in unbebaute und bebaute Grundstücke:

- Unbebaute Grundstücke
  Der steuerliche Wert wird durch Multiplikation der Grundstücksfläche mit dem Bodenrichtwert ermittelt (Vergleichswertverfahren).
  Bodenrichtwerte sind die Bodenpreise, die für Grundstücke in vergleichbaren Gebieten und gleicher Lage bezahlt werden, also die Bodenpreise, wie sie sich aus vergangenen Beurkundungen ergeben. In jeder Gemeinde bzw. bei jedem Landratsamt liegen die Bodenrichtwerte in einer Kaufpreissammlung öffentlich aus. Bodenrichtwerte

Von dem Wert, der sich aus der Multiplikation der Grundfläche mit dem Bodenrichtwert ergibt, wird ein Abschlag von 20 % vorgenommen.

- Bebaute Grundstücke
  Die Wertermittlung bei bebauten Grundstücken erfolgt nach einem besonderen Ermittlungsverfahren, bei dem der Ertragswert auf der Basis der Jahresmiete ermittelt wird (Ertragswertverfahren). Lässt sich eine übliche Miete nicht ermitteln – wie dies vor allem bei gewerblichen Grundstücken der Fall ist – wird der Wert nach dem Wert des Grund und Bodens plus dem Wert des Gebäudes festgestellt (Sachwertverfahren). Die Werte werden nur noch dann ermittelt, wenn und soweit sie für Besteuerungszwecke erforderlich sind (Bedarfsbewertung).

3.5.7.2 Steuerklassen

Je nach dem Grad der Verwandtschaft des Erwerbers zum Erblasser/Schenker unterscheidet man die Steuerklassen I bis III mit unterschiedlichen Freibeträgen. Außerdem wird zwischen Erbschafts- und Schenkungsvorgängen unterschieden.

Steuerklassen I bis III und Freibeträge

	Steuerklasse I	Steuerklasse II	Steuerklasse III
Bei Erbschaft	Ehegatte Kinder Enkelkinder Stiefkinder Eltern Großeltern	Geschwister und Geschwister- kinder Stiefeltern Schwiegerkinder Schwiegereltern geschiedener Ehegatte	alle übrigen Erwerber
Bei Schenkung	Ehegatte Kinder Enkelkinder Stiefkinder	wie oben zusätzlich: Eltern Großeltern	alle übrigen Erwerber

3.5.7.3 Steuersätze

Je nach Steuerklasse – also je nach Verwandtschaftsgrad – und je nach Höhe des zufließenden Vermögens sind die zu zahlenden Steuern entsprechend gestaffelt.

Die Höchstbelastung liegt zurzeit bei 50 % in Steuerklasse III.

Bei steuerpflichtigem Erwerb bis:	Steuerklasse I	Steuerklasse II	Steuerklasse III
52.000,00 EUR	7 %	12 %	17 %
256.000,00 EUR	11 %	17 %	23 %
512.000,00 EUR	15 %	22 %	29 %
5.113.000,00 EUR	19 %	27 %	35 % usw.

Abbildung 78

3.5.7.4 Steuerfreibeträge

Den Personen der Steuerklasse I stehen folgende Freibeträge zu:
Dem Ehegatten ein allgemeiner Freibetrag von 307.000,00 EUR, den Kindern, Stiefkindern und Kindern verstorbener Kinder ein allgemeiner Freibetrag je Elternteil von 205.000,00 EUR, allen anderen Erwerbern der Steuerklasse I ein allgemeiner Freibetrag von 51.200,00 EUR.
Den Personen der Steuerklasse II steht ein Freibetrag von 10.300,00 EUR zu.
Den Personen der Steuerklasse III steht ein Freibetrag von 5.200,00 EUR zu.
Neben dem allgemeinen Freibetrag gibt es besondere Freibeträge für Hausrat, Wäsche, bewegliche Gegenstände u. a. m.
Für sonstige Nachlassverbindlichkeiten wird ohne Nachweis ein Pauschalfreibetrag von 10.300,00 EUR abgezogen. Durch Erlass ist nun geregelt, dass auch Schenkungsverbindlichkeiten berücksichtigt werden können.

Freibetrag bei Betriebsvermögen

Betriebsvermögen ist bis zu 225.000,00 EUR von der Erbschaftsteuer befreit. Dies gilt auch für Schenkungen im Rahmen der vorweggenommenen Erbfolge.
Dieser sachliche Freibetrag bis 225.000,00 EUR gilt sowohl für die Steuerklasse I als auch für die Steuerklassen II und III. Darüber hinaus wird unabhängig vom Verwandtschaftsgrad ein Betriebsübernehmer nach dem günstigen Tarif der Steuerklasse I besteuert.
Der den Freibetrag von 225.000,00 EUR übersteigende Betrag wird zur Versteuerung lediglich mit 65 % angesetzt.
Freibetrag, Bewertungsabschlag und der günstige Tarif nach Steuerklasse I entfallen rückwirkend, wenn der Erbe oder Beschenkte innerhalb von fünf Jahren in schädlicher Weise über das entlastete Betriebsvermögen verfügt, es veräußert oder aufgibt. Entsprechende anteilige Vergünstigungsaufhebung erfolgt auch bei schädlicher Teilverfügung. Entnahmen sind unter bestimmten Voraussetzungen bis 52.000,00 EUR über Gewinnanteil möglich.
Ab 2007 soll die Fortführung des Betriebes bei vorweggenommener Erbfolge oder im Erbfall begünstigt werden. Die Erbschaftsteuerschuld wird unverzinslich gestundet und erlischt vollständig, wenn das Unternehmen zehn Jahre fortgeführt wird. Bei einer kürzeren Fortführung erlischt die Steuer jeweils nur dem jeweiligen Zeitraum entsprechend ($^1/_{10}$ pro Jahr).

3.5.7.5 Zehnjahresfrist

Für die Inanspruchnahme der persönlichen Freibeträge und der Steuerprogression werden Erwerbe von derselben Person innerhalb von zehn Jahren zusammengerechnet.

Beispiel:

Ein Kind erhält vom Vater 150.000,00 EUR steuerfrei geschenkt und erbt von ihm sechs Jahre später 520.000,00 EUR. Nach Abzug des Freibetrags von 205.000,00 EUR sind jetzt 465.000,00 EUR mit 15 % zu versteuern.

3.5.7.6 Verfahrensbestimmungen

Jeder dem Erbschaftsteuergesetz unterliegende Erwerb ist vom Erwerber binnen drei Monaten dem zuständigen Erbschaftsteuer-Finanzamt anzuzeigen. Bei einer Schenkung ist auch der Schenker zur Anzeige verpflichtet.
Im Todesfall sind die Banken, Sparkassen usw. verpflichtet, dem zuständigen Erbschaftsteuer-Finanzamt innerhalb eines Monats nach Bekanntwerden des Todesfalls Mitteilung über die bei ihnen geführten Konten und Depots und entsprechenden Werte zu machen.

3.5.8 Besteuerungsverfahren (Auszug aus der Abgabenordnung)

Die Abgabenordnung enthält alle formellen Bestimmungen zur Abwicklung und Sicherung eines Steueranspruchs. Neben den Bestimmungen über den Aufbau der Finanzverwaltung und ihrer Zuständigkeit sind die Verfahrensvorschriften zur Durchführung der Besteuerung und der Erzwingung des Steueranspruchs in der Abgabenordnung enthalten.

3.5.8.1 Steuerveranlagung, Rechtsbehelf, Rechtsmittel

Steuerbescheid
Steuerfestsetzung

Hat der Steuerpflichtige seine Steuererklärung dem Finanzamt eingereicht, dann erlässt das Finanzamt entweder einen endgültigen Steuerbescheid oder – wenn der Steuerfall noch nicht abschließend geprüft ist – eine Steuerfestsetzung unter dem Vorbehalt der Nachprüfung.

Vorbehalt der Nachprüfung

So lange der Vorbehalt wirksam ist, kann die Steuerfestsetzung sowohl vom Steuerpflichtigen als auch vom Finanzamt geändert werden.

Ist der Steuerpflichtige mit dem Veranlagungsbescheid des Finanzamts nicht einverstanden, dann hat er die Möglichkeit,

- den Rechtsbehelf des Einspruchs beim Finanzamt einzureichen. Der Einspruch ist schriftlich oder zur Niederschrift beim zuständigen Finanzamt zu erklären. Der Einspruch ist kostenfrei.
- Bei negativer Entscheidung über den Einspruch kann der Steuerpflichtige Klage beim Finanzgericht einreichen. Die Klage ist bei negativem Ausgang kostenpflichtig.

- Gegen das Urteil des Finanzgerichts kann bei Zulassung Revision beim Bundesfinanzhof eingereicht werden. Die Revision ist bei negativem Verfahrensausgang kostenpflichtig.
- Es gibt auch die Möglichkeit der so genannten Sprungklage. Hier wird das Einspruchsverfahren übergangen und sofort Klage beim Finanzgericht eingelegt. Dieses Verfahren ist nur sinnvoll, wenn die Klage Aussicht auf Erfolg hat. Das Finanzamt muss der Sprungklage zustimmen.

Die Frist zur Einlegung der Rechtsbehelfe beträgt einen Monat und beginnt mit dem Tag, an dem der Bescheid oder das Urteil zugestellt ist. Bei einfacher Zustellung durch die Post gilt grundsätzlich der Bescheid am dritten Tag nach Aufgabe zur Post als zugestellt. Durch das Zustellungsreformgesetz sind nun erweiterte Zustellungsformen wie Fax, E-Mail oder Zustellungsurkunde zugelassen.
Mit Einlegung des Rechtsbehelfs oder der Rechtsmittel ist keine Aufschiebung der Steuerzahlung verbunden.

Identnummer

Bundeseinheitlich wird für natürliche Personen eine Identifikationsnummer sowie für wirtschaftliche Tätige eine Wirtschaftsidentifikationsnummer eingeführt. Die zweckwidrige Verwendung ist eine Ordnungswidrigkeit.

3.5.8.2 Aussetzung der Steuerbeitreibung

Das Finanzamt kann in begründeten Fällen von der Erhebung und Beitreibung der Steuer Abstand nehmen. Es gibt die Möglichkeit der Stundung, der Ermäßigung, des Erlasses einer Steuer, z. B. bei Schäden durch Hochwasser und höhere Gewalt, bei Gefährdung des Lebensunterhalts u. a. m. Eine Stundung schiebt die Fälligkeit von Ansprüchen für den Stundungszeitraum hinaus. Bei der Steuerermäßigung wird die Steuer im Ganzen oder teilweise niedriger festgesetzt. Ein Steuererlass kann ausnahmsweise gewährt werden, wenn die Erhebung der Steuer eine unbillige Härte für den Steuerpflichtigen bedeuten würde.

Verjährung

Eine Beitreibung ist auch ausgeschlossen, wenn bestimmte Fristen – so genannte Verjährungsfristen – abgelaufen sind.

Es gibt zwei Arten von Verjährung:
- Die Festsetzungsverjährung
  Eine Steuerfestsetzung sowie ihre Aufhebung oder Änderung sind nicht mehr zulässig, wenn die Festsetzungsfrist abgelaufen ist.
  Diese Frist beträgt bei Zöllen und Verbrauchsteuern ein Jahr, bei den übrigen Steuern vier Jahre, bei leichtfertig verkürzten Steuern fünf Jahre, bei hinterzogenen Steuern zehn Jahre.
  Die Verjährung beginnt zu laufen:
  - bei den Steuern vom Einkommen,
  - bei der Gewerbesteuer und Umsatzsteuer mit Ablauf des Kalenderjahres, in dem die Steuererklärung für den jeweiligen Veranlagungszeitraum abgegeben wird, spätestens jedoch mit Ablauf des dritten Kalenderjahres, das auf die Entstehung des Steueranspruchs folgt.
- Die Zahlungsverjährung
  Ansprüche aus fälligen und veranlagten Steuerschuldverhältnissen unterliegen der Zahlungsverjährung. Die Verjährungsfrist beträgt fünf Jahre. Sie beginnt mit Ablauf des Kalenderjahres, in dem der Anspruch erstmals fällig geworden ist. Nach Ablauf der Verjährung hat das Finanzamt keine Möglichkeit, die betroffenen Steuern einzufordern.

Hemmung der Zahlungsverjährung tritt ein bei höherer Gewalt; d. h., die Verjährungsfrist läuft nach Wegfall der Hemmung weiter.
Unterbrechung der Zahlungsverjährung tritt ein bei Zahlungsaufforderung, bei Vollstreckungsmaßnahmen, bei Entrichtung eines Teilbetrags, bei Stundung.
Mit Ablauf der Unterbrechung beginnt die Verjährungsfrist neu zu laufen.

3.5.8.3 Zwangs- und Überprüfungsmöglichkeiten der Finanzverwaltung

Zur Durchführung der Steueraufsicht und der Steuerbeitreibung stehen der Finanzverwaltung eine Reihe von Zwangsmitteln zur Verfügung, so z. B.:

- die Strafvorschriften, die primär bei vorsätzlicher Steuerhinterziehung zur Anwendung kommen, wie Freiheitsstrafen, Geldstrafen;
- die Bußgeldvorschriften, die bei Ordnungswidrigkeiten, wie leichtfertiger Steuerverkürzung zum Zuge kommen;
- bei der Steuerfestsetzung, Verspätungszuschlag, Zwangsgelder, Ersatzzwangshaft;
- auch Zinsen, Säumniszuschläge, Vollstreckungsmaßnahmen können hier eingereiht werden.

Selbstanzeige

Steuerpflichtige, die vor Beginn amtlicher Ermittlungen ihre unrichtigen oder unvollständigen Angaben bei der Finanzbehörde berichtigen oder ergänzen, bleiben in der Regel straffrei (Selbstanzeige).
Nach Vorschaltung einer Amnestiemöglichkeit bis 31.3.2005 hat der Gesetzgeber verschärfte Kontrollen verfügt. Neu sind:

- Jahresbescheinigung der Banken
- Zugriff auf elektronische Bankdaten (automatischer Abruf von Kontoinformationen)
- Einführung der EU-Zinsrichtline.

Neben den Zwangsmitteln zur Beitreibung der Steuer hat die Finanzverwaltung aus Gründen der Gleichbehandlung aller Steuerzahler die Pflicht, die Angaben des Steuerpflichtigen auf ihre Richtigkeit hin zu überprüfen. Dies kann durch Anordnung einer Außenprüfung (Betriebsprüfung) erfolgen.
In der Regel werden Außenprüfungen routinemäßig durchgeführt. Dabei sind nach der neuen Betriebsprüfungsordnung folgende Ablaufregelungen festgelegt:

Großbetriebe
Anschlussprüfung
Mittelbetriebe
Kleinbetriebe

- Großbetriebe werden alle drei bis vier Jahre geprüft, wobei an die vorgehende Betriebsprüfung angeschlossen wird und alle eventuell noch ungeprüften Jahre mit einbezogen werden (Anschlussprüfung).
- Mittelbetriebe sollen durchschnittlich alle 10–15 Jahre geprüft werden.
- Kleinbetriebe sollen durchschnittlich alle 20 Jahre geprüft werden.
- Der Prüfungszeitraum beträgt für Klein- und Mittelbetriebe wie bisher i.d.R. drei Jahre. Das Finanzamt kann die drei Jahre heraussuchen. Es müssen auch nicht zwingend drei zusammenhängende Jahre sein.

Mitwirkungspflicht

Der Finanzbehörde sind alle für die Feststellung eines steuerlichen Tatbestands maßgeblichen Unterlagen zur Verfügung zu stellen. Die Finanzbehörde hat seit 2002 bei Außenprüfungen das Recht, Einsicht in gespeicherte Daten zu nehmen und das Datenverarbeitungssystem zu nutzen.

Der sachliche Umfang der Prüfungsanordnung – auch einer routinemäßigen Prüfung – kann sich auch auf nichtbetriebliche Sachverhalte erstrecken.
Die Außenprüfung muss angekündigt werden. Der Finanzverwaltung stehen außerdem spezielle Arten von Prüfungen zu, z. B.:

- die Lohnsteueraußenprüfung,
- die Umsatzsteuer-Sonderprüfung,
- die Umsatzsteuer-Nachschau.

Bei der Umsatzsteuer-Nachschau bedarf es keiner Ankündigung. Soweit die bei der Nachschau getroffenen Feststellungen Beanstandungsanlässe geben, kann ohne vorherige Prüfungsanordnung zu einer Außenprüfung übergegangen werden. Aufgrund einer Nachschau ergangene Verwaltungsakte können mit dem Rechtsbehelf des Einspruchs angefochten werden.

Steuerfahndung

Bei Vorliegen oder bei Verdacht des Vorliegens von Steuerverfehlungen hat die Finanzverwaltung auch die Möglichkeit der Einleitung eines Steuerfahndungsverfahrens.

Die Steuerfahndung ist mit besonderen Befugnissen ausgestattet. So kann sie zum Beispiel an eine Bank ein persönlich beschränktes Auskunftsersuchen stellen (Grenzen des Bankgeheimnisses).

Übungs- und Prüfungsaufgaben

1. Wie funktioniert das Umsatzsteuersystem?

☐ a) Die Einkaufsbeträge dürfen von den Verkaufserlösen abgezogen werden.

☐ b) Die Umsatzsteuer, die dem Kunden in Rechnung gestellt wird, ist an das Finanzamt abzuführen.

☐ c) Der Unternehmer ist berechtigt, die Vorsteuer, die er von seinem Lieferanten (im weitesten Sinne) in Rechnung gestellt bekommt, von der Umsatzsteuer, die er seinem Kunden in Rechnung stellt, abzuziehen. Der Differenzbetrag ist die an das Finanzamt zu zahlende Umsatzsteuerzahllast.

☐ d) Die Vorleistungseinsätze bleiben umsatzsteuerfrei und die Leistungen an den privaten Endverbraucher werden vom Endlieferanten mit Umsatzsteuer belegt.

☐ e) Der Unternehmer ist verpflichtet, die Vorsteuer dem Finanzamt abzuführen und dem Kunden dafür eine um die Vorsteuer geminderte Rechnung auszustellen.

„Siehe Seite 254 des Textteils!"

2. Ein Handwerksmeister erzielt einen Umsatz von 210.750,00 EUR und führt seine Umsatzsteuer an das Finanzamt ab, sobald er vom Kunden das Entgelt erhalten hat. Im darauf folgenden Jahr schafft er einen Umsatz von 258.960,00 EUR.

Aufgabe: Erläutern Sie die durch die Umsatzsteigerung eingetretenen Konsequenzen. Gehen Sie anhand der nachfolgenden Leitfragen vor!

a) Welche Arten der Fälligkeit der Umsatzsteuer kennen Sie?
b) Worin besteht der Unterschied zwischen den einzelnen Umsatzsteuerfälligkeiten?
c) Welche Voraussetzungen müssen erfüllt sein?
d) Wie wirken sich die unterschiedlichen Fälligkeitsmöglichkeiten auf die Sachbehandlung der Vorsteuer aus?

„Siehe Seite 257 des Textteils!"

3. Im Jahr 2006 kauft ein Handwerksmeister im Großhandel eine Bohrmaschine für brutto 92,00 EUR und einen dazugehörenden Bohrsatz für brutto 15,00 EUR. Er erhält einen Zahlungsbeleg über 107,00 EUR, versehen mit dem Vermerk, dass in dem Betrag 16 % Umsatzsteuer enthalten sind.

Aufgabe: Welche Folgen hat dieser Zahlungsbeleg hinsichtlich der Vorsteuer?

☐ a) Der Handwerksmeister darf aus dem Beleg einschließlich Umsatzsteuer die Vorsteuer ohne weitere Hinweise errechnen, weil ein Großhandel immer umsatzsteuerpflichtig ist.

☐ b) Der Handwerksmeister darf aus dem Betrag die Vorsteuer errechnen, weil der Steuersatzhinweis angebracht ist.

☐ c) Der Handwerksmeister darf aus dem Betrag die Vorsteuer nur dann errechnen, wenn sein Umsatz 50.000,00 EUR nicht übersteigt.

☐ d) Der Handwerksmeister kann keine Vorsteuer geltend machen, weil Bohrmaschine und Bohrsatz als Sachgesamtheit die 100,00-EUR-Grenze überschreiten und die Vorsteuer nicht betragsmäßig ausgewiesen ist.

☐ e) Er darf aus dem Bruttobetrag die Vorsteuer errechnen und geltend machen, weil der Steuersatz vermerkt ist und weder Bohrmaschine noch Bohrsatz die 100,00-EUR-Grenze überschreiten.

„Siehe Seiten 261 f. des Textteils!"

4. Welche Erfordernisse müssen erfüllt sein, damit ein Kleinunternehmer die Vorsteuerpauschalen in Anspruch nehmen kann?

☐ a) Er muss die Umsätze brutto verbuchen und die Vorsteuern auf einem eigenen Konto erfassen.
☐ b) Er darf nicht verpflichtet sein, Bücher zu führen und Abschlüsse zu tätigen.
☐ c) Wie b), zusätzlich ist die Vorjahresumsatzsteuer maßgebend; diese darf 6.135,00 EUR nicht übersteigen.
☐ d) Wie c), aber anstelle der Vorjahresumsatzsteuer ist der Vorjahresumsatz entscheidend; dieser darf 61.356,00 EUR nicht übersteigen.
☐ e) Vorsteuerpauschalen sind nur für selbstständige Tätigkeiten vorgesehen, nicht für Gewerbebetriebe.

„Siehe Seite 262 des Textteils!"

5. Wer muss monatliche Umsatzsteuer-Voranmeldungen und Vorauszahlungen tätigen?

☐ a) Unternehmer, deren Vorjahresumsatzsteuerschuld 6.136,00 EUR überschritten hat, sowie Existenzgründer im Gründungs- und darauf folgenden Jahr.
☐ b) Unternehmer, deren Vorjahresumsatz 6.136,00 EUR überschritten hat.
☐ c) Unternehmer, deren Vorsteuer im Vorjahr 1.227,00 EUR überschritten hat.
☐ d) Umsatzsteuerfreie Kleingewerbetreibende.
☐ e) Unternehmer mit Ist-Besteuerung.

„Siehe Seite 262 des Textteils!"

6. Ein Handwerksmeister erhält einen Gewerbesteuerbescheid zugestellt. Dabei stellt er fest, dass die Gewerbesteuer durch Ansatz eines falschen Hebesatzes zu hoch ausgewiesen ist.

Aufgabe: Was muss der Handwerksmeister tun, um den überhöhten Gewerbesteuerbescheid zu berichtigen?

☐ a) Er muss Rechtsmittel bei der Finanzverwaltung gegen den Gewerbesteuerbescheid einlegen.
☐ b) Er muss Rechtsmittel bei der Gemeinde gegen den Gewerbesteuerbescheid einlegen.
☐ c) Er muss sowohl bei der Finanzverwaltung, die den einheitlichen Gewerbesteuermessbescheid festgesetzt hat, als auch bei der Gemeinde, die den Hebesatz auf den einheitlichen Gewerbesteuermessbescheid angesetzt hat, Rechtsmittel einlegen.
☐ d) Für Gewerbesteuerberichtigungen sind ausschließlich die Finanzgerichte zuständig; der Gewerbesteuerbescheid muss durch das Rechtsmittel der Berufung angefochten werden.
☐ e) Für Gewerbesteuerberichtigungen sind ausschließlich die Zivilgerichte zuständig; der Gewerbesteuerbescheid muss mittels einer zivilrechtlichen Klage angefochten werden.

„Siehe Seite 264 des Textteils!"

7. Ein Handwerksmeister erzielt einen Jahresgewinn in Höhe von 34.260,00 EUR und macht einen Nettoumsatz von 245.420,00 EUR.

Aufgabe: Welche Gewinnermittlungsmethode muss der Handwerksmeister 2006 anwenden und was sind die Voraussetzungen?

☐ a) Da der Gewinn über 30.000,00 EUR liegt, ist er zum Betriebsvermögensvergleich verpflichtet.

☐ b) Da der Umsatz unter 350.000,00 EUR liegt, darf er den Gewinn nach der Überschussrechnungsmethode ermitteln.

☐ c) Gewinn- und Umsatzgrenzen sind unerheblich. Entscheidend ist, ob das Finanzamt den Handwerksmeister zur Buchführung mit Betriebsvermögensvergleich angewiesen hat.

☐ d) Für die Gewinnermittlung nach Betriebsvermögensvergleich muss sowohl der Gewinn 30.000,00 EUR als auch der Umsatz 350.000,000 EUR überschreiten. Nur dann ist der Unternehmer ohne Anweisung durch das Finanzamt zum Betriebsvermögensvergleich verpflichtet. Werden beide Grenzwerte nicht überschritten, darf die Überschussrechnungsmethode angewendet werden.

☐ e) Überschreitet der Gewinn die 30.000,00-EUR-Grenze oder der Umsatz die 350.000,00-EUR-Grenze, dann ist der Handwerksmeister zur Gewinnermittlung nach Betriebsvermögensvergleich verpflichtet. Voraussetzung ist, dass das Finanzamt den Handwerksmeister zur Buchführung mit Betriebsvermögensvergleich angewiesen hat.

„Siehe Seite 266 f. des Textteils!“

8. Ein Handwerksmeister macht einem Architekten, von dem er sich Aufträge erhofft, ein Geschenk. Das Geschenk hat einen Wert von 46,00 EUR; erstanden hat er das Geschenk aufgrund von Beziehungen für 34,00 EUR. Er verbucht das Geschenk als Betriebsausgabe auf ein Sammelkonto „Repräsentationsausgaben“, auf dem er auch seine Bewirtungsaufwendungen und Aufmerksamkeiten festhält.

Aufgabe: Wie ist dieses Geschenk einkommensteuerlich zu behandeln?

☐ a) Das Geschenk ist als Betriebsausgabe abzugsfähig, weil die 410,00-EUR-Grenze für geringwertige Wirtschaftsgüter nicht überschritten wird.

☐ b) Für den Abzug von Geschenken ist nicht die Grenze für geringwertige Wirtschaftsgüter maßgebend; vielmehr sind die Anschaffungs- oder Herstellungskosten, die 35,00 EUR pro Jahr und Empfänger nicht überschreiten dürfen, entscheidend. Somit sind die Anschaffungskosten für das Geschenk in Höhe von 34,00 EUR abzugsfähige Betriebsausgaben.

☐ c) Entscheidend sind nicht die Anschaffungs- oder Herstellungskosten, sondern der Teilwert des Geschenks. Da der Teilwert bei 46,00 EUR liegt, sind die Geschenkkosten nicht abzugsfähig.

☐ d) Das Geschenk kann nicht als Betriebsausgabe berücksichtigt werden, weil es auf ein Sammelkonto verbucht wurde. Geschenke müssen in der Buchführung einzeln und getrennt von den sonstigen Betriebsausgaben aufgezeichnet werden.

☐ e) Wie d), außerdem fehlt der dauernde, leicht erkennbare Werbeeffekt auf dem Geschenk.

„Siehe Seite 268 des Textteils!“

9. Der Ehegattenarbeitsvertrag setzt zu seiner steuerlichen Wirksamkeit voraus:

☐ a) Den Güterstand der Gütertrennung oder der Zugewinngemeinschaft oder der Gütergemeinschaft, wenn der Gewerbebetrieb nicht zum Gesamtgut gehört.
☐ b) Den Güterstand der Gütergemeinschaft, wobei der Gewerbebetrieb zum Gesamtgut von Mann und Frau gehören muss.
☐ c) Wie bei b), wobei der Ehegattenarbeitsvertrag – wie der Güterstand der Gütergemeinschaft – notariell vereinbart sein muss.
☐ d) Der Güterstand spielt keine Rolle.
☐ e) Die Begründung einer Personengesellschaft zwischen Mann und Frau.

„Siehe Seite 268 f. des Textteils!"

10. Der Inhaber eines Handwerksbetriebs hat in seinem Betrieb mehrere Geräte eingesetzt, deren Anschaffungskosten jeweils 410,00 EUR einschließlich Nebenkosten übersteigen. Er hat bisher die Geräte linear abgeschrieben und möchte nun auf die degressive AfA wechseln.

<u>Aufgabe:</u> Ist dies zulässig?

☐ a) Es darf nur einmal von der degressiven auf die lineare AfA gewechselt werden.
☐ b) Einmaliger Wechsel von linear auf degressiv ist zulässig.
☐ c) Es darf wiederholt zwischen linear und degressiv gewechselt werden.
☐ d) Es darf von einer zur anderen Methode gewechselt werden.
☐ e) Es darf überhaupt nicht gewechselt werden.

„Siehe Seite 270 des Textteils!"

11. Sonderausgaben sind private Aufwendungen, die der Gesetzgeber insbesondere wegen ihres sozialen Charakters zum Abzug vom Gesamtbetrag der Einkünfte zugelassen hat. Ein verheirateter Handwerksmeister hat Altersvorsorgeaufwendungen, eine Hausrats-, Einbruch-, Haftpflicht-, Glas-, Unfall- und Krankenversicherung abgeschlossen und möchte wissen, ob die Prämienzahlungen für diese Versicherungen für 2006 abzugsfähig sind und in welcher Höhe.

☐ a) Alle obigen Versicherungen haben sozialen Charakter und sind als Sonderausgabe unbeschränkt berücksichtigungsfähig.
☐ b) Obige Versicherungen sind nur beschränkt abzugsfähig, und zwar in Höhe des Grundhöchstbetrags bei Verheirateten bis 2.668,00 EUR.
☐ c) Sozialen Charakter haben nur die Altersvorsorge, Haftpflicht-, Unfall- und Krankenversicherung. Nur sie sind im Rahmen des Grundhöchstbetrags bei Verheirateten bis 2.668,00 EUR berücksichtigungsfähig.
☐ d) Wie bei c), doch darf vor Ansatz des Grundhöchstbetrags noch ein Vorwegabzug von bis zu 6.136,00 EUR bei Verheirateten geltend gemacht werden.
☐ e) Als Altersvorsorgeaufwendungen dürfen 2006 bis zu 24.800,00 EUR angesetzt werden. Die Hausrat-, Einbruch- und Glasversicherungen sind nicht ansetzbar. Die restlichen Versicherungen dürfen bis 4.800,00 EUR berücksichtigt werden, wenn beide Ehegatten die Beiträge zur Krankenversicherung ganz selbst tragen.

„Siehe Seite 272 des Textteils!"

12. Welche Erfordernisse müssen bei den außergewöhnlichen Belastungen gegen Einzelnachweis berücksichtigt werden?

☐ a) Nur Prüfung der Angemessenheit
☐ b) Zwangsläufigkeit der Aufwendungen und Übernahme eines Selbstbeteiligungsbetrags
☐ c) Begrenzung der Aufwendungen entsprechend der Einkünfte aus Gewerbebetrieb
☐ d) Keine Kostenbegrenzung, aber Prüfung der Angemessenheit der Aufwendungen
☐ e) Begrenzung der Kosten entsprechend dem Grundhöchstbetrag bei den Sonderausgaben.

„Siehe Seite 275 des Textteils!"

13. Ein neuer Arbeitnehmer legt dem Arbeitgeber trotz wiederholter Aufforderung keine Lohnsteuerkarte vor. Der Arbeitgeber weiß, dass der Arbeitnehmer verheiratet ist und seine Frau in einem geregelten Arbeitsverhältnis steht.

Aufgabe: Wie hat er den Lohn des Arbeitnehmers zu versteuern?

☐ a) Der Lohn ist nach Steuerklasse VI zu versteuern.
☐ b) Der Lohn ist mit einem durchschnittlichen Lohnsteuersatz von 25 % zu versteuern.
☐ c) Der Arbeitgeber hat die Lohnsteuerklasse IV zugrunde zu legen, weil diese Steuerklasse für Verheiratete gilt, die beide Arbeitnehmer sind.
☐ d) Ohne Berücksichtigung des Arbeitsverhältnisses der Ehefrau ist der Arbeitnehmer wie ein Lediger zu behandeln und nach Steuerklasse I zu versteuern.
☐ e) Der Lohn unterliegt nicht der Lohnsteuer, weil der Arbeitnehmer in einem solchen Fall eine Einkommensteuererklärung abgeben muss.

„Siehe Seite 280 des Textteils!"

14. Der Gesellschafter-Geschäftsführer einer Ein-Mann-GmbH ist sich unschlüssig, ob er den Gewinn der GmbH ausschütten oder nicht ausschütten soll.

Aufgabe: Wie wirken sich diese unterschiedlichen Verfahrensweisen aus?

☐ a) Der Körperschaftsteuersatz beträgt für Ausschüttungen und Nichtausschüttungen einheitlich 25 %.
☐ b) Der Körperschaftsteuersatz beträgt für Ausschüttungen und Nichtausschüttungen einheitlich 30 %.
☐ c) Der Körperschaftsteuersatz beträgt bei Ausschüttungen 25 %, wenn die Ausschüttung beim Empfänger voll einkommensteuerpflichtig ist. Bei Nichtausschüttungen beträgt der Steuersatz 30 %.
☐ d) Bei einem Gesellschafter-Geschäftsführer einer Ein-Mann-GmbH sind nur die Ausschüttungen körperschaftsteuerpflichtig, und zwar mit 30 %.
☐ e) Bei einem Gesellschafter-Geschäftsführer einer Ein-Mann-GmbH spielt die Ausschüttung keine Rolle, weil er wie ein Einzelunternehmer besteuert wird.

„Siehe Seite 284 des Textteils!"

15. Eine juristische Person zahlt an ihren Gesellschafter besondere Umsatzvergütungen neben einem angemessenen Gehalt.

☐ a) Die Umsatzvergütungen sind immer private Aufwendungen.
☐ b) Umsatzvergütungen können von juristischen Personen überhaupt nicht zugesagt werden.
☐ c) Besondere Umsatzvergütungen neben einem angemessenen Gehalt sind verdeckte Gewinnausschüttungen und müssen dem Gewinn der juristischen Person wieder zugerechnet werden.
☐ d) Umsatzvergütungen sind immer verdeckte Gewinnausschüttungen.
☐ e) Umsatzvergütungen sind nur für Gesellschafter von Personengesellschaften zugelassen.

„Siehe Seite 284 des Textteils!"

16. Besteht in der Sachbehandlung von Erbschaften und Schenkungen ein Unterschied?

☐ a) Erbschaften und Schenkungen sind im Gesetz einheitlich geregelt.
☐ b) Ab einer Wertgrenze von 511.000,00 EUR werden Erbschaften und Schenkungen unterschiedlich behandelt.
☐ c) Bei Nichtverwandten werden Schenkungen gegenüber Erbschaften höher besteuert.
☐ d) Bestimmte Personen – wie Eltern und Großeltern – werden bei Schenkungen in eine andere Steuerklasse eingeordnet als bei Erbfällen. Dadurch ergeben sich auch unterschiedliche Freibeträge.
☐ e) Bei Schenkungen an Kinder ist der allgemeine Freibetrag niedriger als bei Erbschaften.

„Siehe Seite 286 des Textteils!"

17. Ein Handwerksmeister hat testamentarisch seine Ehefrau zu $^1/_4$, seinen Sohn zu $^1/_4$ und seine zwei Neffen zu je $^1/_4$ als Erben eingesetzt.

<u>Aufgabe:</u> In welche Steuerklasse sind die Erben einzureihen und welche allgemeinen Freibeträge stehen ihnen zu?

☐ a) Die Ehefrau fällt unter die Steuerklasse I und hat 307.000,00 EUR frei; der Sohn fällt unter Steuerklasse II mit einem Freibetrag von 205.000,00 EUR und die Neffen fallen unter Steuerklasse III mit einem Freibetrag von 10.300,00 EUR.
☐ b) Ehefrau und Sohn fallen unter Steuerklasse I mit einem Freibetrag von 307.000,00 EUR, die Neffen unter Steuerklasse III mit einem Freibetrag von 10.300,00 EUR.
☐ c) Wie a), der Freibetrag für die Ehefrau und Sohn beträgt 205.000,00 EUR.
☐ d) Wie a), Neffen aber haben keinen Freibetrag.
☐ e) Ehefrau und Sohn fallen unter Steuerklasse I, die Ehefrau hat einen Freibetrag von 307.000,00 EUR, der Sohn einen Freibetrag von 205.000,00 EUR, die Neffen fallen unter Steuerklasse II und haben einen Freibetrag von 10.300,00 EUR.

„Siehe Seite 287 des Textteils!"

18. Welche Vergünstigungen stehen einem Bedachten zu, der im Jahr 2006 durch Erbschaft einen Betrieb übertragen erhält?

- ☐ a) Es steht ihm ein Freibetrag von 153.390,00 EUR zu.
- ☐ b) Er erhält einen zusätzlichen Freibetrag von 153.390,00 EUR, wenn er zum Erblasser verwandt ist.
- ☐ c) Er erhält einen Abschlag von 35 % auf das Betriebsvermögen.
- ☐ d) Wie bei c), darüber hinaus wird das Restbetriebsvermögen nur mit 50 % zur Besteuerung herangezogen.
- ☐ e) Er erhält den allgemeinen Freibetrag nach seiner Steuerklasse, dazu einen besonderen Freibetrag für Betriebsübernahme von 225.000,00 EUR. Der den Betriebsübernahmefreibetrag übersteigende Betrag wird mit 65 % angesetzt und nach Steuerklasse I ohne Rücksicht auf den Verwandtschaftsgrad besteuert.

„Siehe Seite 287 des Textteils!"

19. Ein Handwerksmeister erhält einen Einkommensteuerbescheid, bei dem mehrere, nach seiner Ansicht zu Recht geltend gemachte Steuervergünstigungen nicht anerkannt wurden. Er möchte nun diesen Bescheid anfechten, weiß aber nicht, welches Rechtsmittel einzulegen ist.

Aufgabe: Wie muss er vorgehen?

- ☐ a) Er kann auf dem Verwaltungsrechtsweg das Rechtsmittel der Einrede einlegen.
- ☐ b) Er kann beim zuständigen Finanzamt das Rechtsmittel der Revision und bei negativem Verfahrensausgang Einspruch beim Finanzgericht einlegen.
- ☐ c) Gegen einen Einkommensteuerbescheid hat er das Rechtsmittel des Einspruchs beim zuständigen Finanzamt oder er macht von der Möglichkeit Gebrauch, unter Umgehung des Einspruchsverfahrens beim Finanzamt Klage beim Finanzgericht einzureichen. Das Finanzamt muss aber dem Verfahren zustimmen.
- ☐ d) Steuerverfahren werden vor den Zivilgerichten verhandelt. Es stehen ihm daher die Rechtsmittel der Zivilprozessordnung zu.
- ☐ e) Es kommt auf die Steuerbelastungsgrenze an. Wenn die Steuerveranlagung durch die Nichtanerkennung der geltend gemachten Steuervergünstigung eine Mehrbelastung von unter 2.556,00 EUR erbringt, ist das Rechtsmittel des Einspruchs beim Finanzamt, bei einer Mehrbelastung von 2.556,00 EUR und mehr Klage beim Finanzgericht einzulegen.

„Siehe Seite 288 f. des Textteils!"

20. Wird bei Einlegung eines Rechtsmittels die Steuerzahlung aufgeschoben?

- ☐ a) Ja, bis zum Entscheid über das Rechtsmittel.
- ☐ b) Ja, durch Leistung eines Hinterlegungsbetrags.
- ☐ c) Das Finanzamt entscheidet von Amts wegen.
- ☐ d) Mit Einlegung des Rechtsmittels ist die Steuerschuld automatisch ausgesetzt.
- ☐ e) Nein.

„Siehe Seite 289 des Textteils!"

21. Ein Handwerksmeister erhält vom Finanzamt einen Nachzahlungsbescheid für eine vor vier Jahren veranlagte Einkommensteuer. Er ist der Ansicht, dass dieser Nachzahlungsbescheid wegen Verjährung ungültig ist und verweigert die Zahlung.

Aufgabe: Erläutern Sie die Arten der Steuerverjährung, die Folgen der einzelnen Verjährungsarten und den Eintritt der Verjährung!

„Siehe Seite 289 f. des Textteils!"

Lösungen

zu den Übungs- und Prüfungsaufgaben

3 Handlungsfeld: Rechtliche und steuerliche Grundlagen

3.1 Bürgerliches Recht, Mahn- und Klageverfahren, Zwangsvollstreckung, Insolvenzverfahren

1. –	21. –	41. –	61. –	81. d)	101. –
2. d)	22. –	42. c)	62. e)	82. a)	102. c)
3. b)	23. a)	43. c)	63. b)	83. d)	103. b)
4. –	24. d)	44. –	64. c)	84. d)	104. –
5. a)	25. –	45. b)	65. –	85. –	105. –
6. e)	26. –	46. d)	66. –	86. –	106. –
7. b)	27. b)	47. –	67. –	87. e)	107. a)
8. a)	28. e)	48. a)	68. –	88. d)	108. e)
9. e)	29. –	49. c)	69. c)	89. c)	109. c)
10. b)	30. b)	50. –	70. b)	90. –	110. a)
11. b)	31. d)	51. –	71. –	91. –	111. –
12. –	32. –	52. b)	72. –	92. –	112. b)
13. e)	33. –	53. a)	73. d)	93. a)	113. –
14. –	34. d)	54. –	74. –	94. –	114. –
15. –	35. –	55. b)	75. –	95. –	115. b)
16. –	36. –	56. a)	76. c)	96. b)	116. –
17. c)	37. a)	57. –	77. –	97. b)	117. d)
18. –	38. –	58. –	78. d)	98. c)	118. –
19. b)	39. –	59. c)	79. a)	99. –	
20. –	40. a)	60. b)	80. –	100. c)	

3.2 Handwerks- und Gewerberecht, Handels- und Gesellschaftsrecht, Wettbewerbsrecht

1. a)	6. d)	11. c)	16. –	21. d)	26. a)	31. d)
2. c)	7. d)	12. c)	17. –	22. –	27. a)	32. e)
3. –	8. d)	13. –	18. –	23. a)	28. –	33. –
4. –	9. –	14. –	19. –	24. –	29. –	
5. e)	10. –	15. –	20. a)	25. –	30. b)	

3.3 Arbeitsrecht

1. –	9. a)	17. –	25. –	33. –	41. c)	49. a)
2. b)	10. d)	18. –	26. –	34. a)	42. –	50. e)
3. c)	11. –	19. –	27. a)	35. a)	43. –	51. b)
4. b)	12. –	20. –	28. –	36. a)	44. –	52. –
5. –	13. –	21. b)	29. b)	37. e)	45. –	53. d)
6. e)	14. –	22. c)	30. –	38. –	46. d)	
7. d)	15. d)	23. e)	31. d)	39. b)	47. e)	
8. d)	16. –	24. –	32. e)	40. c)	48. –	

3.4 Sozial- und Privatversicherungen

1. –	8. b)	15. –	22. b)	29. a)	36. b)	43. –
2. d)	9. e)	16. a)	23. b)	30. b)	37. a)	44. d)
3. e)	10. e)	17. –	24. –	31. d)	38. –	45. b)
4. c)	11. –	18. –	25. –	32. –	39. e)	46. –
5. –	12. d)	19. b)	26. e)	33. b)	40. –	47. d)
6. –	13. b)	20. –	27. d)	34. –	41. d)	48. –
7. d)	14. a)	21. d)	28. b)	35. b)	42. a)	49. e)

3.5 Steuern

1. c)	4. d)	7. e)	10. a)	13. a)	16. d)	19. c)
2. –	5. a)	8. d)	11. e)	14. a)	17. e)	20. e)
3. d)	6. b)	9. a)	12. b)	15. c)	18. e)	21. –